"十四五"时期国家重点出版物出版专项规划项目
教育部人文社会科学重点研究基地重大项目

汪高鑫 主编

# 中国经史关系通史

## 宋元明卷

汪高鑫
邓锐
李德锋 著

海峡出版发行集团
福建人民出版社

**图书在版编目（CIP）数据**

中国经史关系通史. 宋元明卷 / 汪高鑫，邓锐，
李德锋著. --福州：福建人民出版社，2022.9（2023.7重印）
　　ISBN 978-7-211-08271-1

　　Ⅰ.①中… Ⅱ.①汪… ②邓… ③李… Ⅲ.①经学—
关系—史学—中国—宋元时期 ②经学—关系—史学—中国—
明代 Ⅳ.①Z126.27 ②K092

中国版本图书馆CIP数据核字（2022）第069405号

**中国经史关系通史·宋元明卷**

ZHONGGUO JINGSHI GUANXI TONGSHI·SONG YUAN MING JUAN

作　　者：汪高鑫　邓　锐　李德锋
责任编辑：陈稚瑶
出版发行：福建人民出版社　　　　　　电　　话：0591-87533169（发行部）
网　　址：http://www.fjpph.com　　　电子邮箱：fjpph7211@126.com
地　　址：福州市东水路76号　　　　　邮政编码：350001
印　　刷：深圳市彩美印刷有限公司
地　　址：深圳市龙岗区坪地街道高桥社区盛佳道2号东维丰新材料厂区2♯厂房
开　　本：700毫米×1000毫米　　1/16
印　　张：27.5
字　　数：423千字
版　　次：2022年9月第1版　　　　　2023年7月第2次印刷
书　　号：ISBN 978-7-211-08271-1
定　　价：96.00元

# 总　　序

　　经史关系属于中国经史之学发展史上的一个重要问题，从史学角度而言，它属于中国史学思想史研究的范围。在中国几千年的史学发展过程中，经学作为官方意识形态，对于史学有着长期而深远的影响。这种影响的具体表现，一是史学具有明显的宗经倾向。从司马迁的"折中于夫子""考信于六艺"，到刘勰的"宗经征圣"，再到章学诚的本于"《春秋》之义"，传统史学的发展，宗经思想是一贯到底的。二是史学随着经学思潮的变化而变化。自汉代经学兴起以后，两千多年来经学一直处于不断的流变过程中，两汉经学、魏晋玄学、宋明理学、清代朴学，便是经学流变过程中呈现出的主要时代形态；史学也相应地出现了两汉崇经、魏晋玄化、宋明义理化和清代重考证的不同思想方法倾向。三是史学重视探讨经史关系。在中国学术发展史上，很多学者都参与了对于经史关系的探讨，其中王通的"三经亦史"、王阳明的"五经亦史"、李贽的"六经皆史"、龚自珍的"六经者，周史之宗子"诸说都有较大的影响。而从史学角度对经史关系作出最为系统而深入的探讨的，当属史评家章学诚，他从经世致用的史学目的论，肯定了六经的史学属性。与此同时，中国经学在发展过程中，也受到了史学的影响。史学对于经学的影响，集中体现在以史证经上。所谓以史证经，即将史学纳入经学范围，用史学去说明或证明经学的观点。司马迁在《太史公自序》中引用孔子的话说："我欲载之空言，不如见之于行事之深切著明也。"这里说的是孔子何以作《春秋》之史，其实也揭示了中国经学何以要以史为证的原因。经学家们正是通过历史史实的引述，才使得他们的经学观点得以建立在历史事实的基础之上，进而使他们的经学观点更具有说服力。由此来看，一部中国经史关系史，其实就是一部以经解史与以史证经的历史。

早在十年前，我已经开始关注中国经史关系史这个问题，并陆续发表了一些这方面的论文。2011年，吴怀祺先生主编的六卷本《中国史学思想通论》出版，其中的《经史关系论卷》便是由我撰写的。该书作为史学界探讨经史关系问题的第一部专著，主要是就中国经史关系的一些基本理论问题进行了阐述。就在当年，我申请的教育部重点研究基地重大项目"经史流变探源"获得立项。此后数年，我和我的团队以此项目为基础，对中国经史关系史进行了系统探讨，并于2016年完成了课题结项工作。2017年，我在"经史流变探源"结项成果的基础上，进行了较大的修改，以"中国经史关系史"为书名，由黄山书社正式出版，并成为"十二五"国家重点出版物出版规划项目。在这个过程中，我一直想写作一部多卷本的中国经史关系通史，希望更加系统、深入地对中国经史关系史作出探讨。这个想法得到了福建人民出版社的大力支持。经过学术团队的共同努力，这部汇聚了我和我的团队多年心血，多达160余万字的四卷本《中国经史关系通史》总算撰写完成了。

作为团队合作的产物，本书具体执笔人分工如下：

《先秦两汉卷》由汪高鑫、马新月撰写，《魏晋南北朝隋唐卷》由李传印、吴海兰撰写，《宋元明卷》由汪高鑫、邓锐、李德锋撰写，《清代民国卷》由王记录、李玉莉撰写。全书由我拟定初纲、进行统稿。

多卷本《中国经史关系通史》的完成，首先是团队精诚合作的结果。自古以来众人修史多属不易，我的学识和组织能力都有限，如果没有团队同仁的大力支持，要想完成撰写任务是难以想象的。我们在撰写过程中，一切从提高书稿质量的态度出发，积极、坦诚地交换意见，反复进行认真修改，从而有了最终的成果。其次要非常感谢福建人民出版社领导的持续关心，各位编辑同志的密切配合，他们付出的辛勤劳动，是书稿得以完成的重要保证。

本书难免还存在着各种不足甚至错误，祈请学界同仁批评指正，以便我们对这一问题作出进一步的研究。

汪高鑫　谨识

2020年10月10日

# 本卷作者简介

汪高鑫，男，安徽休宁人，1961年生，历史学博士。北京师范大学历史学院、史学理论与史学史研究中心教授、博士生导师，长期从事中国史学史、思想史、学术史与儒学史的研究。出版学术专著《中国史学思想史十五讲》《中国经史关系史》《中国史学思想史散论》《中国史学思想史新论》《中国史学思想会通·秦汉史学思想卷》《中国史学思想会通·经史关系论卷》《二十四史的民族史撰述研究》《中国历史上的经史关系》《传统史学与中国统一多民族国家》《传统史学的求真与致用理念》《古代社会、思潮与史学》《易学与中国古代史学》《汉代的历史变易思想》《汉代神意史观研究》《董仲舒与汉代历史思想研究》等近30部，发表学术论文200余篇。科研成果曾获得教育部高等学校科学研究优秀成果奖二等奖、中华优秀出版物奖图书奖、华东地区优秀古籍图书奖一等奖等各种奖项10余项。

邓锐，男，陕西汉阴人，1981年生，历史学博士。陕西师范大学历史文化学院、中西比较史学研究中心副教授，国际史学理论与史学史委员会成员，中国历史文献研究会会员，主要研究领域为史学理论、史学史与文化史。在《史学理论研究》和《史学史研究》等刊物公开发表学术论文20余篇，独著、合著、参与写作多部学术专著。主持、参与国家社科基金项目、教育部人文社会科学重点研究基地重大项目、中央高校专项科研资金重点项目等科研课题多项。

　　李德锋，男，安徽萧县人，1980 年生，历史学博士。内蒙古大学历史与旅游文化学院教授、副院长，主要研究方向为史学理论及史学史。出版学术著作《明代理学与史学关系研究》《此心光明——评说王阳明与〈传习录〉》（合著）等，在《史学史研究》《史学月刊》《人文杂志》《求是学刊》《内蒙古社会科学》《内蒙古大学学报》等核心期刊上发表论文 20 余篇。主持和参与多项国家、省部级课题。

# 目　　录

绪　论　1

　　一、经学的义理化发展过程　1

　　二、经学义理化下的经史关系论　5

　　三、经学的义理化对史学的作用　8

　　四、史学对经学义理化的作用　13

第一章　理学的勃兴与宋代史学的义理化倾向　18

　第一节　经学义理化与宋代理学的勃兴　18

　　一、经学风气的转变与理学的勃兴　18

　　二、宋代经学走向义理化的合理性　21

　　三、心性与天理的建构　23

　第二节　经史关系视域中的理学主要流派　29

　　一、经宋学与理学的关系　30

　　二、变革历史考证的程朱理学　32

　　三、轻视历史考证的陆九渊心学　35

　第三节　宋代史学的义理化倾向　38

　　一、天人同理的历史观　38

　　二、天理指导下的历史盛衰观　41

　　三、经世致用功能的突显　46

　　四、从神学笼罩到义理突显的天人观转向　49

　　五、功业与道德尺度下的理学化正统观　54

第二章　史学对宋代理学形成和发展的作用　60

　　第一节　史学精神对经学变古的作用　60

　　　一、史学精神与原典回归运动　60

　　　二、史学怀疑精神与经学传统历史考证原则的破除　62

　　　三、史学求真与天人关系的重构　71

　　第二节　史学是理学建构的重要环节　80

　　　一、即事明理：以史学阐发理学观念　80

　　　二、以史证理：以史学验证天理　83

　　第三节　史学是理学致用的重要途径　90

　　　一、内圣与外王的通经致用方向　90

　　　二、史学与内圣教化　94

　　　三、史学与外王事功　96

第三章　理学与宋代的历史编纂学　101

　　第一节　理学的贯通思维与宋代通史撰述的兴盛　101

　　　一、通天地、贯古今——理学贯通思维的特点　101

　　　二、理学贯通思维对宋代通史撰述兴盛局面的促成　105

　　第二节　理学与编年体的振兴　108

　　　一、春秋学的兴起与编年体的振兴　109

　　　二、春秋学的发达与编年叙事的兴盛　111

　　第三节　理学与史体的创新　118

　　　一、理学与纲目体史书体裁的创立　118

　　　二、理学与学案体史书体裁的肇端　120

　　　三、理学与纪事本末体史书体裁的创立　122

　　　四、理学与纪传体、载记类史书的新变化　124

第四章　经学与宋代史学的发展　133

　　第一节　经学的疑古思潮与宋代史学的考史风尚　133

　　　一、不惑传注、疑经辨伪的经学疑古思潮　133

二、经学疑古思潮影响下的宋代历史考证　141

　　三、经学疑古思潮影响下的宋代史学考证　148

第二节　易学与宋代史学的通变思想　154

　　一、宋儒对于易学通变思想的阐发　155

　　二、易学通变思想对于史学的影响　160

　　三、史学对宋代易学发展的作用　163

第三节　《春秋》笔法与宋代史学思想的发展　167

　　一、《春秋》笔法与宋代史学求真理念　167

　　二、《春秋》笔法与宋代史学评论　178


第五章　元代理学的官学化与义理化史学的发展　193

第一节　理学的传播与官学化　193

　　一、理学北传与南北方理学的发展　193

　　二、程朱理学的官学化　197

第二节　理学思潮影响下的历史发展观　202

　　一、通变以合天理的历史变易思想　202

　　二、以"命""理""势"为核心的历史动因论　205

　　三、以王道德政为基础的历史盛衰观　211

第三节　心性之学在史学思想中的体现　215

　　一、元代理学心性论的发展　215

　　二、"正心"：历史评论的核心标准　220

　　三、"心术"与"史意"：元代史家修养论的新发展　226


第六章　元代理学和史学的现实关照与反思　231

第一节　理学与史学的求实致用思想　231

　　一、理学的经世思潮与史学的致用思想　231

　　二、经史文献考证学的发展　239

　　三、经史关系论的新发展　243

第二节　理学影响下的故国情结与历史鉴戒思想的发展　247

　　一、元初学者的故国情结与亡国教训的历史反思　248

二、元代官方史学的历史鉴戒思想　254

第三节　夷夏观念与正统论的新发展　259

一、元代夷夏观念的新发展　260

二、元代学者的正统论辩　264


第七章　明代前期的理学与史学　272

第一节　明前期理学的发展及其困境　272

一、"收天下之权以归一人"：明初的立国宗旨　272

二、"国不异政，家不殊俗"：对程朱理学的改造和利用　276

三、方孝孺之死：明初理学发展的巅峰与困境　282

第二节　明前期理学支配下萎靡的史学　286

一、明初史学自我意识的淡薄　286

二、泛道德历史评论削弱了史学的客观性　289

三、纲目体史书体裁对史学视野的局限　293

四、深陷门户之争的学案体　296

第三节　附庸与救赎：明前期史学对理学的影响　301

一、史学在理学官方化过程中的构建作用　301

二、史学经世致用传统：程朱理学的自我救赎　306


第八章　阳明心学的兴起、价值及其史学表现　311

第一节　阳明心学的兴起及其价值　311

一、阳明心学兴起的时代背景　311

二、阳明心学的产生、传播和壮大　315

三、"心即理"对个体价值的解放　319

四、"知行合一"说对知而不行现状的改变　323

五、"致良知"命题的本体论和工夫论意义　327

第二节　王学诸人的史学表现　329

一、王阳明论历史　330

二、"高论百王"：薛应旂、唐顺之的古史改编　337

三、"宪章当代"：王学后学的明皇朝史成就　343

四、道统构建：阳明后学的学案体成就　347

第九章　心学影响下中晚明史学的崛起　355

第一节　史学自我意识觉醒的激发　355

一、心学对个体价值的倡扬与私人史著的涌现　355

二、私人史著的王学背景　358

三、异端史论的丰富性　360

第二节　"六经皆史"说：史学进一步走向独立的津梁　364

一、王阳明"五经亦史"说的原始内涵及其时代意义　364

二、在经与史之间转圜：李贽对经学权威的瓦解　367

三、史对经的超越：王世贞的经史关系思考　369

第三节　阳明心学与明中后期三股史学思潮　371

一、心学与启蒙史学思潮　373

二、心学与经世致用史学思潮　377

三、心学与黜虚征实史学思潮　384

第四节　学案体等史籍的发展　387

一、促进学案体史籍的发展　387

二、重视和改编通史撰述　390

三、促进史论类史籍的涌现和史学知识的普及　391

第十章　史学对阳明心学的影响　394

第一节　史对经的制衡：心学对程朱理学的一种挑战途径　394

一、王阳明经史观内蕴的史学制衡价值　394

二、史学：阳明后学对程朱理学的挑战途径　397

第二节　史事考实：心学应对程朱理学质疑的基本态度　399

一、《朱子晚年定论》：基于心学理论的考据学尝试　399

二、"格者，正也"解　402

余论　"合会朱陆"与史学发展　406

一、程朱理学与阳明心学的共通性　407

二、程朱理学与阳明心学对明中后期史学的共同塑造　411

**参考文献**　418

　　一、历代典籍　418

　　二、今人著作　423

　　**后　记**　426

# 绪　论

宋元明时期，是中国经史关系史上的一个相对独立而又具有一定贯通性的阶段。在此历史阶段，理学产生、发展，直至走向僵化。理学本身是宋代经学义理化发展趋向中的一个主流，但又超出经学范围，而引入"子学资源"[1]来建构义理体系，从而表现为与经学的交叉关系。与此同时，宋元明又是一个史学发达，并逐渐走向社会深层的一个时期，在中国史学发展史上有着非常重要的地位。在这样一种经史之学的发展背景下，经史之间的相互影响得到了加强。一方面，史学在宋元明时期的经学义理化进程中起到了诱导和促进作用，成为义理化经学尤其是理学建构自身体系和完成义理证明的重要手段；另一方面，史学也受到经学，特别是义理化经学——理学的深刻影响，同步地表现出义理化发展趋向。宋元明时期经史关系的发展与变化，不但反映了时代思想所呈现出的重要特征与变化趋势，而且也成为牵动时代思想发展变化的重要方面。

## 一、经学的义理化发展过程

经学在汉代确立之后，逐渐形成了笺注义疏之学。这样的经学形态经过汉唐漫长的历史变迁，逐渐显现出不能适应时代政治、社会与文化需求的弊端。在此背景下，出现了唐前期王元感、刘知幾等人的经学变

---

[1]　向世陵：《宋代经学哲学研究·基本理论卷》，上海科学技术文献出版社 2015 年版，第 7—9 页。

古主张。"疑古惑经"的风气在中晚唐的政治动荡中进一步发展起来，啖助、赵匡和陆淳等人用新春秋学试图挽回藩镇割据、宦官专权的政治颓势。之后韩愈、李翱师徒提倡道统与心性之学的努力更有应对佛、道对儒家的竞争压力的目的。

宋代承五代乱局，面临重整社会秩序的任务，加上与民族政权的对峙，民族关系复杂紧张，故而有重整儒家意识形态的需求。然而，传统经学的千年传承已走向僵化，不能适应时代的新形势。从经学内在发展理路而言，汉学中的神秘化成分尤其是东汉谶纬神学一经纳入笺注义疏，不仅导致了"怪异惑乱"之说，也造成不同家法师法间的抵牾。从史学求真的立场来看，这已经明白地标示出传统经学的虚假矛盾之处。而宋代镂板之学的发展，使得"经籍流布天下"，更充分暴露出了这些弊端。"经学变古"由此而生。

宋初三先生已经开始立足于时势阐发经义，易学与春秋学都出现了新的解经路径，"不惑传注"而自阐义理之风由此生发。庆历年间，刘敞等人更是通过以己意解经的方式促进了义理化经学的发展，疑经惑传之风也由此开辟。王安石的新学也具有义理化特征，是第一个取得官方地位的义理化经学流派。王安石一方面倡言功利，在价值取向上显示了宋代的政治功利转向，另一方面又尊孟子，注重阐发心性，与理学重构经学的理路相近。虽然新学很快失势，但显示出义理化经学路径的必要性。在新的时代背景下，经学要通过摆脱家法师法束缚、自由解经的方式重构起适应政治、社会与文化需求的意识形态。欧阳修不仅有刘敞的疑古惑经精神与实践，指责传统经学的"怪奇诡僻"[1]而对之进行新的考证，而且在儒家基本理论方面开始颠覆汉学，其在春秋学上"力破汉儒灾异五行之说"[2]，促使宋学义理向着理性化和人文化的方向转变，为经学的义理化发展开辟了路径。

在北宋经学义理化过程中，二程（颢、颐）的道学也逐渐发展起来。

---

[1] 欧阳修：《奏议》卷十六《论删去九经正义中谶纬札子》，载《欧阳修全集》，中华书局 2001 年版，第 1707 页。

[2] 欧阳修：《附录》卷二《先公事迹》，载《欧阳修全集》，中华书局 2001 年版，第 2627 页。

二程发挥韩愈的道统论，其道学以儒学正统自居。由于"世方惊疑"[1]，二程不得不立足于传统的天人关系来另辟蹊径。二程用义理解经和直阐心性兼具的方式，逐渐建立起了儒家的心性之学，并沟通了心性之学与天理，以心性见道，谓称："道，一本也。或谓以心包诚，不若以诚包心；以至诚参天地，不若以至诚体人物，是二本也。知不二本，便是笃恭而天下平之道。"[2] 由此产生了较为广泛的社会影响。到了南宋，朱熹进一步发展了二程的道学，以"心"统"性情"，又贯之以"天理"，解释《大学》的"格物致知"为"即物而穷其理"，将"心在灵"视作认识主体，主张格物就是"因其已知之理而益穷之"，最终达到"至乎其极"。[3] 注重心性论的义理化经学至此完全形成。由此，理学奉朱熹为集大成者，逐渐确立起了程朱理学一系的道统。从韩愈提倡儒家道统论开始，历经数百年，义理化经学不仅革新汉学而形成新的学术形态，也确立起了一个从"上古圣神"到程朱的儒家传承统绪。而这个统绪又被理学认为是通过"心传"的方式建立起来的，心性之学成为理学的根基。

理学在南宋晚期才开始真正受到官方推崇，但这种在官方意识形态中的上升趋势一直延伸到了元代。元的统一，带来了理学的北传。经过赵复、许衡和吴澄等人的推动，理学在元代继续发展。虽然一些由宋入元的儒生并未出仕新政权，但他们的学术事业仍然使得理学越来越取得学术主流的地位。元在完成政治统一之后，有完成思想统一的客观需要，于是理学被正式官学化，在科举中出现"《易》用朱子《本义》，《书》用蔡沈《集传》，《诗》用朱子《集传》，《春秋》用胡安国《传》，惟《礼记》用郑注"的经学"小统一"局面。[4] 宋代理学由此正式成为经学义理之正，而其不由传注、自由解经的解经路径也由此占据经学主流地位。

明初以"收天下之权以归一人"的皇权专制为立国宗旨，自然继承

---

[1] 程颐：《河南程氏文集》卷十一《祭李端伯文》，载《二程集》，中华书局 2004 年版，第 643 页。

[2] 程颢、程颐：《河南程氏遗书》卷十一《师训》，载《二程集》，中华书局 2004 年版，第 117—118 页。

[3] 朱熹：《大学章句》，载朱杰人等主编：《朱子全书》第六册，上海古籍出版社、安徽教育出版社 2002 年版，第 20 页。

[4] 皮锡瑞：《经学历史》卷九《经学积衰时代》，中华书局 1959 年版，第 282 页。

了元代定程朱理学于一尊的做法，以服务其建立统治意识形态的需求。此时作为官方意识形态的理学已经与程朱道学阶段大为不同。从道学开始，儒家道统就带有与政统分立的意味。虽然理学也维护以皇权为核心的等级秩序，却以儒家圣人凌驾于君主之上，希望改变秦汉以下"士贱君肆"[1]的格局。朱熹谓道统乃"圣圣相承：若成汤、文、武之为君，皋陶、伊、傅、周、召之为臣，既皆以此而接夫道统之传，若吾夫子，则虽不得其位，而所以继往圣、开来学，其功反有贤于尧舜者"[2]。明代士大夫继承了此道统自立精神，但导致皇权专制用残酷的文字狱和特务统治等手段对其进行迫害。与政治镇压相配合，明朝统治者也对程朱理学进行改造，从而将其作为思想控制的工具。"国家明经取士，说经者以宋儒传注为宗，行文者以典实纯正为主"[3]，"不遵者以违制论"。程朱理学从与政统分立之道统之学，变为片面强调维护皇权专制的思想钳制工具。

理学义理在思想实质层面的重大转折，带来了明朝中后期的经学新变化。在宋代理学中，已有与狭义的程朱理学相对的心学。陆王心学一系，在明朝中后期的政治、经济与社会背景下兴起。皇权专制的重要制度性缺陷在于，集权体制的运转系于皇帝一身。而明朝中后期统治者素质下降，造成专制制度难以继续有效运行，从而出现皇权专制的弱化。与此同时，商品经济空前发展，又使社会上"义利之辨"的天平开始由"公义"向"私利"的一侧倾斜。对个体的专制束缚的松动和个体价值的张扬，促成了心学的崛起。

王阳明放弃了早年对程朱理学"格物"路径的实践，转至更重视心性的路径上，而出入释老的经历更使其吸收了佛道二家的心性修养学说。"龙场悟道"与释迦牟尼的"菩提修证"颇有相通之处，都是在几经修行的挫折之后，抛开外来知识而直探自心的结果。这使得宋元理学的义理化发生了根本性的转向。虽然韩愈以下，程颢、朱熹等人都主张儒家道

---

[1] 张栻：《南轩集》卷十六《张子房平生出处》，文渊阁《四库全书》本，第1167册，第554页。

[2] 朱熹：《中庸章句序》，载朱杰人等主编：《朱子全书》第六册，上海古籍出版社、安徽教育出版社2002年版，第30页。

[3] 彭孙贻：《松下杂钞》卷下，涵芬楼秘籍本，第365页。

统传承是由"心传",但是心性在程朱理学中更多是作为义理传承的方式,向外探求的"格物"仍然在义理的根源方面占据重要位置。而阳明心学则把儒家义理转为佛道式的不待外求、而由自心可明之理。"尊德性"由此在知识论上的地位超过了"道问学"。王阳明毕竟有深厚的理学根底与实践经历,并没有完全放弃"道问学"。而其后学则进一步在内外探求的基本方向上偏取向内心自求。宋代以来的"不惑传注"的义理化经学,在摆脱恪守家法师法的极端之后,由此越来越矫枉过正,以至于走向"言谈无根"。

总体而言,经学在宋代打破了汉唐时代的家法师法界限,融合了今文学与古文学,走上自由考证以阐发经义的义理化路径。心性之学在其中的根本性地位又日益突显,从作为传承道统和探讨天理的方式,到明代成为天理最直接和根本的来源,使得理学的义理化又表现为一个从外在格物到内明自心的路径转向。

## 二、经学义理化下的经史关系论

在宋元明时期的经学义理化过程中,经史关系论也随之做出相应的变化,整体上显现出史学不断受到重视进而走向独立的思想发展趋向。宋代经学在借助史学实现变古和新学说构建的过程中,产生了不同于前代的思想倾向。一方面,宋代经学在变古路径上,因为往往从史学角度出发,用史学精神进行考察,所以带来了一种"以经为史"的态度与观念。欧阳修、朱熹等人往往从史学角度看待经典,具有儒家经典的史学化倾向。在宋儒的疑古惑经与历史考证中,五经尤其是《春秋》与《诗经》的史学性质得到了深入发掘。苏辙注意到《春秋》的史学性质,由此注重《左传》的地位,推动了宋儒对春秋学的研究,进而也促使宋儒注意从史学角度研究《春秋》。欧阳修注重《诗》的史诗特质,认为《诗》学"一经大概之体,皆所未正",批评缺乏历史考证的前代诗学"或失于疏略,或失于谬妄"[1],所以他对《诗经》史事进行了详细考

---

[1] 欧阳修:《居士外集》卷十一《诗解统序》,载《欧阳修全集》,中华书局 2001 年版,第 884 页。

证。南宋经学义理化发展趋向更加明显，"以经为史"的态度也更加强烈。郑樵以一种历史主义的态度否定历来对《诗经》的附会穿凿之说，认为"古之诗，今之辞曲也，若不能歌之，但能诵其文而说其义，可乎？不幸腐儒之说起，齐、鲁、韩、毛四家，各为序训而以说相高，汉朝又立之学官，以义理相授，遂使声歌之音湮没无闻"[1]。郑樵把《诗经》看成是历史上的"辞曲"，还原了其本来历史面貌，也突显了其史诗的性质，对历代经学对《诗》的神圣化解说予以了抨击。朱熹更是径直指出《春秋》的史学性质，谓："《春秋》只是直载当时之事，要见当时治乱兴衰，非是于一字上定褒贬。"[2]另一方面，宋代的"以经为史"观念是以突出心性之学的根本地位为前提的，因此又表现出一种"先经后史"的经史关系论，程朱理学是典型代表。二程已经开始继承韩愈、李翱的做法，倡言《论语》《孟子》的心性之学。到朱熹时，已经完成了以四书心性之学取代五经在儒家经典体系中至高地位的历史进程。五经，尤其是其中的《尚书》《春秋》等具有明显的"事""言""政典"性质，而距心性论较远，因此其史学性质被理学中人加以发掘。

元代史学的经史关系论在理学地位上升的背景下出现了一些新变化。一方面，元代学者依然秉持"先经后史"的理学观念，强调经为史之根本，读史是为了探寻其中包含的经学义理。许衡的观点很有代表性，他说："阅子、史必须有所折衷，六经、《语》、《孟》乃子、史之折衷也。"[3]另一方面，元儒发展了宋儒"以经为史"的态度。首先，元儒提出"古无经史之分"的重要历史论断。刘因说："古无经史之分，《诗》《书》《春秋》皆史也，因圣人删定笔削，立大经大典，即为经。"[4]从历史考察的角度指出经出于史。郝经也有类似的考察与判断，他认为"古无经史之分，孔子定六经而经之名始立，未始有史之分也，六经自有史耳"，进而又对六经的不同史学性质做了区分："故《易》即史之理也；《书》，史之辞也；《诗》，史之政也；《春秋》，史之断也；《礼》《乐》经

[1] 郑樵：《乐略第一·乐府总序》，载《通志二十略》上册，中华书局1995年版，第883页。
[2] 黎靖德编：《朱子语类》卷八十三《春秋·纲领》，中华书局1986年版，第2144页。
[3] 许衡：《鲁斋遗书》卷一《语录上》，文渊阁《四库全书》本，第1198册，第281页。
[4] 刘因：《静修先生文集》卷一《叙学》，商务印书馆1936年版，第4—5页。

纬于其间矣。"[1] 其次，元代学者强调经史并重，比宋儒先经后史的经史关系基本论断有所发展。刘因说："学者必读全史，历代考之，废兴之由，邪正之迹，国体国势，制度文物，坦然明白。时以六经旨要立论其间，以试己意。"[2] 强调史学与经学并立的作用。郝经更明确指出经史二者不可缺其一，"若乃治经而不治史，则知理而不知迹；治史而不治经，则知迹而不知理。苟能一之，无害于分也"[3]。由此，元代史学在经史关系论中的地位得到了提升。

明代心学兴起后，在经史关系论上出现史学进一步走向独立的思想发展趋向。王阳明提出"五经亦史"论，强调"以事言谓之史，以道言谓之经。事即道，道即事。《春秋》亦经，五经亦史。《易》是包牺氏之史，《书》是尧、舜以下史，《礼》《乐》是三代史。其事同，其道同，安有所谓异？""五经亦只是史，史以明善恶，示训戒"。[4] 虽然王阳明"五经亦史"论的本意在于建构心学而非提升史学地位，但为后学理性认识经史关系提供了理论路径。一方面，明儒多沿此心学路径上展开经史关系思考。薛应旂持"经史一也"的基本心学观点，认为"古者左史记言，右史记事。事为《春秋》，言为《尚书》，经史一也"，又据此批评朱熹的"经精史粗"之说："朱晦翁谓吕东莱好读史遂粗着眼。夫东莱之造诣不敢妄议，若以经史分精粗，何乃为精义？入神之妙，不外于洒扫应对之间也。"[5] 另一方面，随着心学的发展，明儒逐渐摆脱理学话语体系的羁绊，而对经史关系做事实角度的深入探讨。沈国元说："经以载道，史以纪事，世之持论者或歧而二之，不知道无不在，散于事为之间，因事之得失成败，可以知道之万世无弊，史之所系綦重矣。"[6] 由此摆脱了求理、明心的义理语境转而注重事实层面的史学探讨。

[1] 郝经：《陵川集》卷十九《经史》，文渊阁《四库全书》本，第1192册，第208页。
[2] 刘因：《静修先生文集》卷一《叙学》，商务印书馆1936年版，第5页。
[3] 郝经：《陵川集》卷十九《经史》，文渊阁《四库全书》本，第1192册，第209页。
[4] 王守仁：《王阳明全集》卷一《传习录》上，上海古籍出版社1992年版，第10页。
[5] 薛应旂：《宋元通鉴》卷首《义例》，明嘉靖四十五年自刻本，《四库全书存目丛书》本，史部第9册，第3页。
[6] 沈国元：《二十一史论赞》卷首《总叙》，《四库全书存目丛书》本，史部第148册，第531页。

王世贞、李贽等人代表了晚明超脱理学体系而立足史学探讨经史关系的思潮。王世贞认为："天地间无非史而已。三皇之世，若泯若没；五帝之世，若存若亡。噫！史其可以已耶？六经，史之言理者也。"[1] 他否定经书的独立性，而以之为"史之言理者"，从而将经书纳入了史学体系，突显了其学说以史学为本位的理论特点。王世贞对史学价值的阐发，在阳明心学"五经亦史"说的基础上，又超越了这一学说的心学理论语境，而回归史学领域。李贽猛烈批判经学，谓："更说甚么六经，更说甚么《语》《孟》乎？夫六经、《语》、《孟》，非其史官过为褒崇之词，则其臣子极为赞美之语。……后学不察，便谓出自圣人之口也，决定目之为经矣，孰知其大半非圣人之言乎！……然则六经、《语》、《孟》，乃道学之口实，假人之渊薮也，断断乎其不可以语于童心之言明矣。"[2] 李贽做出六经、《语》、《孟》"大半非圣人之言"的历史论断，讥之为"道学之口实，假人之渊薮"，进而强调追求具有历史真实性的义理作品。他从这样一种理念谈论经史关系，认为"经史一物也。史而不经，则为秽史矣，何以垂戒鉴乎？经而不史，则为说白话矣，何为彰事实乎？故《春秋》一经，春秋一时之史也。《诗经》《书经》，二帝三王以来之史也"[3]，体现了立足于史学本位的一种经史关系的新思考。

## 三、经学的义理化对史学的作用

作为时代哲学思潮和思想意识形态，经学对史学有着重大影响，宋元明时期尤其如此。经学变古而向着义理化方向发展的过程，带动了史学的义理化，深刻影响到了历史观念与史学思想的多个层次与方面。

宋代理学的兴起是经学义理化最重要的现象，对史学的影响在中国古代经史关系上具有代表性。不少学者都认为宋代史学是中国传统史学

[1] 王世贞：《弇州四部稿》卷一百四十四《艺苑卮言》，文渊阁《四库全书》本，第1281册，第350页。
[2] 李贽：《焚书》卷三《童心说》，载《李贽文集》第一卷，社会科学文献出版社2000年版，第93页。
[3] 李贽：《焚书》卷五《经史相为表里》，载《李贽文集》第一卷，社会科学文献出版社2000年版，第201页。

的顶峰，这一史学繁荣现象与经学和理学的推动作用有很大关系。首先，经学上的疑古惑经思潮在宋代蔚为大观，由此带动了宋代历史考证的兴起。史学的自由考证引导了经学变古，又因为新的经学自由历史考证风气而进一步得以发展，甚至出现了针对史家、史著的专门史学考证，产生了《唐书直笔》《新唐书纠谬》《汉书刊误》和《史略》等新型的考评作品。其次，易学经学的发展成为宋代史学发展的哲理基础。在理学兴起的背景下，易学的历史思维在这一时期得到了发展。宋儒不但重视阐发易学思维，而且注重将这些思维运用到人事领域中，使得史学有了深刻的思维基础。欧阳修、司马光、朱熹等史学家都在易学上颇有建树，也都非常重视运用易学思维来考察历史。再者，《春秋》笔法作为中国古代的重要"史学理论"，带动了宋代史家的效仿风潮，由此影响到宋代史学求真理念的显现与史学批评的发展。

在经学义理化影响下，宋代史学不仅呈现出繁荣景象，也表现出自身的历史特点。首先，在历史观方面，宋代史学反映了经学的义理化趋向。第一，宋代史学形成了天人同理的历史观，要求史学得"天理之正，人心之安"[1]，形成了具有自身特点的"究天人之际"风气。第二，宋代史学形成了以天理为指导的历史盛衰观，普遍从"天理"角度考察历史盛衰，于是出现二程和朱熹等人的新的历史阶段论。第三，宋代天人观出现破除汉学神学化的理性转向与人文主义转向。宋代的疑古惑经思潮视汉学尤其是东汉谶纬神学为怪诞之论，欧阳修"力破汉儒灾异五行说"[2]；欧阳修、朱熹等人修史皆摒弃汉代以来的神学化体例。第四，宋代史学接受了经学新正统观。欧阳修将正统论的开端系于《春秋》，又以"大居正"和"大一统"作为正闰评价标准，苏轼、司马光、朱熹等人也持此论，成为宋代史学撰述的重要指导思想。

其次，在历史编纂思想方面，理学也对史学起到了重大作用。第一，理学贯通天地古今的思维方式促成了宋代通史撰述的兴盛。司马光的

---

[1] 朱熹：《御批资治通鉴纲目》卷首上《朱子序例》，载朱杰人等主编：《朱子全书》第十一册，上海古籍出版社、安徽教育出版社 2002 年版，第 3502 页。

[2] 欧阳修：《附录》卷二《先公事迹》，载《欧阳修全集》，中华书局 2001 年版，第2627 页。

《资治通鉴》、胡宏的《皇王大纪》、苏辙的《古史》和郑樵的《通志》等史著，都反映了宋代史家的通史意识。第二，理学对春秋学的推崇，促使宋代编年体史书振兴，不仅数量超过前代，而且产生了《资治通鉴》《续资治通鉴长编》和《建炎以来系年要录》等一批编年体名著。第三，理学推动了一些新史体的创立。朱熹用"天理"史观指导修撰而成的《资治通鉴纲目》，创立了纲目体；朱熹提倡理学的道统论，"尽载周、程以来诸君子行实、文字"[1]，而作《伊洛渊源录》，发端了学案体。袁枢作《通鉴纪事本末》而创立纪事本末体，在一定程度上也与当时主张"格物致知""即事明理"的理学风气有关。此外，经学义理化也对纪传体和载记类史书的体例产生了一定的影响。

元代提升了理学的官方地位，史学也在更大程度上受到了理学的影响。一方面表现在历史鉴戒思想方面。在宋亡的历史巨变之后，金履祥、刘因等元初学者表现出强烈的故国情结，他们重视发挥经史之学的鉴戒传统，多从"理"的角度进行历史反思。元代官方史学尤其是中后期的官方史学，也多以阐发义理来呈现其历史鉴戒思想。另一方面也表现在夷夏观和正统论的转变上。元朝完成了少数民族的大一统，也使得经史之学上的夷夏观和正统论发生巨大变化。刘祁、郝经等人发挥春秋学中的"用夏变夷"思想，肯定少数民族政权"进于中国"。许衡等人则进一步向统治者进言行汉法，其思想实质仍是宋儒就已提倡过的"用夏变夷"。元代实现了政治大一统，自然继承了宋代强调功业大一统的正统论标准，并做了发展。郝经强调"贵乎有天下者"[2]，强化了大一统的标准；姚燧作《国统离合表》，突显朱熹《资治通鉴纲目》中的正统统序。类似于南宋的情况，元儒也有强调正统论的道德标准的，典型者如杨维祯的《正统辩》，认为"统之所在，不得以割据之地，僭伪之名而论之"[3]。

明代前期理学在官方化发展的过程中走向僵化，由此也影响到史学出现低迷局面。第一，士人对理学的推崇导致史学意识淡漠，不复有宋

---

[1] 朱熹：《晦庵先生朱文公集》卷三十三《答吕伯恭书》，载朱杰人等主编：《朱子全书》第二十一册，上海古籍出版社、安徽教育出版社 2002 年版，第 1438 页。

[2] 郝经：《立政议》，载《郝经集校刊笺注》，三晋出版社 2018 年版，第 2563 页。

[3] 贝琼：《铁崖先生传》，载程敏政编：《皇明文衡》卷六十，四部丛刊初编本，第 980 页。

代理学家"格物致知"的学术兴趣，多认为"自考亭以还，斯道已大明，无烦著作，直须躬行耳"[1]。史学丧失了在理学中的重要作用而沦为附庸，加上君主专制的强化形成的思想钳制，故而顾炎武说："国初人朴厚，不敢言朝廷事，而史学因以废失。"[2] 第二，明代理学为了服务皇权专制，造成历史评价的泛道德化，从而影响了史学的客观性。这一现象突出表现为用正统论统摄历史评论，反映出"史也者，翼经之书"[3] 的逻辑。第三，朱熹开创的纲目体因为适合表达理学等原因，在明代前期甚为流行，兴起了用纲目体改编前史的风气，从而限制了史学视野。第四，朱熹用以建构道统而开启的学案体史书，在理学上升为官学的背景下演变成了门户之争的工具，导致史学上"朱陆争诉"[4] 的混乱局面。

阳明心学兴起之后，对史学产生了重要的影响。与宋代理学相似，王阳明在建立心学的过程中，以史学为重要环节，从而为历史思想带来了一定活力。王阳明从历史角度论世道升降来阐发心性标准，通过历史人物品评和历史事件评价来阐明其"良知"等具体观点。阳明后学在继承和发展心学的过程中，也带来了史学面貌的改观。第一，阳明后学借助史学来探讨"心"和"良知"的统摄意义，由此带来一个显著的史学现象是，薛应旂等人出于"经亦载事，史亦载道"[5] 的认识而通过改编古史来见"道"。第二，阳明后学中出现了"高论百王，不如宪章当代"[6] 的经世致用思潮，由此带动了本朝史的撰述。薛应旂撰《宪章录》，邓元锡撰《函史》和《皇明书》，冯应京修《皇明经世实用编》，都希望通过本朝史撰述来实现经世致用，从而产生了明皇朝史的撰述成就。第三，心学在建立自身道统的过程中，也产生了学案体史书撰述的成就。

---

[1] 《明史》卷二百八十二《薛瑄传》，中华书局 1974 年版，第 7229 页。

[2] 顾炎武：《亭林文集》卷五《书吴、潘二子事》，载《顾亭林诗文集》，中华书局 1983 年版，第 114 页。

[3] 许世昌：《重刻函史序》，载钱茂伟：《明代史学编年考》，中国文联出版社 2000 年版，第 215 页。

[4] 永瑢等：《四库全书总目》卷九十七《朱子圣学考略》，中华书局 1965 年版，第 824 页。

[5] 薛应旂：《宋元通鉴》卷首《宋元通鉴序》，明嘉靖四十五年自刻本，《四库全书存目丛书》本，史部第 9 册，第 8 页。

[6] 陈子龙：《皇明经世文编》卷首《徐孚远序》，明崇祯平露堂刻本，《续修四库全书》本，第 1655 册，第 34 页。

唐顺之的《诸儒语要》、唐鹤征的《宪世编》、周汝登的《王学宗旨》、王化振的《诸儒要语》等学案体和语录体史著都从心学角度梳理了儒家道统，以史学服务心学。

心学对个体价值的张扬在中晚明时期引起了重要的史学反应，带来史学的崛起。第一，阳明心学促进了个体意识觉醒，从而导致私人史著的涌现。心学阐发主体之心与良知在社会认识中的支配性作用，认为"良知之在人心，无间于圣愚，天下古今之所同也"[1]，比起宋代理学可由"道问学"而成圣贤的看法进一步提升了个体价值。"满街圣人"[2]的视角奠定了私人史著发展的价值论基础与合理依据，出现夏燮在《明通鉴·义例》所称"明人野史，汗牛充栋"的局面。第二，阳明心学对中晚明私人史著的内容和观点也有重要影响。明代中后期典型私人史著的作者多具有阳明后学的学术背景。这些史家具有心学张扬个体价值的意识，"家期马班，人各操觚"[3]，在内容和观点上延续王学影响，像唐顺之在为季本《春秋私考》作序时，就用阳明心学"直指本心"的理论理解《春秋》，谓"《春秋》者，所以寄人人直道之心也"，以之为修史的指导思想。第三，心学也促成了明代史论的丰富与"异端"特性。"明代史论至多"，《四库全书总目提要》的"史评类"史籍有超过半数成书于明代。明代史论的突出特征即"大抵徒侈游谈，务翻旧案"[4]，显现出不守儒家传统的"异端性"。明代史论的历史特征，正是某种意义上的阳明心学的史学自我反思。

心学上一大带有反传统特征的学说即"六经皆史"说，促使史学进一步走向独立。王阳明在建构心学时提出"以事言谓之史，以道言谓之经。事即道，道即事。《春秋》亦经，五经亦史"[5]。由心性的本原地位出发，王阳明认为道、事同一，所以经、史也同一。其后学唐顺之、王世贞、李贽等人发展了经史同一论，逐渐转向史学本位的思考。王世贞

［1］ 王守仁：《王阳明全集》卷二《传习录》中《答聂文蔚》，上海古籍出版社1992年版，第79页。
［2］ 王守仁：《王阳明全集》卷三《传习录》下，上海古籍出版社1992年版，第116页。
［3］ 谢国桢：《增订晚明史籍考》，上海古籍出版社1981年版，第5页。
［4］ 永瑢等：《四库全书总目》卷八十八《史纠》，中华书局1965年版，第755页。
［5］ 王守仁：《王阳明全集》卷二《传习录》上，上海古籍出版社1992年版，第10页。

立足于史学本位来探讨经史关系，认为"六经，史之言理者也"[1]。李贽一方面以理事合说经史，肯定史以经明理，经以史彰事；另一方面则明确提出了"六经皆史"说。[2]

总之，宋元明时期经学义理化的发展与演变，对史学在历史观念和史学思想等方面都产生了重大影响，经史之学由此往往表现出一致的发展趋向与历史特征。

### 四、史学对经学义理化的作用

史学对经学义理化演变的作用，早在唐代经学义理化初起之时，就已经开始发挥重要的引导与促进作用。刘知幾开"疑古惑经"之风，就是基于一种史学立场。刘知幾总结经史发展，带有将经史之学的历史考证融为一体的意味，开始用史学立场突破经学历史考证的界限。其著《史通》，设有《疑古》与《惑经》两篇，并在其中对《尚书》《论语》《春秋》提出批评，尤其是认为《春秋》有"十二未谕"[3]。《春秋》记事，亦经亦史。如果以经学立场言之，汉代经学甫一确立，《春秋》就已经被神圣化，以至于其经传注疏皆不容置疑。但是如果从史学立场言之，则王安石"断烂朝报"之说亦非无稽之谈。既然记事，则应首尾贯通，因果清晰，达到史著的基本要求，而这正是《春秋》的重大缺陷。刘知幾虽不至于有王安石之讥，但直言其多处"未谕"，史学立场已明。之后啖助、赵匡和陆淳的新春秋学派也是直据史事而阐发义理，打破了家法师法藩篱。其做法于当时经学不合，但从史学角度来讲确是合理的。综合所有文献证据以考证史事是新春秋学派阐发新义的基础，这正是一种史学路径。宋学正是在这一路径上最终脱离了汉学框架。

[1] 王世贞：《弇州四部稿》卷一百四十四《艺苑卮言》，文渊阁《四库全书》本，第1281册，第350页。

[2] 李贽：《焚书》卷五《经史相为表里》，载《李贽文集》第一卷，社会科学文献出版社2000年版，第202页。

[3] 刘知幾撰，浦起龙通释：《史通通释》卷十四《惑经》，上海古籍出版社1978年版，第398页。

宋代经学的义理化发展趋向，以"回归原典"[1]为旗帜。虽然宋学的学说体系并不是真正完全向先秦儒学回归，但至少在名义上指向探求儒家经典的历史本义。宋初立国即面临着重整社会秩序的任务，而其根本就在于重整意识形态。从经历过唐末五代冲击的宋人的视角来看，汉代经学的神学化内容缺乏历史依据，是对原典历史本义的歪曲。这是一种带有史学意味的立场。所以宋儒要完成重整意识形态的任务，就必须抛弃传统经学的解经路径而"不惑传注"，用一种史学精神追求儒家原典的历史本义。一旦用史学立场来看待原典的考证，家法、师法的经学藩篱也就自然被突破了。刘敞、欧阳修和朱熹等人多以史学角度看待《春秋》《诗》等原典，在进行自由历史考证而求得原典本义的过程中，摆脱了传统经学受到的种种限制的历史考证体系，进而形成了义理化经学体系。

史学精神对经学义理化的缘起与发展起到了重要作用，在经学上破除传统历史考证规则之后，新的历史考证形态也随之出现。去除了家法、师法束缚和经、传、注、疏的层级体系之后，经学的历史考证就更加接近史学的历史考证了。从整体史学的角度来说，历史考证随着宋代经学变古而逐步实现了经学历史考证与史学历史考证的趋同和融合。这进一步促进了经史关系，也促进了史学对经学的作用。当然，在义理化经学的建立过程中，也存在着直阐义理的路径。这一路径上接今文学"微言大义"的传统，又偏重从心性角度直接探求义理。心性路径向内探求的方向，与格物路径向外探求的方向相背，实则将对经学原典本义的探求变为主观化解说，体现出一种实质上疏离于原典的发展倾向。这一路径在宋元时代随着程朱理学政治与社会地位的提升而一直发展，由此为阳明后学的"言谈无根"埋下了伏笔。从大的发展趋势而言，程朱理学一系相对注重历史考证，而陆王心学一系则相对忽视历史考证。

史学不仅对经学义理化的发生有重要影响，也在宋元明时期的经学义理化发展过程中起着重要作用。第一，史学是理学建构的重要环节。宋代形成的义理化经学的最终形态即后来一般所称的"理学"。一方面，理学要"即事明理"，以史学阐发理学观念。宋儒以心性为本而求"理"，把史看成是"事"，通过史事来阐明义理。程朱理学自然是即事明理的典

［1］ 林庆彰：《中国经学史上的回归原典运动》，《中国文化》2009年第2期。

型，即使是陆王心学也并非完全排斥即事明理，尤其是在其早期阶段。另一方面，理学要"以史证理"，通过史事证明理学观点。理学结合史学发展的情况一直延续到明代，并且随着理学官方地位的上升而越来越发展成为政治上的一种意识。明成祖朱棣为三部《大全》作序云："道之在天下，无古今之殊，人之禀受于天者，亦无古今之异"，把"道"视为贯通天人古今的根本，反映了理学思维的贯通性特征；又认为"所谓道者，人伦日用之理"，这样，就把理学的"道""理"的阐发与"人伦日用"之具体的"事"结合起来，而史事自然是理学所论之事的大宗。朱棣又说："六经者，圣人为治之迹也"[1]，和朱熹等人一样看到了经典的史学性质。明宪宗在组织重订《资治通鉴纲目》版本时也说："天地纲常之道载诸经，古今治乱之迹备诸史"，认识到"诸史"与"诸经之道"的密切关系，因此认为，"朱子因司马氏《资治通鉴》，著为《纲目》，权度精切，笔削谨严，自周威烈王至于五季，治乱之迹，了然如视诸掌，盖深有得于孔子《春秋》之心法者也"[2]，强调以史明理。明朝中后期心学兴起，对程朱理学发起挑战，同样延续了其以史学完成自身建构的理路。阳明心学在理学路径上进一步提升了心性的地位，主张"心即理"。王阳明认为"心"与"理"具有同一性，谓"人心天理浑然"，又认为"道"与"事"也具有同一性，所以说："以事言谓之史，以道言谓之经。"[3]程朱理学要以经统史，所以朱熹教人："先读《语》《孟》，然后观史，则如明鉴在此，而妍丑不可逃。"[4]王阳明的经史同一性主张变革了程朱理学先经后史的观念，其后学进一步发挥这种思想，把史学作为挑战程朱理学的重要途径。像焦竑就认为"良繇理涉虚而难见，事征实而易知，故古今以通之，图绘以象之，朝诵夕披，而观省备焉也"[5]。在心学中

[1] 《明太宗实录》卷一百六十八，永乐十三年九月己酉，台湾"中央研究院"历史语言研究所1962年影印本，第1873页。

[2] 《明宪宗实录》卷一百五十九，成化十二年十一月乙卯，台湾"中央研究院"历史语言研究所1962年影印本，第2910页。

[3] 王守仁：《王阳明全集》卷一《传习录》上，上海古籍出版社1992年版，第10页。

[4] 黎靖德编：《朱子语类》卷十一《读书法下》，中华书局1986年版，第195页。

[5] 焦竑：《焦氏澹园集》卷十五《养正图解序》，明万历三十四年刻本，《续修四库全书》本，第1364册，第51页。

人看来，"事"与"道""理"具有同一性，所以要通古今之事来明理。在宋明理学的整个发展与转向过程中，史学都作为一个重要环节而存在。

第二，史学是理学致用的重要途径。儒学有"内圣"与"外王"的不同通经致用方向，宋元明时期的理学也是如此。无论是内圣之学，还是外王之学，都以儒家六经为核心来发挥经世致用作用。其中，史学是一个关键。对内圣之学而言，主要以教化来致用，故通过史学来"察古人之全"[1]，以此"识治乱安危兴废存亡之理"[2]，进而通过史事来阐发天人之理。对于外王之学而言，主要以事功来致用，而外王事功与内圣是相表里的，像司马光就认为内圣的武、智、仁三德（又称仁、明、武）外发则为任官、赏功、罚罪，故云："夫治乱安危存亡之本原，皆在人君之心。仁、明、武，所出于内者也。用人、赏功、罚罪，所施于外者也。"[3] 内圣之德发而为外王之功，就需要史学的参与。司马光通过《资治通鉴》的编纂来阐明历史上的"德"与"功"；吕祖谦也通过史学"畜德"，认为"多识前言往行，考迹以观其用，察言以求其心，而后德可畜"[4]，并通过《大事记》等史著"畜德致用"[5]。元代也出现了理学经世思潮与史学致用思想的相互结合。周密、刘因、郝经和许衡等人看到宋末理学的弊端，抨击不务实而"高谈已及于性命"[6]的空疏之学，而主张"道""理"的经世致用。马端临认为司马光《资治通鉴》"详于理乱兴衰，而略于典章经制"[7]，而著《文献通考》进一步加以补充，代表了元代经史的致用结合。明代前中期的理学走向僵化的过程中，史学也为其自我救赎以经世致用的努力做出了贡献。方孝孺、曹端等人主

---

[1] 胡宏：《皇王大纪》卷七十五《三王纪》，文渊阁《四库全书》本，第 313 册，第 719 页。

[2] 程颢、程颐：《河南程氏遗书》卷十八《伊川先生语四》，见《二程集》，中华书局 2004 年版，第 232 页。

[3] 司马光：《司马温公文集》卷七《进修心治国之要札子》，商务印书馆 1937 年版，第 179 页。

[4] 吕祖谦：《丽泽论说集录》卷一，文渊阁《四库全书》本，第 703 册，第 68 页。

[5] 吕祖谦：《大事记解题》卷一《周敬王三十九年庚申》，文渊阁《四库全书》本，第 324 册，第 2 页。

[6] 刘因：《静修先生文集》卷一《叙学》，商务印书馆 1936 年版，第 3 页。

[7] 马端临：《文献通考·序》，中华书局 2011 年版，第 1 页。

张"理气一体论",认为理、气相即而不离,力图把形而上的"理"拉回到"气"所代表的形而下范围。以此为哲理基础,明儒强调理学的经世致用,而把史学作为一种具体的现实途径。宋濂在《浦阳人物记·政事篇序》中说:"呜呼,政事于人大矣!操厚伦惇俗之具,执舒阳惨阴之柄,御赏善罚恶之权,任出生入死之寄。……纵曰往者之不可作,宁不使来者之知劝乎?呜呼,纪载之文其可少乎!"王祎也认为:"圣贤之道,所以致用于世也。……致用在乎经邦,经邦在乎立事,立事在乎师古,师古在乎随时。苟不参古今之宜,穷始终之要,则何以涉事济变,而弥纶天下之务哉?"[1]在明儒阻止程朱理学走向空疏的过程中,史学成为其让理、道切近人事、实务的关键。明中后期心学主张用心统摄理,希望达到"无我"状态。从中国传统逻辑而言,因为"心"无我,所以才能容纳一切。假如心中有一分杂念,则失去至全的容量而不得容纳所有,也就不得体现"天然之理"。"其结果是为走向'天理即在人欲中''理在气中'等唯物主义色彩的命题提供了可能"[2]。这实际上在形而上的心性之学中开辟了通向形而下致用的路径,在逻辑上将史学纳入以理致用的范围,由此出现了唐顺之代表的经世史学思潮。

总体来看,在宋元明经学义理化过程中,虽然存在着荣经陋史、先经后史的思想观念,但很少排斥史学。无论向内"尊德性"还是向外"道问学",都需要以史学为重要途径来完成理学的建构。史学在理学的产生、发展与转向过程中起到了不可或缺的作用。

---

[1] 王祎:《王忠文集》卷七《王氏迁论序》,文渊阁《四库全书》本,第 1226 册,第 40 页。

[2] 向燕南:《从"主于道"到"主于事":晚明史学的实学取向及局限》,《学术月刊》2009 年第 3 期。

# 第一章 理学的勃兴与宋代史学的义理化倾向

与汉唐时期呈现出以考据为主要特征的经史之学不同，宋元明时期的经史之学则呈现出以义理为主的特征。宋代义理化经史之学突出表现为经学的理学勃兴与史学的义理化倾向，这二者之间又有互动互融关系。理学与经学的范围并不完全对等，理学除了研治经典，还有大量议论与其他探讨。因此，从某种程度上来说，理学将经学的内容扩大了。这一范围的扩大与内容的变革一道带来了经学体系的重大变化，同时也给史学带来了重大影响。

## 第一节 经学义理化与宋代理学的勃兴

"理学"的称谓到南宋时才逐渐普及，北宋一般以"道学"相称。元人编著《宋史》仍然设有《道学传》，用以记载宋代理学家。在宋代理学中，也不只是程朱理学，还有陆九渊心学一脉。此外，张载的关学、三苏的蜀学等，往往也被看成宋代理学的重要组成部分。理学是中唐以后经学风气变革的重要产物，但又不等同于经学，而是在经典研治以外有大量直发义理的议论和探讨。这种治经范围的扩展，本身也是中唐以后经学路径由考据转向义理的一种必然趋向和重要表征。

一、经学风气的转变与理学的勃兴

从唐宋经学发展史来看，经学的义理化与理学的勃兴，实为传统经学僵化使然。唐代重建大一统政治之后，统一经学也随之形成。唐太宗令颜师古撰成五经定本，作为五经的官定版本在全国颁行；又令孔颖达等人编成《五经正义》，作为官定的五经经义解读之作。《五经正义》"所宗之注不同，所撰之疏亦异"[1]，对选定的注本，即使有错也不纠正；同时兼采今古文，体现了统治者兼收并蓄的经学文化观念。然而，伴随着经学总结的完成，《五经正义》成为对经学的唯一解读，经学也因此走向僵化，无法培养出对治国有用的人才。到武后时，已是"博士、助教，唯有学官之名，多非儒雅之实"[2]。面对经学的僵化，学界自然开始逆反求新，这种新的学术反思首先表现为经学疑古惑经思潮上。武后时，王元感撰写《尚书纠谬》《春秋振滞》和《礼记绳愆》等著作，其书虽亡佚，但从其书名便可看出其对经典的怀疑与大胆创见。王元感的经学思想在当时也得到了一定支持，史载"徐坚、刘知幾、张思敬等惜其异闻，每为助理，联疏荐之"[3]。

　　中唐以后，挣脱传统历史考证的经学路径愈益明显，而这一经学新风与学者从史学角度思考经传有一定关系。如刘知幾著《史通》疑古惑经，在《疑古》与《惑经》两篇中对《尚书》《论语》《春秋》提出批评，尤其认为《春秋》有"十二未谕"[4]，即有十二处让人难以明白。这已经暴露了唐代注疏经学的缺陷，但在当时的政治、社会与文化条件下，改变经学进路的时机并不成熟，因此疑古惑经提出的诸多经学疑问，未能得到较系统的解经答案。安史之乱的时代危局进一步催生了经学变革。以啖助、赵匡和陆淳为代表的新春秋学派引领了新一轮的疑古惑经思潮，他们通过褒贬"《春秋》微旨"来质疑三传，严格区分经传文本，舍传求经，试图打破传统的经学解释模式，由此开启了由章句向义理转变的解经范式的变革。啖赵等人怀疑三传而直阐《春秋》，确立了一种新的解经路径。与此同时，韩愈倡言"道统"，直追孟子而否定了汉唐间千年家法师法传承。韩愈的经学思想不仅尊孟，也推崇《大学》，而排佛则是其重

---

[1]　皮锡瑞：《经学历史》卷七《经学统一时代》，中华书局1959版，第203页。

[2]　《旧唐书》卷一百八十九《儒学传上》，中华书局1975年版，第4942页。

[3]　《新唐书》卷一百九十九《儒学传中》，中华书局1975年版，第5666页。

[4]　刘知幾撰，浦起龙通释：《史通通释》卷十四《惑经》，上海古籍出版社1978年版，第398页。

整经学的一个逻辑起点。这种经学思想展开之后，实际上改变了经学传统历史考证的引征资源范围。一方面，传统笺注义疏受到排斥；另一方面，《孟子》与《大学》在经学历史文献中的权威性大大上升。其弟子李翱继承这一思想，进一步言"性情"，提升《中庸》等著作的经学地位。韩、李的经学思想，直接成为宋代言"性与天道"的前导。

　　北宋建立之后，现实政治社会条件大为改变，为中唐以来积蓄在经学内部的变革因素的发展提供了契机。在北宋初期，经学上最引人瞩目的现象是官方对传统经学的进一步整理与发展，这是新皇朝整顿思想秩序的需要，其间已显露经学变古因素。这一时期扩大了五代雕版印刷经书的规模，孔颖达的《五经正义》得以普及，继而又校订各经义疏印刷，被称为镂板之学。由此，义疏文本被确定并大规模流传，减少了因笔抄产生的讹误。宋太宗和宋真宗时期，数次校订，去除经疏舛误，经学典籍看似臻于完备。宋真宗时，邢昺受命校订义疏，唐代未定《论语》义疏，邢昺修《论语注疏》"因皇侃所采诸儒之说、刊定而成"，但已经"稍传以义理"，后世视之为汉学向宋学的"转关"。[1] 到了庆历时期，宋代经学的理学化更加显著，王应麟描述称：

> 　　自汉儒至于庆历间，谈经者守训故而不凿。《七经小传》出而稍尚新奇矣，至《三经义》行，视汉儒之学若土梗。古之讲经者，执卷而口说，未尝有讲义也。元丰间，陆农师在经筵始进讲义。自时厥后，上而经筵，下而学校，皆为支流曼衍之词，说者徒以资口耳，听者不复相问难，道愈散而习愈薄矣！陆务观曰："唐及国初，学者不敢议孔安国、郑康成，况圣人乎！自庆历后，诸儒发明经旨，非前人所及，然排《系辞》，毁《周礼》，疑《孟子》，讥《书》之《胤征》《顾命》，黜《诗》之《序》。不难于议经，况传注乎！"[2]

这一时期经学的理学化，无疑是对中唐以来变古因素的发展：其一，开

————————

[1] 永瑢等：《四库全书总目》卷三十五《论语正义》，中华书局1965年版，第291页。
[2] 王应麟著，翁元圻辑注，孙通海点校：《困学纪闻注》，中华书局2016年版，第1192页。

中国经史关系通史·宋元明卷

端于中唐的怀疑精神进一步发展，在回归原典的过程中开始走向对原典本身的怀疑；其二，传统历史考证在解经中的地位较唐代与宋初大为下降，诸儒多发新见，继续韩愈以来重构儒学的实践。

宋代理学"具有怀疑精神，能提出自己的意见"[1]。这种怀疑精神不满足于既有的解经方式和经学体系。关于解经方式，宋儒注重以己意解经，阐发义理。理学中有程朱"道问学"一派，也有陆九渊"尊德性"一派，周予同和余英时等诸先生多有论述，不再赘述。简而言之，程朱阐发义理而重"格物"，由此将传统考据统摄于治学畛域；陆九渊直阐"心性"，逐渐弃置外在探讨，由此愈益淡漠考据。从汉宋经学风气转向的大背景来说，理学内部之理学与心学两派的差异是重义理与轻考据程度的不同，大的路径上则都迥异于汉唐经学。因此可以说，程朱理学与陆九渊心学在大的汉宋学风转变背景下属于同一派别。但是，就理学内部而言，二者的区别仍然是需要明辨的。从经学体系的角度来说，传统的五经不能满足程朱理学与陆九渊心学探讨心性的需求。朱熹一反汉唐家法师法，将四书抬高至凌驾五经的地位，从而改变了汉唐经学体系。因为经典体系的变革，经史之学的征引体系也随之发生变革，而在整体上呈现出与汉学截然不同的义理化的经史面貌。


二、宋代经学走向义理化的合理性


宋代经学的变古，在一定程度上来说，是经学发展的一种必然理路，同时也意味着经史关系的重要变化。汉晋解经文词简约，从要处着眼。解经的着眼点和语言特点导致后人不能通晓汉晋笺注，仍需进一步注解。嗣后南北朝隋唐时期兴起义疏之学，一方面反映了经学地位上升、政治与文化关系进一步密切导致进一步阐发经义的需要；另一方面也是经学自身发展趋向的体现，治经力求以义疏详尽、贯通经义。从笺注到义疏，是汉唐经学力求以考证方式解经的学术发展道路。从经史关系角度而言，汉唐经学以史解经明辨经义、以史证经论证所申义理。以史解经除了直接用历史考证的方式注解经文，笺注义疏援引经史文献解说经义，也是

[1] 朱维铮编：《周予同经学史论著选集》，上海人民出版社1996年版，第898页。

在既有的历史文献中援引例据。经学家法、师法不同，在历史演变过程中留下的文献日益驳杂、多有相抵牾者，造成经学历史考证难以根除的弊端。甚至东汉以后，历来受指摘的谶纬也成为笺注义疏解经的一个文献来源。唐代颁行官定的五经定本与《五经正义》，是经学发展的一个高峰，实现了经典文本和经义解说两个方面的大一统。但经学的大一统同时意味着多家注疏渐次被废，经学思想趋于僵化。这种传统的解经进路至五代北宋时期达到顶峰。

五代开始雕版印刷经书，北宋则大规模印行，普及了经学文本，从经到传疏的整个经学体系乃至背后的治经路径也都被固定化。从历史角度而言，传统经学发展至北宋时，已出现了不得不改变的弊端：

首先，笺注义疏之学的以史解经产生了无法克服的重要矛盾。一方面，经学希望以带有历史考证性质的文字、文献解说探求圣人的本义；另一方面，经文本身的晦涩和所引文献的驳杂，反而带来经义解说的不可信与各种矛盾。主要表现有二：其一，义疏之学的历史考证遵循"疏不驳注"的原则，各家解经力图圆融笺注之义又求穷尽前人未尽之经义，因此博引旁征，甚至采用谶纬之论，以至于义疏中包含了大量"怪异惑乱"之说，令人生疑。其二，不同师法、家法对经书的解说不同，以史学求真理念关照，则意味着各种相互矛盾的经解中必然存在着似是而非的内容。因此，北宋初期的传统经学存在着重大缺陷。

其次，名物训诂之学以历史考证为重要原则，限定了经义阐发的灵活性。唐代《五经正义》限定了经义解说，其自身思想不能随时应变，日益不能适应唐宋之际的重大政治、社会与文化变化。

第一，唐末五代的社会"失范"，导致北宋初期面临重建社会信仰体系的艰巨任务。拘泥于名物训诂的传统经学在此时代需求面前，显得力不从心。宋儒从既有文献中寻找切中时弊的经义主旨，往往难以直抒胸臆，又加之家法藩篱，更显掣肘。典型者如"尊王"与"攘夷"二义。汉唐大一统时代奠基的传统经学，对"尊王"的解说已不能适应历唐末五代之后宋代重建王道纲纪的需要；宋代民族对峙的政治局面迫切需要申述"攘夷"大义，而唐代"华夷一家"背景下的夷夏之辨则不能适应这种变化。

第二，唐宋之际的社会变革，业已产生新的文化需求，同时也为社会统治思想的更新注入了新的资源。当代学者有一种观点，认为10世纪到 11 世纪后半叶的中国出现了"亚近代"化，其表征是"近代型高速经济"与"合理精神"增长。[1] 抛开"亚近代"的说法姑且不谈，此论确实指出了唐末宋初之际物质与精神层面的重大社会变迁，亦即向近现代社会形态靠近。一方面，商品经济高速发展，平民社会兴起。这意味着贵族对社会的控制力与示范力较之前历史时期下降，平民的文化需求和对文化的创造日益重要。士族与贵族不再能垄断文化学术，借助科举制的社会上升渠道和民间书院的兴起，汉代与唐代服务于政治大一统的传统经学必然与来自社会下层的文化需求发生抵牾，产生变革的需要。另一方面，追求入世的合理精神兴起。堺屋太一认为从唐武宗"会昌灭佛"开始的灭佛运动与欧洲宗教革命相类，标示着近代合理精神的兴盛。从这种历史情形来看，建立在商品经济发展基础上的世俗化精神需要新的文化形态与之相适应。传统儒学在这种时代背景下有应时而变的需求。

第三，唐代以后三教争鸣的社会文化背景促使儒学吸收佛家与道家的思想成分，但官定经学却大大束缚了这种儒学的更新。而儒学的更新是适应上述社会变革的必行之举。尤其在唐末五代的乱世中，传统儒学的终极关怀主要在政治制度层面，相较于佛家的心性关怀，在给人以精神寄托方面犹显力不从心。将佛家和道家等思想资源纳入儒学体系的时代思潮，满足社会上层与下层的精神需要，必然要求打破官定义疏之学的束缚。

由此可见，宋代经学的义理化走向具有相当的合理性，其不仅是汉学走向僵化而需要调整的学术理路要求，也反映了社会文化环境发生变化之后的客观需要。这种义理化的需要在中晚唐时期已初见端倪，至宋代已成为不可抑制的发展趋势。

三、心性与天理的建构

宋代直阐义理的解经路径逐渐走向心性与天理的建构。中唐因排斥佛老的需要，又受佛老思想影响，韩愈开始尊孟，并从孟子思想中触及一些心性问题，其弟子李翱提出"复性论"，论说愈益深入。宋初石介、

---

[1] （日）堺屋太一著，黄晓勇等译：《知识价值革命》，生活·读书·新知三联书店 1987 年版，第 148—151 页。

欧阳修等人也都有一些涉及心性的探讨，但其经学主要注意力则不在此。不过欧阳修明确提出了"天理"的概念，并以"天理"为万物的根本法则。欧阳修在解《易》时总结万物之理说："凡物极而不变则弊，变则通。故曰'吉'也。物无不变，变无不通，此天理之自然也"[1]；在论《乐》时则认为"圣人由是照天命以穷根，哀生民之多欲，顺导其性，大为之防。为播金石之音以畅其律，为制羽毛之采以饰其容，发焉为德华，听焉达天理"[2]。欧阳修继承了汉儒将天人视为一体的看法，因此其"天理之自然"放诸人类社会则有"人理"。有时，欧阳修也言"天人之理"，称："夫天非不好善，其不胜于人力者，其势之然欤？此所谓天人之理。"[3]欧阳修以"天理""人理"和"天人之理"解经并阐发社会变化道理，其间已涉及"顺导其性"以"达天理"等沟通心性说与天理说的内容，但尚未形成系统化的理论。

王安石尊孟子，在心性问题上做了较多阐发，与理学重构经学理路相近。王安石认为，改造官方经学，必须要在新的解经原则下对经学进行整体重构。新学所发经义，虽然因政治斗争而几近湮没，但其重构经学的理路却被保留下来。王安石重构经学的一条重要路径就是探讨心性问题。王安石阐发"王霸"之辨而归之于心术，他说：

> 仁义礼信，天下之达道，而王、霸之所同也。夫王之与霸，其所以用者则同，而其所以名者则异，何也？盖其心异而已矣。其心异则其事异，其事异则其功异，其功异则其名不得不异也。
>
> 王者之道，其心非有求于天下也，所以为仁义礼信者，以为吾所当为而已矣。以仁义礼信修其身而移之政，则天下莫不化之也。是故王者之治，知为之于此，不知求之于彼，而彼固已化矣。霸者之道则不然：其心未尝仁也，而患天下恶其不仁，于是示之以仁；

[1] 欧阳修：《居士集》卷十八《明用》，载《欧阳修全集》，中华书局 2001 年版，第 304 页。

[2] 欧阳修：《居士外集》卷二十一《国学试策三道》，载《欧阳修全集》，中华书局 2001 年版，第 1032 页。

[3] 欧阳修：《居士集》卷四十四《送张唐民归青州序》，载《欧阳修全集》，中华书局 2001 年版，第 627 页。

其心未尝义也，而患天下恶其不义，于是示之以义。其于礼信，亦若是而已矣。是故霸者之心为利，而假王者之道以示其所欲；其有为也，唯恐民之不见而天下之不闻也。故曰其心异也。[1]

王安石认为，王霸的根本区别在于"其心异"，心异是"事异""功异"及"名异"的根本原因。钱穆指出王安石将修身正心与治国平天下一以贯之，为以后学者所遵循，是在宋儒思想进展上的一大贡献。[2] 从经史关系角度而言，这是经学以史学精神回归原典本义后重构途径的一种探索，只是在重构中新辟心性路径，实则又疏离于原典。

二程被视作理学发端。程颐因言道统，而自称其学为"道学"，从儒学历史传承的角度标榜己说为孔孟所传之道，在理学兴起后被奉为儒学正宗。二程经学发扬了中唐以来史学精神回归原典历史本义的解经传统，更重要的是在重构经学方面为理学奠定基础。从经史关系角度而言，二程对经学义理化以至理学化主要有以下三方面贡献：

第一，二程将直阐义理的解经路径导向心性之学。唐宋时期，儒、释、道三教相争，儒者卫道排异。佛老之学多明心性之理，又有着极大吸引力，儒者在与其交流中往往受其影响，产生建构儒家心性之学的趋势。韩愈、李翱、王安石等人已涉及心性之论，二程则初步建构起了儒家的心性之学。程颢"泛滥于诸家，出入于老、释者几十年，返求诸六经而后得之"[3]。在这个过程中，程颢和其他不少宋儒借老、释之学言儒家心性。程颢作《颜子所好何学论》，认为"圣人可学而至"，颜回即"学以至圣人之道"。他指出这种为学方法是"凡学之道，正其心，养其性而已。中正而诚，则圣矣。君子之学，必先明诸心，知所养，然后力行以求至，所谓自明而诚也。故学必尽其心。尽其心，则知其性，知其性，反而诚之，圣人也"[4]。程颢将圣人之学看成心性之学，至此，韩

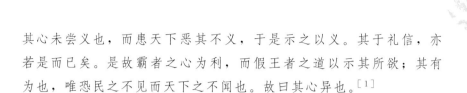

第一章 理学的勃兴与宋代史学的义理化倾向

[1] 王安石：《王文公文集》卷二十八《王霸》，上海人民出版社1974年版，第326页。
[2] 钱穆：《钱宾四先生全集》第九册《宋明理学概述》，联经出版事业股份有限公司1998年版，第19页。
[3] 《宋史》卷四百二十七《程颢传》，中华书局1985年版，第12716页。
[4] 程颢、程颐：《河南程氏文集》卷第八《颜子所好何学论》，载《二程集》，中华书局2004年版，第577页。

愈以来从心性角度重构儒学的路径被正式确立。

第二，直阐义理，以"天理"为最高世界法则。二程将包括自然与人类社会的世界看作一个整体，而把"理"视作普遍法则，"所以为万物一体者，皆有此理"，"故有道有理，天人一也，更不分别"。[1]"理"普遍存在，又可以归结为一，"万理归于一理"[2]。在"天人合一"的宇宙论背景下，二程便将自然界和人类社会的所有"物"归结为理，"凡眼前无非是物，物物皆有理。如火之所以热，水之所以寒，至于君臣父子之间皆是理"[3]。二程不仅提出"天理"说，也用此说统合了传统经学关于"天"与"天道"的论说。关于"天"，二程认为"天者理也"[4]；关于"天道"，二程认为"理便是天道也"[5]。二程经学以天理说作为解经的依据，如其释《论语·述而》"君子坦荡荡，小人长戚戚"，称："君子循理，故舒泰荡荡然。小人役于物，故多忧戚。"[6]

第三，沟通心性之学与天理。在把心性之学确定为儒家圣人之学基本内容、以天理为万物法则的基础上，二程又进一步将心性与天理结合起来，形成了一个较完整的哲学体系，使其"天人合一"说较汉儒之说更为完善。二程以"天地"和"圣人"为榜样，解说君子之学，称："夫天地之常，以其心普万物而无心；圣人之常，以其情顺万事而无情。故君子之学，莫若廓然而大公，物来而顺应。"[7]这种天人合一框架下的论说，赋予了从心性角度阐发"君子之学"以本体论依据。二程又进一

[1] 程颢、程颐：《河南程氏遗书》卷二上《元丰己未吕与叔东见二先生语》，载《二程集》，中华书局 2004 年版，第 20 页。

[2] 程颢、程颐：《河南程氏遗书》卷十八《刘元承手编》，载《二程集》，中华书局 2004 年版，第 195 页。

[3] 程颢、程颐：《河南程氏遗书》卷十九《杨遵道录》，载《二程集》，中华书局 2004 年版，第 247 页。

[4] 程颢、程颐：《河南程氏遗书》卷十一《师训》，载《二程集》，中华书局 2004 年版，第 132 页。

[5] 程颢、程颐：《河南程氏遗书》卷二十二《伊川杂录》，载《二程集》，中华书局 2004 年版，第 290 页。

[6] 程颢、程颐：《河南程氏经说》卷六《论语解·述而》，载《二程集》，中华书局 2004 年版，第 1147 页。

[7] 程颢、程颐：《河南程氏文集》卷二《答横渠张子厚先生书》，载《二程集》，中华书局 2004 年版，第 460 页。

步从阐发心性角度对"道"进行探求，称："道，一本也。或谓以心包诚，不若以诚包心；以至诚参天地，不若以至诚体人物，是二本也。知不二本，便是笃恭而天下平之道。"[1] 二程确立了心性与天道的核心概念，以此为基准进行了经学重构，为理学勾勒出清晰的轮廓。二程的经学重构仍以回归原典为旗号，然而其疏离倾向则更远，突出表现在为了从罕言心性的儒家经典中寻求思想依据，甚至改变了原典的范围，如"表章《大学》《中庸》二篇，与《语》《孟》并行"[2] 等。

朱熹继承并发展了二程专言"天理"与"心性"的思想，又统合了宋儒诸家学说。在天理说方面，朱熹以"理"或"天理"为宇宙根源，统合了宋儒关于"理""气""性"与"太极"的论说。朱熹认为："未有天地之先，毕竟也只是理。有此理，便有此天地。若无此理，便亦无天地。无人无物，都无该载了。有理，便有气流行，发育万物。"[3] "理"作为世界的根源，先于一切存在。朱熹提出了一个以"理"为根源的宇宙生成论，认为"天地之间，有理有气。理也者，形而上之道也，生物之本也；气也者，形而下之器也，生物之具也。是以人物之生，必禀此理然后有性。必禀此气；然后有形。其性其形虽不外乎一身，然其道器之间分际甚明，不可乱也"[4]。朱熹分别人与物的"形而上之道"和"形而下之器"，认为理为道、气为器，理为性本、气为形本。这种说法统一了宋儒的"理本论"和"气本论"，又以理为根源，称"天下未有无理之气，亦未有无气之理。气以成形，而理亦赋焉"[5]。此外，朱熹还将易学中的最高范畴"太极"纳入天理说中，称"太极只是一个理字"，"太极只是天地万物之理。在天地言，则天地中有太极；在万物言，则万物中各有太极"。[6] 这就是把太极等同于理。

[1] 程颢、程颐：《河南程氏遗书》卷十一《师训》，载《二程集》，中华书局 2004 年版，第 117—118 页。
[2] 《宋史》卷四百二十七《道学传》，中华书局 1985 年版，第 12710 页。
[3] 黎靖德编：《朱子语类》卷一《太极天地上》，中华书局 1986 年版，第 2 页。
[4] 朱熹：《晦庵先生朱文公文集》卷五十八《答黄道夫》，载朱杰人等主编：《朱子全书》第二十三册，上海古籍出版社、安徽教育出版社 2002 年版，第 2755 页。
[5] 黎靖德编：《朱子语类》卷一《太极天地上》，中华书局 1986 年版，第 2 页。
[6] 黎靖德编：《朱子语类》卷一《太极天地上》，中华书局 1986 年版，第 1 页。

在心性论方面，朱熹以"心"统"性情"，又贯之以"天理"。朱熹认为"心"主宰"身"，"性"为其体，"情"为其用，"心主于身，其所以为体者性也；所以为用者情也，是以贯乎动静而无不在焉"[1]。朱熹所谓"性为心体"，是从天理角度而言。朱熹主张性善论，认为"性者，人生所禀之天理也"，所以性"未有不善者也"，[2] 性即是"心之理"："仁义礼智，性也；恻隐、羞恶、辞让、是非，情也；以仁爱，以义恶，以礼让，以智知者，心也。性者，心之理也，情者，心之用也，心者，性情之主也。"[3] 朱熹的心性论，突出儒家伦理准则的地位。在指出人与物的性之同异时，朱熹说："人物之生，同得天地之理以为性，同得天地之气以为形。其不同者，独人于其间得形气之正，而能有以全其性，为少异耳。虽曰少异，然人物之所以分，实在于此。"[4] 朱熹认为人与物"同得天地之理以为性，同得天地之气以为形"，但只有人可以"得形气之正"，可以"全其性"。所谓"形气之正"便是儒家伦理准则，所谓"全其性"便是完全具备儒家伦理道德，所以朱熹明确指出"不知仁义礼智之粹然者，人与物异也"[5]。

从心性论出发，朱熹又提出一套认识论，发展了二程从心性角度阐发治学之道的论说。朱熹认为《大学》有阙文而补之：

> 右传之五章。盖释格物、致知之义，而今亡矣。此章旧本通下章，误在经文之下。闲尝窃取程子之意以补之曰："所谓致知在格物者，言欲致吾之知，在即物而穷其理也。盖人心之灵莫不有知，而天下之物莫不有理，惟于理有未穷，故其知有不尽也。是以《大学》

[1] 朱熹：《晦庵先生朱文公文集》卷四十《答何叔京二十九》，载朱杰人等主编：《朱子全书》第二十二册，上海古籍出版社、安徽教育出版社 2002 年版，第 1839 页。
[2] 朱熹：《孟子集注》卷十一《告子章句上》，载朱杰人等主编：《朱子全书》第六册，上海古籍出版社、安徽教育出版社 2002 年版，第 396 页。
[3] 朱熹：《晦庵先生朱文公文集》卷六十七《元亨利贞说》，载朱杰人等主编：《朱子全书》第二十三册，上海古籍出版社、安徽教育出版社 2002 年版，第 3254 页。
[4] 朱熹：《孟子集注》卷八《离娄章句下》，载朱杰人等主编：《朱子全书》第六册，上海古籍出版社、安徽教育出版社 2002 年版，第 358 页。
[5] 朱熹：《孟子集注》卷十二《告子章句上》，载朱杰人等主编：《朱子全书》第六册，上海古籍出版社、安徽教育出版社 2002 年版，第 396 页。

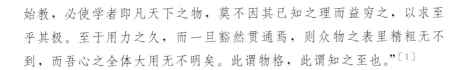

始教，必使学者即凡天下之物，莫不因其已知之理而益穷之，以求至乎其极。至于用力之久，而一旦豁然贯通焉，则众物之表里精粗无不到，而吾心之全体大用无不明矣。此谓物格，此谓知之至也。"[1]

朱熹释"格物致知"为"即物而穷其理"。在朱熹看来，认识的主体是"心之灵"，格物致知要从"即凡天下之物"入手，而"天下之物莫不有理"，格物就是"因其已知之理而益穷之"，最终达到"至乎其极"。从认识主体来讲，便是"吾心之全体大用无不明"；就认识对象来讲，便是"物格"；从认识效果来讲，便是"知之至"。

从经史关系角度来看，宋代经学"心性与天理"的建构路径，旨在打破传统经学历史考证中原典的神圣性和考证规则。发展至理学化阶段，原典成为施诸一般历史规则的对象，原典的体系也发生了四书凌驾于五经的结构性调整，考证的引征范围也由笺注义疏扩展到宋儒思想，甚至出现朱熹以"程子之意"补经的情形。伴随宋代经学新历史考证规则的确立，以"心性与天道"为核心的经学重构也完成了。这一经学重构过程以回归经学原典历史本义为旗号，其发明之义实则明显疏离于原典，甚至改变原典面貌与体系。这种疏离，是经学应时而变，适应现实政治社会需要的产物。

## 第二节　经史关系视域中的理学主要流派

广义的理学可包含程朱理学与陆九渊心学，以及关学、蜀学、浙东学派等诸多宋学流派；狭义的理学则专指程朱理学。程朱理学与陆九渊心学作为宋代理学的两大主流，从经史关系角度来看，呈现出不同特点。程朱理学"道问学"，即在从考据转向义理的过程中，重构了四书取代五经的历史考证体系，却仍然保有考据的比重；陆九渊心学则在抛弃考据方面较程朱理学走得更远，步入一条禅宗、道家就心内自求的道路。

[1]　朱熹：《大学章句》，载朱杰人等主编：《朱子全书》第六册，上海古籍出版社、安徽教育出版社 2002 年版，第 20 页。

一、经宋学与理学的关系

经宋学承经汉学而来，其变古主要在于改名物训诂而直阐义理。汉学与宋学解经方法的区别是就主要趋向而言，汉学中不乏义理阐发，像公羊学等就是以直阐义理为特点；而宋学也并非完全抛弃汉学传统而排斥名物训诂，像朱熹便在《论语训蒙口义》中指出治经应"本之注疏以通训诂，参之释文以正其音读，然后会之于诸老先生之说，以发其精微"。

从经史关系的角度而言，经学变古是从以历史考证为重要原则的传统经学变为以阐发经典历史本义为原则的义理化经学。这一转变具有"范式"转型的意味，带来经学内部结构的整体性变革。一个重要表现，就是以史证经的变化。一方面，经学的义理化使得历史考证在解经中的地位下降。传统经学的名物训诂解经方法以历史考证为重要原则，而义理化经学中的直阐义理方法则以阐发经书历史本义为首要原则，历史考证退居其次。另一方面，义理化经学中的历史考证改变了汉学所引征历史文献的体系，不仅破除了家法、师法的藩篱，更改变了引征文献的范围，甚至改变了经学原典本身的范围。

经宋学与理学有一定的区别。宋学发展到理学化阶段，是经学义理化进程的结果，变名物训诂之学而以讲求"性与天道"为中心。这种心性之学打着回归经学原典历史本义的旗号，当直阐义理以回归原典本义的名义取得合法性后，历史考证的地位自然愈益下降。

理学之名在南宋时才出现，其所认定的正统洛学，在北宋时自谓道学。程颐曾言："自予兄弟倡明道学，世方惊疑。"[1] 从今天的角度来看，二程道学是与之前时代不同的一种儒学形态，但当时道学的倡导者却将其视为自古以来儒学的正传，从历史的角度接续先秦儒学。程颐曾言：

> 周公没，圣人之道不行；孟轲死，圣人之学不传。道不行，百世无善治；学不传，千载无真儒。无善治，士犹得以明夫善治之道，

---

[1] 程颐：《河南程氏文集》卷十一《祭李端伯文》，载《二程集》，中华书局 2004 年版，第 643 页。

以淑诸人，以传诸后；无真儒，天下贸贸焉莫知所之，人欲肆而天理灭矣。先生生千四百年之后，得不传之学于遗经，志将以斯道觉斯民。……先生出，倡圣学以示人，辨异端，辟邪说，开历古之沉迷，圣人之道得先生而后明，为功大矣。[1]

在程颐看来，其道学即是周孔以来的"圣学"，并非二程发明。这就是说传统历史考证路径使经学原典的历史本义陷入"千年沉迷"，而二程则还原了经义的历史真实。虽然道学对原典历史真实的回归只是一种主观企图，但它在当时的历史环境中却获得了合法性。从经史关系的角度而言，求历史之真，是一种史学精神的体现。

北宋道学的提倡，与唐代以来的"道统"之论有关。韩愈希望在儒、释、道三教相争的背景中树立儒家的社会统治思想地位，提出儒家道统之论：

> 夫所谓先王之教者，何也？博爱之谓仁；行而宜之之谓义；由是而之焉之谓道；……斯吾所谓道也，非向所谓老与佛之道也。尧以是传之舜，舜以是传之禹，禹以是传之汤，汤以是传之文、武、周公，文、武、周公传之孔子，孔子传之孟轲，轲之死，不得其传焉。[2]

韩愈在"老与佛"之外提出儒家之"道"，并提出了从尧至孟子的儒道传承统序。从史学角度来看，韩愈的"道统"之说是一种从历史角度来考察儒家之道传承的思想。这种历史考察对中唐以后的道统思想影响深远。程颐也是以历史眼光提出道学之名。由道统而道学，这本身就是对儒学传承历史的一种考察。虽然道统和道学的提倡者所言未必符合历史事实，但毫无疑问，这是经学家利用史学建构自身学说合法性的一种做法。"道学"排斥其他学说为异端，虽武断偏狭，但在一定程度上是当时史学观

[1] 程颐：《河南程氏文集》卷十一《明道先生墓表》，载《二程集》，中华书局2004年版，第640页。
[2] 韩愈撰，马永昶校注：《韩昌黎文集校注》卷一《原道》，上海古籍出版社1986年版，第13—18页。

念使然。历史真相是唯一的，因此儒家之道的历史本义也只能是唯一的，"道学"自命得孔孟真传，自然排斥他说。

在历史上，"道学"和"理学"都不是宋儒发明的概念，而首先是佛家和道家使用过的概念。佛家言心性之理，道家言长生之道，多有"理学"和"道学"之说。儒生通过对儒学的历史考察则把"道学"和"理学"变成了儒学之名，并赋予了这种儒学以历史依据。道学与理学的称谓，在宋元时期往往可互换，皆可指围绕"性与天道"展开的儒学，但道学之名有强烈的以己为儒学正宗的意味。元初理学诸儒奉元世祖为"天下儒教大宗师"，理学为元统治者所容纳，至元成宗时，理学被定为官学。《宋史》特立《道学传》于《儒林传》之前，也是基于道学为儒学正宗的思想。而到明代，道学之称渐渐淡出，学者多用理学之名。

总之，从历史的角度来看，经宋学的范围大于理学，其中既有继承汉学传统的部分，又有变古而义理化的部分，理学则是经学义理化的发展结果；经宋学自然是围绕经典展开的学问，而理学当中则有大量语录、议论脱离经典范畴而直陈义理。从严格的经学角度来说，理学超出了经学范畴。从另一个角度来说，经学本身便是汉代人为界定经典的产物，董仲舒等历代大儒也有大量脱离经典的发论，这是儒学一以贯之的传统。但汉宋诸儒的这些议论，其思想根基总是建立在经学根基之上。所以，从宽泛的意义上来说，理学整体也可被视作经学的一种形态。以此而言，经宋学大体上包含两种形态：一种是继承传统历史考证的汉学形态，另一种是打破了传统历史考证的理学形态。大体上来说，经宋学形态的明显转变发生在庆历前后，宋代经学的义理化可被视作经学从训诂名物路径向阐发义理路径偏移的一个过程。从经学与经的关系角度而言，这一过程又是经学对经学原典回归与疏离并行的过程。

## 二、变革历史考证的程朱理学

在广义理学内部，程朱理学以"道问学"为基本特征，起初是与王安石新学并起而对立的学派。南宋理学集大成者朱熹将周敦颐、程颢、程颐、邵雍、张载、司马光六人称为道学的"六先生"。乾道九年（1173年），朱熹作《伊洛渊源录》叙述道统，又从洛学角度去掉司马光，而以其余五先生为北宋"五子"。

理学之兴，源于宋代经学的义理化，而经学的义理化起于中唐，庆历之际臻于显著，范仲淹、孙复、石介、胡瑗、欧阳修、刘敞等人的经学都有明显的义理化倾向，经学上的疑经惑传之风也由此开辟。此一时期的经学义理化与春秋学关系较密切，奠定了以史学精神怀疑传统经学历史考证而要求回归原典历史本义的基础，并由此逐渐重构了经学历史考证的框架。

王安石的"新学"也具有义理化特征，其倡言功利，在解经路径上显示了理学先声。王应麟谓："自汉儒至于庆历间，谈经者守训故而不凿。《七经小传》出而稍尚新奇矣，至《三经义》行，视汉儒之学若土梗。"[1] 从经学变古的角度来说，刘敞《七经小传》反唐代官方经学考据传统，而接刘知幾、啖赵学派疑古惑经之风；新学则明确呈现出义理化特征，尤其是王安石以主持朝政之便改革科举，更是确立了经学义理化不可逆的趋向。"罢诗赋、帖经、墨义，士各占治《易》《诗》《书》《周礼》《礼记》一经，兼《论语》《孟子》。每试四场，初大经，次兼经，大义凡十道，后改《论语》《孟子》义各三道"[2]。科举考察内容从唐代拘泥于经典文字的"帖经"变为重视阐发义理的"通经"。这标志着从考据转向义理的经学路径通过科举最终确定。

理学与新学虽在具体见解与政治立场上对立，但从经史之学大的发展动向上来说却是一致的，反映了唐宋之际经史之学的大转向，是宋儒治学路径由考据转向义理的进一步发展。北宋五子周敦颐、程颢、程颐、邵雍和张载以易学为突破，削弱了传统历史考证在解经中的地位，进一步阐发经学义，受到后世理学推崇。特别是二程通过提倡道统，标榜道学在儒学乃至当时整个知识体系中的正统地位，确立了道学的合法性理论，也树立了超越经典文本而直阐"孔孟之道"的治学路径。此外，苏轼、苏辙的蜀学也颇显疑经之风、解经多发义理，其春秋学特重以史解经。南宋时期，朱熹"会归一理"，集理学大成，理学的统序渐定。程

[1] 王应麟著，翁元圻辑注，孙通海点校：《困学纪闻注》卷八《经说》，中华书局2016年版，第1192页。

[2] 《宋史》卷一百五十五《选举志一》，中华书局1985年版，第3618页。

朱一系是理学大宗，其追溯理学渊源时，以北宋二程洛学为端，旁及邵雍象数之学与张载的关学，上溯周敦颐，又溯及宋初三先生。

程朱理学在南宋逐渐受到提倡，到元代方取得官方统治思想的地位。因为与科举等官方体制结合，程朱理学成为中国封建社会后期的主导思想，从而也将其义理化的经学乃至儒学抬升至社会主导地位。

从经史关系的角度来看，程朱理学，包括与其相关度较高的一些义理化经学代表人物，如欧阳修等人，都在历史考证方面具有相近的特点，即在走经学新路径的同时，改造了汉代以来的经学历史考证。

首先，理学与相近义理化经学虽有发明心性的风气，但仍然重视历史考证，以之为发明义理的手段。朱熹论"持敬"，并不单言内省功夫与心性体悟，而是强调"义理未明，正须反复钻研，参互考证，然后可以得正而无失"[1]。对于义理与考证的关系，朱熹作如是说：

> 考证详密，亦自是一种工夫也。略于制度之说，不知谓何？往往亦多是问得繁碎，非学者所先。或是从来剖判不得，如《论语》"千乘之国"，注家自是两说，此等如何强通？况又舍所急之义理而从事于此，纵得其说，亦何所用乎？昨日有人问看史之法，熹告以当且治经，求圣贤修己治人之要，然后可以及此，想见传闻又说不教人看史矣。[2]

朱熹强调义理为先，舍义理则考证"纵得其说，亦何所用乎？"但却肯定考证为求理的"一种功夫"。在说到与考证密切相关的史学时，朱熹明确认为史学是求义理的重要手段："是其粲然之迹、必然之效，盖莫不具于经训史册之中。欲穷天下之理而不即是而求之，则是正墙面而立尔，此穷理所以必在乎读书也。"[3]

[1] 朱熹：《晦庵先生朱文公文集》卷四十《答何叔京》，载朱杰人等主编：《朱子全书》第二十二册，上海古籍出版社、安徽教育出版社 2002 年版，第 1834 页。

[2] 朱熹：《晦庵先生朱文公文集》卷四十四《答梁文叔》，载朱杰人等主编：《朱子全书》第二十二册，上海古籍出版社、安徽教育出版社 2002 年版，第 2025 页。

[3] 朱熹：《晦庵先生朱文公文集》卷十四《行宫便殿奏札二》，载朱杰人等主编：《朱子全书》第二十册，上海古籍出版社、安徽教育出版社 2002 年版，第 669 页。

其次，义理化经学在发展至理学的过程中，重构了经学的历史考证体系。从啖赵学派到欧阳修，再到朱熹，诸儒阐发《春秋》的史学性质，基于此，经学新见层出，甚至在经典文本之外直发胸臆，阐明义理。至此，理学体系大大超出传统经学范围，也打破了经书的传统地位。唐代韩愈始推孟子，至朱熹时，四书凌驾于五经，完成了对唐代官方"孔颜"统序与五经地位的破除，所以理学"其实是中国经学的一个更新运动"[1]。《大学》与《中庸》从《礼记》中析出，而高于五经其他部分，其依据在于关于心性的阐发。《论语》《孟子》作为语录，在外部形式上本身就有颠倒经部与子部次序的意义，从而为《朱子语类》等语录体成为理学经典文献开辟了道路。从内部意义上来说，四书阐发心性，从而为理学阐发心性义理提供了根本的合法性依据，开辟了新的解经道路。又因为从五经到汉唐官方经学都罕言心性，从而在客观上促使理学超出经学体系而别有语录体等阐发形式。所以说，程朱理学及相近义理化经学派系往往表现出较为重视考证的特点，只不过变革了历史考证的体系，而与纯粹心学一派不同。

### 三、轻视历史考证的陆九渊心学

陆九渊心学是广义理学中与程朱一系并立的另一大派系。从起源来说，二程中的程颢重视"心传"，已开心学重视心性之风。南宋陆九渊主张"发明本心"，使得这种治学路径进一步明晰。明代王阳明正式提出"心学"概念，其学派不仅上溯至陆九渊，又因孟子有"学问之道无他，求其放心而已矣"[2]这类宗旨而将起源直追孟子。

相对于"道问学"的程朱理学，陆九渊心学"尊德性"，有深刻的禅宗痕迹，它抛弃汉唐经学的考据更加彻底，而呈现出轻视历史考证的特点。程朱理学的"理"有赖"格物致知"，而陆九渊心学则倡言"心即理"，走上禅宗、道家一类的向内返求路径。陆九渊心学与程朱理学的相似处在于求理，并且都把天地人视作一体。但陆九渊从心性的角度把宇

---

[1] 朱维铮：《中国经学史十讲》，复旦大学出版社 2002 年版，第 231 页。

[2] 《孟子·告子》，诸子集成本，中华书局 1954 年版，第 464 页。

宙直接与"心"归为一体，要求从心中求理，他说："四方上下曰宇，往古来今曰宙。宇宙便是吾心，吾心即是宇宙。千万世之前，有圣人出焉，同此心同此理也。千万世之后，有圣人出焉，同此心同此理也。东南西北海有圣人出焉，同此心同此理也。"[1]心学不待外求而反观蕴含永恒宇宙之理的"心"，其治学路径决定了对"理"的追求并不需要通过历史考证来完成，而义理的阐发也可以通过"发明本心"直接完成。因此，从历史考证的角度来说，陆九渊心学是从考据转向义理的路径上偏向于专取心性的更为极端的一派。这与朱熹兼考证与心性的治学路径截然不同。

陆九渊并非完全主张不读史书而像禅宗一样向内返求，但他强调读史必须借助心性方法，他说：

> 读《汉》、《史》、韩、柳、欧、苏、尹师鲁、李淇水文不误。后生惟读书一路，所谓读书，须当明物理，揣事情，论事势。且如读史，须看他所以成，所以败，所以是，所以非处。优游涵泳，久自得力。若如此读得三五卷，胜看三万卷。[2]

陆九渊推荐他人读史书，但强调读书"须当明物理，揣事情，论事势"，也就是把"明理"放在第一位。在陆九渊看来，读史不能徒见其文字，而要从心性角度治学，"优游涵泳，久自得力"。这实际上把读史看成是心性修养的一种手段。不仅如此，陆九渊在某种程度上持一种心性决定论，认为人的心性是读书所不能改变的，因此史学并不能成为其所重视的一种治学手段。他说：

> 人生天地间，气有清浊，心有智愚，行有贤不肖。必以二涂总之，则宜贤者心必智，气必清；不肖者心必愚，气必浊；而乃有大不然者。乖争、陵犯、污秽、邪淫之行，常情之所羞所恶者，乃或纵情甘心而为之，此所谓行之不肖者也。……行之不肖者，则或耳目聪明，心意慧巧，习技艺则易能，语理致则易晓，人情世态，多

[1] 陆九渊：《陆九渊集》卷二十二《杂说》，中华书局1980年版，第273页。
[2] 陆九渊：《陆九渊集》卷三十五《语录下》，中华书局1980年版，第442页。

所通达；其习于书史者，虽使之论道术之邪正，语政治之得失，商人品之高下，决天下国家之成败安危，亦能得其仿佛。彼固不能知其真，得其实，诣其精微，臻其底蕴，而其揣摩傅会之巧，亦足以荧惑人之耳目，而欺未明者之心，玩之而有味，稽之而有证，非知言之人，殆未可谓不难辩也。[1]

陆九渊持一种心性二分论，认为人有两大类："气有清浊，心有智愚，行有贤不肖"。"行之不肖者"即使"耳目聪明""习于书史"，也只能"荧惑人之耳目，而欺未明者之心"。"玩之而有味，稽之而有证"并不能改变心性所决定的人物与其言论的本质。这种不重视"稽之有证"的心态自然导致其相对轻视历史考证。

需要说明的是，在宋代，陆九渊等人的心学虽然从方法论的角度否定了历史考证的根本重要性，但并未在研究中完全放弃历史考证。例如，陆九渊也曾考证过纣与比干的关系及《史记》与《孟子》的相关记载：

> "以纣为兄之子"，此是公都子引当时人言。按《史记》微子是纣之庶兄皆帝乙之子也。王子比干则但云是纣之亲戚，则太史公亦莫知其为谁子也。今据公都子所引文义，则是以微子启王子比干为帝乙之弟也，纣于二人，则是为兄之子也。此是《孟子》所载，与《史记》不同处。若二疏称父子，盖伯父叔父通称父，故谓之犹子，古人则通言父子也。[2]

很明显，陆九渊并非一味摒弃历史考证。他所得出的古人对兄之子和弟之子不区分，"通言父子"的结论，便是采用了文献比对和逻辑推证的历史考证方法。

总体来看，宋代理学对历史考证的重视程度要高于明代，甚至在某种程度上达到了中国古代的一个高峰。相比较而言，陆九渊为代表的心学一脉，则表现出轻视历史考证的倾向。

---

[1] 陆九渊：《陆九渊集》卷六《与包祥道》，中华书局1980年版，第80页。
[2] 陆九渊：《陆九渊集》卷七《与周元忠》，中华书局1980年版，第102—103页。

## 第三节　宋代史学的义理化倾向

传统史学的发展，往往会受到时代哲学思潮的深刻影响，打上时代特有的印记。在宋代经学义理化背景下，宋代史学的发展也明显呈现出义理化的倾向。宋代史学重视宣扬天理史观，道德成为历史盛衰的评判标准，由通经致用而强调史学经世致用功能，天人观由神意性转向义理性，正统标准的设定有着重道德更重功业的倾向。

### 一、天人同理的历史观

宋儒在经学和理学上构建了一个会通天人的宇宙图景，而以理或天理为之法则。欧阳修明确以天理概括天人法则，司马光等人也以理或天理来阐发自然与社会法则。之后二程和朱熹等理学中人又围绕理或天理重构经学体系。宋儒所谓"理"，可指天理，也可兼包天人之理，人间社会的理也服从于天理。宋儒以天理统摄经学，使经学成为天理的表达形式，进而影响到史，使之成为阐发天理的另一种重要形式。在历史思想的层面，宋儒普遍借助义理化的经学完成天人同理的历史观建构。

义理化经学认为天人同质，据此认为天人同理，要求史学也探求天理。就类型而言，这种学术进路有类欧洲 19 世纪的实证主义思想。孔德创立的实证主义哲学思想把自然与人类社会视为同质，要求把社会现象作为不可避免地遵循那能赖以进行合理预见的真正的自然规律的东西来把握，力图建立一套实证科学体系。[1] 这种哲学思想带来了 19 世纪实证主义史学的兴起。史家视自然界与人类社会为同质，巴克尔因此要求历史学按照自然科学的方法去探讨"历史事件中蕴含的某种普遍而永恒的规律"[2]。宋代义理化经学则带来了对应义理化史学的兴起。此种史

---

[1] （美）汤普森：《历史著作史》下卷，第四分册，商务印书馆 1992 年版，第 609 页。

[2] Henry Thomas Buckle：*History of Civilization in England*，Kessinger Publishing，2006，p1。

中国经史关系通史·宋元明卷

学以天人同质为世界观依据，如实证主义史学一样，要求按照探讨天理的方式来发现人类社会的发展规律，不过宋代义理化经史之学往往将天人之理同一化，使得天理与人理往往夹杂在一起。

欧阳修论易道，已现这种理学进路的端倪：

> 然会而通之，天地神人无以异也。使其不与于人乎，修吾人事而已；使其有与于人乎，与人情无以异也，亦修吾人事而已。夫专人事，则天地鬼神之道废；参焉，则人事惑。使人事修则不废天地鬼神之道者，《谦》之《象》详矣。治乱在人而天不与者，《否》《泰》之《象》详矣。推是而之焉，易之道尽矣。[1]

在欧阳修看来，"天地神人"是同质的，"易之道"一方面"不废天地鬼神之道"，另一方面又明"治乱在人而天不与"。这种会通天人的易之道的前提是天人同质的世界观，而易之道本身则成为贯穿天人的普遍规律。"圣人由是昭天命以穷根，哀生民之多欲，顺导其性，大为之防。为播金石之音以畅其律，为制羽毛之采以饰其容，发焉为德华，听焉达天理。"[2]以易道考察历史，进而探明天理，成为欧阳修史学的重要理论方法。欧阳修在历史撰述中便是以天人同质为理论前提的，如他论唐之衰亡时就说：

> 唐自穆宗以来八世，而为宦官所立者七君。然则唐之衰亡，岂止方镇之患？盖朝廷天下之本也，人君者朝廷之本也，始即位者人君之本也。其本始不正，欲以正天下，其可得乎？懿、僖当唐政之始衰，而以昏庸相继；乾符之际，岁大旱蝗，民愁盗起，其乱遂不可复支，盖亦天人之会欤！[3]

---

[1] 欧阳修：《居士外集》卷十一《易或问》，载《欧阳修全集》，中华书局2001年版，第879页。

[2] 欧阳修：《居士外集》卷二十一《第二道》，载《欧阳修全集》，中华书局2001年版，第1032页。

[3] 《新唐书》卷九《本纪第九》赞语，中华书局1975年版，第281页。

欧阳修所言"天人之会",便是将自然灾祸与社会灾难视为一体,是其义理化经学观点的史学表达。欧阳修在历史撰述中也从天理的角度考察历史。他在《新五代史》中评价五代称"五代之乱极矣","君不君,臣不臣,父不父,子不子,至于兄弟、夫妇人伦之际,无不大坏,而天理几乎其灭矣"[1]。这种历史评价即以天人同质为前提、以天理为天人法则的论说。其天理标准则以君臣父子的人伦思想为内容。

司马光强调理在天人之际的普遍性,认为"无形之中自然有此至理,在天为阴阳,在人为仁义"[2];又认为《周易》是圣人明理之作,称"昔者圣人之作《易》也,将以顺性命之理。是以立天之道曰阴与阳,立地之道曰柔与刚,立人之道曰仁与义,兼三才而两之。故易六画而成卦,分阴分阳,迭用柔刚,故易六位而成章"[3]。所以"凡胜人者,皆谓之贤,勿简而天下之理得矣。天下之理,不能出乾坤之外。天下之理得而成位乎其中矣"[4]。司马光以理为天下万物法则,而圣人作《易》则是为施用而明理。这种经学思想是其史学致用的重要理论基础。司马光以天理为历史评价的标准和方法,他评述唐代牛僧儒安抚副兵马使杨志诚"不必计其顺逆"的主张时说:

> 昔者圣人顺天理,察人情,知齐民之莫能相治也,故置师长以正之;知群臣之莫能相使也,故建诸侯以制之;知列国之莫能相服也,故立天子以统之。天子之于万国,能褒善而黜恶,抑强而扶弱,抚服而惩违,禁暴而诛乱,然后发号施令而四海之内莫不率从也。《诗》曰:"勉勉我王,纲纪四方。"载义藩屏大臣,有功于国,无罪而志诚逐之,此天子所宜治也。若一无所问,因以其土田爵位授之,则是将帅之废置杀生皆出于士卒之手,天子虽在上,何为哉!国家之有方镇,岂专利其财赋而已乎!如僧孺之言,姑息偷安之术耳,岂宰相佐天子御天下之道哉![5]

[1] 《新五代史》卷三十四《一行传》,中华书局1974年版,第370页。
[2] 司马光:《温公易说》卷五《右第十一章》,上海古籍出版社1989年版,第79页。
[3] 司马光:《温公易说》卷六《说卦》,上海古籍出版社1989年版,第90页。
[4] 司马光:《温公易说》卷五《系辞上》,上海古籍出版社1989年版,第67页。
[5] 司马光:《资治通鉴》卷二百四十四《唐纪六十》,中华书局1956年版,第7874—7875页。

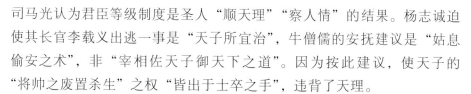

司马光认为君臣等级制度是圣人"顺天理""察人情"的结果。杨志诚迫使其长官李载义出逃一事是"天子所宜治"，牛僧儒的安抚建议是"姑息偷安之术"，非"宰相佐天子御天下之道"。因为按此建议，使天子的"将帅之废置杀生"之权"皆出于士卒之手"，违背了天理。

朱熹发展了天理论，肯定理为万物之源："未有天地之先，毕竟是先有此理。"[1] 理先于万物而存在，又是万物本源："理也者，形而上之道也，生物之本也。……是以人物之生，必禀此理然后有性。"[2] 既然万物皆生于理，理自然成为贯通天人的法则。朱熹认为经学是明理之学，主张"借经以通乎理"[3]，因此经学义理最终上升到天理的高度。这种观念反映在历史撰述上，就表现为注重用天理来指导史书修撰，也就是用经学来统领史学。朱熹的学生李方子在《资治通鉴纲目》后序中指出，朱熹的史学追求的是"义正而法严，辞核而旨深，陶镕历代之偏驳，会归一理之纯粹"。这就是说，史学要探求天理，达到"会归一理"的目的，最终求得"天理之正，人心之安"[4]。

由上可知，理学天人同理的观念成为宋代史学的一个基本历史观念。这一观念认为，既然天理为万物法则，天人同理，历史评判也必须要以天理作为最高标准。

二、天理指导下的历史盛衰观

理学对宋代的历史盛衰观的影响，主要表现在两个方面：第一，历史盛衰以道德为评判标准。二程将历史盛衰与自然盛衰相比附，视为同理：

> 且以历代言之，二帝、三王为盛，后世为衰。一代言之，文、

[1] 黎靖德编：《朱子语类》卷一《理气上》，中华书局1986年版，第1页。
[2] 朱熹：《晦庵先生朱文公文集》卷五十八《答黄道夫》，载朱杰人等主编：《朱子全书》第二十三册，上海古籍出版社、安徽教育出版社2002年版，第2755页。
[3] 黎靖德编：《朱子语类》卷十一《读书法下》，中华书局1986年版，第192页。
[4] 李方子：《宋温陵刻本资治通鉴纲目后序》，载朱杰人等主编：《朱子全书》第十一册，上海古籍出版社、安徽教育出版社2002年版，第3502页。

武、成、康为盛，幽、厉、平、桓为衰。以一君言之，开元为盛，天宝为衰。以一岁，则春夏为盛，秋冬为衰。以一月，则上旬为盛，下旬为衰。以一日，则寅卯为盛，戌亥为衰。一时亦然。如人生百年，五十以前为盛，五十以后为衰。[1]

二程认为盛衰是自然界与社会的普遍现象。这种视自然界与社会为同质的思想前提是理学的重要特征。从这种思想前提出发，二程认为这种普遍的盛衰现象是理的常态，称："有天地之盛衰，有一时之盛衰，有一月之盛衰，有一辰之盛衰。一国有几家，一家有几人，其荣枯休戚未有同者，阴阳消长，气之不齐，理之常也。"[2] 其认为"阴阳消长，气之不齐"是盛衰的原因，而具体到社会领域，盛衰的成因即"君子"与"小人"：

> 天地之间皆有对，有阴则有阳，有善则有恶。君子小人之气常停，不可都生君子，但六分君子则治，六分小人则乱，七分君子则大治，七分小人则大乱。如是，则尧、舜之世不能无小人。盖尧、舜之世，只是以礼乐法度驱而之善，尽其道而已。[3]

在二程看来，君子多则盛，小人多则衰。君子与小人是一种道德划分，道德成为决定历史盛衰的根本因素。二程认为小人一定是存在的，尧舜之世也不能避免。故而强调礼乐法度的重要性，认为尧舜正是借此驱使人们向善而"尽其道"。

朱熹推崇古圣王政治，认为"古之圣人，致诚心以顺天理，而天下自服，王者之道也"[4]。"诚心""顺理"，自然是一种道德政治；正是依

[1] 程颐、程颢：《二程遗书》卷十八《伊川先生语四》，载《二程集》，中华书局2004年版，第199—200页。

[2] 程颐、程颢：《二程粹言》卷二《圣贤篇》，载《二程集》，中华书局2004年版，第1241页。

[3] 程颐、程颢：《二程遗书》卷十五《入关语录》，载《二程集》，中华书局2004年版，第161—162页。

[4] 朱熹：《四书或问·孟子或问》卷一，载朱杰人等主编：《朱子全书》第六册，上海古籍出版社、安徽教育出版社2002年版，第923页。

靠这样一种道德政治，古圣王成就了三代盛世。朱熹解释齐桓、晋文的霸业时称："若夫齐桓、晋文，则假仁义以济私欲而已，设使侥幸于一时，遂得王者之位而居之，然其所由，则固霸者之道也。"[1] 在朱熹看来，齐桓、晋文所行是"霸者之道"，其功业之所以是"侥幸于一时"，根源在于"假仁义以济私欲"。很显然，朱熹的历史评判所持的是一种道德政治标准，而这种道德政治的基本要求便是统治者有诚心、顺天理、讲仁义。历史盛衰的决定因素，便是统治者的道德。

第二，历史划分以天理为依据。宋代史学以天理史观作指导，截然将历史分为"天理流行"的三代与"人欲横流"的汉唐两截。二程从"阴阳消长，气之不齐"的理学角度出发，比附自然界与人类社会，认为历史盛衰大势总体上是倒退的：

> 然有衰而复盛者，有衰而不复反者，若举大运而言，则三王不如五帝之盛，两汉不如三王之盛，又其下不如汉之盛。至其中间，又有多少盛衰。如三代衰而汉盛，汉衰而魏盛。此是衰而复盛之理。譬如月既晦则再生，四时往复来也。若论天地之大运，举其大体而言，则有日衰削之理，如人生百年，虽赤子才生一日，便是减一日也。[2]

二程认为持续不断的盛衰之变是"衰而复盛"之理，历史上的盛衰相继与四时往复皆出于此。然而历史总体发展趋势与"天地之大运"的"大体"一样，体现"日衰削之理"，出现不断衰败之趋势。

朱熹的历史发展观也是三代、汉唐分论，美化三代，贬损汉唐。如上所述，朱熹认为三代统治者"致诚心以顺天理，而天下自服，王者之道也"，认为正是这种王道政治造就了三代的太平盛世景象。与此相反，汉唐统治者只靠"智谋功力"，不讲义理，推行霸道政治。如汉高

[1] 朱熹：《四书或问·孟子或问》卷一，载朱杰人等主编：《朱子全书》第六册，上海古籍出版社、安徽教育出版社2002年版，第923页。
[2] 程颐、程颢：《二程遗书》卷十八《伊川先生语四》，载《二程集》，中华书局2004年版，第200页。

祖、唐太宗等人做事"都是自智谋功力中做来，不是自圣贤门户来，不是自自家心地义理中流出"[1]。他们虽然靠其才智获取了一些功业，"然无人知明德、新民之事"[2]。朱熹否定从事功角度推崇汉唐的做法，他说：

> ……汉高帝、唐太宗之所为，而察其心果出于义耶，出于利耶？出于邪耶，正耶？若高帝，则私意分数犹未甚炽，然已不可谓之无。太宗之心，则吾恐其无一念之不出于人欲也。直以其能假仁借义以行其私，而当时与之争者才能知术既出其下，又不知有仁义之可借，是以彼善于此而得以成其功耳。若以其能建立国家、传世久远，便谓其得天理之正，此正是以成败论是非，但取其获禽之多而不羞其诡遇之不出于正也。……
>
> 若论道之常存，却又初非人所能预。只是此个自是亘古亘今常在不灭之物，虽千五百年被人作坏，终殄灭他不得耳。汉、唐所谓贤君，何尝有一分气力扶助得他耶？[3]

朱熹不赞成"以成败论是非"，认为汉高祖和唐太宗的行事并非出于天理。汉高祖已掺杂私意，而唐太宗则"无一念之不出于人欲"。他认为二者之所以能建立功业，是因为当时与之争者能力弱于他们，又不懂仁义，因此才让他们"假仁借义"有所成就。朱熹认为道虽然是"亘古亘今常在不灭之物"，但三代之后，"尧、舜、三王、周公、孔子所传之道，未尝一日得行于天地之间也"[4]。汉唐的君主的行为无助于道。因此在朱熹看来，三代是道统与治统相合的理想时代，三代之后，从孔子开始，道统则与治统相分离，得道者无其位，居位者不以道行事，所以他说："后之君子，能行其道，则不必有其位而固已有其德矣。故用之则为王者

---

[1] 黎靖德编：《朱子语类》卷二十五，中华书局1986年版，第631页。

[2] 黎靖德编：《朱子语类》卷十三，中华书局1986年版，第230页。

[3] 朱熹：《晦庵先生朱文公文集》卷三十六《答陈同甫》，载朱杰人等主编：《朱子全书》第二十一册，上海古籍出版社、安徽教育出版社2002年版，第1583页。

[4] 朱熹：《晦庵先生朱文公文集》卷三十六《答陈同甫》，载朱杰人等主编：《朱子全书》第二十一册，上海古籍出版社、安徽教育出版社2002年版，第1583页。

之佐，伊尹、太公是也；不用则为王者之学，孔、孟是也。"[1]

元人所修《宋史·道学传》在解释"道学之名"时，所体现的历史观便是继承了宋儒的三代、汉唐分论的思想，其曰：

> "道学"之名，古无是也。三代盛时，天子以是道为政教，大臣百官有司以是道为职业，党、庠、术、序师弟子以是道为讲习，四方百姓日用是道而不知。是故盈覆载之间，无一民一物不被是道之泽，以遂其性。于斯时也，道学之名，何自而立哉。
>
> 文王、周公既没，孔子有德无位，既不能使是道之用渐被斯世，退而与其徒定礼乐，明宪章，删《诗》，修《春秋》，赞《易象》，讨论《坟》《典》，期使五三圣人之道昭明于无穷。故曰："夫子贤于尧、舜远矣。"孔子没，曾子独得其传，传之子思，以及孟子，孟子没而无传。两汉而下，儒者之论大道，察焉而弗精，语焉而弗详，异端邪说起而乘之，几至大坏[2]。

《道学传》将三代视为历史的极盛时代，其后则是大道"几至大坏"的时期。因为三代"天子以是道为政教"，"四方百姓日用是道而不知"，所以道学之名无从谈起。之后，孔子有德无位，道不能彰显于世，于是孔子修经典以期昭明"五三圣人之道"。到了两汉之后，儒者不能明察大道，以至于"异端邪说起而乘之，几至大坏"。这实际上是按宋儒既有的道统观念对道学之名做的历史解释，其间反映出按道学标准所做的历史划分。

在天理观念盛行的宋代，史学普遍从天理的角度来考察历史盛衰，进行历史阶段划分，于其中发明天理、论证天理。一方面，天理观给史学带来了重视盛衰之变的历史意识，另一方面也使史学注重求义理而呈现出明显的义理化倾向。

---

[1] 朱熹：《四书或问·孟子或问》卷一，载朱杰人等主编：《朱子全书》第六册，上海古籍出版社、安徽教育出版社 2002 年版，第 923 页。

[2] 《宋史》卷四百二十七《道学传一》，中华书局 1985 年版，第 1270 页。

三、经世致用功能的突显

宋王朝建立在唐末五代秩序败坏的基础上，又面临民族政权对峙的严峻生存环境，因此宋代经学的义理化突出表现为通经致用意识的强化，学者们强调经学的道德教化与资治社会功能。这样一种经学思想也反映在史学上，史学同样也表现出重视道德教化和资治功能的倾向。这既是学术发展使然，更是现实需要使然。宋儒中多有经史兼通的大家，像欧阳修和朱熹等人均是在经学上阐发义理，又以史学为道德教化和资治的重要手段。

首先，重视道德教化。宋代承继五代乱局，因而特重等级礼法秩序的重建，这使得道德教化成为史学关注的重点。欧阳修论天下事之本末，称：

> 天下之事有本末，其为治者有先后。尧、舜之书略矣，后世之治天下，未尝不取法于三代者，以其推本末而知所先后也。三王之为治也，以理数均天下，以爵地等邦国，以井田域民，以职事任官。天下有定数，邦国有定制，民有定业，官有定职。使下之共上勤而不困，上之治下简而不劳。财足于用而可以备天灾也，兵足以御患而不至于为患也。凡此具矣，然后饰礼乐、兴仁义以教道之。是以其政易行，其民易使，风俗淳厚，而王道成矣。[1]

欧阳修以"三王之治"为天下事之本末，治者之先，而"三王之治"始于"以理数均天下"，进而"饰礼乐、兴仁义以教道之"，通过道德教化达到"其政易行，其民易使，风俗淳厚"，由此"王道成矣"。他与宋祁等编纂《新唐书》，其中的类传设置颇有特色，为褒奖道德楷模设有"忠义""卓行""孝友""隐逸""循吏""列女"等传，为惩恶扬善设有"酷吏""奸臣""叛臣""逆臣"等传。《新唐书》的善恶名目繁多，正是为

---

[1] 欧阳修：《居士外集》卷十《论辩九首·本论上》，载《欧阳修全集》，中华书局2001年版，第860页。

中国经史关系通史·宋元明卷

了道德教化的需要。其所作《新五代史》，更设有"死节""死事""一行"等类传。欧阳修还在史著中直接强调道德的作用，称："道德仁义，所以为治，而法制纲纪，亦所以维持之也。"[1]

朱熹在集注《论语·泰伯》时说："故学者之终，所以至于义精仁熟，而自和顺于道德者，必于此而得之，是学之成也。"把"和顺于道德"视作"学之成"，强调道德教化的作用。在解说《周易·说卦传》时则说："和顺于道德而理于义，穷理尽性以至于命。"强调"和顺于道德"的教化，以之为探求义理进而"穷理尽性以至于命"的关键。因此，朱熹的史学工作也服务于这一宗旨，最典型的是《资治通鉴纲目》。该书是朱熹把《春秋》当作史学作品来模仿，以完成道德教化的产物。朱熹要人把《春秋》"只如看史样看"，反对前人从义理角度探究《春秋》褒贬，他说：

> 《春秋》只是直载当时之事，要见当时治乱兴衰，非是于一字上定褒贬。初间王政不行，天下都无统属；及五伯出来扶持，方有统属，"礼乐征伐，自诸侯出"。到后来五伯又衰，政自大夫出。到孔子时，皇、帝、王、伯之道扫地，故孔子作《春秋》，据他事实写在那里，教人见得当时事是如此，安知用旧史与不用旧史？今硬说那个字是孔子文，那个字是旧史文，如何验得？更圣人所书，好恶自易见……圣人之意只是如此，不解恁地细碎。[2]

朱熹认为孔子作《春秋》只是"直载当时之事"，反映从政自诸侯出到政自大夫出的治乱兴衰，后人讲《春秋》微言大义的褒贬之法只是凭空臆测。朱熹认为三传不足为凭，他说："孔子作《春秋》，当时亦须与门人讲说，所以公、穀、左氏得一个源流，只是渐渐讹舛。当初若是全无传授，如何凿空撰得？"这样，三传也成了只是"渐渐讹舛"之作，后世对《春秋》褒贬的探究就成了无根之谈。正是由于朱熹主张从"史"的角度

---

[1]《新五代史》卷四十六《杂传第三十四》，中华书局1974年版，第514页。

[2] 黎靖德编：《朱子语类》卷八十三《春秋·纲领》，中华书局1986年版，第2144—2145页。

来解说《春秋》，故而他反对从"义"的角度去阐发《春秋》。为此，他作《资治通鉴纲目》，重新总结了《春秋》义例。王柏评价说：

> 昔夫子之作《春秋》，因《鲁史》之旧文，不见其笔削之迹，正以无凡例之可证。朱子曰："《春秋》传例，多不可信，非夫子之为也。"今《纲目》之凡例，乃朱子之所自定，其大义之炳如者，固一本于夫子。[1]

王柏认为前人总结的《春秋》义例多不可信，而朱熹总结的《春秋》义例"一本于夫子"。王柏的这一说法虽有待商榷，但明确指出了朱熹批评旧说、重新总结《春秋》义例的事实。通过发明纲目体，朱熹在史著中贯穿了"诛乱臣，讨贼子，内中国，外夷狄，贵王贱伯"的"《春秋》大旨"，[2] 以此进行道德教化。

其次，强调资治功能。强调资治是宋代史学的重要特点。北宋三先生之一的石介，在其所生活的时代，士大夫争言"祖宗之法"以有鉴于现实政治，石介在此种大风气之下著《三朝圣政录》，称：

> 今天下太平八十年。物遂其生，人乐其业。我太祖、太宗、真宗忧勤养理之功欤！……太祖作之，太宗述之，真宗继之，太平之业就矣。若太祖之英武，太宗之圣神，真宗之文明，授受承承，以兴太平，可谓跨唐而逾汉，驾商、周而登虞、夏者也。……三圣之德，三朝之政，国史载之备矣。但臣以谓三圣致太平之要道。或虑国史纪之至繁，书之不精，圣人一日万几，不能遍览。唐史臣吴兢，尝为《贞观政要》，臣窃效之。[3]

石介认为太祖、太宗和真宗三朝的德政"跨唐而逾汉，驾商、周而登虞、

[1] 王柏：《宋咸淳稽古堂刻本资治通鉴纲目凡例后语》，载朱杰人等主编：《朱子全书》第十一册，上海古籍出版社、安徽教育出版社2002年版，第3504页。
[2] 黎靖德编：《朱子语类》卷八十三《春秋·纲领》，中华书局1986年版，第2144页。
[3] 石介：《徂徕石先生文集》卷十八《三朝圣政录序》，中华书局1984年版，第209—210页。

夏"，虽然国史备载，但国史记录至繁且书之不精。他对既有国史的资治功能有所不满，因此效仿吴兢著《贞观政要》而作《三朝圣政录》。

受石介以史学资治的影响，司马光由受命整理"历代君臣事迹"而编纂《资治通鉴》，他在《资治通鉴》的《进书表》中明确称："每患迁、固以来，文字繁多，自布衣之士，读之不遍，况于人主，日有万机，何暇周览！臣常不自揆，欲删削冗长，举撮机要，专取关国家盛衰，系生民休戚，善可为法，恶可为戒者，为编年一书，使先后有伦，精粗不杂，私家力薄，无由可成。"此后有李焘的《续资治通鉴长编》和李心传的《建炎以来系年要录》接续其作。

南宋时汉族政权情势更加窘迫，重视资治功能的史学风气也留存下来。朱熹曾参与《宋名臣言行录》的编纂，撰写了前集（《五朝名臣言行录》）10 卷和后集（《三朝名臣言行录》）14 卷。朱熹在该书自序中说："予读近代文集及记事之书，观其所载国朝名臣言行之迹，多有补于世教。然以其散出而无统也，既莫究其始终表里之全，而又汩于虚浮怪诞之说，予常病之。于是掇取其要，聚为此录，以便记览。尚恨书籍不备，多所遗阙，嗣有所得，当续书之。"可见，朱熹把文献汇聚考证的史学功夫视作编订这类资治作品的重要基础。

之后李幼武按照朱熹的编纂体例又编辑《皇朝名臣言行续录》《四朝名臣言行录》和《皇朝道学名臣言行录》，景定年间以李衡所校正《五朝名臣言行录》《三朝名臣言行录》并自辑三种著作合刻，书成名为《皇朝名臣言行录》，即后世所称为《宋名臣言行录》，由此可见南宋时辑录名臣言行事迹以资治的风气之盛。

四、从神学笼罩到义理突显的天人观转向

汉宋之际的天人观有重大变化。西汉董仲舒以天人感应说对天人关系做出神秘化解释。其他诸儒也以灾异论阐发《尚书·洪范》，用《洪范》中的五行解说自然与社会现象。大夏侯氏后学许商撰《五行论》，也称《洪范五行传记》；小夏侯氏后学李寻推演《洪范》灾异；至西汉末年，刘向撰《洪范五行传论》，其子刘歆撰《五行传说》。东汉谶纬之学促使天人关系说进一步神学化。

汉代史学深受此种风气影响，集中体现在设立"五行志"上。《汉书·五行志》，专记天人感应的"咎征"。班固先引《洪范》一段，次引《洪范五行传》一段，再引欧阳氏、大小夏侯氏等说，以下采董仲舒、刘向、刘歆之说，历录春秋以至汉代的灾异，并记人事以对应。历代正史基本都继承了《汉书》这一传统，[1] 也基本继承了其记"咎征""事应"的做法。

宋儒指斥《五经正义》中的"怪异之言"，以义理重构天人关系说。至欧阳修"力破汉儒灾异五行之说"，史学天人观出现新气象。汉儒神学化的天人观在宋初史学上有较明显的表现。北宋初年，薛居正等人编纂《旧五代史》时，仍然吸取了汉儒的《春秋》灾异说，继承了《汉书·五行志》记"咎征""事应"的传统，所撰《五行志》，记载五代时的灾异，往往以人事与灾异相应，具有较强的神学色彩。如记王处直之死，用王处直误将黄么蜥蜴当成龙和鸟雀在平地建巢作为征兆，称："十九年，定州王处直卒。先是，处直自为德政碑，建楼于衙城内，言有龙见。或睹之，其状乃黄么蜥蜴也。处直以为神异，造龙床以安之。又，城东麦田中，有群鹊数百，平地为巢，处直以为己德所感。识者窃论曰：'虫蛇阴物，比藏山泽，今据屋室，人不得而有也。……南方为火，火主礼，礼之坏则羽虫失性，以文推之，上失其道，不安于位之兆也。'果为其子都所废。"这条记载中的"识者"之论，实际上是史家用汉儒灾异之说来与政治事件对应。与之类似，记后唐天成四年（929 年）汝州羽林军营失火，以星象为预兆，称："唐天成四年十一月，汝州火，烧羽林军营五百余间。先是，司天奏，荧惑入羽林，饬京师为火备，至是果应。"又记张文礼叛乱，以野水变作血色为叛乱失败的预兆，称："张文礼叛于镇州，

---

[1] 《汉书》以后，除《魏书》《辽史》外，历代正史均有《五行志》（《清史稿》改称《灾异志》）。因为《五行志》大抵是记灾异，所以沈约作《宋书》在《五行志》外增加了《符瑞志》。《符瑞志》是为补充《五行志》、记述符瑞祯祥而设，仍然是受到《洪范》五行内容及汉儒对其发挥之说的影响。萧子显作《南齐书》在《五行志》外增加《祥瑞志》，相当于《宋书》的《符瑞志》。《魏书》较为独特，用《灵征志》取代了《五行志》和《符瑞志》。《灵征志上》专记灾异，相当于《五行志》；《灵征志下》专记符瑞，相当于《符瑞志》。所以，《灵征志》可以被看作是《五行志》和《符瑞志》的合并之体。可见，"符瑞志""祥瑞志""灵征志"实际上是"五行志"的变体。

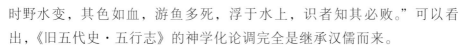

时野水变，其色如血，游鱼多死，浮于水上，识者知其必败。"可以看出，《旧五代史·五行志》的神学化论调完全是继承汉儒而来。

由于受到汉儒神秘天人观影响，《旧五代史》把天命视作决定历史兴亡的决定性因素，在评价后唐闵帝时，其论曰："闵帝爰自冲年，素有令问，及征从代邸，入践尧阶，属轩皇之弓剑初遗，吴王之几杖未赐，遽生猜间，遂至奔亡。盖辅臣无安国之谋，非少主有不君之咎。以至越在草莽，失守宗祧，斯盖天命之难谌，土德之将谢故也。"[1] 这就完全把后唐政治、军事时的被动局面归结于后唐失去天命，上天没有为后唐闵帝降下可以安国定国的辅臣。但是应当指出，宋初的不少史家虽然接受汉儒灾异说，从而走上天命史观的轨道，但也并不是完全弃人事于不顾。《旧五代史》评价后梁末帝说："末帝仁而无武，明不照奸，上无积德之基可乘，下有弄权之臣为辅，卒使劲敌奄至，大运俄终。虽天命之有归，亦人谋之所误也。惜哉！"[2] 这里，史家虽然把后梁的灭亡归结于"天命之有归"，但同时也从人事的角度予以分析，指出后梁末帝"仁而无武，明不照奸"的执政缺陷。正是由于在宋初汉儒神秘天人观的笼罩下，史家修史仍然不忘从人事角度总结历史兴亡，才为欧阳修一举破除汉儒灾异说做了铺垫。

欧阳修在春秋学上提出了自己的灾异观点，并且应用于修史实践，他在《新唐书·五行志》中从理论上说明了史书著录灾异的旨趣和做法：

> 夫所谓灾者，被于物而可知者也，水旱、螟蝗之类是已。异者，不可知其所以然者也，日食、星孛、五石、六鹢之类是已。孔子于《春秋》，记灾异而不著其事应，盖慎之也。以谓天道远，非谆谆以谕人，而君子见其变，则知天之所以谴告，恐惧修省而已。若推其事应，则有合有不合，有同有不同。至于不合不同，则将使君子怠焉。以为偶然而不惧。此其深意也。盖圣人慎而不言如此，而后世犹为曲说以妄意天，此其不可以传也。故考次武德以来，略依《洪

[1]《旧五代史》卷四十五《闵帝纪》，中华书局 1976 年版，第 622—623 页。
[2]《旧五代史》卷十《末帝纪下》，中华书局 1976 年版，第 152 页。

范五行传》，著其灾异，而削其事应云。[1]

欧阳修抛弃了董仲舒认为灾为大天变、异为小天变的灾异观，从人的角度对灾异做了新的解释。他认为灾是水旱、蝗蝗之类人可以理解的天变，异是日食、星孛、五石、六鹢之类原因不明的天变。对于董仲舒所说的从灾到异再到殃咎的天人谴告过程，欧阳修也不赞成，认为天人谴告仅仅是上天为了对君子表示劝诫，其事应有时合有时不合。基于这样的灾异观，欧阳修提出史书著录灾异，应当以孔子修《春秋》为榜样，保持"慎之"的态度，"记灾异而不著其事应"，因为如果详究事应，就会在灾异与事应不合的情况下使人"以为偶然而不惧"。欧阳修用自己的灾异观指导修史实践，首先表现为所作《新唐书·五行志》与前代正史的《五行志》不同，仅记灾异而不著事应。其次，欧阳修认为灾可以理解，异则难究原因，因此在《新五代史》本纪中记灾而慎言异。再次，在具体的历史撰述过程中，欧阳修也摒弃了很多迷信内容，而从人事角度加以论述。唐朝李靖有很多神异事迹，欧阳修为其作传时则一概不予采用，而从其才干角度加以解释，他说："世言靖精风角、鸟占、云禨、孤虚之术，为善用兵。是不然，特以临机果，料敌明，根于忠智而已。俗人传著怪诡祇祥，皆不足信。"[2] 欧阳修的《新五代史》也删去了《旧五代史》中诸多迷信内容，像《旧五代史·梁太祖本纪》所记"所居庐舍之上有赤气上腾"之类的瑞兆，《新五代史》皆不采用。

司马光也持与欧阳修相类的天人观，既承认天人感应又偏重人事而否定汉儒的神学化论说。首先，司马光承认天人感应论，认为灾异是上天对君王的警示，并用这一观点来解释历史兴衰，他说："天意保佑王者，故为之下灾异，以谴告之。若王者恐惧修省，则非徒免一时之害，又将有福禄随之。商之太戊、武丁，周之成、宣是也。若傲忽不顾，非徒为害于一时，又将有危亡之祸，汉之成、哀、桓、灵是也。"[3] 司马

---

[1]《新唐书》卷三十四《五行一》，中华书局1975年版，第873页。

[2]《新唐书》卷九十三《李思文传》，中华书局1975年版，第3824页。

[3] 司马光：《传家集》卷三十六《上皇帝疏》，文渊阁《四库全书》本，第1094册，第675页。

中国经史关系通史·宋元明卷

光认为如果君王见灾异而修省，就会增加福祉，如果君王对灾异置之不理，就会导致危亡。司马光用这一观点考察历史，认为太戊等明君都是见灾异而思过所以能使政治昌明，而汉成帝等昏君则不顾上天的警示才酿成政治祸乱。其次，司马光认可欧阳修的观点，认为灾异是上天劝诫君主的表现，而否定事应和怪诞现象。司马光在《资治通鉴》中著录了不少灾异，作为上天劝诫的例证，《周纪一》记周安王三年（前399年）"虢山崩，壅河"，周安王五年"日有食之"，《周纪三》记周赧王十年（前305年）"彗星见"等，但《资治通鉴》所记灾异都不著事应，反映出司马光反对神学化的天人观。对于历史上的妖异之事，司马光还明确指出自己著录原则，也就是删去"妖异止于怪诞"者，只收"妖异有所儆戒"者。[1] 这就是说，司马光著录灾异是为了有益于人事，而不是像汉儒那样宣扬神学化学说。

朱熹在史学上，也采纳了欧阳修和二程的灾异观。首先，朱熹认为灾异作为一种天人感应现象，是历史上和现实中都存在的，他说："远稽前史，近考圣朝，以灾异求言，具有故事"[2]；"以灾异而求直言，历世相传，具有故实"[3]。其次，朱熹也认为灾异是上天对君主的劝诫。朱熹曾经以灾异上书，劝阻皇帝大兴徭役，他说："上帝震怒，灾异数出，正当恐惧修省之时，不当兴此大役，以咈谴告警动之意。"[4] 再次，朱熹继承了二程的圣人重灾异而轻祥瑞的观点，在拟定《资治通鉴纲目凡例》时，专立"灾祥"一项，规定书法称："凡灾异悉书。祥瑞或以示疑，或以著伪，乃书。凡因灾异，而自贬损求言、修政施惠者，皆书。无实者，或不悉书。"[5] 可以看出，《凡例》只书"示疑"和"著伪"的祥瑞，而灾异皆书，这显然是继承了二程认为灾异可为劝诫因而轻祥瑞

［1］ 司马光：《传家集》卷六十三《答范梦得》，又见《资治通鉴释例·温公与范内翰论修书帖》，文渊阁《四库全书》本，第1094册，第1155页。
［2］ 朱熹：《晦庵先生朱文公文集》卷十三《贴黄》，载朱杰人等主编：《朱子全书》第二十册，上海古籍出版社、安徽教育出版社2002年版，第639页。
［3］ 朱熹：《晦庵先生朱文公文集》卷二十七《答史太保别纸》，载朱杰人等主编：《朱子全书》第二十一册，上海古籍出版社、安徽教育出版社2002年版，第1198页。
［4］ 《宋史》卷四百二十九《道学传三》，中华书局1985年版，第12764页。
［5］ 朱熹：《资治通鉴纲目》附录一《凡例》，载朱杰人等主编：《朱子全书》第十一册，上海古籍出版社、安徽教育出版社2002年版，第3497页。

的观点。对于因灾异而求言修省之事，因为符合灾异的劝诫之意，所以《凡例》要求予以记录，但是对于有修省之名而无其实的则未必记录。可见，朱熹的史学，一方面肯定天人感应，重视灾异；另一方面又强调灾异的劝诫之意，注重人事。

很显然，宋代史学的天人观在很大程度上去除了汉儒的神秘化色彩，而转向以客观"天理"看待天人之际，从而由传统的神学化天人观转向了义理化天人观，在史学上有显著表现。

## 五、功业与道德尺度下的理学化正统观

宋代是争言正统的时代，两宋史学的正统论，主要有两个标准，一是大一统的功业标准，二是根据儒家伦理进行评判的道德标准。北宋立国之后，由于并立政权的存在，宋人非常重视探讨正统。宋代正统论的显著特点，即改变了以往一味重视从道德角度评定正统的做法，转而突显大一统功业的重要性。这无疑是对宋王朝的一种激励。宋室南渡后，建立大一统功业的可能性变得渺茫，经学更加把对"大一统"的关注转移到了"正统"上。

北宋时，欧阳修首先明确提出正统论源自《春秋》，这一观点被宋人普遍接受，欧阳修说：

> 正统之说肇于谁乎？始于《春秋》之作也。当东周之迁，王室微弱，吴、徐并僭，天下三王，而天子号令不能加于诸侯，其《诗》下同于列国，天下之人莫知正统。仲尼以为周平虽始衰之王，而正统在周也。乃作《春秋》，自平王以下，常以推尊周室，明正统之所在。故书王以加正月而绳诸侯。王人虽微，必加于上，诸侯虽大，不与专封，以天加王，而别吴、楚。刺讥褒贬，一以周法。凡其用意，无不在于尊周。[1]

---

[1] 欧阳修：《居士集》卷十六《原正统论》，载《欧阳修全集》，中华书局 2001 年版，第 276 页。

欧阳修阐发了《春秋》的尊王、尊周之义中蕴含的正统论因素，认为《春秋》"刺讥褒贬，一以周法"的尊周笔法，一方面"绳诸侯"而在周天子与诸侯之间明正统，另一方面又"别吴、楚"而在周与吴、楚之间明正统。

欧阳修提出了正统论的两个标准，他说："《传》曰'君子大居正'，又曰'王者大一统'。正者，所以正天下之不正也；统者，所以合天下之不一也。由不正与不一，然后正统之论作。"[1]"居正"是言道德，"一统"是言功业。欧阳修从居正与一统的角度谈正统的做法，也普遍被宋人接受；而这样一种正统标准的设定，与宋代以前强调道德标准的做法有着明显的不同，它彰显了宋代学者对一统天下的政治期望，从而更加突显了功业的标准。

宋代经学上的《春秋》正统论，对史学产生了重大影响。史家不仅根据《春秋》正统论确定历史正闰，而且还在历史撰述中通过种种笔法义例以及历史评论体现正闰之别。宋代史学的正统论，受当时的《春秋》正统论影响，也体现出"大一统即正统"观的主导地位。

欧阳修提出"不伪梁"之说，反映在历史撰述中，即表现为《新五代史》为梁立本纪，这实际上在一定程度上肯定了后梁的正统地位。欧阳修在修史过程中贯穿自己的正统论，其著《新五代史》，为梁、唐、晋、汉、周五代君主立本纪，给予其与正统政权同样的地位。欧阳修的正统论，有时也有强调道德的一面。《新五代史》为五代君主立本纪，唯独将朱友珪排除于正统之外，将其列入《梁家人传》，以"庶人"称之。欧阳修解释自己这样做是因为"《春秋》之法，君弑而贼不讨者，国之臣子任其责。予于友珪之事，所以伸讨贼者之志也"[2]。欧阳修认为朱友珪作为弑君之贼已伏诛，按《春秋》之法不得视之为帝。

司马光认同并发展了欧阳修以功业为标准评定正统的做法，他说：

　　臣愚诚不足以识前代之正闰，窃以为苟不能使九州合为一统，

---

[1]　欧阳修：《居士集》卷十六《原正统论》，载《欧阳修全集》，中华书局 2001 年版，第 267 页。

[2]　《新五代史》卷十三《梁家人传第一》，中华书局 1974 年版，第 139 页。

皆有天子之名而无其实者也。虽华夏仁暴，小大强弱，或时不同，要皆与古之列国无异，岂得独尊奖一国谓之正统，而其余皆为僭伪哉！若以自上相授受者为正邪，则陈氏何所受？拓跋氏何所受？若以居中夏者为正邪，则刘、石、慕容、符、姚、赫连所得之土，皆五帝、三王之旧都也。若以有道德者为正邪，则蕞尔之国，必有令主，三代之季，岂无僻王！是以正闰之论，自古及今，未有能通其义，确然使人不可移夺者也。……正闰之际，非所敢知，但据其功业之实而言之。周、秦、汉、晋、隋、唐，皆尝混壹九州，传祚于后，子孙虽微弱播迁，犹承祖宗之业，有绍复之望，四方与之争衡者，皆其故臣也，故全用天子之制以临之。其余地丑德齐，莫能相一，名号不异，本非君臣者，皆以列国之制处之，彼此均敌，无所抑扬，庶几不诬事实，近于至公。然天下离析之际，不可无岁、时、月、日以识事之先后。据汉传于魏而晋受之，晋传于宋以至于陈而隋取之，唐传于梁以至于周而大宋承之，故不得不取魏、宋、齐、梁、陈、后梁、后唐、后晋、后汉、后周年号，以纪诸国之事，非尊此而卑彼，有正闰之辨也。[1]

首先，司马光认为正统之实即是功业，把"九州合为一统"作为评判正统的唯一标准，对历史上的其他正统标准一一加以驳斥。其次，司马光认为分裂时期的各政权，不论其道德、功业如何，都不能"独尊奖一国谓之正统"，但是为了史书编年纪事的需要，还是要按王朝传承的连续性选取一定的政权来纪年。从一定程度上我们可以说，司马光的正统论是对欧阳修"统者，所以合天下之不一也"的功业标准的发挥。司马光强调"夫统者，合于一之谓也"的功业标准，而相对看轻道德评价，他在与郭长官探讨正统问题时曾说："王莽虽篡窃天下，尝尽为之臣者十八年，与秦颇相类，非四夷群盗之比也。"[2] 司马光对历来受儒家贬斥的王莽予以了肯定，认为王莽有臣天下之民十八年，与纷纷而起的割据者

[1] 司马光：《资治通鉴》卷六十九《魏纪一》，中华书局1956年版，第2187—2188页。
[2] 司马光：《传家集》卷六十一《答郭长官纯书》，文渊阁《四库全书》本，第1094册，第1088页。

中国经史关系通史·宋元明卷

有本质区别。可见，在司马光的正统标准中，功业远重于道德。司马光不仅按照自己厘定的正统统序编纂了《资治通鉴》，又著《历年图》，"采战国以来至周之显德，凡小大之国，所以治乱兴衰之迹，举其大要，集以为图"。该书不仅按与《资治通鉴》相类的帝王统序编年纪事，也明确体现出司马光对分裂时期不"独尊奖一国"的正统观，具体做法是"其天下离析之时，则置一国之年于上，而以朱书诸国之君及其元年系于其下"[1]。

朱熹在历史撰述中也提出了以功业为标准的正统之论。朱熹指出"只天下为一，诸侯朝觐狱讼皆归，便是得正统"，如果有政权并立，"不能相君臣，皆不得正统"。[2] 根据"只天下为一"的标准，朱熹将历史上的政权划分为三个层次：首先是周、秦、汉、晋、隋和唐六个一统天下的正统政权。其次是无统的情形，包括"正统之始"和"正统之余"以及"列国""建国"和"不成君"几种情形。所谓"正统之始"即正统政权建国后未能完成统一的时期，"有始不得正统，而后方得者，是正统之始。……如秦初犹未得正统，及始皇并天下，方始得正统。晋初亦未得正统，自泰康以后，方始得正统。隋初亦未得正统，自灭陈后，方得正统。如本朝（指宋朝）至太宗并了太原，方是得正统"[3]；"正统之余"则是正统政权丧失天下一统地位的时期，他指出"蜀汉是正统之余，如东晋，亦是正统之余也"[4]；"列国"指正统王朝分封之国，如周朝所封之秦、齐、楚、韩、赵、魏等；"建国"是指仗义自主或自立为王的政权，如秦之楚、赵、齐、魏、韩、燕等；"不成君"是指仗义承正统统绪而未成功者，如西汉末年的刘玄等。再次是僭伪的情形。僭伪又称"伪统""窃统"，有"篡贼"和"僭国"两种情形。"篡贼"是指"篡位干统，而不及传世者"[5]，如王莽、吕后、武则天等；"僭国"是指篡位、据土并且传世的，如三国之魏、吴，十六国之汉、赵、诸燕、二魏、二

[1] 司马光：《稽古录》卷十六，文渊阁《四库全书》本，第312册，第115页。

[2] 黎靖德编：《朱子语类》卷一百五《通鉴纲目》，中华书局1986年版，第2636页。

[3] 黎靖德编：《朱子语类》卷一百五《通鉴纲目》，中华书局1986年版，第2636页。

[4] 黎靖德编：《朱子语类》卷一百五《通鉴纲目》，中华书局1986年版，第2636页。

[5] 朱熹：《资治通鉴纲目》附录一《凡例》，载朱杰人等主编：《朱子全书》第十一册，上海古籍出版社、安徽教育出版社2002年版，第3477页。

琴、成汉、诸凉、西秦、代和夏等。朱熹将自己的正统论运用在修史实践中，所纂《资治通鉴纲目》以正统思想统全书，其凡例绝大多数内容都与正统相关，"统系""岁年""名号""即位""改元""尊立""崩葬""篡弑""废徙""祭祀""行幸""恩泽""朝会""封拜""征伐""废黜""灾祥"等例都是如此，只有"罢免"和"人事"之例是关于人臣的。各种关于正统的史例，朱熹也是详细拟定，力图在历史叙事中区别正统与非正统政权。

与经学上有学者以道德言正统的情况相应，宋代史学上，也有史家言正统，重视道德评判。胡安国之子胡寅继承家学，注重《春秋》中的道德评判，认为《春秋》是"圣治之法"[1]，"其大要则在父子君臣之义而已"[2]。胡寅推崇《春秋》所蕴含的"父子君臣"的礼法等级秩序，把诛讨篡弑之贼视为《春秋》首要之义，说："昔者世衰道微暴行有作，臣弑其君，子弑其父。孔子为此大惧而作《春秋》，以俟后世。有能举行其法者，其法谓何？莫严于讨贼矣。"[3] 从《春秋》诛乱贼之旨出发，"传诸葛侯世以寓其讨贼兴汉之心"[4]，专门作《诸葛孔明传》以蜀汉为正统而讨曹魏之篡逆。胡寅这种注重道德评判的正统论在南宋具有一定代表性。

张栻从理学观点出发，把以道德评判正统的思想付诸修史实践，作《经世纪年》，辨明历史上的正闰，他说：

> 新莽之篡，缺而不书，盖吕氏不可间汉统，而所假立惠帝子亦不得而纪元，故独以称制书也……汉献之末，曹丕虽称帝而昭烈以正义立于蜀，诸葛亮相之，则汉统乌得为绝？故献帝之后，即系昭烈年号书曰："蜀汉。"……世有古今，而古今不间于一息；事有万变，而万变卒归于一原。盖理义根乎天命而存乎人心者，不可没也。是故《易》本太极，《春秋》书元以著其体用，其示后世至矣。然则

[1] 胡寅：《斐然集》卷二十一《麟斋记》，中华书局1993年版，第444页。
[2] 胡寅：《斐然集》卷十一《论遣使札子》，中华书局1993年版，第228页。
[3] 胡寅：《斐然集》卷十五《缴吴开逐便》，中华书局1993年版，第319页。
[4] 胡寅：《斐然集》魏了翁《序》，中华书局1993年版，第707页。

中国经史关系通史·宋元明卷

《大易》《春秋》之义其可以不明乎?[1]

张栻以义理化的经学作为评判正统的标准，认为《易》与《春秋》示后人以贯通天人的义理，所以在评判历史上的正闰时应当严格按照义理也就是道德标准。根据道德标准，王莽为篡逆，因此不予著录；吕后僭越，因此其所立惠帝子也不得列于正统；蜀汉继承西汉统序，因此以之为正统。这样《经世纪年》记载三国史事就"直以先主上继献帝为汉，而附魏、吴于下"[2]。

总的说来，宋代经史之学的正统论，主流是重功业而轻事功，表现出"大一统即正统"的思想。这种正统论是宋代学者期盼赵宋政权一统天下的政治愿望的表现。另一方面，由于宋代是重道德心性之理学勃兴的时代，因此也有一些学者受此影响，在讨论正统时，注重道德评判。

———————

[1] 张栻：《南轩集》卷十四《经世纪年序》，文渊阁《四库全书》本，第 1167 册，第 537 页。

[2] 陈振孙：《直斋书录解题》卷四《正史类》，上海古籍出版社 1987 年版，第 99 页。

# 第二章  史学对宋代理学形成和发展的作用

中国古代史学发达，史学怀疑精神、求真理念以及具体的历史考证与总结都对理学的形成和发展产生了重要作用。宋代理学以回归历史原典为旗帜，在形式上要求回归孔孟经典的历史本义甚至孔孟之道在文本之外的"心传"。这一形式具有历史研究的性质，史学对这种研究形式甚至内容都有重要影响。一方面，史学在宋代经学路径转向义理过程中起到了重要作用，而经学义理化发展到较高阶段便产生了理学；另一方面，宋代理学重在阐发义理，史学在义理的建构、阐发、论证与致用过程中起到了重要作用。

## 第一节  史学精神对经学变古的作用

宋代经学的义理化，特别是理学的兴起，以回归儒家原典为旗号，史学精神在其中起到了重要作用。这种史学精神推动经学变古的具体表现，一是刘知幾以来从史学角度怀疑经传的精神动摇了汉唐注疏之学的经学地位；二是还原经典历史本义或孔孟心传的历史主义视角促成了回归原典的经学运动。

### 一、史学精神与原典回归运动

经学上由汉学到宋学的变化，既是经学对原典的一次回归，又体现出一种疏离倾向，这个过程伴随着经史关系的变化，与史学精神密切相

关。林庆彰先生认为，从唐中叶至宋代出现了中国经学史上的第一次
"回归原典"运动。这一期间，"经学以原典为对象来进行各自的学术活
动"，或"以原典作为尊崇和效仿的对象"，或"以原典作为检讨的对
象"。[1] 这种原典回归，是基于一种史学要求。史学求真理念要求还原
历史真相，历史考证只是此目标的一种手段。从经史关系角度而言，林
先生所讲的"回归原典"运动便是经学上回归原典历史本义理念提出并
实践的过程。中唐以降的舍传求经倾向，确实趋于抛弃经学历史考证而
直接就原典经文发论。回归原典，这是唐宋时期经学义理化的一条进路。
与此同时，经学的义理化在对原典的回归过程中又表现出一种疏离倾向：
其一，直阐义理不仅打破了经学历史考证的传统，而且其所言原典历史
本义实则出于己意，在很多地方明显偏离原典；其二，相对传统经学而
言，宋代改变了经学原典的体系，使四书凌驾于五经之上，无异于对传
统经学体系的疏离。

宋代经学对原典的回归与疏离，是经学义理化进程的一体两面，经
史关系与之同步变迁。宋代经学义理化并非在传统经学之外另起炉灶，
而是因缘于汉学既有的解经路径。汉学的以史解经，从狭义上来讲，是
引证史事以阐发经义；从广义上来说，其名物训诂均援引历史文献，可
视作一种历史考证。因此其对经义的阐发是通过历史考证来完成的。注
疏之学的历史考证遵循疏不破注、注不驳经的原则。这意味着历史上的
经学文献对经学注解有很强的约束力，经学家只能在既有经学文献中寻
求解经依据，甚至出现了唐人所谓"宁道孔圣误，讳闻郑、服非"[2] 的
"迁经就传"倾向，将郑玄、服虔的注疏视若不可辩驳的真理。这种经学
进路将解经束缚在既有经学历史文献的框架内，严重束缚了经学适应不
断变化的现实政治的能力。

与此不同，在汉学传统中，还有一条既存的解经路径，也就是直阐
义理。直阐义理可以不以历史考证为依据，汉代今文经学凭解说"微言
大义"而保持思想的灵活性，与政治相呼应，实现了通经致用，其示范
作用影响深远。中唐至宋代的经学变古过程便是经学义理化的过程，最

---

[1] 林庆彰：《中国经学史上的回归原典运动》，《中国文化》2009 年第 2 期，第 8 页。
[2] 《旧唐书》卷一百二《元行冲传》，中华书局 1975 年版，第 3181 页。

明显的特征便是从以历史考证为原则的训诂名物转为突破历史考证限制的直阐义理。从经史关系角度来看，这一义理化过程起于基于史学思维的疑古惑经思潮。大量经史学者基于回归经学原典历史本义的思路，要求探明原典在当时历史背景中的真实含义，对义疏之学提出怀疑，甚至波及经学原典本身。这种怀疑精神是史学求真理念的一种内在要求。因此，从现存历史文献来看，这种明确的怀疑精神起自史学家应当不是一种偶然。基于史学思维的怀疑精神兴起，带来传统的经学历史考证在解经中的地位不断下降，发展到明朝，出现空言心性的空疏学风。

打破传统经学历史考证的必然结果是需要重新建立解经体系。啖助学派和韩愈及其弟子的努力，正是建立在此种经学需求的基础上的。这一经学重构运动，从一开始就是以回归经学原典的历史本义为形式的。但其所发义理，虽以原典历史本义的名义出现，或曰"孔子意"，或曰"经义"，但实际上表达的是解经者的主观意见，往往明显偏移于原典，论者讥为"凭私臆决"。以己意解经出于私意，但并非凭空蹈虚、信马由缰，而是受时代环境影响，"有为而发，主务实而不主务虚"[1]，表现出一种较明显的历史发展趋势。这一历史趋势就是呼应时局、朝着言"心性与天理"的方向发展，终至理学阶段。

二、史学怀疑精神与经学传统历史考证原则的破除

史学怀疑精神对破除经学传统历史考证原则起到了重大作用，从而促进了理学化经学的形成与发展。史学求真理念要求探求唯一的历史真相。对于儒家原典的历史本义来说，也只能是唯一的。以此关照笺注义疏之学，则其明显乖谬和矛盾之处亟须更改，所以史学意识是宋代经学变古的一个动因，对经学的影响突出表现为对经传的怀疑。这种怀疑一直存在于宋代经学的义理化过程中。

宋初三先生孙复、石介、胡瑗对后世理学影响深远，黄宗羲述称："宋兴八十年，安定胡先生、泰山孙先生、徂徕石先生始以师道明正学，

[1] 沈玉成、刘宁：《春秋左传学史稿》，江苏古籍出版社1992年版，第200页。

继而濂、洛兴矣。故本朝理学虽至伊洛而精，实自三先生而始。"[1]从经史关系角度来看，孙复的春秋学在经学义理化过程中颇有贡献，且具代表性。孙复在春秋学方面有重大成就，"上祖陆淳，而下开胡安国"[2]，其学为唐宋经学义理化进程中承前启后的一个环节。首先，孙复解《春秋》，不惑传注，应时而发，重"尊王"之旨，严儒家道义。孙复著有《春秋总论》和《春秋尊王发微》。《春秋总论》亡佚，《春秋尊王发微》传世，其解说《春秋》经义往往弃三传观点而自立新说，将《春秋》解说成一部尊王经典。《春秋·桓公十五年》记曰："天王使家父来求车。"三传都认为此处《春秋》的记载意在指责周王"非礼"，《左传》指出："天子不私求财"，《公羊传》也说"王者无求，求车非礼"。但孙复则抛弃三传说法，认为这一记载是《春秋》贬斥诸侯不向天子纳贡，他说："天王使家父来求车者，诸侯贡赋不入，周室材用不足也。"[3]这样一来，"非礼"的责任就转移到了诸侯身上，尊王的立场更为鲜明。孙复以己意解经的方法对宋代后学影响很大，四库馆臣评价说："宋自孙复以后，人人以臆见说《春秋》。"[4]正反映了孙复对宋代春秋学风气的影响。随着理学逐渐兴起，宋人形成了一方面参考前人说法，另一方面又根据所谓义理从自身角度来理解包括《春秋》在内的经书的治经方法，也就是"先儒之说，须傍附义理，不可轻破，要在自以意观之"[5]。孙复不惑传注的解经路径仍然是发扬中唐以来回归原典历史本义的精神，所以欧阳修认为他"不为曲说以乱经。其言简易，明于诸侯大夫功罪，以考时之盛衰，而推见王道之治乱，得于经之本义为多"[6]。孙复所发《春秋》之义，未必真正还原了历史真实，实际上是对宋初政治局势的一

[1] 黄宗羲著，全祖望补修：《宋元学案》卷二《泰山学案》，中华书局 1986 年版，第73 页。

[2] 永瑢等：《四库全书总目》卷二十六《春秋尊王发微》，中华书局 1965 年版，第214 页。

[3] 孙复：《春秋尊王发微》卷二"十有五年春二月天王使家父来求车"条，文渊阁《四库全书》本，第 147 册，第 22 页。

[4] 永瑢等：《四库全书总目》卷二十七《春秋分纪》，中华书局 1965 年版，第 222 页。

[5] 胡宏：《五峰集》卷二《与彪德美》，文渊阁《四库全书》本，第 1137 册，第 144 页。

[6] 欧阳修：《居士集》卷三十《孙明复先生墓志铭》，载《欧阳修全集》，中华书局 2001 年版，第 458 页。

种秩序整顿理念。北宋面对唐末五代遗留的社会失范局面，建立王道秩序成为迫切需要，孙复严尊王之旨，宋儒常秩讥之"明复为《春秋》，犹商鞅之法，弃灰于道者有刑，步过六尺者有诛"[1]。这是孙复经学适应现实政治需要的一种反映，对之后的春秋学和史学有很大影响，"以后来说《春秋》者、深文锻炼之学大抵用此书（《春秋尊王发微》）为根柢"[2]。像欧阳修、朱熹等人的经史作品往往以严苛的《春秋》大义发论，这一风气即始于孙复。而孙复依现实要求解经，也反映了宋代经学义理化的基本路径。

刘敞是庆历时期重要的经学变古人物。吴曾论曰："庆历以前，多尊章句注疏之学。至刘原甫，为《七经小传》，始异诸儒之说。王荆公修《经义》，盖本于原甫。"[3]刘敞学识广博，"自六经百氏古今传记，下至天文、地理、卜医、数术、浮图、老庄之说，无所不通"[4]，其治经杂采众家，断以己意，在宋初独树一帜。从经史关系角度来看，刘敞在经学变古中的作用主要有二：第一，以史学精神考校原典。四库馆臣刘敞《七经小传》，称：

> 今观其书，如谓《尚书》"愿而恭"当作"愿而荼"；"此厥不听"当作"此厥不德"。谓《毛诗》"烝也无戎"，当作"烝也无戍"。谓《周礼》"诛以驭其过"当作"诛以驭其祸"；"士田贾田"当作"工田贾田"；"九筮，五曰巫易"当作"巫阳"。谓《礼记》诸侯"以狸首为节"当作"以鹊巢为节"。皆改易经字以就己说。至《礼记》"若夫坐如尸"一节则疑有脱简；"人喜则斯陶"九句则疑有遗文；"礼不王不禘"及"庶子王亦如之"则疑有倒句。而《尚书·武成》一篇考定先后，移其次序，实在蔡沈之前。盖好以己意改经，

[1] 晁公武撰，孙猛校证：《郡斋读书志校证》卷三《春秋类》，上海古籍出版社1990年版，第112页。
[2] 永瑢等：《四库全书总目》卷二十七《春秋尊王发微》，中华书局1965年版，第214页。
[3] 吴曾：《能改斋漫录》卷二《注疏之学》，上海古籍出版社1979年版，第28页。
[4] 欧阳修：《居士集》卷三十五《集贤院学士刘公墓志铭》，载《欧阳修全集》，中华书局2001年版，第526页。

变先儒淳实之风者，实自敞始。[1]

汉学之历史考证崇尚原典神圣性，往往不敢以一般历史考证原则校对原典，而刘敞则在一定程度上打破传世原典的文本权威，进行考校，甚至以己意改经，嗣后宋儒改经蔚为风气。但这种更改是因回归原典历史本义的解经思路而起，也在回归原典的旗号下进行，实则在一定程度上由于经学家的"己说"而疏离于历史原典。这种相反相成的解经，也是宋代义理化经学的一个显著特征。

第二，以经学原典为历史考证最高依据。以史学精神疑古惑经，往往不满于《春秋》记事弊端，以《左传》所记史事向经文发难。孙复解《春秋》，涉及经传不合之处，以《左传》为依据，多言经文"脱简""阙文"。在左传学史上，也因《左传》记事较《春秋》完备而出现杜预迁经就传的做法。杜预、孙复等人的春秋学实际上在经学历史考证中降低了《春秋》地位，而往往以《左传》为最高依据。虽然同出于回归原典的解经思路，但刘敞以原典为历史考证最高依据，另辟一解经路径，于经传不合处多以经驳传，又多引《春秋》以外经书加以注解，反映了其以经学原典为历史考证最高依据的思想。

欧阳修是宋代经史之学上的重要人物，宋代士人尊崇其在儒家统序中的地位。苏轼称："自汉以来，道术不出于孔氏，而乱天下者多矣。晋以老庄亡，梁以佛亡，莫或正之，五百余年而后得韩愈，学者以愈配孟子，盖庶几焉。愈之后二百有余年而后得欧阳子，其学推韩愈、孟子以达于孔氏，著礼乐仁义之实，以合于大道。……士无贤不肖不谋而同曰：'欧阳子，今之韩愈也。'"[2] 从经史关系角度而言，欧阳修以史学精神怀疑经典主要表现在两个方面：第一，欧阳修以经学原典为纪实之书，治经逐其历史本义。欧阳修认为，"为道必求知古，知古明道，而后履之以身，施之于事，而又见于文章而发之，以信后世。其道，周公、孔子、孟轲之徒常履而行之者是也；其文章，则六经所载至今而取信者是也"[3]。

[1] 永瑢等：《四库全书总目》卷三十三《七经小传》，中华书局 1965 年版，第 270 页。
[2] 苏轼：《苏轼文集》卷十《六一居士集叙》，中华书局 1986 年版，第 316 页。
[3] 欧阳修：《居士外集》卷十七《与张秀才棐第二书》，载《欧阳修全集》，中华书局 2001 年版，第 978 页。

他认为六经之言可取信后世，是载道的文章。在此基础上，欧阳修倡导"知古明道"，阐明原典的历史本义。欧阳修的这种经学观点突出表现在春秋学方面。他以《春秋》为纪实之书，称"《春秋》，谨一言而信万世者也"[1]。据此，欧阳修走上了与刘敞相类的以经学原典为最高原则的经学历史考证之路。他否定了三传所发明的一些《春秋》笔法，认为三传与经文不符的记述都是"妄意圣人而惑学者"[2]。《春秋》书"赵盾弑其君"，三传释称赵穿弑君，赵盾因为"亡不越竟，反不讨贼"而受恶，这是历来公认的看法。但是欧阳修认为《春秋》纪实取信，因而提出"春秋赵盾弑君非赵穿"[3]。欧阳修的这种观点虽有偏颇，却体现出他以《春秋》为信的理念。欧阳修的《春秋》观与孙复不同，而与刘敞相类，一方面强调《春秋》作为纪实之书的史学特性，另一方面又强调《春秋》是高于一般史书的经书。他说："孔子非史官也，不常职乎史，故尽其所得修之而止耳。"[4]欧阳修认为孔子并非史官、对修史并不擅长，只是据已有资料整理而已。可见，欧阳修并不认为《春秋》具有极高的史学价值，他认为《春秋》的主要价值在于其为一部褒贬之作，称："孔子何为而修《春秋》？正名以定分，求情而责实，别是非，明善恶，此《春秋》之所以作也。"[5]欧阳修注重《春秋》正名定分、劝善惩恶的功效，认为《春秋》"一字为褒贬"，在以之为可信之书的基础上强调其义理特性。

　　第二，大胆怀疑传统官定经学甚至经典文本。欧阳修认为经学原典具有纪实取信的史学特性，因此对原典进行一般性历史考证，打破了传统经学历史考证中经典的神圣性。欧阳修的经学历史考证大异于传统，主要是在史学原则下进行，从文献、逻辑等角度入手，而摒弃经学历史

---

[1] 欧阳修：《居士集》卷十八《春秋或问》，载《欧阳修全集》，中华书局 2001 年版，第 311 页。

[2] 欧阳修：《居士集》卷十八《春秋论上》，载《欧阳修全集》，中华书局 2001 年版，第 306 页。

[3] 欧阳修：《附录》卷二《先公事迹》，载《欧阳修全集》，中华书局 2001 年版，第 2627 页。

[4] 欧阳修：《居士集》卷十八《春秋或问》，载《欧阳修全集》，中华书局 2001 年版，第 310—311 页。

[5] 欧阳修：《居士集》卷十八《春秋论中》，载《欧阳修全集》，中华书局 2001 年版，第 307 页。

文献观点的束缚，对《易传》《诗序》和《周礼》进行考辨，典型者如《周易》考证。欧阳修坚称《文言》《说卦》以下《易传》部分皆是后人伪作，在所作《易童子问》中称："童子问曰：'系辞非圣人之作乎?'曰：'何独《系辞》焉，《文言》《说卦》而下，皆非圣人之作……'"欧阳修对《系辞》等部分进行考证，从思想角度，欧阳修认为《文言》《说卦》以下"众说淆乱，亦非一人之言也。昔之学《易》者，杂取以资其讲说，而说非一家，是以或同或异，或是或非，其择而不精，至使害经而惑世也。"从语言角度，欧阳修指出《易》《春秋》"其言愈简，其义愈深"，而《系辞》"繁衍丛脞"，不是圣人之言。从逻辑角度，欧阳修指出《系辞》的"河出图，洛出书，圣人则之"说法以八卦为"天之所降"，与包牺氏"始作八卦"之说矛盾。欧阳修突破传统历史考证界限，以一般史学原则考证经文，改变了经学历史考证的基本原则。[1] 其"毁《周礼》"也属于此类。这种打破经典神圣性的经学历史考证是后来理学的一个显著特征。

宋代第一个取得官学地位的义理化经学派别是王安石的"新学"。新学的代表作《三经新义》由王安石、吕惠卿和王雱等人在政府专门设立的经义局中完成。王安石等人重注《诗》《书》和《周官》，成为科举考试的解经标准。新学借由政治力量，加速了宋代经学义理化的进程。后来其学说虽被废，但其义理化的治经路径依然影响了众多士子。从经史关系的角度来看，王安石的新学在经学义理化过程中起到了重要作用：主张回归原典本义，破除训诂章句的历史考证原则。王安石主张通经致用，认为致用是经学本义，称："道有升降，处今之世，恐须每事以尧、舜为法。尧、舜所为至简而不烦，至要而不迂，至易而不难，但末世学士大夫不能通知圣人之道，故常以尧、舜为高而不可及，不知圣人经世立法常以中人为制也。"[2] 王安石把当时的经学看作"不能通知圣人之道"，要求回归"圣人经世立法"的本义，其注经重在阐明义理，正式宣

[1] 欧阳修：《易童子问》卷三，载《欧阳修全集》，中华书局 2001 年版，第 1120—1121 页。

[2] 秦缃业等：《续资治通鉴长编补拾》卷三上《神宗》，上海古籍出版社 2006 年版，第 36 页。

告了传统经学历史考证原则的破产。在王安石看来，当时之弊在于法度"多不合乎先王之政"，又借孟子解释原因在于"有仁心仁闻而泽不加于百姓者，为政不法于先王之道故也"。王安石认为改变政治弊端的根本在于培养通经致用的人才。通经致用要"能讲先王之意以合当时之变"。王安石认为时代条件不断变化，只能"法先王之意"，称："今之世，去先王之世远，所遭之变，所遇之势不一……今之失，患在不法先王之政者，以谓当法其意而已。夫二帝、三王，相去盖千有余载，一治一乱，其盛衰之时具矣。其所遭之变，所遇之势，亦各不同，其施设之方亦皆殊，而其为天下国家之意，本末先后，未尝不同也。臣故曰：当法其意而已。"[1] 法先王之意要求领会经书本义而非强求其具体措施，这在无形中破解了义疏之学的教条僵化。

在打破传统经学历史考证的普遍风气中，二程以直阐义理的路径建构了经学根基——"天理"说。二程对传统经学历史考证原则的破除主要体现有二：其一，二程易学改象数之学为义理之学，摒弃传统经学历史考证原则。以象数解《易》是传统经学的一般路径，魏晋也出现过以义理解《易》的思潮，但一般以打破儒家思想界限为前提，援引老庄之说。二程则至少在形式上以儒家思想为界限，以回归《易》历史本义为旗号。其二，二程用直阐义理的路径重构经学根基。传统经学一般以"天道"或"道"为最高宇宙法则，道家也有此种说法。前者是传统经学历史考证所限定的最高宇宙法则定论，后者则是儒学之外的"异端"之论。二程的"天理"说跳出既有论说，是经学重构的一个重要突破。传统经学的"天道"本体论建构并不充分，汉儒鼓吹天人合一，主张天道为包括人类社会在内的万物共同法则，但其"人副天数"说却显得牵强。传统经学的这一弱点在三教相争的背景下更为突出。二程的经学路径起于史学意识影响下的怀疑精神，得以跳出传统经学文献的束缚，而在本体论层面另辟蹊径，重构天人合一。程颢本人也承认"天理"是他的独特发明："吾学虽有所受，天理二字却是自家体贴出来。"[2] 经书中只有

[1] 王安石：《王文公文集》卷一《上皇帝万言书》，上海人民出版社 1974 年版，第 234 页。
[2] 程颢、程颐：《河南程氏外书》卷第十二《传闻杂记》，载《二程集》，中华书局 2004 年版，第 424 页。

《礼记·乐记》提过一次"天理"，也就是说二程所谓"天理"是直阐义理路径的产物。

朱熹是理学的集大成者，与其弟子完成了对原典的注释，最终完成了经学的重构。朱熹经学既参照笺注义疏之学，又直阐义理，主要倾向仍基于打破传统经学历史考证，主要表现有二：第一，重视经书的史学性质。朱熹要人把《春秋》"只如看史样看"，并且反对前人从义理角度探究《春秋》褒贬，实际上把《春秋》当作一部记载史事的作品，他说：

> 《春秋》只是直载当时之事，要见当时治乱兴衰，非是于一字上定褒贬。初间王政不行，天下都无统属；及五伯出来扶持，方有统属，"礼乐征伐，自诸侯出"。到后来五伯又衰，政自大夫出。到孔子时，皇、帝、王、伯之道扫地，故孔子作《春秋》，据他事实写在那里，教人见得当时事是如此，安知用旧史与不用旧史？今硬说那个字是孔子文，那个字是旧史文，如何验得？更圣人所书，好恶自易见……圣人之意只是如此，不解恁地细碎。[1]

朱熹认为孔子作《春秋》只是"直载当时之事"，反映从政自诸侯出到政自大夫出的治乱兴衰情况，后人讲《春秋》微言大义的褒贬之法只是凭空臆测。朱熹把《春秋》看成是史书，反对从义理角度空言《春秋》褒贬，即便是对于解说《春秋》的三传，朱熹也认为不足为凭，他说："孔子作《春秋》，当时亦须与门人讲说，所以公、谷、左氏得一个源流，只是渐渐讹舛。当初若是全无传授，如何凿空撰得？"这样，三传也成了只是"渐渐讹舛"之作，后世对《春秋》褒贬的探究就成了无根之谈。在三传之中，《左传》因为以史事解经，而被朱熹相对看重，他说："看《春秋》且须看得一部《左传》首尾意思通贯，方能略见圣人笔削，与当时事之大意。"[2] 在朱熹看来，《左传》详载史事，因此能够让《春秋》所记之事"首尾意思通贯"，使人窥见《春秋》的褒贬。可见，朱熹对前

第二章 史学对宋代理学形成和发展的作用

---

[1] 黎靖德编：《朱子语类》卷八十三《春秋·纲领》，中华书局1986年版，第2144—2145页。

[2] 黎靖德编：《朱子语类》卷八十三《春秋·纲领》，中华书局1986年版，第2148页。

人关于《春秋》褒贬的看法，主张从"史"的角度解说而反对从"义"的角度阐发。因此朱熹自己作《资治通鉴纲目》时，重新总结了《春秋》义例。朱熹之所以要重新总结《春秋》义例，其原因有二：一方面是朱熹要用四书取代五经在儒学中的至高地位，前人从"义"的角度对《春秋》进行的解说在言性命义理的朱熹看来都失之乖谬；另一方面更是由于朱熹把《春秋》视作记事之书，因此更注重以史事解说《春秋》。实际上，正是由于理学兴起的时代，学者提倡四书学并赋予五经以性命义理的新经义，才在一定程度上揭开了汉儒空凿大义而为《春秋》披上的神圣经书面纱，使得《春秋》作为史书的本来面目愈益显露出来。

第二，朱熹对经学原典重新进行历史考证。朱熹对原典的历史考证打破了传统经学历史考证的原则界限，实际上将一般的历史考证原则施诸经学原典。朱熹主张直求原典历史本义，而把传统经学历史文献视作一般的考证资源。这种历史考证，在一定程度上符合历史求真理念，指出了一些传统经学历史考证中不敢打破的成见；但更体现出一种疏离于历史原典的倾向，因为朱熹的历史考证是以理学思想为原则。首先，朱熹重新厘定经学原典体系，以四书之学取代五经的至高经学地位。这种经学体系的重构，以回归原典历史本义为旗号，实则从理学思想出发，疏离于原典。能够做到这一点，无疑是以打破传统经学历史考证束缚为先决条件的。其次，朱熹对原典从逻辑和文献等角度进行一般性历史考证。像朱熹治《诗》，便打破了原典的神圣地位，降低了《诗》的经学地位，对其进行一般性历史考证。朱熹赞同"《诗》之为言，发乎情也"[1]。由此出发，朱熹认为"不是一部《诗》皆'思无邪'"，《诗集传》指出二十四首诗为男女淫佚之诗。朱熹大胆怀疑《诗序》，否定其"美刺"说，因为从逻辑上来讲，"'温柔敦厚'，《诗》之教也。使篇篇皆是讥刺人，安得'温柔敦厚'！"再以史书比证，朱熹发现"仔细看一两篇，因质之《史记》《国语》，然后知《诗序》之果不足信"。所以朱熹认为"《诗序》多是后人妄意推想诗人之美刺，非古人之所作也"[2]。

[1] 朱熹：《论语精义》卷第四下《泰伯第八》，载朱杰人等主编：《朱子全书》第七册，上海古籍出版社、安徽教育出版社2002年版，第296页。
[2] 黎靖德编：《朱子语类》卷第八十《诗一·纲领》，中华书局1986年版，第2077页。

中唐以至宋代，史学精神对经学变古起到重要推动作用，突出表现在树立以直阐义理为主的经学历史考证原则，直至改变了经学历史考证的引征资源范围。传统的经学历史文献地位大大降低，而义理思想则成为根本依据。经学历史考证原则的变化，必然带来经学整体的重构。

### 三、史学求真与天人关系的重构

天人理论是汉学理论的合法性基础，其对社会准则、伦理思想的阐发，均是在天人合一的本体论中获得论证的。其说多怪异之论，不符合史学求真理念。宋儒继承了汉学的基本理路，但冲决传统经学历史考证、削弱汉学神秘色彩，重构天人合一论，进而为重构经学根本理论奠定了基础。

胡瑗说《易》"以义理为宗"[1]，以《易》"尽天下之理"，发扬史学怀疑精神，重构天人之道，对后来理学影响深远。首先，胡瑗"以义理说《易》之宗"，以史学精神净化儒家义理。在胡瑗之前，魏晋时王弼已用义理说《易》，但他的儒家思想与老庄学说并存。胡瑗始专以儒家义理解《易》，又去除汉学灾异、谶纬之论。此一解经特色，是基于中唐以来史学怀疑精神的一大成果。史学精神务求历史真实，而经学原典于灾异说仅有只言片语，谶纬更晚出，以回归原典历史本义的经学理念校之，均不可能是原典时代的历史真实。虽然历代均有对灾异、谶纬的怀疑，但在传统经学历史考证的束缚下，解经无法否定其说。唐代官定《五经正义》和宋初官定镂板之学多采灾异、谶纬之说，虽有论证统治合法性的作用，却已经不能为转向追求原典本义的经学家所接受。胡瑗说《易》，奠定了回归原典历史本义而降低传统历史考证地位的解经原则。其次，胡瑗以《易》"尽天下之理"，影响到理学建构。胡瑗视《易》为儒家垂世之法，涵盖天人之理，称："《易》者，伏羲、文王、周公、孔子所以垂万世之大法，三才变易之书也。自伏羲仰观天文、俯察地理，始画八卦。故爻有九六，以尽阴阳之数；位有三画，以尽三才之道；写天、地、雷、风、水、火、山、泽之象，以尽天下之用；明健、顺、动、

---

[1] 永瑢等：《四库全书总目》卷二《周易口义》，中华书局1965年版，第5页。

入、止、说、陷、明之体，以尽天下之理。"[1] 结合胡瑗对《易》的看法和解《易》方法，可见其抛弃汉学观念而重构天人之道的努力。之后二程对理学的建构也是基于《易》，胡瑗的先导作用功不可没。

胡瑗是宋初的大教育家，"以经术教授吴中，年四十余"，太学取其湖州教法，后居太学时，"徒益众，太学至不能容，取旁官舍处之"。[2] 其经学思想影响颇大，是稍后欧阳修力破汉儒灾异说之先导，更影响到后来专言心性与天理的理学。四库馆臣著录刘绍攽《周易详说》，分析理学与胡瑗解《易》的关系时说："朱子谓程子之学源于周子。然考之《易传》，无一语及太极，于《观·卦辞》云：'予闻之胡翼之先生，居上为天下之表仪。'于《大畜》上九云：'予闻之胡先生曰，天之衢亨，误加"何"字。'于《夬》九三云：'安定胡公移其文曰：壮于頄，有凶，独行遇雨若濡，有愠，君子夬夬，无咎。'于《渐》上九云：'安定胡公以陆为逵。'考《伊川年谱》，'皇佑中游太学，海陵胡翼之先生方主教道，得先生文试，大惊，即延见，处以学职'，意其时必从而受业焉。世知其从事濂溪，不知其讲《易》多本于翼之也。"[3] 四库馆臣"核以程《传》"深以为然。可见，二程以《易》建构理学，其所用的解经义理和天道建构路径都与胡瑗有密切关系。

孙复倡言道统，又言天人相通，已显理学意蕴。韩愈从排摒异端的角度发道统之论，孙复继之。孙复志于"尊道扶圣、立言垂范之事"，提倡古文运动宗旨，认为"文者，道之用也；道者，教之本也"，从"立言传道"的角度阐发道统，认为：

> 自西汉至李唐其间，鸿生硕儒摩肩而起，以文章垂世者众矣。然多杨墨佛老虚无报应之事，沈谢徐庾妖艳邪哆之言杂乎其中。至有盈编满集，发而视之，无一言及于教化者。此非无用瞽言，徒污简册者乎？至于始终仁义不叛不杂者，惟董仲舒、扬雄、王通、韩愈

---

[1] 倪天隐：《周易口义·发题》，文渊阁《四库全书》本，第8册，第171页。
[2] 《宋史》卷四百三十二《胡瑗传》，中华书局1985年版，第12837页。
[3] 永瑢等：《四库全书总目》卷二《周易口义》，中华书局1965年版，第5页。

中国经史关系通史·宋元明卷

而已。[1]

与韩愈相类，孙复也重视孟子排摒异端的地位："孔子既没，千古之下，驾邪怪之说肆奇险之行，侵轶我圣人之道者众矣，而杨墨为之魁，故其罪剧。孔子既没，千古之下，攘邪怪之说，夷奇险之行，夹辅我圣人之道者多矣，而孟子为之首。"[2] 道统论是二程理学学理合法基础，孙复之论沿着对儒学传承进行历史考察的道路，在由道统至道学的发展过程中也起到了作用。此外，孙复在痛斥春秋时代种种"不道""失道"之状时，将儒家纲常伦理之道视为天理，其论"晋伐鲜虞"，即称："晋伐鲜虞者，楚灵不道，殄灭陈蔡。晋为盟主，既不能救，其恶已甚，今又与楚交伐同姓，无复天理之存矣。"[3] 孙复以"鲜虞姬姓国"，而将伐同姓国的违反政治伦理之举视为违背天理，已显理学意蕴。

刘敞注意区分经史之学求真的不同，他对《春秋》用力尤多，曾辨别《春秋》超出史学求真之笔法，称：

> 史之讳国恶，非礼也。晋人杀灵公，董狐书之曰"赵盾弑君"，赵盾曰："呜呼，天乎，盾岂弑君者乎？"董狐曰："赵穿弑君，而子不讨，弑君者非子而谁？"仲尼曰："董狐良史也，书法不隐。"故史之讳国恶，非礼也。曰：然则《春秋》何以讳国恶？《春秋》不足法乎？曰：《春秋》至矣！史不足以当之！孔子曰："其事齐桓、晋文，其文则史，其义则丘有罪焉。"故《春秋》至矣，史不足以当之。[4]

刘敞认为《春秋》"赵盾弑君"这类记义理之实而不记史实的笔法超出了史学范畴，因此强调"《春秋》至矣，史不足以当之"。这实际上将史学求真与经学求真做了区分。

[1] 孙复：《孙明复小集·答张洞书》，文渊阁《四库全书》本，第1090册，第174页。
[2] 孙复：《孙明复小集·兖州邹县建孟庙记》，文渊阁《四库全书》本，第1090册，第174页。
[3] 孙复：《春秋尊王发微》卷十，文渊阁《四库全书》本，第147册，第106页。
[4] 刘敞：《公是先生弟子记》卷三，华东师范大学出版社2010年版，第42—43页。

这种经史相分的思想使得刘敞一方面从经学上继承了汉儒好言灾异的风气，另一方面又因为求真的需求而改变了汉儒天人关系论。刘敞染汉儒风气，论学议政，多言天人，以精禖灾异为验应，谓"天人之相与，或精禖之交荡，得不慎尔"[1]，又云"吁嗟动云汉，精禖验天人"[2]。这是汉学诸儒以灾异论天人的论调，但刘敞则在天人关系论中提高了"人"的地位，他说：

> 君以人为天，人以君为天，天以人为天。人之所归号之曰天与之，人之所去号之曰天夺之，非君以人为天欤？君安之则安，富之则富，生之则生，死之则死，非人以君为天欤？世治人曰天也，世乱人曰天也，天非实治之也，天非实乱之也，有曰治有曰乱者，非天以人为天欤？[3]

汉儒"以人随君，以君随天"[4]，刘敞则认为"君以人为天，人以君为天，天以人为天"。这一论断实际上在"天""君"与"人"三者的传统关系论中，变"人"为根本，故其言"上通于天下信于民……天人之佑"[5]，实则是重视民心向背。正因此，刘敞的天人灾异之论较汉学旧说已颇具人文色彩。比起汉儒将灾异与人事一一对应的旧说，刘敞提出如果施政得当、合于天人，则"无妄之灾不足畏"[6]。他指责汉儒天人灾异论的虚妄，认为"圣人之说灾异，欲人惧耳，非若眭孟、京房指象求类，如与鬼神通言者也"[7]；"欲推天假命以就灾异，非圣人之意矣！

[1] 刘敞：《公是集》卷一《季春出火赋》，文渊阁《四库全书》本，第1095册，第411页。

[2] 刘敞：《公是集》卷二十六《和喜雨》，文渊阁《四库全书》本，第1095册，第621页。

[3] 刘敞：《公是弟子记》卷二，文渊阁《四库全书》本，第698册，第450页。

[4] 苏舆：《春秋繁露义证》卷一《玉杯第二》，中华书局1992年版，第31页。

[5] 刘敞：《公是集》卷三十二《上仁宗乞固辞徽号》，文渊阁《四库全书》本，第1095册，第673页。

[6] 刘敞：《公是集》卷三十二《上仁宗论水旱之本》，文渊阁《四库全书》本，第1095册，第675页。

[7] 刘敞：《春秋权衡》卷十，文渊阁《四库全书》本，第147册，第275页。

至使汉世儒者争言阴阳，诋毁善人，其患岂小哉？"[1]刘敞以"圣人之说灾异，欲人惧耳"的判断驳斥汉学汉儒灾异论，是一种求历史之真的史学意识的体现，在一定程度上去除了天人关系论的神秘色彩。只是刘敞还不愿放弃天命这一儒学合法性根基。嗣后，欧阳修在当时怀疑汉学天人论的风气中，给予了汉学灾异说最后一击。

欧阳修"力破汉儒灾异五行之说"[2]，是经学天人关系论的分水岭。欧阳修通过重新阐释灾异说，使汉儒神学化的天人关系论转向人事，为理学重构形而上基础做了铺垫。汉儒用天人感应理论和阴阳五行学说解说《春秋》所记灾异，使灾异论成为其阐发天人关系的重要领域。董仲舒援引《春秋》灾异证明天人相通，又认为灾异是上天用以警示君王的手段。西汉末年，刘向撰《五行传论》，其子刘歆撰《五行传说》，也对《春秋》灾异做类似解释，而且用人祸与灾异一一对应。自此，学者多借《春秋》言与灾异相对应的人祸，称为"咎征""事应"。欧阳修在经学和史学上明确批判汉儒灾异五行说之后，宋代经史之学的灾异说日益改变神学论调，淡化甚至否定"咎征""事应"。实际上，早在唐代，啖助会通三传解《春秋》时已经"不取《公羊》灾异"[3]，孙复和刘敞等人也淡化灾异论的神秘色彩，欧阳修则进一步"力破汉儒灾异五行之说"。欧阳修一方面肯定汉儒的天人感应论，说："未有人心悦于下，而天意怒于上者；未有人理逆于下，而天道顺于上者。然则王者君天下，子生民，布德行政，以顺人心，是之谓奉天。"[4]在欧阳修看来，天意与人心相通，君王"布德行政"顺应人心就是"奉天"。另一方面，欧阳修又反对汉儒神学化的灾异说，认为"六经之所载，皆人事之切于世者"[5]，反对用神秘学说解经。论及《春秋》所载灾异，他说："夫无焉而书之，圣人不为也。虽实有焉，书之无益而有害，不书可也。然书之亦有意乎，

[1] 刘敞：《春秋权衡》卷十一，文渊阁《四库全书》本，第147册，第291页。
[2] 欧阳修：《附录》卷二《先公事迹》，载《欧阳修全集》，中华书局2001年版，第2627页。
[3] 陆淳：《春秋集传纂例》卷一《啖子取舍三传义例第六》，丛书集成初编本，第165页。
[4] 《新五代史》卷五十九《司天考第二》，中华书局1974年版，第706页。
[5] 欧阳修：《居士集》卷四十七《答李诩第二书》，载《欧阳修全集》，中华书局2001年版，第669页。

抑非圣人之所书乎？予皆不能谕也。"[1] 欧阳修不仅怀疑《春秋》灾异是否有深意及是否出自孔子之手，还明确指斥三传以来的《春秋》灾异学说是妄加附会，他说：

> 夫据天道，仍人事，笔则笔而削则削，此《春秋》之所作也。援他说，攻异端，是所是而非所非，此三《传》之所殊也。若乃上揆之天意，下质诸人情，推至隐以探万事之元，垂将来以立一王之法者，莫近于《春秋》矣。……殊不知圣人纪灾异，著劝戒而已矣！又何区区于谨数乎？[2]

欧阳修指出《春秋》究天人之际以立王法，其记灾异只是为了劝诫君主修政，认为详究灾异则不得孔子要领，失之荒诞。欧阳修还明确将批判的矛头指向董仲舒等《春秋》灾异说的鼓吹者们，他说：

> 盖君子之畏天也，见物有反常而为变者，失其本性，则思其有以致而为之戒惧，虽微不敢忽而已。至为灾异之学者不然，莫不指事以为应。及其难合，则旁引曲取而迁就其说。盖自汉儒董仲舒、刘向与其子歆之徒，皆以《春秋》《洪范》为学，而失圣人之本意。至其不通也，父子之言自相戾，可胜叹哉！[3]

欧阳修用天变只是为了引起君子戒惧的说法，批判汉儒谈灾异必言事应的理论，认为汉儒灾异学说附会人事，实为牵强，大失圣人本意。可见，欧阳修在春秋学上"力破汉儒灾异五行之说"，并不是完全否定汉儒的《春秋》灾异说，而是继承了汉儒天人感应的宇宙论，用上天劝诫之意取代了汉儒神学化的"咎征""事应"之论。欧阳修还从易学角度概括了天

[1] 欧阳修：《居士集》卷四十八《问进士策四首》，载《欧阳修全集》，中华书局 2001 年版，第 680 页。
[2] 欧阳修：《居士外集》卷十一《石鹢论》，载《欧阳修全集》，中华书局 2001 年版，第 880—881 页。
[3] 《新唐书》卷三十四《五行志一》，中华书局 1975 年版，第 872 页。

人关系："会而通之，天地神人无以异也。使其不与于人，修吾人事而已；使其有与于人乎，与人之情无以异也，亦修吾人事而已。夫专人事，则天地鬼神之道废；参焉，则人事惑。使人事修则不废天地鬼神之道者，《谦》之《彖》详矣。治乱在人而天不与者，《否》《泰》之《彖》详矣。推是而之焉，《易》之道尽矣。"[1] 欧阳修以人为根本，强调修人事也"不废天地鬼神之道"。这种侧重人事的经学天人关系说，被宋儒普遍接受，为理学重构形而上基础做了铺垫。

王安石的新学也对传统天人关系论做了改造，旨在废除汉学灾异说。王安石言"天人之不相异"，但改变了汉儒天人感应的神学论调，认为"始而生之者，天道也；成而终之者，人道也"[2]，将天道视为人应当遵循的一种法则，而赋予了人道以"成而终之者"的地位。在如何顺应天道的问题上，王安石强调修心治身，称："五行，天所以命万物者也。故'初一曰五行'。五事，人所以继天道而成性者也，故'次二曰敬用五事'。五事，人君所以修其心、治其身者也。"[3] 这样的天人关系论强调了人的作用，因此王安石对汉儒的灾异说不以为然，提出"以天变为己惧，不曰天之有某变，必以我为某事而至也，亦以天下之正理考吾之失而已矣"[4]，仅将天变视为一种反省的提示，而否认天人感应的必然，甚至言"天变不足畏"[5]。

二程作为理学先驱，从理学的角度阐发欧阳修以来的《春秋》灾异说，用天人之理来解释灾异，一方面肯定天人感应的宇宙论，另一方面认为灾异是因为天人之理产生的现象，不可详究事应。二程肯定天道人事相应，认为符瑞和灾异都是存在的：

> 问："'凤鸟不至，河不出图'，不知符瑞之事果有之否？"曰："有之。国家将兴，必有祯祥。人有喜事，气见面目。圣人不贵祥瑞

第二章 史学对宋代理学形成和发展的作用

[1] 欧阳修：《居士外集》卷十一《易或问》，载《欧阳修全集》，中华书局 2001 年版，第 879 页。
[2] 王安石：《王文公文集》卷三十一《郊宗议》，上海人民出版社 1974 年版，第 357 页。
[3] 王安石：《王文公文集》卷二十五《洪范传》，上海人民出版社 1974 年版，第 280 页。
[4] 王安石：《王文公文集》卷二十五《洪范传》，上海人民出版社 1974 年版，第 293 页。
[5] 《宋史》卷三百二十七《王安石传》，中华书局 1985 年版，第 10550 页。

者，盖因灾异而修德则无损，因祥瑞而自恃则有害也。"问："五代多祥瑞，何也？"曰："亦有此理。譬如盛冬时发出一朵花，相似和气致祥，乖气致异，此常理也，然出不以时，则是异也。如麟是太平和气所生，然后世有以麟驾车者，却是怪也。譬如水中物生于陆、陆中物生于水，岂非异乎？"又问："汉文多灾异，汉宣多祥瑞，何也？"曰："且譬如小人多行不义，人却不说，至君子未有一事，便生议论，此是一理也。至白者易污，此是一理也。《诗》中，幽王大恶为小恶，宣王小恶为大恶，此是一理也。"又问："日食有常数，何治世少而乱世多，岂人事乎？"曰："理会此到极处，然烛理明也。天人之际甚微，宜更思索。"曰："莫是天数人事看那边胜否？"曰："似之，然未易言也。"又问："鱼跃于王舟，火覆于王屋，流为乌，有之否？"曰："鱼与火则不可知，若兆朕之先，应亦有之。"[1]

二程从理的角度解释符瑞和灾异，认为符瑞生于和气，因此"国家将兴，必有祯祥"，而灾异则是不合常理的怪异现象，说明社会有不足之处，因而可以促使人"修德"。针对汉文治世多灾异而汉宣乱世多祥瑞的现象，二程认为这是史家记事侧重点不同造成的，从而维护了他们所讲的符瑞灾异产生之理。至于《尚书》所记"鱼跃于王舟，火覆于王屋，流为乌"和日食是否因人事而起，二程认为超出常理范围，是"天人之际甚微"的表现，不置可否。可见，二程将符瑞灾异完全纳入他们的天理范畴，从天人之理的角度加以考察，而不像汉儒那样为过于怪诞的现象强作解说，与欧阳修对灾异的态度相类，但又更具哲理化。二程曾说：

> 《春秋》书灾异，盖非偶然。不云霜陨，而云陨霜；不云夷伯之庙震，而云震夷伯之庙；分明是有意于人也。天人之理，自有相合。人事胜，则天不为灾；人事不胜，则天为灾。人事常随天理，天变非应人事。如祁寒暑雨，天之常理，然人气壮，则不为疾；气羸弱，则必有疾。非天固欲为害，人事德不胜也。如汉儒之学，皆

---

[1] 程颢、程颐：《二程遗书》卷十八《伊川先生语四》，载《二程集》，中华书局2004年版，第238页。

牵合附会，不可信。[1]

二程认为灾异因为天人感应而生，如果人事处理得好，天就不会产生灾异；如果人事处理得不好，天就会产生灾异。汉儒所说的天具有人格神的特征，二程所说的天则更接近一种自然法则。二程否定汉儒认为天降灾异以谴告人间的说法，认为天并不是有意产生灾异，只是根据"人事常随天理"的规律，人事不协会导致天变，据此认为汉儒的灾异之说"皆牵合附会，不可信"。二程认为汉儒灾异说不可信的依据与欧阳修相同，都是认为灾异未必有事应。有人问："汉儒谈《春秋》灾异如何？"二程明确否定汉儒的事应之论，说："自汉以来，无人知此。董仲舒说天人相与之际，亦略见些模样，只被汉儒推得大过，亦何必说某事有某应？"[2]

到了南宋中后期，欧阳修以来的《春秋》灾异观，因为被二程纳入理学学说体系，而被理学化的春秋学进一步吸收和整理。程公说的《春秋分记》刊行于宋理宗淳祐三年（1243 年），其论《春秋》所记灾异称：

> 五行得其性，而天下被其福。反是，为沴气，阴阳寒暑失节，以为水旱、虫螟、风雹、霪雨、火灾、山崩、雪霜、不时。凡此灾异之著见者，皆生于乱政，而考其所发，验以人事，往往近其所失，而以类至。然时有推之不能合者，岂非天地之大有不可俄而测哉？是故天反时为灾，地反物为妖，民反德为乱，而君子之畏灾也，见夫失其本性则思所以致，而为之戒惧，虽微不敢忽而已。禹修六府，必曰："正德"，《洪范》九章，皇极居中，此其大略，而《春秋》二百四十二年，虽曰："凡物不为灾则不书"，抑未尝道其所以然者。圣人之意，以为若推其事应，则有合、不合，有同、不同，见其合

[1] 程颢、程颐：《二程外书》卷五《冯氏本拾遗》，载《二程集》，中华书局 2004 年版，第 374 页。

[2] 程颢、程颐：《二程遗书》卷二十二下《伊川先生语八下》，载《二程集》，中华书局 2004 年版，第 304 页。

而同则惑者，泥于怪而不经，见其不合不同则怠者，以为偶然而不惧，是以推明五行，详纪灾异，而不指言事应，谨之至也。[1]

程公说继承了欧阳修和二程以来的《春秋》灾异说，他对二程的观点的总结主要有二：一是从理的角度来解释灾异，认为"五行得其性"则"天下被其福"，反之则有灾异；二是继承了二程认为"圣人不贵祥瑞"而重视灾异的说法，认为灾异可以促使人修德。程公说又采用了欧阳修否定汉儒事应说、认为灾异主要是上天明劝诫之意的说法，直接引述欧阳修"君子之畏灾也，见夫失其本性则思所以致，而为之戒惧，虽微不敢忽而已"的原话。程公说的《春秋》灾异观完成了宋代春秋学对于灾异的学说总结，代表了宋代春秋学对灾异的主流看法。

宋代经学天人关系说的变改，与用史学精神怀疑传统经学荒诞内容有关，使天人关系说更具人文色彩。天人关系说作为经学论说的合法性基础，一旦被突破，则经学的整体性重构也就顺理成章了。

## 第二节  史学是理学建构的重要环节

理学特重"理"，而把史学看作关于"事"的学问。因为理在事中的缘故，而形成"格物致知""即事明理"的求知、求理路径，"事"成为求理的重要途径。与此同时，包括史事在内的"事"，反过来又作为验证"理"的依据。在这样一种逻辑关系中，史学自然也就成为理学建构中的重要环节。

### 一、即事明理：以史学阐发理学观念

宋儒往往从经典和心性的角度谈"理"，而把史看成是"事"，古今大事便成为理学家建构理学观念的重要工具。即使是陆九渊这样注重

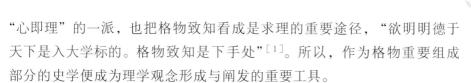

"心即理"的一派，也把格物致知看成是求理的重要途径，"欲明明德于天下是入大学标的。格物致知是下手处"[1]。所以，作为格物重要组成部分的史学便成为理学观念形成与阐发的重要工具。

首先，即事言理是理学家较常见的阐明义理方法。比如，邵雍的《皇极经世书》便是以宇宙古今之事阐发天地人间理道，其将天地人间视作一体，从"心"与"迹"也就是"事"的角度做出阐发：

> 善化天下者，止于尽道而已。善教天下者，止于尽德而已。善劝天下者，止于尽功而已。善率天下者，止于尽力而已。以道德功力为化者，乃谓之皇矣。以道德功力为教者，乃谓之帝矣。以道德功力为劝者，乃谓之王矣。以道德功力为率者，乃谓之伯矣。以化教劝率为道者，乃谓之《易》矣。以化教劝率为德者，乃谓之《书》矣。以化教劝率为功者，乃谓之《诗》矣。以化教劝率为力者，乃谓之《春秋》矣。此四者，天地始则始焉，天地终则终焉，终始随乎天地者也。夫古今者，在天地之间犹旦暮也，以今观今则谓之今矣。以后观今则今亦谓之古矣。以今观古则谓之古矣。以古自观则古亦谓之今矣。是知古亦未必为古，今亦未必为今，皆自我而观之也。安知千古之前，万古之后，其人不自我而观之也？若然，则皇帝王伯者，圣人之时也。《易》《书》《诗》《春秋》者，圣人之经也。时有消长，经有因革，时有消长，否泰尽之矣。经有因革，损益尽之矣。否泰尽而体用分，损益尽而心迹判，体与用分，心与迹判，圣人之事业于是乎备矣。[2]

在邵雍眼里，永恒的道贯穿"千古之前，万古之后"，"始终随乎天地"，因此天人之间所有的事迹都可以作为探求理道的凭借，史学因此成为他阐发永恒理道的组成部分。像阐发天道与人心去就时，邵雍就曾以秦汉际遇发论，称："秦二世，万乘也，求为黔首而不能得。汉刘季，匹夫

---

[1] 陆九渊：《陆九渊集》卷二十一《学说》，中华书局 1980 年版，第 262—263 页。
[2] 邵雍：《皇极经世书·观物内篇之五十五》，文渊阁《四库全书》本，第 803 册，第 1468—1469 页。

也，免为元首而不能已。万乘与匹夫，相去有间矣。然而有时而代之者，谓其天下之利害有所悬之耳。天之道非祸万乘而福匹夫也，谓其祸无道而福有道也。人之情非去万乘而就匹夫也，谓其去无道而就有道也。"[1] 很显然，有道与无道才是秦亡汉兴的道理所在。

其次，理学中"道问学"一系，多以史学为求理手段。朱熹是宋代理学的集大成者，强调格物致知、即事求理，他说："帝王之学，必先格物致知，以极夫事物之变，使义理所存，纤悉毕照，则自然意诚心正，而可以应天下之务。"[2] 朱熹所谓的"格物"，很重要的部分是研究"史事"，他集注《大学》时，解释"格物"称："物，犹事也。穷至事物之理，欲其极处无不到也。"因此，朱熹对史学极为重视，在史学领域做了大量研究。他撰有《八朝名臣言行录》，重视保存历史文献；他与学生赵师渊所撰《资治通鉴纲目》，创立了中国古代纲目体体裁；他撰述的《伊洛渊源录》一书，开创了中国古代学案体体裁；他还有很多较为具体的历史评论与史学批评散见于《朱文公文集》和《朱子语类》之中。他也曾申明史学的重要性："昨日有人问看史之法，熹告以当且治经，求圣贤修己治人之要，然后可以及此，想见传闻又说不教人看史矣。"[3]

再者，宋儒往往通过古今大势的总结评判建构理学历史观，以之为天理的重要内涵与表现形式。胡宏以春秋学发挥理学思想，又以史学表现理学思想。在理学中，胡宏是重视经学的人物。对于经史关系，他作如是说："皇帝王伯之事可以本始百世诸史乎！诸家载记，所谓史也。史之有经，犹身之支体有脉络也。《易》《诗》《书》《春秋》，所谓经也。经之有史，犹身之脉络附支体也。支体具，脉络存，孰能得其生乎？"胡宏甚至认为天道已经完整地表现于历史中：

> 天道保合而太极立，氤氲升降而二气分。天成位乎上，地成位乎下，而人生乎其中。故人也者，父乾母坤，保立天命，生生不易

---

[1] 邵雍：《皇极经世书·观物内篇之五十八》，文渊阁《四库全书》本，第 803 册，第 1482 页。

[2] 《宋史》卷二百四十九《朱熹传》，中华书局 1985 年版，第 12752 页。

[3] 朱熹：《晦庵先生朱文公文集》卷四十四《答梁文叔》，载朱杰人等主编：《朱子全书》第二十二册，上海古籍出版社、安徽教育出版社 2002 年版，第 2025 页。

也。天生万物，日月星辰施其性；地生万物，水火金木运其气；人生万物，仁义礼智行其道。君长陪贰由道以纲纪，人生而理其性，然后庶绩熙，万物遂，地平天成而人道立。三皇五帝、三王五伯者，人之英杰，为君为长，率其陪贰，应时成物，如春之生，夏之长，秋之利，冬之贞也。自尧而上，六阕逢无纪。尧之初载甲辰，迄于赧王乙巳，二千有三十年。一代之盛衰，一周人事之治乱，备矣。万世不能易其道者也。[1]

在胡宏看来，天理是永恒的，已经在"尧之初载甲辰，迄于赧王乙巳，二千有三十年"的历史中展现了一周。因此，永恒的天理可以在这一历史进程中求得，这便是胡宏著《皇王大纪》的理学依据。

总体而言，宋代理学观念的阐发多与史学有一定关系。史学为理学提供了丰富的经验和例证，理学家往往将史学视为可以从中求理的"事"。虽然因为对"理"的重视，理学中有相对轻视史学的倾向，但这种轻视整体上来说是在经史之间以经为根本，而非完全忽视史学。

## 二、以史证理：以史学验证天理

宋儒往往以史学作为论证天理的基本手段。宋代治《尚书》学者受理学即事求理风气的影响，认为理事相通，言经书之理往往证以史事，黄伦的观点有一定代表性，他说：

以圣人之意而观之，则即事中有理，即理中有事。事中之理，则藏于至赜之微，而意有所不能致；理中之事，则发于至动之显，而言有所不能尽学者。苟以理而会于事，以事而征于理，精之以思，通之以意，则道德之义、性命之理见于《书》矣！[2]

黄伦认为"理"与"事"是治经必不可少的两个方面，因为"事中有

[1] 胡宏：《皇王大纪·序》，文渊阁《四库全书》本，第313册，第7页。
[2] 黄伦：《尚书精义》卷一《总论》，文渊阁《四库全书》本，第58册，第145页。

理"，"理中有事"，要探究《尚书》中的"道德之义、性命之理"，就必须通过具体的史事来求理，用理的标准来考察史事。黄伦著《尚书精义》，不仅通过史事阐发义理，也用史事来证明所发义理。如《尚书精义》解释帝尧之名说：

> 自"曰若稽古帝尧"至"允恭克让"皆舜时史官名目。尧也，若晋人题目谢安为温雅、雄畅乐广为清夷、冲旷山涛为平简、温敏戴逵为忻和通任之类是也夫。[1]

黄伦认为《尚书》中"尧"是舜时史官所题名目。为了证明这一经学观点，他引用了晋人谢安、乐广、山涛、戴逵的例子。《尚书》曰："（尧）克明俊德，以亲九族。九族既睦，平章百姓。百姓昭明，协和万邦。黎民于变时雍。"《尚书精义》论及此处称：

> 汉高祖识韩信于行伍，汉武帝识金日磾于降虏。开国、承家、托孤、寄死，照映于百世之下者，则以汉高汉武能识之也。尧能识俊德之士，展尽四体以施其学术，故以亲九族则九族睦，平章百姓则百姓昭明，协和万邦则黎民于变时雍。[2]

这里，《尚书精义》论古圣王知人善任而能亲九族、平章百姓、协和万邦，用汉高祖识韩信、汉武帝识金日磾而"开国、承家、托孤、寄死"之事来加以证明。

宋代礼学受理学求理思想的影响，也重视用史事进行证明。宋人叶时著《礼经会元》，认为施行《周礼》之道在于"治法"与"道法"（或说"法"与"道"）并行，二者缺一不可，"知有圣人之治法，当知有圣人之道法，离道于法非深于《周礼》者也"。叶时认为《周礼》所述制度为"法"，其中蕴含着圣人"生物不穷与天并立"之理，也就是"道"，他说："周公所书，虽曰制度，文为之所在，而圣人所以生物不穷与天并

---

[1] 黄伦：《尚书精义》卷一《总论》，文渊阁《四库全书》本，第58册，第148页。

[2] 黄伦：《尚书精义》卷一《总论》，文渊阁《四库全书》本，第58册，第149页。

立者，实出于其中，是诚中而不偏之正道，庸而不易之正理。不如是，乌足为生民立极为万世开太平也哉！"因此，"周公之法不行不足以行周公之道"，"周公之道不行其何以行周公之法"，也就是说，周公之"法"与"道"二者缺一则《周礼》不可行。为了证明这一道理，叶时引用了大量史事予以证明。叶时认为，汉武帝有发扬周公之道的愿望，但不能施行周公之法："汉武号为有志于道，然承嬴刘之弊，井田行而阡陌封建裂，而郡县肉刑变，而笞棰三者行。道之本，汉去古未远，且不能以渐复。区区官名之定、服色之易、正朔之改，曾无补于治道之万一。"魏、齐、周、隋虽能大略行周公之法，却不能行周公之道，"观魏、齐、周、隋之时制度，近古而卒无善治者，道失其传而徒法不能以自行也"。唐太宗虽然知道"不井田、不封建、不肉刑，欲行周公之道不可得"，也就是明白周公之道须仗周公之法而行的道理，但是唐徒有"受田租庸调以取民，七百三十员以建官，十六卫八百府以置兵"的周公之法，而没有行周公之道，因此也未能将《周礼》加以施行。[1]

宋代春秋学也有以史事证明经学观点之事。如宋人张大亨注意阐发《春秋》中的礼制，往往引史事证明其观点。张大亨注《春秋》"元年春，王正月"称：

> 元之言，首也。人君即位之初年，谓之元年。明历数在躬首出群众也。正之言，政也。一岁之首月，谓之正月。明奉若天道垂法布政也。诸侯之元年得系于嗣君者，俾因天时之变以致维新之命也。正月必系于时王者，俾奉天子之政以治所分之民。嗣君得有其年不得有其政，不可异政也。王独加乎春不以加四时，四时不可遍举也。[2]

张大亨认为"元年春，王正月"包含着以正朔明示礼法等级秩序之意，意义重大。他引用史事为证，说：

---

[1]　叶时：《礼经会元》卷一上《礼经》，文渊阁《四库全书》本，第 92 册，第 4 页。
[2]　张大亨：《春秋通训》卷一《隐公》，文渊阁《四库全书》本，第 148 册，第 536 页。

昔尧授人时，舜协时月正日，夏商重黎世叙天地，周太史正岁年颁告朔。帝王承天统物，一海内之尚在此，诸侯守之母敢辄变乱也。周衰，礼乐征伐不出于天子，天子法度之籍，诸侯恶其害，已往往去之，独未闻有变乱王正朔者，岂以不足为之重轻故置而弗争邪？圣人幸正朔之犹存，则以明天命之未改；诸侯之未敢变乱，则以明天下之有奉故。[1]

这里，张大亨用尧舜至周代重视正朔的历史传统和春秋战国时诸侯不敢变乱正朔之事，来证明正朔为礼法等级秩序基础、明示"帝王承天统物"的观点，是以史事证明经学观点的表现。

当然，以史证经而验证"理"或"道"最为典型的代表，当数宋儒的以史证易。宋儒从史学维度发展出了新的验证易理的学派。《四库全书总目提要·经部·易类一》提出易学"两派六宗"说：

故《易》之为书，推天道以明人事者也。《左传》所记诸占，盖犹太卜之遗法。汉儒言象数，去古未远也，一变而为京焦，入于禨祥，再变而为陈邵，务穷造化，《易》遂不切于民用。王弼尽黜象数，说以老庄，一变而胡瑗程子，始阐明儒理，再变而李光杨万里，又参证史事，《易》遂日启其论端。此两派六宗，已互相攻驳。

这里我们姑且不论《四库全书总目提要》这种说法是否完全准确，至少，这个提法点明了在宋代出现了一个不同于象数派，又不同于其他义理派的新易学宗派。这个宗派，有人称为史事宗，也有人称为史证宗。所谓史事宗，即义理派中援引史事证明易的学派，李光和杨万里是其代表人物。李光著有《读易详说》，杨万里著有《诚斋易传》，这两部易学著作的共同特色，是阐明易理的主要方法都是以史事为证，将易理和史事结合起来。李光、杨万里以史证易创立所谓史事宗，有两个重要原因：其一，与李、杨二人生活的时代背景有关。李、杨二人都是宋代名臣，并且二人都力图中兴南宋、收复故土。李光曾因反对秦桧与金人议和而遭

中国经史关系通史·宋元明卷

---

[1] 张大亨：《春秋通训》卷一《隐公》，文渊阁《四库全书》本，第148册，第536页。

贬谪，杨万里也曾师奉抗金名将张浚，并多次上书言抗金事宜。易学在宋代是显学，被理学认为有探讨天人之道的作用，李、杨二人重视通过解易，来结合人事以关照现实政治，并由此形成其易学重视资政致用的特色。其二，以史证易的学术传统虽然由来已久，李、杨却将这一治学理路发扬光大。以史证易，早在汉代郑玄即偶有为之。郑万耕先生曾指出："引史证经，汉易已开其端，借历史事件或历史人物的遭遇说明《周易》卦爻辞的意义。但汉唐人解易，所引历史事件不多。"[1] 因此也可以说，李、杨的史事宗是经学研究日益发展的一种产物，有其学术发展的必然性。

李光著《读易详说》阐发易理，《四库全书总目提要》概括其书解易的特点时作如是说：

> 于当世之治乱、一身之进退，观象玩辞，恒三致意。如解坤之六四，云："大臣以道事君，苟君有失德而不能谏，朝有阙政而不能言，则是冒宠窃位，岂圣人垂训之义哉？故文言以括囊为贤人隐之时，而大臣不可引此以自解。"又解否之初六，云："小人当退黜之时，往往疾视其上，君子则穷通皆乐，未尝一日忘其君。"解蛊之初六，云："天下蛊坏，非得善继之子堪任大事曷足以振起之？宣王承厉王后，修车马、备器械，复会诸侯于东都，卒成中兴之功，可谓有子矣！故考可以无咎，然则中兴之业，难以尽付之大臣。蛊卦特称父子者以此。"其因事抒忠、依经立义、大旨往往类此。
>
> ……书中于卦爻之辞，皆即君臣立言，证以史事。[2]

四库馆臣洞见了李光借易理言时政、言治政的撰述风格，指出李光解易往往是针对时弊，用人事来阐发易理、验证易理的。李光曾为胡铨《易解》作序，其中阐明了他自己的易学撰述宗旨："《易》之为书，凡以明人事。学者泥于象数，《易》几为无用之书。"在李光看来，《周易》的宗旨即是"明人事"，也就是阐明治道。因此，李光总要把易理和现实政治

---

[1] 郑万耕：《易学源流》，沈阳出版社 1997 版，第 166 页。
[2] 永瑢等：《四库全书总目》卷二《读易详说》，中华书局 1965 年版，第 8 页。

道理结合起来，并用史事加以验证。如他解释"飞龙在天，大人造也"时说：

> 九五以刚健履正中之位，变化不测，故曰飞龙在天者。位乎天，德升乎天位也。当草昧云扰之时，则天地闭而贤人隐。有圣人出，豪杰智谋翕然响应，天下莫不利见之也。有尧舜之君，则有皋夔稷契之臣；有汤武之师，则有伊尹太公之佐。故二五两爻皆曰"利见大人"以见上下之相须也。故象曰：飞龙在天大人造也。造者，至也，声气之同不约而会，故曰造也。张良、韩信之从汉王，耿弇邓、禹之从光武，房玄龄、杜如晦之辅唐太宗，皆心德之同，如水火之就燥湿，风云之从龙虎。故文言曰：同声相应，同气相求。水流湿火就燥，云从龙，风从虎。圣人作而万物睹本乎天者，亲上本乎地者，亲下则各从其类也。[1]

在此，李光先用政治上的人才任用之理附于象数，接着又用尧、舜等史事为例来证明自己所阐发的易理。从中我们可以看出，在李光那里，易理即治理，所以用事实来验证易理也就是顺理成章的事了。

杨万里的易学著作《诚斋易传》，也重视用史事来验证易理。《四库全书总目提要》称该书"大旨本程氏，而多引史传以证之。初名《易外传》，后乃改定今名。宋代书肆曾与《程传》并刊以行，谓之《程杨易传》"[2]。从《四库全书总目提要》的介绍可以看出，杨万里的易学观点主要本于二程。二程的易学，有时也会用史事参证易理，只是这种方法在其学术中不占重要地位。而杨万里则将二程间或为之的以史证易的方法发挥到极致，所作《诚斋易传》，在结构上以"中正立而万变通"为指归，分条罗列经文，然后再在每条经文下引三代至唐朝史实印证，接着再以己意解释。

相较于二程易学特重言理，多为从义理到义理的发挥，杨万里取二

---

[1] 李光：《读易详说》卷一《上经》，文渊阁《四库全书》本，第 10 册，第 270—271 页。

[2] 永瑢等：《四库全书总目》卷三《诚斋易传》，中华书局 1965 年版，第 14 页。

程义理则可谓是另辟路径。首先，杨万里认为易理与史事是相为表里的。杨万里在他的另一部哲学著作《庸言》中曾说："《易》者萧何之律令，《春秋》者汉武之决事。此《易》戒其所当然，《春秋》断其所以然。圣人之戒不可违，圣人之断不可犯。六经惟《易》《春秋》相表里。"[1] 宋代理学把《春秋》视作"史"。因此，在宋代理学中，《易》与《春秋》的关系即"理"与"事"的关系。理学是义理之学，因而重"理"轻"事"。杨万里的经学观点与宋代流行的观点有所不同，他认为《易》与《春秋》相表里，实际上就是说"理"与"事"相表里，"事"是"理"的表现，"理"是"事"的内在规律，二者都很重要。按照这样的逻辑，史事即是"理"在前代的表现，自然可以用来证"理"。其次，杨万里认为易理是不变之变，是事物绝对变化运动的法则，所有的史与"事"的变化都是易理的体现。杨万里在论及《易》的性质时曾说：

> 《易》者何也？《易》之为言，变也。《易》者圣人通变之书也。何谓变？盖阴阳太极之变也，五行阴阳之变也，人与万物五行之变也，万事人与万物之变也。古初以迄于今，万事之变未已也。其作也，一得一失；而其究也，一治一乱。圣人有忧焉，于是幽观其通，而逆绌其图。《易》之所以作也，《易》之为言变也，《易》者圣人通变之书也。[2]

杨万里肯定《易》的核心观念是通变，认为易理是跨越古今、包囊万物的普遍变易法则。所以，万事都是易理的体现。这种将"理"与"事"（史为重要部分）相结合的治学路径正是以史证理的表现。

理学要阐发天理，当然可以直接加以论述。但天理玄妙而不可见，又普遍存在于万事万物中，即使为了说明的需要，理学也需要借助史学，更兼天理需要论证，而史学恰好提供了丰富的资源。于是乎，史学由此成为理学建构中的重要环节。

————————

[1] 杨万里：《诚斋集》卷九十一，《庸言一》，四部丛刊初编本，第1569页。
[2] 杨万里：《诚斋易传》序，文渊阁《四库全书》本，第14册，第514页。

## 第三节　史学是理学致用的重要途径

宋代理学生发于儒释道三教相争、南北民族对峙的社会与政治格局中，作为一种思想和学术形态，具有强烈的现实关照。因此宋代理学十分注重经世致用。中国儒学的经世致用有"内圣"与"外王"两条基本路径，这两种路径在宋代理学中都有重要表现。宋代内圣之学重教化，外王之学重事功，二者都重视以史学来作为经世致用的基本手段。

### 一、内圣与外王的通经致用方向

儒学在早期就蕴含了"义理"与"经世"两种取向，康有为曾在《长兴学记》中，对先秦儒家这种治学路径及其对汉代以后汉学与宋学治经路径的影响进行概括：

> 孔子之学，有义理，有经世。宋学本于《论语》，而《小戴》之《大学》《中庸》及《孟子》佐之，朱子为之嫡嗣。凡宋、明以来之学，皆其所统，宋、元、明及国朝学案，其众子孙也。多于义理者也。汉学则本于《春秋》之《公羊》《穀梁》，而《小戴》之《王制》及《荀子》辅之，而以董仲舒为《公羊》嫡嗣，刘向为《穀梁》嫡嗣，凡汉学皆其所统，《史记》《两汉》君臣政议，其支派也，近于经世者也。[1]

康有为看到了汉学与宋学的不同取向，其以"义理"和"经世"来概括这种区别未必允当，但已指出儒学发展中的两大基本取向。实际上，宋学中重义理的内圣之学和重经世的外王之学都有充分发展，并且时常结合在一起。

撇开具体学术主张不论，仅就内圣、外王治经路径而言，汉代以降，

---

[1]　康有为：《长兴学记》，中华书局 1988 年版，第 16 页。

中国古代经学的通经致用，如果按照学派来划分，大致可以分为：（1）内圣学派：宋明理学派和心学派；（2）外王学派：汉代公羊学派—南宋浙东事功学派—明清之际实学派—晚清经世致用学派。[1] 如果按照经学家来划分，其主要代表人物则有：（1）内圣之学：韩愈—周敦颐—二程—朱熹、陆九渊—王阳明；（2）外王之学：董仲舒—陈亮、叶适—黄宗羲、顾炎武、王夫之—龚自珍、魏源。

从学术方法和基本主张的角度而言，内圣与外王这两种治经路径，确实存在着明显的差异，内圣强调的是一种向内求的功夫，通过研读经书，讲求心性义理之学，以修身养性静心，剔出私欲杂念，最终成就高尚道德；而外王则重视一种向外求的功夫，强调治经以经世致用为最终目的。但是，作为通经致用的两种路径，内圣与外王又绝不是一种对立的关系，而具有一定的统一性。

首先，从通经而言。无论是内圣之学，还是外王之学，它们所通之"经"，都是以儒家六经为核心的经书，都以儒家经书的核心范畴"仁义"为最高准则，都重视宣扬儒家经书提倡的纲常伦理道德。也就是说，二者研习的是相同文本的儒家经典，遵循的是儒家共同的伦理道德和价值观念。

其次，从致用而言。外王之学的治经路径，自然是以经世致用、讲

---

[1] 学者依据经学特点划分经学流派，向来歧见颇多，周予同作《中国经学史讲义》，专设"经学的学派"一章，指出清代与民国初年就已经有两派说、三派说、四派说和新三派说。其中两派说以《四库全书总目提要》为代表，指汉学与宋学之分；三派说以龚自珍、康有为为代表，龚自珍分经学为汉学、宋学和清学三派，而康有为则分经学为汉学（西汉今文学）、新学（包括古文学）和宋学三派；四派说以叶德辉为代表，将经学流派分为今文、古文、郑氏（玄）学和朱子（熹）学四派；新三派说即周氏本人所持之说，他将经学流派分为汉学（包括今文学与古文学）、宋学和新史学三派。（见朱维铮编：《周予同经学史论著选集》，上海人民出版社1983年版，第857—861页）今人王葆玹先生则将经学流派分为今文经学的系统、古文经学的系统和形上学化的经学系统三大派系，并指出："所谓形上学化的经学，包括魏晋玄学、隋唐经学、宋代理学及明代心学等等，其特点是注重于形上学而轻视礼乐，或者说重视哲学而轻视类似于宗教神学的东西。大体上说，今文经学重在信仰，形上学化的经学重在哲理，古文经学则介乎两者之间。"（王葆玹：《今古文经学新论》，中国社会科学出版社1997年版，第17页）本文关于经学流派的划分，参考了冯天瑜先生《中华元典精神》（上海人民出版社1994年版）一书的观点。

求事功为其治经目的的。问题的关键是，内圣之学究竟讲不讲究经世？对此，我们的答案是肯定的。第一，讲究内圣之学的理学和心学的代表人物，他们都普遍重视持守儒学的通经致用传统。二程理学虽然讲究读经修身，却也重视穷经致用，并对时人违背穷经致用传统提出批评："今世之号为穷经者，果能达于政事专对之间乎？则其所谓穷经者，章句之末耳，此学者之大患也。"[1]以张载为代表的理学关学派，其治经为学特点，诚如程颐所说，是"语学而及政，论政而及礼乐兵刑之学"[2]。而张载本人所谓"为天地立心，为生民立命，为往圣继绝学，为万世开太平"，则更是充分体现了张载的宏大抱负和关学通经经世的特点。理学集大成者朱熹，对于六经蕴含的经世之义与经世价值作如是说："古之圣人作为六经，以教后世。《易》以通幽明之故，《书》以纪政事之实，《诗》以导性情之正，《春秋》以示法戒之严，《礼》以正行，《乐》以和心，其于义理之精微，古今之得失，所以该贯发挥，究竟穷极，可谓盛矣。"[3]毫无疑问，他对六经内蕴的经世旨趣是心领神会的。心学的代表人物陆九渊，少年即有经纬天下之志，认为"宇宙内事乃己分内事，己分内事乃宇宙内事"[4]。他晚年出知荆门军时，其"荆门之政"受到了当时政界的称颂，丞相周必大就称其"以为躬行之效"[5]。对于陆王的事功，连清代不宗程朱和陆王、强调实学和事功的思想家颜元也不得不承认他们是"精神不损，临事尚有用也"[6]。当然，我们说到宋明理学与心学代表人物重视经世问题，需要将他们与理学和心学的末流区分开来，后者才是一种只空谈性命道理的空疏之学。同时，我们还应该看到，无论是程朱还是陆王，虽然他们本身并没有放弃儒家通经致用的传

[1] 程颢、程颐：《程氏遗书》卷四，《二先生语四》，载《二程集》，中华书局2004年版，第71页。

[2] 程颢、程颐：《程氏粹言》卷一《论学篇》，载《二程集》，中华书局2004年版，第1196页。

[3] 朱熹：《晦庵先生朱文公文集》卷七十八《建宁府建阳县学藏书记》，载朱杰人等主编：《朱子全书》第二十四册，上海古籍出版社、安徽教育出版社2002年版，第3745页。

[4]《宋史》卷四百三十四《陆九渊传》，中华书局1985年版，第12880页。

[5]《宋史》卷四百三十四《陆九渊传》，中华书局1985年版，第12882页。

[6] 戴望：《颜氏学记》卷一《四存编》，中华书局1958年版，第35页。

统，却也诚如章学诚所说："性命之说，易入虚无。"[1] 这种治经的方法，容易流于空疏也是事实。第二，宋代理学所推崇的四书之学，兼有"修身"与"治平"，亦即内圣与外王两方面功能，二者形成一种内在理路。《大学》《中庸》《论语》和《孟子》，是由于得到宋代理学家的大力提倡和推崇，才得以形成一种专门的四书学的。理学家们之所以重视四书，是因为在他们看来，四书兼具修身与治平，亦即内圣与外王之方，是通往六经的阶梯，因而是士子们的必读之书。二程在评论《论语》和《孟子》时说："学者先读《论语》《孟子》，如尺度权衡相似，以此去量度事物，自然见得长短轻重。"又说："孔子言语句句是自然，孟子言语句句是事实。"[2] 这是肯定了《论语》《孟子》的"应事"价值。朱熹认为《中庸》"'放之则弥六合，卷之则退藏于密'，其味无穷，皆实学也"[3]。当然，在四书中"修治"之方最为彰显的，当数《大学》一书。《大学》说："古之欲明明德于天下者，先治其国；欲治其国者，先齐其家；欲齐其家者，先修其身；欲修其身者，先正其心；欲正其心者，先诚其意；欲诚其意者，先致其知；致知在格物。"这段话的内在理路是非常清楚的，即以"格物致知"为内圣外王的起始，通过"正心、诚意、修身"的内圣功夫，以达"治国、平天下"的外王目的。这种由"修身"来达到"治平"，亦即通过"内圣"来开出"外王"，说明二者是一种密不可分的关系，因而都具有经世的价值。而这一套"修治"图式，已经包含了通经致用的全部内容。《大学》的"修治"之方，是理学家们最看重的，这也正是理学家于经书中最推四书，于四书中最推《大学》的原因所在。理学集大成者朱熹，平生精力主要用于《四书章句集注》的撰写和不断修订上；而于四书中，他对《大学》的用力又是最勤的。朱熹为《大学》一书写了《大学章句》和《大学或问》两部书，他曾以自己用力于《大学》与司马光用力于《资治通鉴》作比，说："某于《大学》

[1] 章学诚著，仓修良编：《文史通义新编》内篇二《朱陆》，上海古籍出版社 1993 年版，第 73 页。

[2] 朱熹：《论语集注·读论语孟子法》，载朱杰人等主编：《朱子全书》第六册，上海古籍出版社、安徽教育出版社 2002 年版，第 62 页。

[3] 朱熹：《中庸章句》，载朱杰人等主编：《朱子全书》第六册，上海古籍出版社、安徽教育出版社 2002 年版，第 32 页。

用工甚多。温公作《通鉴》，言：'臣平生精力，尽在此书。'某于《大学》亦然。"[1] 由此可见其对《大学》的高度重视。

内圣之学和外王之学并盛，且往往具有一定的统一性，是宋代理学的一个重要特点。史学在二者之中都有一定地位。

二、史学与内圣教化

在宋代理学中，不管是"道问学"的一派，还是"尊德性"的一派，都有注重阐发义理的内圣之学。这种内圣之学致用的最主要途径便是教化，也就是通过宣扬义理，而使儒家伦理观念内化于人的思想之中。

二程"自家体贴"出了"天理"，强调从心志的角度宣扬"理"或"道"，而其宣扬的方式除了直抒胸臆、指陈义理，还有以史事明理的重要方式。首先，二程论读史方法时强调："凡读史，不徒要记事迹，须要识治乱安危兴废存亡之理。且如读高帝一纪，便须识得汉家四百年终始治乱当如何，是亦学也。"[2] 这就是说，二程从方法论上认为读史可以识得"治乱安危兴废存亡之理"。其次，二程以具体史事辨析义理。二程曾与人论及《史记》所载"伯夷不食周粟"之事：

> 问："伯夷不念旧恶，何也？"曰："此清者之量。伯夷之清，若推其所为，须不容于世，必负石赴河乃已，然却为他不念旧恶，气象甚宏裕，此圣人深知伯夷处。"问："伯夷叩马谏武王，义不食周粟，有诸？"曰："叩马则不可知。非武王诚有之也，只此便是佗隘处。君尊臣卑，天下之常理也。伯夷知守常理，而不知圣人之变，故隘。不食周粟，只是不食其禄，非饿而不食也。至如《史记》所载谏词，皆非也。武王伐商即位，已十一年矣，安得父死不葬之语？"[3]

[1] 黎靖德编：《朱子语类》卷十四《大学一·纲领》，中华书局1986年版，第258页。
[2] 程颢、程颐：《河南程氏遗书》卷十八《伊川先生语四》，载《二程集》，中华书局2004年版，第232页。
[3] 程颢、程颐：《河南程氏遗书》卷十八《伊川先生语四》，载《二程集》，中华书局2004年版，第217页。

二程论史不拘于史文，而注重解读历史人物的心志。一方面，二程肯定伯夷的"清者之量"，从心性角度指出"此圣人深知伯夷处"；另一方面，二程又从理的角度认为常理有变，而认为"伯夷叩马"事不可知，理由便是"知守常理，而不知圣人之变"。另外，二程以"武王伐商即位，已十一年矣"为据，辨别"《史记》所载谏词，皆非也"。可见，考量史事也是二程宣扬义理而行教化的重要手段。

胡宏继承了二程学说，并颇有建树。他把义理化的史学作为探求理道的重要手段。其论内圣外王之道时说：

> 判天地之美，析万物之理，察古人之全，寡能备于天地之美，称神明之容。是故，内圣外王之道，暗而不明，郁而不发，天下之人各为其所欲为，以自为方。悲夫百家往而不反，必不合矣。后世之学者，不幸不见天地之纯，古人之大体，道术将为天下裂。[1]

胡宏把见"古人之全""古人之大体"作为明内圣外王之道的重要内容，因此史学就成为重要手段。所撰《皇王大纪》，便是其明内圣外王之道的一种手段。而观《皇王大纪》内容，其义理化程度甚至不类常见之史学作品，可见其偏向于内圣之一斑。

陆九渊是宋代理学中心学一脉的代表人物，但其与阳明后学的空谈心性完全不同，而是注重经世致用，曾言："儒者虽至于无声、无臭、无方、无体，皆主于经世。"[2] 并强调道之为用："见乎上者，可得而见矣，犹不谓之形，而谓之成象。必形乎下，可得而用者，乃始谓之器。易之言器，本于圣人备物致用，立成器以为天下利。"[3] 陆九渊强调"备物致用"，通过具体的历史言论与历史事件阐发"心"与"理"，从而致用是其为学宗旨。首先，陆九渊的"心即理"是要通过历史上的儒家先贤的言论来发觉其心，进而发觉其道，并通过对道的阐发来教化当下。

---

[1] 胡宏：《皇王大纪》卷七十五《三王纪》，文渊阁《四库全书》本，第313册，第718—719页。

[2] 陆九渊：《陆九渊集》卷二《与王顺伯》，中华书局1980年版，第17页。

[3] 陆九渊：《陆九渊集》卷三十六《年谱》，中华书局1980年版，第505页。

陆九渊把"言"视作"进学"的重要途径，他说："自古圣人亦因往哲之言，师友之言，乃能有进。况非圣人，岂有自任私知而能进学者？然往哲之言，因时乘理，其指不一。方册所载，又有正伪、纯疵，若不能择，则是泛观。"[1] 陆九渊虽然认为"方册所载"之言有"正伪、纯疵"之分，强调要有所选择，但毕竟是把历史上所记载的"往哲之言"作为研究对象，以此来求道求理。因此，陆九渊及之后的心学中人往往因言见心，以言悟理。追究历史上的先贤言论，成为其求得理道、为学教化的重要途径。

其次，陆九渊也重视通过史事阐发理道。陆九渊曾作《武帝谓汲黯无学》一文，以史事论心论理。陆九渊强调汲黯"积薪（使后来者居上）"之言"必有所中"，汉武帝谓其"无学"，是"将求胜乎人以自信"，又考汲黯"视东越""争浑邪"等事，并引司马迁之评价比之张汤，得出结论："遂非而求胜，则是心之灵或几乎熄矣，此孟子所谓终亦必亡而已者也。然则生弗逢时者，岂不大可惜？过而求胜者，岂不大可畏哉？"[2] 陆九渊通过史事从心性角度论证孟子关于"不仁之甚者也，亦终必亡而已矣"的观点，从而达到教导人们心中存"仁"的目的。

内圣之学不仅仅从心性角度阐发义理，也从历史事件和历史趋势中体悟义理。反过来，内圣之学所发义理又需要以历史为例证来加以解说和建构。因此，史学成为内圣教化的重要建构环节与实现途径。

## 三、史学与外王事功

南宋浙东事功学派是宋代史学重外王事功的最典型代表。在此之外，宋代其他学派也往往具有外王事功的一面，而且时常与内圣相表里。

司马光不仅是北宋卓越的史学家，也是道学六先生之一，他十分强调以史学发挥事功。首先，他将内圣与外王视作一体，推崇君主在天地中的作用。司马光说："夫万物，生之者天也，成之者地也，天地能生成

[1] 陆九渊：《陆九渊集》卷二十一《学说》，中华书局1980年版，第263页。
[2] 陆九渊：《陆九渊集》卷二十二《武帝谓汲黯无学》，中华书局1980年版，第268页。

之而不能治也。君者所以治人而成天地之功也，非后则天地何以得通乎！"[1]明确认为天地生成万物却不能治理万物，只有人君才能"治人而成天地之功"。也就是说，天地是造物主，而人君是万民的主宰者。既然人君肩负着治理万民以成就天地之功的重任，要想完成这一任务，就必须要有君德。司马光所谓"君德"，是指武、智、仁三德，"以正人为武，安人为智，利人为仁"[2]。不过，这武、智、仁三德（又称仁、明、武）是就人君内圣角度而言的，是未发之际，它们的发外为用，则表现为任官、赏功、罚罪。司马光说："夫治乱安危存亡之本原，皆在人君之心。仁、明、武，所出于内者也。用人、赏功、罚罪，所施于外者也。"[3]很显然，仁、明、武三德与用人、赏功、罚罪三政之间的关系，是修身与治国、内圣与外王、未发与已发的关系，三德要通过三政来加以体现，从而完成由内在义理达到外在事功的目的。

其次，司马光根据君主的外王事功与内圣品德，将君主进行等级划分。在《稽古录》卷十六中，司马光从"才"的角度将历史上的君主分为五等："智勇冠于一时者"的创业之君、"中才能自修"的守成之君、"中才不自修"的陵夷之君、"才过人而善自强"的中兴之君和"下愚不可移"的乱亡之君。很显然，在司马光看来，人君之"才"同样对国家治乱兴衰起着决定性的作用。所以司马光说："夫道有失得，故政有治乱。德有高下，故功有小大。才有美恶，故世有兴衰。"由此可见，历史治乱兴衰取决于人君，其实就是取决于君道、君德和君才的得失、高下和美恶。可见，在司马光那里，内圣角度的义理教化是为了培养出君主之德，而君德发挥出来就是政治上的事功。

吕祖谦与朱熹、张栻并称"东南三贤"，是浙东事功学派的代表人物，也是南宋重要史家，其史学具有明显的服务于政治事功的倾向，明言"愿将实学酬天造"[4]。吕祖谦开浙东事功学派经世致用风气，尤重

---

[1] 司马光：《温公易说》卷二，上海古籍出版社 1989 年版，第 20 页。

[2] 司马光：《温公易说》卷一，上海古籍出版社 1989 年版，第 16 页。

[3] 司马光：《司马温公文集》卷七《进修心治国之要札子》，商务印书馆 1937 年版，第 179 页。

[4] 吕祖谦：《东莱集》卷一《恭和御制秋日幸秘书省近体诗》，文渊阁《四库全书》本，第 1150 册，第 12 页。

以史学经世致用。"从治学的基本特征上看，吕学的最重要的特点是'多识前言往行以畜德'。把'多识前言往行'和'畜德'两者联系起来，把掌握历史知识、熟悉文献掌故和讲天理纲常、提倡修身养性统一起来。'多识前言往行'的'多'，突出了史学的地位。在经史关系上，吕学重经亦重史。"[1]吕祖谦在《丽译讲义》中称："多识前言往行，考迹以观其用，察言以求其心，而后德可畜。不善畜，盖有玩物丧志者。"[2]吕祖谦把《周易》的"多识前言往行以畜其德"思想作为格物致知的路径，并且突出了史学的地位，因为"多识前言往行"就是通过"考迹以观其用"和"察言以求其心"的历史探索来完成的。

首先，吕祖谦希望通过史学来"畜德"，以发挥类似司马光由内而外的致用功能。其撰《大事记》，又有相辅之《大事记通释》与《大事记解题》。《大事记解题》释称："大事记者，列其事之目而已，无所褒贬抑扬也。熟复乎《通释》之所载，则其统纪可考矣。《解题》盖为始学者设，所载皆职分之所当知，非事杂博、求新奇，出于人之所不知也。至于畜德致用浅深大小，则存乎其人焉。"[3]可见，吕祖谦希望通过"无所褒贬抑扬"的史事记载来求"统纪"，而这正是"畜德致用"之举。正因为此，吕祖谦对《左传》用力尤深。他著有《左氏》三书，分别为《左氏传说》20卷、《左氏传续说》12卷和《左氏东莱博议》25卷。《左传》以史事解说《春秋》，因此在经书中特别受到吕祖谦重视。吕祖谦从史书笔法的角度探讨《春秋》与《左传》的大义，希望通过读史而领悟其大义，从而见历史盛衰。吕祖谦从义理角度强调史法，"学者观史，各有详略。如《左传》《史记》《前汉》三书，皆当精熟细看、反覆考究，直不可一字草草，自《后汉》《三国志》以下诸史，只是看大纲始末成败，盖自司马氏、班氏以后，作史者皆无史法"[4]。在吕祖谦看来，如果史书不能阐明义理就没有史法。比如，《左氏传续说》解《左传·文公十四年》"凡崩薨不赴则不书，祸福不告亦不书，惩不敬也"，称："此是鲁史之

[1] 吴怀祺：《吕祖谦的史学》，《史学史研究》1992年第2期，第38页。
[2] 吕祖谦：《丽泽论说集录》卷一《大畜》，文渊阁《四库全书》本，第703册，第68页。
[3] 吕祖谦：《大事记解题》卷一《周敬王三十九年庚申》，文渊阁《四库全书》本，第324册，第2页。
[4] 吕祖谦：《左氏传续说·纲领》，文渊阁《四库全书》本，第152册，第144页。

例，非孔子《春秋》之旨。盖鲁史不书所以惩不赴者之不敬，《春秋》不书所以惩天下诸侯之无王。盖天下共戴天子于上，安有天子崩诸侯犹有待于赴而后知耶？"吕祖谦从义理角度区别《春秋》与鲁史笔法，因此在他看来《汉书》以下不能以记事笔法阐明义理便是无史法。其论固可商榷，但其注重义理的史法标准则很明晰。

吕祖谦通过史法来求义理，最终是要考察历史盛衰以致用。他认为："看《左传》，须看一代之所以升降，一国之所以盛衰，一君之所以治乱，一人之所以变迁。能如此看，则所谓先立乎其大者，然后看一书之所以得失。试以隐公六七年间考之。事事皆备，所谓一代之所以升降者。春秋之际，三代之衰也，然去三代虽远，先王之流风、遗制、典章、文物犹有存者，礼乐征伐尚自天子出。"[1]吕祖谦强调从《左传》史事中探讨"升降""盛衰""治乱"与"变迁"，而其标准则是宋儒普遍推崇的儒家礼教。宋儒往往以"三代""先王"之时为天理流行、礼教昌明的黄金时代，因此吕祖谦解说《左传》便从礼教角度解说，认为春秋不如三代，但仍有先王之流风、遗制、典章、文物，礼乐征伐尚自天子出。可见，吕祖谦经史并重，要通过史学求得义理，并且以此来求得历史盛衰之变。

其次，吕祖谦也希望通过史学直接经世致用。在《左传》研究之外，吕祖谦还做了大量史学工作，以至于朱熹对他颇有微词，说"伯恭于史分外子细，于经却不甚理会"。也因为吕祖谦重史学而治学多有史事与言论的考究，所以朱熹还从总体上评价他的学术"失之多"[2]。四库馆臣也引彭飞《历代制度详说序》评价吕祖谦说："性命道德之原，讲之已洽，而尤潜心于史学。"[3]吕祖谦之重史学，正是其经世致用的宗旨使然。吕祖谦一生有多种史学著述，其史学的本旨在于探究"实事"。吕祖谦教导门人："大抵为学不可令虚声多实事少。"[4]吕祖谦不仅重视实

[1] 吕祖谦：《左氏传说·看左传规模》，文渊阁《四库全书》本，第152册，第4页。

[2] 黎靖德编：《朱子语类》卷一百二十二《吕伯恭》，中华书局1986年版，第2949页。

[3] 永瑢等：《四库全书总目》卷一百三十五《历史制度详说》，中华书局1965年版，第1148页。

[4] 吕祖谦：《丽泽论说集录》卷十《门人所记杂说二》，文渊阁《四库全书》本，第703册，第452页。

事，还认为"史乃是实事"[1]，因此史学成为吕祖谦研究实事以致用的途径。吕祖谦著有《十七史详节》，该书是吕祖谦读史时的抄录，录有《史记》、《西汉书》、《东汉书》、《三国志》、《晋书》、《南史》、《北史》、《隋书》、新旧《唐书》、新旧《五代史》共 273 卷，可见其对史事之重视。其以新旧《唐书》和新旧《五代史》各为一，更可见其关注点在于可以致用的历史层面而非史学层面。在吕祖谦众多史著中，《历代制度详说》无疑是最显示其以史学致用旨趣的。唐代杜佑著《通典》开创了关注致用的典志体。吕祖谦更加详细地总结历代制度，主要方面包括：科目、学校、赋役、漕运、盐法、酒禁、钱币、荒政、田制、屯田、兵制、马政、考绩、宗室、祀事等。吕祖谦不仅关注兵制等传统典制内容，也根据当时实际情况将漕运、马政等内容列为独立门类加以考察，反映了以史学研究服务时政的取向。吕祖谦也参与重修《徽宗实录》，编修《宋文鉴》与《中兴馆阁书目》。对实录的重视，是唐宋史学总结政治经验教训、服务现实政治的一贯传统；编修《宋文鉴》反映了其重视记言的史学致用风气；《中兴馆阁书目》从目录学的角度为历史考证与史学考证致用提供了便利。这些史学工作都是吕祖谦直接以史学致用的表现。

外王之学追求事功，而往往需要历史借鉴和历史总结，从前言往事中求得治乱之迹、兴衰之理。史学往往成为外王之学实现事功的重要途径。

---

[1]　吕祖谦：《东莱集·外集卷五》，文渊阁《四库全书》本，第 1150 册，第 436 页。

# 第三章　理学与宋代的历史编纂学

宋代是传统历史编纂学大发展时期，新的史书体裁纷纷涌现，传统史书体裁也得到了发展与创新。在这个过程中，作为时代哲学思潮的宋代义理化经学特别是理学，对历史编纂的发展产生了重大影响。宋代通史撰述的兴盛、编年体史书的复兴和新史体的出现，都与理学风气有密切关系。

## 第一节　理学的贯通思维与宋代通史撰述的兴盛

理学的基本思维特征之一是"通天通地、贯古贯今"的贯通思维，把自然界和人类社会看成是同质一体的，把古今看成是贯通连续的，故而强调共时性层面的整体考察和历时性层面的长时段考察，由此打破了天人之分与古今界限。这种思维来源于中国古代文化，被宋代理学发展到高峰，并且促成了宋代通史撰述的兴盛。

一、通天地、贯古今——理学贯通思维的特点

从思维渊源来讲，理学"通天通地、贯古贯今"的贯通思维来源于人类早期普遍具有的"囊括一切的决定论"[1]思维方式。这种思维方式

---

[1]　（法）列维－斯特劳斯著，李幼蒸译：《野性的思维》，商务印书馆 1987 年版，第 16 页。

对现代性思维所熟悉的自然与社会等界限往往较为模糊，而将天人以及人类经验视作一整体。这样的思维方式在中国古代有高度发展。孟子的天人合一思想在宋儒推重其心性说之后也进一步得到发展。理学认为人与天理合一表现出"通天通地、贯古贯今"的贯通思维的整体思维特征。

人类早期将人与自然作为一个整体，这可以被看作是当时的人们"不善于从本质上将自然界同人加以区分的结果"[1]。中华民族早期文化自我建构的思维方式，与人类早期建构神话、图腾等原始思维或称野性思维[2]的方式类似。不过这种原始性思维经过加工、升华后，被留存在了传统文化与学术当中，由此形成了传统文化与学术的一种独特的思维特点，那就是具有"囊括一切的决定论"之特点的"天人一系"的整体思维方式。

六经作为中华民族的元典，已经明显具有了天人一系的宇宙观念，和追求秩序的思维特征。像《周易》着重探讨的"道"，就是一种跨越自然与社会、囊括一切的宇宙普遍规律。《易传·系辞上》说，"《易》与天地准，故能弥纶天地之道"，认为易道即普遍的宇宙规律。这里所说的"天地之道"，其实不仅是自然规律，更是天人相通的普遍规律：

> 天尊地卑，乾坤定矣。卑高以陈，贵贱位矣。动静有常，刚柔断矣。方以类聚，物以群分，吉凶生矣。在天成象，在地成形，变化见矣。是故刚柔相摩，八卦相荡，鼓之以雷霆，润之以风雨；日月运行，一寒一暑。乾道成男，坤道成女。乾知大始，坤作成物。乾以易知，坤以简能；易则易知，简则易从；易知则有亲，易从则有功；有亲则可久，有功则可大；可久则贤人之德，可大则贤人之业。易简而天下之理得矣。天下之理得，而成位乎其中矣。

---

[1] （苏联）叶·莫·梅列金斯基著，魏庆征译：《神话的诗学》，商务印书馆 1990 年版，第 121 页。

[2] 列维－斯特劳斯之前的西方人类学学者一般将人类早期的思维称为原始思维，与现代理性思维相对。列维－斯特劳斯等人认为原始人的思维与现代思维虽然特点不同，但仍然具有追求秩序性等特征，也是一种理性思维，与现代科学思维相对，故称为野性思维。

可见，《易传》在讨论"天下之理"的时候，是将天人视作一个整体来进行探讨的。所谓"天尊地卑"，即将人类社会的尊卑贵贱投射到自然的天地关系上；"乾道成男，坤道成女"，则是把人看作自然之道的一种体现。可见，《周易》所探求的宇宙规律，是将自然、人及人类社会视作一个同质的整体，并不区分自然与社会领域规律的差异。不管《周易》所求得的天人之理是否具有合理性，它都在试图通过将人事与天地结合起来，以揭示人类社会发展的规律。上述这段话大量论述的是天人交织的道理，其落脚点则在于"易简而天下之理得矣。天下之理得，而成位乎其中矣"。实际上，古人正是在探讨宇宙秩序从而寻求可以使社会安定的规律时，发现了天人相通的。易学正是宋代义理化经学尤其是理学形成贯通思维的一大历史渊源。

宋代理学贯通思维的另一大历史渊源是其在道统说中所推崇的孟子。孟子是最早对天人合一做出明确表述的人，其基本思想是主张天人相通。孟子继承了殷周以来的宗教有神论天道观念，肯定天是有意志的人格神，是决定一切的最高主宰。在孟子看来，人间君权的传授，都是天意所致。在与弟子万章讨论关于尧舜禹禅让和禹传位于子时，他就明确认为舜有天下不是尧给的，而是"天与之"；至于大禹不传贤而传子，那也是天意，"天与贤则与贤，天与子则与子"[1]。这是一种明显的君权神授论。孟子有时还把天说成是一种抽象的义理或道德规范，他说："有天爵者，有人爵者。仁义忠信，乐善不倦，此天爵也；公卿大夫，此人爵也。"[2]我们知道，在孟子的人性论中，他是把仁义礼智"四德"（其萌芽状态则是所谓恻隐之心、羞恶之心、辞让之心和是非之心之"四端"）说成是"人心"固有的"四心"，这似乎与他的道德规范根源于天之说产生了矛盾。其实不然，因为在孟子看来，天道与人心是相通的，人之"善端"原于天、受于天，人心是道德的直接根源，而天道则是道德的最终根源。自下而上来说，人们只要通过尽心、知性，然后便可以知天，"尽其心者，知其性也；知其性，则知天矣"[3]。由此最终成就道德修养。

[1]《孟子·万章》，诸子集成本，中华书局1954年版，第382页。
[2]《孟子·告子上》，诸子集成本，中华书局1954年版，第469页。
[3]《孟子·尽心》，诸子集成本，中华书局1954年版，第517页。

宋代理学主要继承了先秦易学与孟子之学的天人相通的天人合一思想。作为一种时代哲学思潮，理学中无论是以程朱为代表的理学派，还是以陆王为代表的心学派，都是以天人合一的整体观作为其思想方法论的。从历史编纂学的角度来说，在宋代影响更大的是程朱理学一派。

理学将"理"视作万物的本源、宇宙的本体、世界的主宰，并且认为万物一理、理一分殊，将包括自然与社会在内的万事万物都纳入天理支配的范畴。理学奠基者周敦颐著《太极图说》，认为宇宙万物都是由阴阳互动而"生化"的，他的《太极图说》就是要"究天人合一之原"[1]。张载的《西铭》将《易传》的"天人合一"，《中庸》的"性"与"道"，还有三礼中的"大同""宗法"等思想熔于一炉，得出"民吾同胞，物吾与也"的结论，提出了自然与社会一体的世界观。邵雍的《皇极经世书》用卦象推衍尧帝至后周世宗期间的人事来验证天时之"理"，编排出从"开物"到"闭物"的宇宙运动周期，将自然与社会的发展视作一个统一的过程，认为社会的历史运动与自然发展具有同步的规律。二程明确提出理是宇宙的本体，认为"理一分殊"，无论自然还是社会中的事物都具有共同的根源，也就是理。

理学派的代表人物朱熹，一方面认为"理在气先"，"理也者，形而上之道也，生物之本也；气也者，形而下之器也，生物之具也"。[2]这个"理"主要是指道德。理与气合则生人，体现于人中之"理"即人之"性"，故而人性中的道德意识是禀受于天理的。通过主体休养以去人欲、存天理，便达到"与理为一"的天人合一的境界。另一方面将理视作万物本源与普遍规律，将社会与自然的历史变动视作一体。朱熹认为理是宇宙的本体，"合天地万物而言，只是一个理"，"未有天地之先，毕竟也只是理。有此理，便有此天地；若无此理，便亦无天地，无人无物，都无该载了！有理，便有气流行，发育万物"。[3]理是独立于万物的存在，不仅产生了万物，又普遍存在于万物之中。

---

[1] 王夫之：《张子正蒙注》卷九《乾称上》，中华书局1975年版，第313页。

[2] 朱熹：《晦庵先生朱文公文集》卷五十八《答黄道夫》，载朱杰人等主编：《朱子全书》第二十三册，上海古籍出版社、安徽教育出版社2002年版，第2755页。

[3] 黎靖德编：《朱子语类》卷一《太极天地上》，中华书局1986年版，第1页。

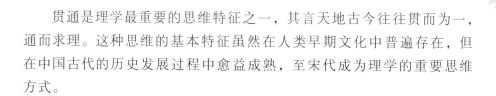

贯通是理学最重要的思维特征之一，其言天地古今往往贯而为一，通而求理。这种思维的基本特征虽然在人类早期文化中普遍存在，但在中国古代的历史发展过程中愈益成熟，至宋代成为理学的重要思维方式。

## 二、理学贯通思维对宋代通史撰述兴盛局面的促成

理学家们力求探明这种通天通地、贯通古今的理，在历史观与求理方法上都对史学产生了重大影响。既然理的存在是宇宙中跨越时间与空间的普遍存在，那么史学作为求理的重要手段，理所当然也要有通识意识、在历史撰述中贯通天人古今，这就促进了通史撰述的兴盛。在理学影响下，宋代有不少史家采取了通史撰述方式。像司马光的《资治通鉴》、胡宏的《皇王大纪》、苏辙的《古史》和郑樵的《通志》等史著，都反映了这一时期史家的通识意识。

司马光不仅是杰出的史学家，同时也是一位重要的理学家，朱熹曾把他与周敦颐、邵雍、张载和二程并列为北宋理学六先生。司马光理学上的贯通意识深刻影响了其史学著述，其所作《资治通鉴》294 卷，记载了从战国韩、赵、魏三家分晋（前 403 年）至五代后周世宗显德六年（959 年）1362 年史事，是一部编年体通史巨著。

司马光认为，万物都有共同的起源，万物也都有共同的规律，即"理"或"道"。对于这种"理"或"道"，在"天"的方面，司马光主要从易学上加以论述；在"人"的方面，则是通过史学来考察。司马光作为一个理学家与史学家一身二任的大学者，其易学和史学都是为了探求致治之理的。司马光从易学角度认为，天理表现于人类社会即礼法等级秩序。他将礼法秩序附会于自然之理，所作《温公易说·易总论》说："易者，道也。道者，万物所由之涂也。孰为天，孰为人，故易者，阴阳之变也，五行之化也。出于天，施于人，被于物，莫不有阴阳五行之道焉……礼乐刑德，阴阳；仁义礼智信，五行也。义不出乎数乎？"司马光的易学从抽象概括的角度阐明了万物起源与规律之说，最终落实到人事之理，也就是现实的礼法等级秩序。司马光的史学则通过历史叙述，力图从人事的角度，详尽阐明他所认为的人事中的易道之理。司马光探究

的历史兴衰之理，很大程度上正是他从易学中得来的礼法等级秩序。《资治通鉴》开篇即指出礼法等级秩序是易道法则，是人类社会的致治之理："文王序《易》，以乾、坤为首。孔子系之曰：'天尊地卑，乾坤定矣，卑高以陈，贵贱位矣。'言君臣之位犹天地之不可易也。《春秋》抑诸侯，尊王室，王人虽微，序于诸侯之上，以是见圣人于君臣之际未尝不惓惓也。"[1] 司马光认为易道是永恒不变的，"推而上之，邃古之前而易已生；抑而下之，亿世之后而易无穷"[2]。这种易学观念作用于史学，就表现为在史学实践中采用通史撰述方式，力图在漫长的历史运动中把握永恒不变的盛衰之理。司马光的易学试图从哲学上把握天人之道，而所作《资治通鉴》则是试图通过跨越千年的历史撰述来详细总结归纳致治之道。应该说，司马光的易学奠定了其史学的哲理基础，其易学上的贯通意识也造就了其史学上的通识意识。

司马光著《资治通鉴》之后，通史撰述在理学兴起的时代背景下激起了强烈回响。李焘兼通经史，不仅有易学、春秋学和尚书学著作，更"慨然以史自任"，著《续资治通鉴长编》以续《资治通鉴》，接续通史著述。李心传也是兼通经史，治《易》《春秋》与《礼》等经，又撰《建炎以来系年要录》贯通史事，接续前书。

胡宏是宋代重要的理学家和史学家，所著通史著作《皇王大纪》，记述了上起盘古、下迄周末之事。该书认为包括人类社会在内的宇宙万物都是起源于阴阳之动，人们要探求万物规律，也就是"理"，才能顺应天地，求得发展，表现出了浓厚的理学色彩。《皇王大纪·序》说：

> 天道保合而太极立，氤氲升降而二气分。天成位乎上，地成位乎下，而人生于其中，故人也者，父乾母坤，保兹天命生生不穷者也。天始万物，日月星辰施其性；地生万物，水火金木运其气；人主万物，仁义礼智行其道。君长陪贰，由道以纪纲，人生而理其性，然后庶绩熙、万物遂，地平天成而人道立。三皇五帝、三王五伯者，人之英杰为君为长，率其陪贰，应时成物，如春之生、夏之长、秋

---

[1] 司马光：《资治通鉴》卷一《周纪一》，中华书局1956年版，第3页。

[2] 司马光：《温公易说·易总论》，上海古籍出版社1989年版，第3页。

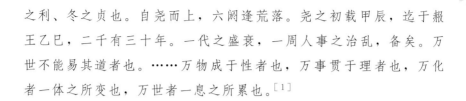

之利、冬之贞也。自尧而上，六阕逢荒落。尧之初载甲辰，迄于赧
王乙巳，二千有三十年。一代之盛衰，一周人事之治乱，备矣。万
世不能易其道者也。……万物成于性者也，万事贯于理者也，万化
者一体之所变也，万世者一息之所累也。[1]

从这开宗明义的表述可以看出，胡宏受理学思想影响，认为天人具有共
同的本源，因此也具有共同的规律。在胡宏看来，"仁义礼智""君长陪
贰"的纪纲就是人类社会与天地相一致的"理"，而这种理又是永恒的，
"万世不能易其道"。胡宏认为，从尧至周赧王的历史详尽地反映了人类
社会自产生以来的致治之理："一代之盛衰，一周人事之治乱，备矣。"
因此，胡宏打破朝代断限，以反映一个完整的天理循环、历史盛衰过程
为目的，选择了通史撰述的方式。

郑樵《通志》，深具"会通"精神。郑樵治学，一方面对理学有所批
判；另一方面，又不能不受到理学思潮的影响。可以看出，郑樵的会通
思想，与当时的理学思想有着一定的联系。《通志·总序》写道："会通
之义大矣哉！自书契以来，立言者虽多，惟仲尼以天纵之圣，故总《诗》
《书》《礼》《乐》而会于一手，然后能同天下之文；贯二帝、三王而通为
一家，然后能极古今之变；是以其道光明百世之上，百世之下不能及。"
抛开郑樵对孔子的评价不论，可以看出，其"会通之义"要求博观通览，
以求穷尽事物的变化之理。《通志·总序》关于"会通"的论述，主要是
从会聚文献的角度出发，这种文献学思想实际上是郑樵哲学思想的一种
体现。理学作为当时主流的哲学思潮，对郑樵哲学思想或多或少是有影
响的。郑樵一方面肯定天下万物有共通的变化之理，认为人可以全面把
握宇宙万物的规律；另一方面又认为万物之理不易穷尽，需要博观通览。
郑樵相信"惟初太始，道立于一，造分天地，化成万物"[2]的万物共源
之说，也认为"万物之理不离五行"[3]，即万物有共通之理。圣人作

[1]　胡宏：《皇王大纪·序》，文渊阁《四库全书》本，第 313 册，第 7—8 页。
[2]　郑樵：《通志》卷三十五《论一二之所生》，中华书局 1987 年版，第 509 页。
[3]　郑樵：《通志》卷七十四《灾祥序》，中华书局 1987 年，第 853 页。

《易》，穷尽了万物变化之理，"卦初有三画，犹以为未足以尽万物变通之理，必重为六画，而后天下之能事毕矣"[1]。而"周公被流言之变而作爻辞。故于三百八十四爻，各有辞，效天地阴阳君臣人事，万物变化之理尽矣"[2]。郑樵既肯定万物变化之理可以被把握，又认为对万物之理的穷尽要建立在博观通览的基础上，不仅要推语言之理，还要识名物之状，因为"五方之名本殊，万物之形不一，必广览动植，洞见幽潜，通鸟兽之情状，察草木之精神，然后参之载籍，明其品汇"[3]。从万物共源、万物通理，到博观通览以求理，我们不难看出郑樵的思路与理学格物致知以求理的相通之处。郑樵的《通志》包罗万象，拓展了史书记载和史学研究的范围，纵横社会、天文、地理、动物、植物、文学、音韵众多领域，又注重原始察终，探求记述对象的源流与发展。郑樵的这种通史撰述成就，是与理学的影响有一定关系的。

综上所述，宋代众多史家选择通史撰述的方式，与理学影响下形成的反映历史盛衰之变、求得贯通天人之"理"的指导思想有关，具有一定的必然性。理学贯通天地古今而求理的思维方式影响到史学，就突出表现为历史通识意识，这是宋代通史撰述兴盛的极重要的原因。

## 第二节　理学与编年体的振兴

中晚唐以后由新春秋学发端的经学新风催生了理学。进入宋朝以后，春秋学持续兴盛，并且作为理学和其他义理化经学的重要组成部分，持续对宋代史学发生重要影响。《春秋》亦经亦史，作为经学，它是六经之一，也是宋代理学着重阐发的经典；作为史学，它是现存最早的编年体史书。宋代春秋学的兴盛，推动了编年体的振兴。

---

[1] 郑樵：《六经奥论》卷一《卦辞作于文王》，文渊阁《四库全书》本，第184册，第27页。注：该书作者有争议，有些言论可能并非出自郑樵。

[2] 郑樵：《六经奥论》卷一《爻辞作于周公》，文渊阁《四库全书》本，第184册，第27页。

[3] 郑樵：《通志·总序》，中华书局1987年版，第3页。

## 一、春秋学的兴起与编年体的振兴

编年纪事是《春秋》笔法在史体方面的突出特征。《春秋》编年体前承诸侯国国史，后启《左传》以下编年体撰述之风。杜预《春秋左氏传序》解释《春秋》之名的由来，称："春秋者，鲁史记之名也。记事者，以事系日，以日系月，以月系时，以时系年，所以记远近，别同异也。故史之所记，必表年以首事。年有四时，故错举以为所记之名也。"这就是说，《春秋》编纂以时间为中心，按年月顺序记事，所以以"春秋"为书名。[1]《春秋》的编年纪事之体承接古代诸国国史的体例而来。东周以来大多数诸侯国所修国史通称为"春秋"，《墨子·明鬼》就提到有"百国春秋"。也有些诸侯国的国史有专称，《孟子·离娄下》记有"晋之《乘》、楚之《梼杌》"。孔子正是对这些诸侯国的国史进行加工整理而编成《春秋》一书。《史记·孔子世家》记载孔子编纂《春秋》一事说："子曰：'弗乎弗乎，君子病没世而名不称焉。吾道不行矣，吾何以自见于后世哉？'乃因史记作《春秋》，上至隐公，下讫哀公十四年，十二公。"《公羊传疏》引闵因序明确指出孔子作《春秋》除依据鲁国的史记外，还"使子夏等十四人求周史记，得百二十国宝书"，参考了大量其他诸侯国的国史。《孟子·离娄下》记载孔子作《春秋》称："王者之迹熄而诗亡，诗亡然后《春秋》作。晋之《乘》、楚之《梼杌》、鲁之《春秋》一也。其事则齐桓、晋文，其文则史，孔子曰：'其义则丘窃取之矣。'"可见，孔子作《春秋》所采用的编年体是诸侯国国史普遍采用的，但是这些史书早已亡佚，没有对后世史学产生多少影响。孔子加工整理而成的《春秋》，其体裁与体例较诸侯国国史更加完备，影响更为深远。

在古代，不少学者"以为《春秋》则古史记之正法，有所著述，多依《春秋》之体"[2]，采用编年体修史。汉代以后，司马迁创立纪传体，

---

[1] 杜预认为"春秋"是约言"春夏秋冬"四季，不准。按甲骨文所见，先有"春秋"后有"冬夏"，再有"春秋冬夏"之言，最后才有"春夏秋冬"之序，可见"春秋"即上古时的季节划分。

[2]《隋书》卷三十三《经籍志》，中华书局 1973 年版，第 959 页。

史家修史竞相采用纪传体著述，编年体长期处于低谷，虽有荀悦《汉纪》、袁宏《后汉纪》等一些编年体名著继起，但却无法与纪传体相匹敌。直到宋代以前，史家偏重纪传体而相对轻视编年体的状况都没有大的改变。一方面，在《两汉纪》之后，编年体史书在数量和质量上都不及纪传体史书；另一方面，一些史家明确指出编年体不如纪传体。如唐人皇甫湜作《编年纪传论》，指责《春秋》的编年体造成记事不连贯需要参考他书的弊病，称："《春秋》之作，则有《尚书》《左传》，之外又为《国语》，可复省左史于右、合外传于内哉。故合之则繁，离之则异，削之则阙。"[1]对比编年体，皇甫湜认为纪传体史书具有"首尾具叙述，表里相发明，庶为得中"[2]的优点。

宋代经学义理化的发展过程中，宣扬"大一统"之义的春秋学兴盛起来，史家热衷于探讨和运用《春秋》笔法修史，促成了编年体史书的振兴。宋代编年体史书的振兴，与这一时期的理学思潮密切相关：

第一，宋代春秋学发达，推动了编年体史书的编纂。理学家推崇《春秋》经，阐发其尊王与大一统之义，史学因此也格外重视《春秋》。宋初三先生之一的孙复即作《春秋发微》，立足北宋统一天下的政治要求，阐发尊王攘夷之义。程颐作《春秋传》，发明《春秋》大义，将春秋学纳入理学体系。司马光将礼法等级秩序上升到天理的高度，认为位于礼法等级秩序顶端的是君主，决定社会治乱兴衰的关键在于君主，君主要"治人而成天地之功"[3]。而编年体的纪年之法，源于理学所推崇的《春秋》，是最能突显"尊王"之义的，因此以司马光为代表的宋代史家选择编年体的撰述方式，也就在情理之中了。朱熹认为《春秋》反映了理学上的天理，说："《春秋》本是严底文字，圣人此书之作，遏人欲于横流，遂以二百四十二年行事寓其褒贬。"[4]春秋学对编年体史书的促进作用主要有两点：一是《春秋》的编年体本身为史家起到了垂范作用；

---

[1] 皇甫湜：《皇甫持正集》卷二《编年纪传论》，文渊阁《四库全书》本，第1078册，第15页。

[2] 皇甫湜：《皇甫持正集》卷二《编年纪传论》，文渊阁《四库全书》本，第1078册，第15页。

[3] 司马光：《温公易说》卷二，上海古籍出版社1989年版，第20页。

[4] 黎靖德编：《朱子语类》卷八十三《春秋·经》，中华书局1986年版，第2174页。

二是《春秋》以来的编年纪事形式有利于突显大一统之义。《公羊传》发明《春秋》经的大一统之义，是从《春秋》中新君即位必书"元年春，王正月"开始的。《公羊传》认为这种做法有深奥的含义，是通过纪年来表示君王禀元奉天而开初，由此突显了这种纪年表述的尊王寓意。这种观念经由公羊学宣扬，深入人心。实际上，编年体史书每记一年都要有纪年，以君王纪年的表述本身就成为尊王与正统的一种象征。因此，编年体史书从纪年方式上讲，有利于表达尊王与正统之义，所以朱熹在《资治通鉴纲目序例》中说"表岁以首年，而因年以著统"。宋代春秋学的发达，促使更多史家偏重编年体史书撰述。

第二，理学家的一些具有纪事系年特点的著作，也对编年体史书起了推动作用。如邵雍的《皇极经世书》是一部贯通天人古今的著作，其用人事验证天"理"，表达了理学家天人一理的思想。《皇极经世书》在体裁上采用了编年体，"纪年甚有法"[1]，在严密的纪年中，蕴含了系统的天人一理观念。邵雍的这一撰述方法，对当时的史学有启发作用，像胡宏的《皇王大纪》、张栻的《经世纪年》和吕祖谦的《大事记》等编年体史著，都在一定程度上受到了他的影响。

理学家高度重视义理，春秋学"微言大义"的特点适合理学阐发义理。因此理学重义理的特征促进了春秋学的兴盛。《春秋》的编年史体往往被赋予重要义理。宋代史家在这样的经学氛围中往往希望效仿《春秋》史体，由此形成了编年体兴盛的局面。

二、春秋学的发达与编年叙事的兴盛

理学风气之下，宋代春秋学发达，推动了编年体史书编纂，主要表现在三个方面：第一，在数量方面，出现了以司马光《资治通鉴》为代表的一大批编年体史著。《资治通鉴》不仅继承、发展了《春秋》的编年体，也影响并促成了一批编年体史书的产生。司马光编成《资治通鉴》后，又撰《资治通鉴考异》30 卷，讲明自己在编纂《资治通鉴》过程中对史料的判断、甄选，仍然采用编年体。另外，司马光还编成篇幅较小

[1] 黎靖德编：《朱子语类》卷一百《邵子之书》，中华书局 1986 年版，第 2548 页。

的《稽古录》，记述上起伏羲、下至有宋之史事。协同司马光编纂《资治通鉴》的刘恕，著有《资治通鉴外纪》10卷，希望与《资治通鉴》相配，贯穿历代史事。李焘著《续资治通鉴长编》980卷（今存520卷），接《资治通鉴》记述建隆至靖康之事，是中国史学史上卷帙空前浩繁的编年体皇朝史著作。后来李心传又撰《建炎以来系年要录》，仿《资治通鉴》体例，接《续资治通鉴长编》记载宋高宗朝36年的史事。金履祥又著有《通鉴前编》18卷，记《资治通鉴》前史事。刘时举也受《资治通鉴》影响作《续宋编年资治通鉴》15卷。除了《资治通鉴》及与其相关的史著，宋代的编年体史著也是不胜枚举。胡宏著有《皇王大纪》80卷，其记述上起盘古、下至周末。熊克著有《中兴小纪》，记载建炎丁未年（1127年）至绍兴壬午年（1162年）之事。吕祖谦著《大事记》12卷，取《史记》年表所书，编年系月记载春秋后之事，上起周敬王三十九年（前481年）、下至汉武帝征和三年（前90年）。陈均撰《宋九朝编年备要》30卷，记载宋太祖至宋钦宗九朝史事。李埴作《宋十朝纲要》25卷，记载从宋太祖至宋高宗时的史事。留正的《皇宋中兴两朝圣政》48卷，记宋高宗和宋孝宗两朝之事。此外还有《靖康要录》12卷、《宋季三朝政要》6卷等一批作品。

第二，在质量方面，宋代编年体史著出现了不少上乘之作。司马光的《资治通鉴》不仅造诣极高，而且带动了宋代乃至后世的编年体史书撰述。李焘的《续资治通鉴长编》继《资治通鉴》而作，不仅以浩大篇幅翔实记述了建隆至靖康史事，而且广泛参考史料以求实录治乱兴衰。叶适盛赞《续资治通鉴长编》，称"《春秋》之后，才有此书，信之所聚也"[1]，认为该书能够翔实反映历史，堪比《春秋》。徐梦莘编纂《三朝北盟会编》，记述宋徽宗、宋钦宗及宋高宗三朝与金和战之事，广撷文献材料超过200种，并且对所采史料不加删改予以著录，因此保存了大量珍贵史料。李心传作《建炎以来系年要录》，不仅参考了大量史料，而且加以严格考辨，四库馆臣称赞这部著作"文虽繁而不病其冗，论虽岐而不病其杂。在宋人诸野史中，最足以资考证"[2]。

---

［1］ 李焘：《续资治通鉴长编·杂识》，中华书局2004年版，第11页。

［2］ 永瑢等：《四库全书总目》卷四十七《建炎以来系年要录》，中华书局1965年版，第426页。

宋代编年体史书的最高成就，当数司马光的《资治通鉴》。清代史学理论家章学诚在讲到"史部之通"的"极盛"时，指出《资治通鉴》在编年体史书发展过程中所达到的高度，称："合纪传之互文，而编次总括乎荀、袁，司马光《资治通鉴》作焉。"[1] 清人浦起龙也盛称《资治通鉴》的史学成就，说："上起三国，下终五季，弃编年而行纪传，史体偏缺者五百余年。至宋司马氏光始有《通鉴》之作，而后史家二体到今两行。坠绪复续，厥功伟哉。"[2] 司马光幼习《左传》，"七岁，凛然如成人，闻讲《左氏春秋》，爱之，退为家人讲，即了其大指"[3]。他作史受到《左传》的影响，但在体裁体例方面，却是"推本荀悦《汉纪》，以为《通鉴》"[4]。《通鉴》作为编年体史书，对于传统编年体发展的影响主要表现在：其一，《资治通鉴》贯通古今，打破了编年体史书自诞生以来断代纪年的局限；记述从战国时期韩、赵、魏三家分晋（前 403 年）至后周世宗显德六年（959 年）1362 年之间的史事，成为一部包罗万象的通史撰述。其二，在历史记述方面，按正史"本纪"的时间顺序将"传""志"的内容按年编入，并且注意叙事的完整性。《资治通鉴》记事不仅记当年发生之事，还要叙述所记事件的前因后果以及相关之事；记重要人物也注意交代其籍贯、世系、重要事迹，并完整记录其生平。其三，《资治通鉴》发展了《左传》"君子曰"的论体，一方面在历史记述中用"臣光曰"的形式发表自己的历史评论，另一方面又用某某"论曰"的形式撷取荀悦、班固等前代史家的议论。

第三，在编纂思想方面，宋代史家空前推崇编年体。其一，宋代史家从历史编纂的角度推崇《春秋》经传的编年体裁。孙甫在《唐史论断序》中指出，《春秋》和《尚书》是"古之史"，后世修史必须以《春秋》和《尚书》为法，称："为史者欲明治乱之本，谨劝戒之道，不师《尚

[1] 章学诚著，仓修良编：《文史通义新编》卷四《释通》，上海古籍出版社 1993 年版，第 161 页。
[2] 刘知幾撰，浦起龙通释：《史通通释》卷十二《古今正史》按语，上海古籍出版社 1978 年版，第 351 页。
[3] 《宋史》卷三百三十六《司马光传》，中华书局 1985 年版，第 10757 页。
[4] 王应麟撰，武秀成、赵庶洋校证：《玉海艺文校证》卷十五《通鉴纲目发明》，凤凰出版社 2013 年版，第 732 页。

书》《春秋》之意，何以为法？"因为《尚书》之体不如《春秋》完备，所以孙甫推崇编年体为史法之正，认为史家虽然也可以采用纪传体进行撰述，但是，"必论其至，则（纪传）不若编年体正而文简也"。孙甫认为编年体有两个纪传体不可比拟的优点：首先，编年体"体正"，也就是有利于记述历史兴衰之本。孙甫说："夫史之记事，莫大乎治乱。君令于上，臣行于下；臣谋于前，君纳于后。事臧则成，否则败，成则治之本，败则乱之由，此当谨记之。"他认为编年体有利于体现君王施政的成败，并且可以突显出君王在治乱兴衰中的主导作用，而纪传体则记载了过多与治乱之本无关的人臣事迹。其次，编年体"文简"。在孙甫看来，编年体只记与治乱兴衰相关之事，因此文字简洁；而纪传体则"所记一事分为数处，前后屡出，比于编年则文繁"，并且会记载大量与治乱无关的琐碎之事，"记事便，则所取博，故奇异细碎之事皆载焉"。[1]

司马光也推崇编年体撰述。张煦侯先生曾经在《通鉴学》一书中指出《资治通鉴》的撰述旨趣取法"《春秋》之意"[2]，也就是说司马光希望用一部编年体史著囊括历代治乱兴衰之事，并以之为善恶鉴戒。因此，《资治通鉴》记事起于《左传》记事所止。司马光撰《资治通鉴》，不仅有继《春秋》之意，而且明显受到《春秋》以来的编年体史书的影响，他论及自己编纂《资治通鉴》的旨趣，说："每患迁、固以来文字繁多，自布衣之士，读之不遍，况于人主，日有万机，何暇周览！臣常不自揆，欲删削冗长，举撮机要，专取关国家盛衰，系生民休戚，善可为法，恶可为戒者，为编年一书，使先后有伦，精粗不杂。"[3]可见，司马光与孙甫看法相近，认为纪传体不如编年体简洁，患其"文字繁多"，看重编年体有利于"举撮机要，专取关国家盛衰，系生民休戚，善可为法，恶可为戒者"。因此，司马光采用《春秋》以来的编年体进行历史撰述。

刘恕认为《春秋》开创的编年体是"古史记之正法"，但他又认为后世史家不可学《春秋》，而应学《左传》，他说："孔子作《春秋》，笔削美

[1] 吕祖谦编：《宋文鉴》卷八十七《唐史论断序》，中华书局1992年版，第1239页。
[2] 张煦侯：《通鉴学》，安徽人民出版社1981年版，第75—79页。
[3] 司马光：《资治通鉴·进书表》，中华书局1956年版，第9607页。

刺，子游、子夏门人之高弟，不能措一辞。鲁太史左丘明以仲尼之言高远难继而为之作传。后之君子不敢绍续焉。惟陆长源《唐春秋》、尹洙《五代春秋》非圣人而作经，犹春秋吴楚之君僭号称王，诛绝之罪也。"[1] 刘恕认为《春秋》微言大义，高远难继，学《春秋》是"非圣人而作经"，如同"春秋吴楚之君僭号称王"。认为史家应该仰学《左传》，说："《左氏》传据鲁史，因诸侯国书，系年叙事。《春秋》所贬损大人、当世君臣有威权势力，其事实皆形于《传》。"可见，刘恕所主张的编年体是采用《春秋》的编年体裁，《左传》"事实皆形于"史文的撰述方式。正是由于对《春秋》编年的推崇，刘恕不仅在《资治通鉴》的编纂工作中做出了重要贡献，还另撰《资治通鉴外纪》一书。在《资治通鉴外纪后序》中，刘恕说："陶潜豫为祭文，杜牧自撰墓志，夜台甫迩，归心若飞，聊叙不能作《前》《后纪》，而为《外纪》焉。"由此可见，刘恕把该书当作自身史学乃至思想的一个总结。《资治通鉴外纪》一书充分体现出刘恕对《春秋》《左传》编年体裁的推崇。此书包括《庖牺以来纪》一卷，《夏纪》《商纪》一卷，《周纪》八卷，又有目录五卷，各卷都继承了《春秋》的以王纪年之法，以帝王标目，用帝王之年记事。《资治通鉴外纪》又效仿《左传》的撰述方式，不仅较为详细地记述史事，而且模仿《左传》的"君子曰"发论形式，用"刘恕曰"来发表对所记史事的考证观点，同时进行历史评论。

南宋王益之明确表示编年体要优于纪传体，他说：

> 史之失，自迁、固始。或问荀悦，曰："史乎史乎！"余三复斯言，未尝不废卷而叹也。……纪传存一人之始末，论人物者有考焉；编年著一代之升降，观治乱者有稽焉。以一人之始末视一代之升降，重轻何如也？[2]

王益之一方面对司马迁、班固开创纪传体史书持否定态度，认为这是

---

[1] 刘恕：《〈通鉴外纪〉后序》，载曾枣庄主编《宋代序跋全编》，齐鲁书社2015年版，第2923页。

[2] 王益之：《西汉年纪序》，中华书局2018年版，第1—2页。

史学弊端的源头；另一方面则推崇荀悦恢复编年体著述，"爱其有功于古史"[1]。王益之指出纪传体的长处在于"存一人之始末，论人物者有考"，编年体的长处在于"著一代之升降，观治乱者有稽"。在王益之看来，编年体反映朝代兴衰，显然要比纪传体专注于个人事迹要高明得多。

程公说的《春秋分记》前有一篇《序》，比较纪传与编年二体，说：

> 司马子长始为纪、传、表、书，革左氏编年之旧，踵为史者，咸祖述焉。近岁程君伯刚又取左书，厘而记之，一用司马氏法。然则编年果纪、传、表、书之不若乎？按《诗》王政废兴，大小分载，是为二《雅》；十五《国》事，各以条列，则曰《国风》，此固《纪》及世家之权舆也。怀襄既定，邦赋以成，厥有《禹贡》，前代时若，分职以训，专为《周官》。此则《八书》之端绪也。左氏身为国史，读夫子之《春秋》，将传焉以翼之，遂为席卷载籍，包举典故，囊括万务，并吞异闻之规摹。然事杂而志繁，义丛而词博，非胸臆之大，或得此而遗彼；非精力之强，或举始而忘终，析异合同，汇分区别。君盖善学左氏者，匪编年不纪传若也。[2]

这说明宋人中有一种观点，认为编年体并非不如纪传体方便记事，《左传》这样的编年体史书也是可以"席卷载籍，包举典故，囊括万务，并吞异闻"的。由此可见，在很多宋代学者心目中，编年体在对于史事的容纳和表现方面，比之纪传体并不逊色。

其二，宋代史家推崇《春秋》编年所蕴含的"尊王"与正统之义，纷纷效仿《春秋》的纪年之法。《春秋》以王纪年，有尊王之意。《春秋》纪年的显著特点是新君即位必书"元年春，王正月"，以君王统摄历史记述。《公羊传》认为《春秋》突显了这种纪年表述的尊王寓意。这种观念经由公羊学宣扬，深入人心。宋代春秋学重视发明"尊王"之义、探讨

---

[1] 王益之：《西汉年纪序》，中华书局 2018 年版，第 1 页。

[2] 游似：《〈春秋分纪〉序》，载曾枣庄主编《宋代序跋全编》，齐鲁书社 2015 年版，第 1474 页。

中国经史关系通史·宋元明卷

历史正闰，史家也普遍推崇《春秋》编年的"尊王"与正统之义。

司马光指出《春秋》重视"尊王"，并自觉继承了《春秋》尊王的思想。他认为君主的地位至高无上，除非像商汤代桀、武王代纣那样仁者代替大恶之君，否则不能动摇君主的地位，他说："《春秋》抑诸侯，尊王室，王人虽微，序于诸侯之上，以是见圣人于君臣之际未尝不惓惓也。非有桀、纣之暴，汤、武之仁，人归之，天命之，君臣之分当守节伏死而已矣。"[1] 因此，司马光采取了《春秋》的以王纪年，其撰《资治通鉴》每卷均以帝王纪年，每叙一年史事，首书帝王年月，有时卷首还有"春，正月"之语，类似《春秋》的"元年春，王正月"。司马光的另一部编年体史著《稽古录》也采用了《春秋》的以王纪年，以帝王统摄历史撰述，记述上自伏羲、下讫有宋的史事，体现出《春秋》影响下的尊王之旨。司马光记述多个政权并立时期的史事，以哪个政权的年号纪年，又成为其正统观的一种表达。

王益之撰《西汉年纪》，明确指出纪传体不如编年体能从纪年上突显尊王之义，他说：

> 盖自《黍离》降而为《国风》，国异政、家殊俗，天下不复有周矣。《诗》亡然后《春秋》作。夫子冠王于正，以示一统，所以立万世君臣之大法也。迁、固易编年以为纪传，事之大较虽系于纪，而人臣之议论功勋自见于传。殊不知孔子当列国纷纭之际，首王纲以明大义，迁、固于大汉一统之时，顾使人自为传、臣自为功，毋乃非《春秋》之旨欤？[2]

如前所述，王益之贬斥纪传体而推崇荀悦的编年体撰述。王益之产生这种思想的原因就在于，他把《春秋》纪年的"冠王于正"视作"万世君臣之大法"，推崇其"首王纲"的尊王之法，认为纪传体史书丧失了"《春秋》之旨"。

《春秋》大义在经史之学呈现义理化趋向的宋代备受推崇，春秋学对

---

[1] 司马光：《资治通鉴》卷一《周纪一》，中华书局 1956 年版，第 3 页。

[2] 王益之：《西汉年纪序》，中华书局 2018 年版，第 1 页。

《春秋》经传的推崇往往促使史家争相效仿其史体，而春秋学对《春秋》史体的解说，又为史学的效仿实践提供了指导。

## 第三节　理学与史体的创新

宋代理学的兴起，不但推动了通史撰述以及以编年体为主的既有史体的发展，而且也促成了一批新的史体的创立。理学对义理的追求、对道统的追溯和即物穷理的风气等，都深刻影响了当时的史学，宋代纲目体、学案体和纪事本末体等新史书体裁的产生，在很大程度上都受到了理学的影响；同时，理学的发展也带来了纪传体、载记类史书的新变化。

### 一、理学与纲目体史书体裁的创立

朱熹撰《资治通鉴纲目》，创立了纲目体史书体裁。朱熹是宋代理学的集大成者，同时也是一位卓有成就的史学家。《资治通鉴纲目》一书是朱熹与其学生赵师渊共同完成，其中的《凡例》则是朱熹手订。《资治通鉴纲目》的撰写，与朱熹的理学思想直接相关。朱熹将史学视作理学的一个部分，认为史学是求理的一种途径，必须用理学思想来衡量和指导史学，要站在天理的高度来认识历史、研究历史。这样一种理学观念反映在历史撰述上，就是注重用天理来指导史书修撰，用经学来统领史学。朱熹的学生李方子在该书《后序》中指出，朱熹史学追求的是"义正而法严，辞核而旨深，陶铸历代之偏驳，会归一理之纯粹"[1]。这就是说，其史学是要以探求天理、"会归一理"为目的的，而"义正而法严，辞核而旨深"便是达到这一目的的方法。

朱熹编撰《资治通鉴纲目》的最初动机，是不满于司马光《资治通鉴》的正统观，认为《资治通鉴》在正闰、改元等方面取"《春秋》之义"做得很不够，需要修正处极多。朱熹在《资治通鉴纲目序例》中表

---

[1] 李方子：《〈资治通鉴纲目〉后序》，载曾枣庄主编：《宋代序跋全编》，齐鲁书社2015年版，第4770页。

明其撰写的旨趣，就是要从天理的高度来认识历史，通过"表岁以首年，而因年以著统。大书以提要，而分注以备言。使夫岁年之久近、国统之离合、事辞之详略、议论之同异，通贯晓析，如指诸掌"，进而达到"岁周于上而天道明矣，统正于下而人道定矣。大纲概举而监戒昭矣，众目毕张而几微著矣"的目的。朱熹把"正统"视作天理的要求和社会安定的需要，毫不讳言自己编纂《资治通鉴纲目》就是为了彰显正统之义。

朱熹不满《资治通鉴》而别为一书的另一个原因在于，他认为《资治通鉴》虽已裁汰大量与"资治"关系不密切的史事，但仍然太冗长，既不利于帝王案头阅读，也不符合史书的明理要求。为了矫正《资治通鉴》的弊端，达到以史明理的目的，朱熹用"纲举目张"的叙事方法指导《资治通鉴纲目》的编纂。朱熹主张用"错综"的方法改造编年体的叙事缺陷。所谓"错者，杂而互之也。综者，条而理之也"[1]，也就是说，要在传统编年体的基础上，条理出一种更易记述历史的新史体。《资治通鉴纲目》的叙事方法是"表岁以首年，而因年以著统。大书以提要，而分注以备言"，叙事内容分别以"纲"和"目"加以条理，"纲"为史事提纲，"目"为"纲"的具体叙述。这种史书体裁叙事的特点与好处是"纲举而不繁，目张而不紊，国家之理乱，君臣之得失，如指诸掌"。[2]这样的史体，叙事简洁而明晰。近代史家梁启超对纲目体给予了很高的评价，称："此法很容易，很自由，提纲处写断案，低一格作注解。在文章上不必多下功夫，实为简单省事的方法。做得好，可以把自己研究的成果，畅所欲言，比前法（指《资治通鉴》的编年叙事）方便多了。虽文章之美，不如前法，而伸缩自如，改动较易，又为前法所不及。"[3]梁启超点明了纲目体作文容易、叙事自由，又可以畅所欲言的特点，也指出了纲目体文学性较差的缺点。纲目体的这种特点与朱熹的史学取向有关。朱熹创立纲目体的目的就在于以史明理，表达其理学思想，因此采取了简要灵活的撰写方式来为自己的理学主张服务，而相对忽略了传

---

[1]　朱熹：《朱熹集》卷五十四《答王伯礼》，载朱杰人等主编：《朱子全书》第二十三册，上海古籍出版社、安徽教育出版社2002年版，第2569—2570页。

[2]　黄宗羲著，全祖望补修：《宋元学案》卷四十九《晦翁学案·附录》，中华书局1986年版，第1579页。

[3]　梁启超：《中国历史研究法》，东方出版社1996年版，第179页。

统史学所重视的历史撰述的文学性。

纲目史体有其记述方式相对灵活、便于史家发表见解的优点。朱熹发明这样的史体就是为了改造前史，从而阐发理学义理。因此，可以说纲目体是为了满足理学需求而被创立的。

二、理学与学案体史书体裁的肇端

朱熹在史学上的成就还有撰成《伊洛渊源录》一书，由此发端了学案体史书体裁。该书主要是梳理二程洛学传承脉络及其学派学术发展情况，因二程为洛阳人，长期在洛阳居住、讲学，而伊、洛乃为洛阳附近二水，朱熹以"伊洛"代指二程，该书由此得名。朱熹曾在撰述该书之前，写信给好友吕祖谦，说明自己的撰述意图，他说："欲作《渊源录》一书，尽载周、程以来诸君子行实文字。正苦未有此及永嘉诸人事迹首末。因书士龙，告为托其搜访见寄也。"[1] 朱熹编纂此书极为用功，从宋人笔记、野史、金石碑帖、诗话、语录、目录、行状、年谱、文集等文献中辑录出原始资料，编为十四卷，记载了周敦颐、程颢、程颐及其门下弟子 46 人的言行事迹。《伊洛渊源录》每一卷的结构，大体可分成三个部分：一是人物的生平事迹。这一部分一般放在卷首，或称"事状"，或称"行状""形状略""家传略"，有时又以"年谱""墓志铭"等代替，保留了大量人物资料。二是人物学术著作的内容摘录，如文集、语录等。三是人物的言论、交游、逸闻、逸事以及他人的评述。以卷四记程颐为例，先以"年谱"叙其生平，次有"祭文"，后用"奏状""逸事"记其遗闻逸事及他人评论之词。

朱熹编纂《伊洛渊源录》，除了要宣扬理学、为理学中人记言载行，还要理清理学传承脉络、确立道统。《伊洛渊源录》的"渊源"二字体现了其编纂上的特点，也就是梳理学派的学术渊源传承。道统论最早是由唐代韩愈提出来的，韩愈曾作《原道》一文，追考儒家圣人之道的传授统绪：由尧、舜、禹、汤、周文王、周武王、周公、孔子、孟子一脉相

---

[1] 朱熹：《晦庵先生朱文公集》卷三十三《答吕伯恭》，载朱杰人等主编：《朱子全书》第二十一册，上海古籍出版社、安徽教育出版社 2002 年版，第 1438 页。

传，并表示自己要接续自孟子以后中断了的千年不传之道统。北宋初年，孙复、石介等大儒吸收了韩愈的道统之说，提出"圣人之道无有穷"[1]，又增益韩愈的道统序列。理学兴起后，道统思想继续发展。张载发挥《易传》提出的伏羲等"五帝"系统，编排从伏羲至孔子的圣人之统。二程以理论道，认为"周公没，圣人之道不行；孟轲死，圣人之学不传"，以接续孟子道统自居。程颐为程颢刻墓碑称："先生（程颢）生千四百年之后，得不传之学于遗经，志将以斯道觉斯民。……先生出，倡圣学以示人，辨异端，辟邪说，开历古之沉迷，圣人之道得先生而后明。"[2]公卿大夫也称程颢为"明道先生"。朱熹是道统思想的集大成者，在历史上第一次提出"道统"一词。朱熹编排了完整的道统，尊崇二程在道统中的地位，又将二程之学上溯至周敦颐。在《大学章句序》中，朱熹将道统上溯至伏羲、神农、黄帝等"上古圣神"；在《中庸章句序》中，朱熹又编排出从尧、舜、禹，经孔子、子思、孟子等，直到二程的道统。朱熹还肯定胡宏以来的说法，推崇周敦颐在道统中的地位，称："惟先生（周敦颐）道学渊懿，得传于天，上继孔、颜，下启程氏，使当世学者得见圣贤千载之上，如闻其声，如睹其容，授受服行，措诸事业，传诸永久而不失其正，其功烈之盛，盖自孟氏以来，未始有也。"[3]

朱熹按照自己的道统思想编纂了《伊洛渊源录》。该书的一至六卷是全书的主体，分别记载周敦颐、程颢、程颐、邵雍、张载所谓北宋五子的事迹，兼收言论及门人朋友的叙述。卷七至卷十三，记载后学的有关内容。卷十四记录"身列程门而言行无所表见，甚若邢恕之反相挤害者"，这些人也都记录姓名以备考。全书的编排，以二程为核心，因为二程在朱熹的道统中居于宋儒中的最高位置。二程未曾表示过自己受教于周敦颐，也没有将周敦颐纳入自己所排列的道统。朱熹却在《伊洛渊源录》中将周敦颐列于篇首、视为理学鼻祖。张载的关学自成一家，但朱

---

[1] 石介：《徂徕石先生文集》卷十九，《宋城县夫子庙记》，中华书局1984年版，第221页。

[2] 程颐、程颢：《程氏文集》卷十一《明道先生墓表》，载《二程集》，中华书局2004年版，第640页。

[3] 朱熹：《晦庵先生朱文公文集》卷八十六《奉安濂溪先生祠文》，载朱杰人等主编：《朱子全书》第二十四册，上海古籍出版社、安徽教育出版社2002年版，第4038页。

熹接受程门弟子说法，认为张载之学源于程氏，又多将关学门人归入程学。这些编排都是朱熹的道统思想使然。

朱熹以宣扬理学、著明理学统序为旨趣来编纂《伊洛渊源录》，在史书体裁、体例上是一大创新，对后世史体产生了重大影响，开启了孙奇逢《理学宗传》一类理学史著作的先声。《宋史》创立《道学传》，内容多取自《伊洛渊源录》，明显也是受其影响。更为重要的是，《伊洛渊源录》开启了学案体撰述的先河。有学者认为《伊洛渊源录》内容不够全面、体例不够严整，并不是学案体史书的开山之作。[1] 但《伊洛渊源录》确实在传统史书编纂之外另辟蹊径，内容与结构都别具一格，其在学案体史书产生与发展过程中的发凡起例之功与深远影响是应当肯定的。

三、理学与纪事本末体史书体裁的创立

袁枢作《通鉴纪事本末》而创立纪事本末体，在一定程度上与当时的理学风气有关。袁枢不仅是史学家，也曾"作《易传解义》及《辩异》"[2]，对包括易学在内的儒家经学也颇有研究。同时，袁枢与同时代的朱熹、吕祖谦等理学宗师都有往来，自然也受到这些理学大家理学思想的影响。

宋代理学主张"格物致知"，即通过详细考察、研究事物，获得对事理的认识。程颐注《大学》，说："所谓致知在格物者，言欲致吾之知，在即物而穷其理也。"朱熹更将"格物""致知"列入《大学》"八条目"之中，并补《大学》："闲尝窃取程子之意以补之曰：'所谓致知在格物者，言欲致吾之知，在即物而穷其理也……'"[3] 这种即物穷理的理学风气影响到史学上，就表现为不仅要研究史事，还要贯通历史，以此来探究天理、治道。从理学的这一角度来看，司马光以《资治通鉴》编年叙事，在究事穷理方面有所不足。

[1] 周春健：《〈伊洛渊源录〉与学案体》，《湖北大学学报》（哲学社会科学版）2006 年第 6 期，第 774 页。

[2] 《宋史》卷三百八十九《袁枢传》，中华书局 1985 年版，第 11936 页。

[3] 朱熹：《大学章句》，载朱杰人等主编：《朱子全书》第六册，上海古籍出版社、安徽教育出版社 2002 年版，第 20 页。

中国经史关系通史·宋元明卷

袁枢改编《资治通鉴》而成《通鉴纪事本末》，体现出以理学宗旨改造史学的思想背景。首先，《通鉴纪事本末》的体裁体例有利于以事明理。具体而言，其改造方法是按照《资治通鉴》的年次，以事件为中心，吸收以时间为中心的编年体及以人物为中心的纪传体之长，自成一体，由此创立了纪事本末体这一新的史书体裁。对于《通鉴纪事本末》便于叙历史之事以明致治之理的特点，宋孝宗曾称赞说："治道尽在是矣。"[1] 其次，在选择以之为核心的事件方面，袁枢有按照理学义理择事立目的倾向。一方面，袁枢要按照时间顺序来选择各时代有关治道的重大事件；另一方面也要按照义理来择事立目。举例言之，《通鉴纪事本末》卷五立有"丁傅用事""董贤嬖幸""王莽篡汉""光武中兴"，既反映了当时的政局走向，也按儒家义理反映出对历史事件的价值判断。又如其卷三十立目"武韦之祸"和"太平公主谋逆"，比起《资治通鉴》立目《唐纪·则天顺圣皇后》，更加突出地反映了义理化的评判特点。因此，从理学角度而言，纪事本末体择事立目，也比编年体更有利于突显义理评价。

袁枢受"即物而穷其理"理学风气的影响而创立的纪事本末体，时人和后人颇为赞赏。《宋史·袁枢传》在记载袁枢撰《通鉴纪事本末》的动机与方法时说："枢常喜诵司马光《资治通鉴》，苦其浩博，乃区别其事而贯通之，号《通鉴纪事本末》。""苦其浩博"，说明袁枢希望用简明的叙事方式来总结历史盛衰，而其具体方法便是"区别其事而贯通之"。袁枢的友人杨万里在《通鉴纪事本末叙》中说："予每读《通鉴》之书，见事之肇于斯，则惜其事之不竟于斯。盖事以年隔，年以事析，遭其初莫绎其终，揽其终莫志其初，如山之峨，如海之茫，盖编年系日，其体然也。今读子袁子此书，如生乎其时，亲见乎其事，使人喜，使人悲，使人鼓舞未既而继之以叹且泣也。"[2] 在此，杨万里指出了《资治通鉴》由于编年纪事的局限，无法尽事之本末；而袁枢的《通鉴纪事本末》则给予了改进。杨万里的评述，说明纪事本末体具有能够详明事情原委始终的优点。《四库全书总目》从史书编纂史的角度对《通鉴纪事本末》做了评论："自汉以来，不过纪传、编年两法，乘除互用。然纪传之法，或

---

[1]《宋史》卷三百八十九《袁枢传》，中华书局1985年版，第11934页。

[2]《通鉴纪事本末叙》，载袁枢：《通鉴纪事本末》，中华书局2015年版，第1页。

一事而复见数篇，宾主莫辨；编年之法，或一事而隔越数卷，首尾难稽。枢乃自出新意，因司马光《资治通鉴》区别门目，以类排纂，每事各详起讫，自为标题，每篇各编年月，自为首尾。……经纬明晰，节目详具。前后始末、一览了然。遂使纪传编年贯通为一，实前古之所未见也。"[1]一方面指出了纪传体与编年体在叙事上的不足；另一方面认为《通鉴纪事本末》使"纪传编年贯通为一"，从而详明事之首尾始末，这是史书在叙事上所取得的空前突破。清代史评家章学诚也说，袁枢创立的纪事本末体，"文省于纪传，事豁于编年"[2]，既兼有二体之长，又克服了二体之短。概括而言，纪事本末体的主要优点有三：一是选事设目自由，灵活度大；二是叙事明晰，具故事化；三是叙事首尾详备，突出了事件的完整性。因此，梁启超将纪事本末体称作"旧史界进化之极轨"[3]。

袁枢创立纪事本末体，受到当时即物穷理的理学风气影响，当其探索出这种尽事之本末的历史编纂方法后，这又成为有助于使人读史明理的重要理学辅助手段。一方面，宋代以后理学取得正统地位，另一方面，纪事本末体客观上在史书体裁方面有不可或缺的功用，因此这种体裁在成形之后颇受推崇，后世效仿其体例而成的仿作、续作或补作不断涌现，形成了一个庞大的纪事本末体书系。

四、理学与纪传体、载记类史书的新变化

在宋代经学义理化的过程中，春秋学因为宋儒对其"微言大义"的推崇而兴盛，这是理学时代经学的一个显著现象。理学家和史学家都热衷探讨、运用《春秋》笔法，使得纪传体史书和与之相关的载记类史书出现了一些新的变化。

首先，宋代纪传体史书的体例体现出《春秋》笔法的影响。

第一，《春秋》的"正名"思想影响了一些纪传体史书的体例安排。

[1] 永瑢等：《四库全书总目》卷四十九《通鉴纪事本末》，中华书局1965年版，第437页。

[2] 章学诚著，仓修良修：《文史通义新编》卷一《书教下》，上海古籍出版社1993年版，第19页。

[3] 梁启超：《中国历史研究法》，东方出版社1996年版，第24页。

最典型的例子，便是欧阳修作《新五代史》时创立"家人传"。自从班固《汉书》将诸侯、宗室和后妃放入列传之中，欧阳修之前的正史皆沿用班固的做法。欧阳修著《新五代史》，在列传中专门立家人传，记录后梁、后唐、后晋、后汉、后周的宗室与后妃。《新五代史》的做法较之前代正史分类更为细致，而这种体例议定又与欧阳修的《春秋》"正名"思想有关。欧阳修推崇孔子的正名思想，肯定正名是为政之始，是达到政治完备的必要前提，他说："正名立制，言顺事成，然后因名迹以考实，而其文章事物粲然无不备矣，……孔子言'为政必也正名'，孟子言'为政必始经界'，岂虚言哉?"[1] 欧阳修不仅在政治上推崇孔子的正名思想，也在史学上重视孔子的正名旨趣，认为孔子著《春秋》，就是要通过为历史人物和历史事件正名，来达到明辨善恶是非的目的，他说："孔子何为而修《春秋》? 正名以定分，求情而责实，别是非，明善恶，此《春秋》之所以作也。"[2] 欧阳修高度重视《春秋》的正名思想，在撰述《新五代史》的过程中，根据五代政权更迭频繁、割据政权迭出的时代特点，将正名思想贯穿于该书体例的设计。对于后梁、后唐、后晋、后汉、后周的宗室与后妃和其他割据政权，按照《史记》的体例应当列于本纪，按照《汉书》的体例则应当作传。欧阳修作《新五代史》，则别出心裁，为后梁、后唐、后晋、后汉、后周的宗室与后妃立家人传，为十国割据政权作世家，创造性地将《史记》和《汉书》记述诸侯、宗室和后妃的体例融为一体。欧阳修将后梁、后唐、后晋、后汉、后周五代政权列入正统王朝统序，把同时代其他割据政权十国排除于正统之外，通过家人传和世家来给予不同政权的人物以不同名分，以示正名。

《新五代史》设立家人传和世家，是因为欧阳修对五代和十国政权的历史定位不同。欧阳修将后梁、后唐、后晋、后汉、后周政权列入正统统序，为其君主立本纪，而为其宗室、后妃立家人传，紧接本纪之后，显示出五代宗室与后妃在礼法上的地位高于他人。欧阳修解释自己对十

---

[1] 欧阳修：《居士集》卷四十八《问进士策四首》，载《欧阳修全集》，中华书局2001年版，第680页。

[2] 欧阳修：《居士集》卷十八《春秋论中》，载《欧阳修全集》，中华书局2001年版，第307页。

国的态度以及对其在历史编纂中的安排说：

> 或问：十国固非中国有也，然犹命以封爵，而称中国年号来朝贡者，亦有之矣，本纪之不书，何也？曰：封爵之不书，所以见其非中国有也。其朝贡之来如夷狄，以夷狄书之则甚矣。问者曰：四夷、十国，皆非中国之有也，四夷之封爵朝贡则书，而十国之不书何也？曰：以中国而视夷狄，夷狄之可也。以五代之君而视十国，夷狄之则未可也。故十国之封爵、朝贡，不如夷狄，则无以书之。书如夷狄，则五代之君未可以夷狄之也。是以外而不书，见其自绝于中国焉尔。问者曰：外而不书，则东汉之立何以书？曰：吾于东汉，常异其辞于九国也。《春秋》因乱世而立治法，本纪以治法而正乱君。世乱则疑难之事多，正疑处难，敢不慎也？[1]

欧阳修认为十国不是正统政权，但是五代之君也没有足够的地位将十国视为夷狄，因此将十国置于高于夷狄而低于五代政权的地位。欧阳修效仿"《春秋》因乱世而立治法"，通过本纪"以治法而正乱君"，也就是通过世家的撰述来对乱世非正统之君拨乱反正。其具体的做法是，在世家中，除对东汉（北汉）有"异辞"外，不书十国封爵、朝贡。也正是因为欧阳修给予了十国以特殊的地位，因此为其立世家，使得其在历史编纂中的位置高于夷狄的附录，而低于五代的本纪。

萧常作《续后汉书》，其体例安排也体现了正名思想。《续后汉书》帝蜀汉而伪魏、吴，因此为蜀汉君主立《昭烈皇帝》《少帝》两帝纪，为蜀汉之臣立列传，以示正蜀汉正统之名；而记魏、吴人物的体例，则示魏、吴"僭越"之名，将魏、吴君臣一概归入载纪，以明其僭伪，并且魏、吴载纪，不分君臣，一概以姓名标目，以示不承认魏、吴君主的地位。《续后汉书》的这种体例安排，正是萧常对三国人物按正统观念进行"正名"的结果。

第二，受《春秋》"攘夷"观念影响，纪传体史书以附录之体记载少数民族历史。欧阳修在《新五代史》中创立"四夷附录"之体，专门记

[1]《新五代史》卷七十一《十国世家年谱》，中华书局 1974 年版，第 881—882 页。

载契丹等少数民族历史。司马迁著《史记》，将对少数民族历史的记述归入列传，《新五代史》之前的正史一般沿用这一做法，只有《晋书》设立"载记"记录非正统政权，少数民族政权也被归入其中。欧阳修认为春秋时期夷狄与诸夏并立而孔子贬斥夷狄，他说："昔者戎狄蛮夷杂居九州之间，所谓徐戎、白狄、荆蛮、淮夷之类是也。三代既衰，若此之类并侵于中国，故秦以西戎据宗周，吴、楚之国皆僭称王。《春秋》书用鄫子，《传》记被发于伊川，而仲尼亦以不左衽为幸。"[1] 在宋代民族矛盾激化的背景下，欧阳修将《春秋》的攘夷思想进一步发挥，他说：

> 夷狄资悍贪，人外而兽内，惟剽夺是视。故汤、武之兴，未尝与共功，盖疏而不戚也。太宗初兴，尝用突厥矣，不胜其暴，卒缚而臣之。肃宗用回纥矣，至略华人，辱太子，笞杀近臣，求索无倪。德宗又用吐蕃矣，劫平凉，败上将，空破西陲。所谓引外祸平内乱者也。夫用之以权，制之以谋，惟太宗能之。若二主懦昏，狃而狎之，乌胜其弊哉！彼亲之则责偿也多，慊而不满则滋怨，化以仁义则顽，示以法则怼，熟我险易则为患也博而惨，疗馁以冶葛，何时可哉？故《春秋》许夷狄者，不一而足，信矣。[2]

欧阳修认为《春秋》虽然有褒奖夷狄顺从教化、向礼乐文明方向发展之处，但中原统治者要教化夷狄为己所用非常困难，唐朝历史上只有唐太宗能较成功地处理这一问题。欧阳修坚决反对少数民族威胁中原汉族政权，因此在《新五代史》的体例上，将对契丹、回鹘等少数民族历史的记载放入卷末的三卷"四夷附录"。王称著《东都事略》，沿用了《新五代史》的这一体例，在全书卷末设附录八卷，记载辽、金、西夏、西蕃、交趾。

第三，《春秋》的忠节观对宋代纪传体史书的列传设立产生了不小的影响，尤其是促进了类传的发展。《春秋》重视君臣秩序，褒奖忠君、贬

[1] 欧阳修：《居士集》卷十七《论七首·本论下》，载《欧阳修全集》，中华书局2001年版，第292页。

[2] 《新唐书》卷二百一十七下《回鹘传下》，中华书局1975年版，第6151页。

斥叛逆，宋代纪传体史书受其影响，一方面重视选取保持儒家忠节的人物入传，另一方面直接设立了体现忠节观的类传。欧阳修在《新五代史》中撰有《梁臣传》《唐臣传》《晋臣传》《汉臣传》《周臣传》《死节传》和《死事传》，是受《春秋》忠节观影响。欧阳修选取"其仕不及于二代者，各以其国系之，作梁、唐、晋、汉、周臣传"[1]，又按"忠臣不事二君"的标准，从五代大臣中选出"全节之士三人"[2]撰《死节传》，并择虽未死节，但死事者15人撰《死事传》。《死事传》记述了其中10人的事迹，另有5人因为史料匮乏不足以立传，欧阳修加注说明了他们的姓名以及他们的事迹见于何篇。

马令作《南唐书》，遵循欧阳修的著史宗旨，彰显忠节观念，褒扬忠君死节，说：

> 呜呼！大哉君乎！犹天之覆焉，犹地之载焉！天地以为笼，而东西南北、鬼方殊域无出于天地之度内，则君臣之义孰可逃哉！此事君者无适而非君也。且人情莫不喜安存而恶危亡也，及以身事人而与君同戚，则由是而循义，由是而死节，将以终吾身而已，又岂偷生忍耻以获罪于天下后世欤？[3]

马令认为君臣之义是天地之间无所逃的法则，人虽然有"喜安存而恶危亡"的本性，但以身事君就必须循义死节。为了褒奖忠君死节之士，他在《南唐书》中为这些人物撰《义死传》。

其次，载记类史书的发展受到《春秋》正统论的影响。《四库全书总目》论说载记类史书称：

> 五马南浮，中原云扰。偏方割据，各设史官。其事迹亦不容泯灭，故阮孝绪作《七录》，"伪史"立焉。《隋志》改称"霸史"，《文献通考》则兼用二名。然年祀绵邈，文籍散佚，当时僭撰，久已无

[1]《新五代史》卷二十一《梁臣传》，中华书局 1974 年版，第 207 页。
[2]《新五代史》卷三十二《死节传》，中华书局 1974 年版，第 347 页。
[3] 马令：《南唐书》卷十六《义死传上》，文渊阁《四库全书》本，第 464 册，第 323 页。

中国经史关系通史·宋元明卷

存。存于今者，大抵后人追记而已。曰"霸"曰"伪"，皆非其实也。案《后汉书·班固传》，称撰平林、新市、公孙述事为"载记"。《史通》亦称平林、下江诸人，《东观》列为"载记"。又《晋书》附叙十六国，亦云"载记"。[1]

《四库全书总目》指出载记类史书曾有"伪史"和"霸史"的名称，班固和《东观汉记》使用"载记"之名，《晋书》首先在正史中设载记。所谓载记，就是记载非正统政权的史体。宋代《春秋》正统论大盛，载记类史书也得以发展。欧阳修具有强烈的正统观念，将"载记"之名又改为"伪史"，在《崇文总目》中设"伪史类"，又与宋祁在《新唐书·艺文志》中著录伪史类史书"一十七家，二十七部，五百四十二卷"[2]。欧阳修论及立伪史类的旨趣说：

> 周室之季，吴楚可谓强矣，而仲尼修《春秋》，书荆以狄之，虽其屡进，不过子爵，所以抑黜僭乱而使后世知惧。三代之弊也，乱极于七雄并主；汉之弊也，乱极于三国；魏晋之弊也，乱极于永嘉以来；隋唐之弊也，乱极于五代。五代之际，天下分为十三四，而私窃名号者七国。及大宋受命，王师四征，其系累负质，请死不暇，九服遂归于有德。历考前世僭窃之邦，虽因时苟偷，自强一方，然卒归于祸败。故录于篇，以为贼乱之戒云。[3]

欧阳修指出设立伪史类的依据是《春秋》正统论，他认为《春秋》以周为正统而贬斥吴楚，是为了"抑黜僭乱而使后世知惧"，从而达到劝惩效果。从三代以至北宋建立之前，出现了战国、三国、东晋南朝、五代几个"乱极"时代，僭伪政权层出不穷，因此有必要著录伪史类史书发挥"贼乱之戒"的作用。晁公武应当受到了欧阳修的影响，在《郡斋读书

[1] 永瑢等：《四库全书总目》卷六十六《载记类》，中华书局1965年版，第582页。
[2] 《新唐书》卷五十八《艺文志》，中华书局1975年版，第1462页。
[3] 欧阳修：《欧阳修全集》卷一百二十四《崇文总目叙释·伪史类》，中华书局2001年版，第1887页。

志》中也设有伪史类，从宋人的政治立场出发，著录自晋至金记载"伪政权"的史书。

由于宋代正统论盛行，载记类史书也较前代有了较大发展，在数量上较前代大为丰富，仅《四库全书》收录宋人专门记载南唐史事的载记类史书就有六部。并且，这些载记类史书在史体方面也较为多样化。宋代载记类史书没有统一的体裁体例，有的采用纪传体，有的根据所述内容采取较为特殊的体例，有的没有条目只是叙事，但都体现出正统思想。马令作《南唐书》30卷，采用纪传体，"其书首为《先主书》一卷，《嗣主书》三卷，《后主书》一卷，盖用《蜀志》称主之例。次《女宪传》一卷，列后妃、公主，而附录列女二人。次《宗室传》一卷，列楚王景迁等十二人，而从度、从信二人有录无书。次《义养传》一卷，列徐温及其子六人，附录二人。次为《列传》四卷，次《儒者传》二卷，次《隐者传》一卷，次《义死传》二卷。次《廉隅传》，次《苛政传》，共二卷。次《诛死传》一卷，次《党与传》二卷，次《归明传》二卷。次《方术传》一卷、《谈谐传》一卷，皆优人也，而附以迂儒彭利用。次《浮屠传》，次《妖贼传》，共一卷。次《叛臣传》一卷，次《灭国传》二卷，闽王氏、楚马氏也。次《建国谱》，次《世系谱》，共一卷"[1]。马令模仿《三国志》称吴、蜀君王为"吴主""蜀主"的做法，将南唐君王称为"先主昪""嗣主璟""后主煜"。马令设"诛死传"，记录南唐被君主冤杀的贤臣，意在指斥南唐君主滥杀，他说："南唐享国日浅，可名之士无几，而诛死太半。如宋齐邱、陈觉、李征古、李德明、钟谟、张峦、褚仁规、王建封、范冲敏、皇甫继勋、林仁肇、潘佑、李平皆死于非命。就其未死之行以考之，则知其所死者不能无当否矣。然则南唐之亡非人亡之，亦自亡也。为国而自去其股肱，譬诸排空之鸟而自折其羽翮，孰有不困者哉？"[2]马令通过《诛死传》记录南唐君主的无道之举，从而体现出对非正统政权的贬斥。马令的正统观也影响到《南唐书》中其他一些类传的设立。马令据《春秋》君臣之义，贬斥背主投敌

---

[1] 永瑢等：《四库全书总目》卷六十六《载记类》，中华书局1965年版，第587页。

[2] 马令：《南唐书》卷十九《诛死传》，文渊阁《四库全书》本，第464册，第333—334页。

之臣，立"叛臣传"，但是又立"归明传"，专门记录南唐投靠北宋的大臣。对于同样叛国投敌的历史人物，马令将其归入不同类传，是其正统观念使然。《归明传序》称："呜呼！生草昧之世，事偏据之国。君臣上下，宜行而已矣。及其一睹圣人之化而得其所归，则何异于离蔀屋之幽，即天日之鉴哉！故南唐之士事皇朝者皆谓之归明。"[1] 由于马令以北宋为正统，因此对叛臣区别对待，叛归北宋者入《归明传》，其余则入《叛臣传》。

　　除了马令的《南唐书》，宋代还有几部各具特点的南唐史著作。龙衮著《江南野史》，虽采用纪传体，但不称纪传体，以别于正史。《江南野史》也仿《三国志》称吴、蜀君王为"吴主""蜀主"的做法，将南唐君王称为"先主昪""嗣主璟""后主煜"。《江南野史》对南唐君王和大臣同样采取列传体例予以著录，不用纪传予以区分，以表示不承认南唐君王的合法性。陆游所著《南唐书》也是纪传体，与马令、龙衮的南唐史著述不同，为南唐诸帝立本纪，但是陆游的这一做法并不违背宋人的正统观。陆游解释自己为南唐诸帝立本纪的原因时说：

　　　　昔马元康、胡恢皆尝作《南唐书》，自烈祖以下，元康谓之"书"，恢谓之"载记"，苏丞相颂得恢书而非之曰："夫所谓'纪'者，盖摘其事之纲要系于岁月，属于时君。秦庄襄王而上与项羽，皆未尝有天下，而史迁著于'本纪'，范晔《汉书》又有《皇后纪》。以是质之，言'纪'者不足以别正闰。陈寿《三国志》吴、蜀不称纪，是又非可法者也。"苏丞相之言，天下之公言也，今取之自烈祖而下皆为纪，而用史迁法总谓之"南唐纪"云。[2]

可见，陆游赞同苏颂的观点，认为本纪之体只是因时君编年纪事，"不足以别正闰"，马令、胡恢的《南唐书》不为南唐诸帝立本纪违背了本纪的立意，因此陆游才仿效《史记》有《秦本纪》和《项羽本纪》，《后汉书》有《皇后纪》的做法，为南唐诸帝立本纪。此外，像陈彭年《江南别录》

---

[1]　马令：《南唐书》卷二十二《归明传》，文渊阁《四库全书》本，第464册，第348页。
[2]　陆游：《南唐书》卷一《烈祖本纪》，中华书局1985年版，第22—23页。

不设条目，体例同于一般记事文章，实际上是从史体角度否定了南唐的正统地位。《江南余载》作者不可考，也同于《江南别录》之体。郑文宝作《江表志》，体例较为特殊。该书共三卷，每卷著录一位南唐君主，仅记录君主之事，列"皇后""皇子""宰相""使相""枢密使""伪王""将帅""文臣"姓名。可见，其体例将南唐视为伪政权。

理学以《春秋》言义理，因此纪传体史书虽不取《春秋》编年史体，但也在体例方面取法《春秋》大义，甚至使载记发展为相对独立的史书门类。可见，理学时代《春秋》对史学影响之深。

# 第四章　经学与宋代史学的发展

经学在宋代发生了整体性和结构性的变化，尤其是高度义理化的理学，彻底改变了传统经史之学的历史考证体系与治学风气。尽管如此，宋代传统意义上的经学不但依然存在，而且持续发展与变化，彰显出特定时代的新特点。这一时期的经史关系依然密切，经学的发展与变化，在一定程度上推动了史学的发展与繁荣。

## 第一节　经学的疑古思潮与宋代史学的考史风尚

中唐刘知幾与稍后的啖赵学派不惑传注的解经风气在宋代进一步得到发扬，与以己意解经相携而行的是疑经辨伪风气。特别是五代雕版刻经以来，疑经辨伪更成为现实需要。在回归原典历史本义的旗帜下，汉唐注疏之学的传统经学考证体系被打破，新的经学考证体系发展起来，由此带动了历史考证的发展和变化。

### 一、不惑传注、疑经辨伪的经学疑古思潮

武则天时已有经学家对经学的僵化不满，弃置注疏而自出新意，其解经承自汉代直阐义理路径。王元感于"长安三年，表上其所撰《尚书纠谬》十卷、《春秋振滞》二十卷、《礼记绳愆》三十卷，并所注《孝经》《史记》稿草，请官给纸笔，写上秘书阁。诏令弘文、崇贤两馆学士及成均博士详其可否"。当时的"学士祝钦明、郭山恽、李宪等皆专守先儒章

句，深讥元感掎摭旧义"，而在此经学主流之外却有"凤阁舍人魏知古、司封郎中徐坚、左史刘知幾、右史张思敬，雅好异闻，每为元感申理其义，连表荐之"。[1]这说明当时儒生中已有一定的不惑传注之倾向，从史学角度来说，就是希望打破传统经学历史考证征引文献的牢笼。

刘知幾著《史通》，明确疑古惑经，提出了回归原典历史本义的解经理念。《史通》中有《疑古》与《惑经》两篇，这两篇都是从史学立意，怀疑经典而希望探求经典的历史真相。《疑古》篇怀疑《尚书》和《论语》等经典中的历史记述，《惑经》篇则指责《春秋》历史叙事的不恰当。刘知幾对《尚书》和《春秋》等儒经的怀疑和批判，与其以史解经有较大关系。他认为"儒者之学"不应"止于治章句、通训释"，而要"论大体，举宏纲"，言兼统，理得要害。[2]他从史学角度指出儒经的重大缺陷在于"记事之史不行，而记言之书见重"[3]，因此重视记事，提倡用历史事实解说经书，典型莫如其春秋学见解。刘知幾把《春秋》视作孔子所作史书，"申左"即因《左传》解说了《春秋》经文未言明的历史事实。这种从历史事实角度出发解经的思路，要求还原经义本来的历史真实，实则是一种史学求真理念的体现，这自然带来对后世义疏之见的怀疑。刘知幾的怀疑精神暴露了经学的重大缺陷，但在当时的政治、社会与文化条件下，改变经学进路的时机并不成熟，因此他虽然"疑古惑经"，提出诸多经学疑问，却未能较系统地提出解经答案。

安史之乱后，政治危机进一步促使经学疑古自新，"大历时，助、匡、质以《春秋》，施士匄以《诗》，仲子陵、袁彝、韦彤、韦茝以《礼》，蔡广成以《易》，强蒙以《论语》，皆自名其学"[4]。啖赵春秋学派怀疑三传而直阐《春秋》，确立了一种新的解经路径。其立足点也是还原《春秋》历史本义，而"撠讪三家（《左传》《公羊传》和《穀梁传》）"，畅言"孔子意"。虽然啖助、赵匡与陆淳所言孔子寓于《春秋》

[1]《旧唐书》卷一百八十九下《王元感传》，中华书局1975年版，第4963页。

[2]刘知幾撰，浦起龙通释：《史通通释》卷十四《申左》，上海古籍出版社1978年版，第416页。

[3]刘知幾撰，浦起龙通释：《史通通释》卷十三《疑古》，上海古籍出版社1978年版，第379页。

[4]《新唐书》卷二百《啖助传》，中华书局1975年版，第5707页。

之意很难说是历史真实，难逃"自用名学，凭私臆决"[1]之嫌，但其期望摆脱三传历史考证束缚而直循《春秋》本义的解经思路则有重大影响。一方面，啖助学派破除了师法、家法的界限，也就是动摇了传统经学历史考证的原则；另一方面，啖助学派实践了以追求原典历史本义为最高和直接目标而摆脱历史考证约束的经学理念。

之后出现了系统改变儒学面貌的努力。韩愈倡言道统，借以排摒佛老，提高儒学地位，这是经学为适应变化中的现实社会条件而要求变革的一个信号。韩愈提出"非向所谓老与佛之道"的儒家之道。通常认为，韩愈的道统思想是受佛教谱系和士族族谱影响。道统说的提出，是变化中的现实社会条件作用于经学思想的一种表现。韩愈的经学思想，从一定意义上来说，是回答未能给出答案的经学疑问，实践舍传求经的主张。这种经学思想以道统说为合法性张本，指斥孟子以下之学为妄，希望在经学上另辟蹊径。值得注意的是，韩愈的传道谱系是从以尧为开端的古代圣王传至孔子，孔子再传孟子，其后道统中绝。这一传道谱系与官定的儒家历史谱系不同。唐初确立周公与孔子在儒学谱系中的地位，"武德二年，始诏国子学立周公、孔子庙；七年，高祖释奠焉，以周公为先圣，孔子配"。唐太宗时做了调整，"贞观二年……罢周公，升孔子为先圣，以颜回配"。[2]朱维铮先生认为，唐太宗"贬周公褒颜回，实为防止臣民学周公而生野心"[3]。据此，我们可以把这一点看成是《五经正义》之外政治规范经学的又一举措。韩愈在道统序列中剔除官定"先师"颜回，而抬升排摒儒学异端的孟子，昭示着其经学排摒官定经学而卓然自立的特点。韩愈的经学思想不仅尊孟，也推崇《大学》。陈来先生认为这是一种排佛之举。[4]排佛是韩愈重整经学的一个逻辑起点，这种经学思想展开之后，实际上改变了经学传统历史考证的引征资源范围。一方面，孟子之后的笺注义疏受到排斥；另一方面，孟子与《大学》在经学历史文献中的权威性大大上升。其弟子李翱继承此种思想，进一步言"性

[1]《新唐书》卷二百《啖助传》，中华书局1975年版，第5708页。
[2]《新唐书》卷十五《礼乐五》，中华书局1975年版，第373页。
[3] 朱维铮：《中国经学史十讲》，复旦大学出版社2002年版，第19页。
[4] 陈来：《宋明理学》，华东师范大学出版社2004年版，第17—22页。

情"，提升《中庸》等著作的经学地位。与此种经学思潮相配合，古文运动要求"文以载道"，都成为宋代言"性与天道"的前导。

北宋建立之后，现实政治社会条件大为改变，为中唐以来积蓄在经学内部的变革因素的发展提供了契机。在北宋初期，经学上最引人瞩目的现象是官方对传统经学的进一步整理与发展，这是新王朝整顿思想秩序的需要，其间已显露经学变古因素。北宋初期扩大五代雕版印刷经疏规模，孔颖达的《五经正义》得以普及，继而又校订各经义疏印刷，被称为镂板之学。由此，义疏文本被确定并大规模流传，大大减少了因笔抄产生的讹误，同时也严格限定了经学。宋太宗和宋真宗时期，数次校订，去除经疏舛误，经学看似臻于完备。但这种经学大一统更突显了经学的缺陷，官方经学内部已出现变化。

石介是北宋初年倡言道统、否定汉唐师法家法的典型代表，其讲学立说皆抛弃章句训诂而直阐己意，这种治学风格正是以怀疑传统经学为基础的。石介倡言道统，厘定了一个"圣贤"系统：

> 噫！伏羲氏、神农氏、黄帝氏、少昊氏、颛顼氏、高辛氏、唐尧氏、虞舜氏、禹、汤氏、文、武、周公、孔子者十有四圣人，孔子为圣人之至。噫！孟轲氏、荀况氏、扬雄氏、王通氏、韩愈氏五贤人，吏部为贤人而卓。不知更几千万亿年复有孔子，不知更几千百数年复有吏部。[1]

可以看到，这个圣贤道统系由发展韩愈道统说而来，完全背弃汉唐师法家法，并且在圣贤两个序列中分别首推孔子和韩愈。石介又有是非之辨，推重道统中的五人：

> 余观能是是非非推于天下，而人不以为私，更乎万世而人不可以易，古独有三人，尧也，舜也，孔子也。尧、舜知朱、均之不肖而不与其子，知舜、禹之贤而以天下让，是非著矣。孔子为春秋，是非二百四十二年，当时无一人妄受其恶，无一人谬享其善，是非

---

[1] 石介：《徂徕石先生文集》卷七《尊韩》，中华书局1984年版，第79页。

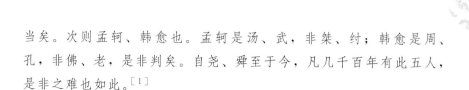

当矣。次则孟轲、韩愈也。孟轲是汤、武，非桀、纣；韩愈是周、孔，非佛、老，是非判矣。自尧、舜至于今，凡几千百年有此五人，是非之难也如此。[1]

石介认为能辨别是非是最难的，千百年来只有尧、舜、孔子、孟子和韩愈五人可以做到。在这个序列中，圣贤的数量又被大大减少，对汉唐经学的师法家法抛弃得更为彻底。

石介道统论的底蕴便是对汉唐经学的彻底怀疑与否定。其论黄绩《负苓者传》中关于"伏羲画八卦，而文王系之"之说的讨论，称：

> 夫《易》之作，救乱而作也，圣人不得已也。乱有深浅，故文有繁省。乱萌于伏羲，故八卦已矣；渐于文王，故六十四已矣；极于夫子，故极其辞而后能止。伏羲后有神农氏、黄帝氏、少昊氏、颛顼氏、高辛氏、唐尧氏、虞舜氏、禹、汤，皆圣人也。岂独不能系易之一辞？无乱以救也。文王岂独能过是九圣人？乱不可不救也。[2]

石介不以他人意见为意，从逻辑上推论《易》是圣人为救乱不得已而作。伏羲、文王与孔子三圣演《易》是伴随乱之深浅而发展的。所以伏羲之后的诸圣人都不曾演《易》，原因在于"无乱以救"，所以文王并不能"过是九圣人"。石介发论，多有此类独出心裁者，可见其对经学旧说怀疑之深。

刘敞是宋代经学疑古思潮发展过程中的重要人物，他往往以己意解经，质疑经学旧说。他曾否定《诗序》，说：

> 子夏序《诗》云："礼义废，政教失，国异政，家殊俗，而变风变雅作矣！"然则诸国风其言正义善事合于道者，皆正风也。其有刺讥怨讽者，乃变风也，亦犹二雅言文武成康为正雅言，幽厉为变雅矣。今说者皆断《周南》《召南》为正风，自《邶》以下为变风。遂令《淇奥》《缁衣》与《南山》《北门》同列，非夫子之意。子夏之指，且

---

[1] 石介：《徂徕石先生文集》卷六《是非辨》，中华书局1984年版，第68—69页。
[2] 石介：《徂徕石先生文集》卷七《辨易》，中华书局1984年版，第78—79页。

国史明乎得失之迹，伤人伦之废，哀刑政之苛为变风可矣。若人伦不废，刑政不苛，何故一本无何字？故作顾不得为正风乎？既横生分别不与二雅同，又褒贬错谬实无文可据，未足以传信也。[1]

关于《诗序》，三国时王肃已怀疑是否出自子夏之手，以否定作者身份的角度来怀疑。刘敞考辨《诗序》更为大胆。他虽然没有否定《诗序》出自子夏，但从《诗经》文本的主题和义理角度对《诗经》各篇章做出判断，认为《诗序》的篇章断限致使"《淇奥》《缁衣》与《南山》《北门》同列，非夫子之意"，违背了义理，因此指责《诗序》"未足以传信"。刘敞著《七经小传》，多有疑经辨古如此者。

刘敞的好友欧阳修是宋代经学疑古思潮中第一个大放光彩的人物，其对经典的质疑范围和治学方法都超过了宋初学者。首先，欧阳修不拘泥前人旧说，对当时作为规范的镂板之学也提出疑问，称：

> 至唐太宗时，始诏名儒撰定九经之疏，号为正义，凡数百篇。自尔以来，著为定论。凡不本正义者，谓之异端……然其所载既博，所择不精，多引谶纬之书，以相杂乱，怪奇诡僻。所谓非圣之书，异乎正义之名也。臣欲乞特诏名儒学官，悉取九经之疏，删去谶纬之文，使学者不为怪异之言惑乱，然后经义纯一，无所驳杂。其用功至少，其为益则多。臣愚以为欲使士子学古励行而不本六经，欲学六经而不去其诡异驳杂，欲望功化之成，不可得也。[2]

欧阳修直言义疏之学"诡异驳杂""怪奇诡僻"，这显然与他所认为纪实取信的原典大相径庭，所以他要求去除官定经学中的谶纬之论。

其次，欧阳修对五经进行了广泛讨论，每经皆有疑古之论。他质疑范围的广泛与其考辨方法有关。举例言之，欧阳修虽推崇《易》道，又疑《易》。他将孟子疑《尚书》的怀疑精神引申到对《易》的考辨上，直言：

[1] 刘敞：《七经小传》卷上《毛诗》，文渊阁《四库全书》本，第183册，第11页。
[2] 欧阳修：《奏议》卷十六《论删去九经正义中谶纬札子》，载《欧阳修全集》，中华书局2001年版，第1707页。

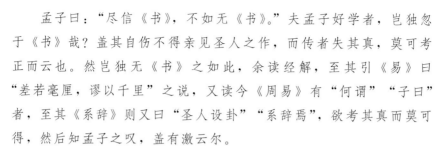

孟子曰："尽信《书》，不如无《书》。"夫孟子好学者，岂独忽于《书》哉？盖其自伤不得亲见圣人之作，而传者失其真，莫可考正而云也。然岂独无《书》之如此，余读经解，至其引《易》曰"差若毫厘，谬以千里"之说，又读今《周易》有"何谓""子曰"者，至其《系辞》则又曰"圣人设卦""系辞焉"，欲考其真而莫可得，然后知孟子之叹，盖有激云尔。

说者言当秦焚书时，《易》以卜筮得独不焚。其后汉兴，他书虽出，皆多残缺，而《易经》以故独完。然如经解所引，考于今《易》亡之，岂今《易》亦有亡者邪，是亦不得为完书也。[1]

欧阳修认为，与孟子怀疑《尚书》相类，《易》也"传者失其真，莫可考正"，不可尽信。他从文本的历史传承角度指出"当秦焚书时，《易》以卜筮得独不焚"，但"考于今《易》亡之，岂今《易》亦有亡者邪，是亦不得为完书也"。

欧阳修还进一步从历史语境的角度对《易》进行考证，称：

昔孔子门人追记其言作《论语》，书其首必以"子曰"者，所以别夫子与弟子之言。又其谓非一事，其事非一时，文联属而言难次第，故每更一事必书"子曰"以起之。若《文言》者，夫子自作，不应自称"子曰"。又其作于一时，文有次第，何假"子曰"以发之？乃如今《周易》所载，非孔子《文言》之全篇也。盖汉之《易》师，择取其文以解卦体，至其有所不取，则文断而不属，故以"子曰"起之也。其先言"何谓"而后言"子曰"者，乃讲师自为答问之言尔，取卦辞以为答也。亦如公羊、穀梁传《春秋》先言"何""曷"，而后道其师之所传以为传也。今《上系》凡有"子曰"者，亦皆讲师之说也。[2]

[1] 欧阳修：《居士外集》卷十五《传易图序》，载《欧阳修全集》，中华书局 2001 年版，第 946 页。
[2] 欧阳修：《居士外集》卷十五《传易图序》，载《欧阳修全集》，中华书局 2001 年版，第 946—947 页。

欧阳修通过从逻辑上说明《文言》"夫子自作,不应自称'子曰'",通过结合《易》的历史传承过程,得出"今《上系》凡有'子曰'者,亦皆讲师之说也"的结论,由此动摇了传统经学见解。

朱熹是宋代理学的集大成者,也把经学疑古思潮推向了一个高峰。据白寿彝先生《朱熹辨伪书语》考证,朱熹对近五十种经典文献做过考证辨伪,经部文献是其重点。因为朱熹的辨伪成就,所以白寿彝先生评价说:"如欧阳修之辨《易·系辞》,王安石之疑《春秋》,郑樵之攻《诗序》,汪应辰之不信《孝经》,叶适之不信《管子》《晏子》,差不多辨伪书的事已成了一种小小的风气。在这种风气里,朱熹底收获最多。"[1]

以《尚书》的考辨为例,朱熹做了大量考证工作,这一工作的基础便是对经典和前说的怀疑精神。东晋梅赜本《古文尚书》中有孔安国传,世称"孔传",书首之孔安国序,世称"大序"。汉唐学者皆信此《古文尚书》版本。朱熹则认为今古文《尚书》的价值可以验证,但又多有疑点,他说:

> 古今《书》文,杂见先秦古记,各有证验,岂容废绌?不能无可疑处,只当玩其所可知而阙其所不可知耳。小序决非孔门之旧,安国序亦决非西汉文章。向来语人,人多不解,惟陈同父闻之不疑,要是渠识得文字体制意度耳。[2]

朱熹认为今古文《尚书》在"先秦古记"中有证验,因此不能尽废。但他同时又看到了其诸多疑点,而大胆怀疑,断定"小序决非孔门之旧,安国序亦决非西汉文章"。

朱熹考察了《尚书》流传的历史过程后称:

> 世传孔安国《尚书序》,言伏生口传《书》二十八篇……合之凡五十九篇。及安国作传,遂引序以冠其篇首,而定为五十八篇,今世所行公私版本是也。然汉儒以伏生之《书》为今文,而谓安国之

[1] 白寿彝:《朱熹辨伪书语》,朴社 1933 年版,第 1 页。
[2] 朱熹:《晦庵先生朱文公文集》卷五十四《答孙季和》,载朱杰人等主编:《朱子全书》第二十三册,上海古籍出版社、安徽教育出版社 2002 年版,第 2538 页。

中国经史关系通史·宋元明卷

《书》为古文，以今考之，则今文多艰涩，而古文反平易。或者以为今文自伏生女子口授晁错时失之，则先秦古书所引之文皆已如此。或者以为记录之实语难工，而润色之雅词易好，则暗诵者不应偏得所难，而考文者反专得其所易，是皆有不可知者。至诸序之文，或颇与经不合，如《康诰》《酒诰》《梓材》之类，而安国之序又绝不类西京文字，亦皆可疑。独诸序之本不先经，则赖安国之序而可见。[1]

在此朱熹提出了一个原理：即文愈古愈难懂，愈近愈平易。他正是据此指出疑点："安国之《书》为古文，以今考之，则今文多艰涩，而古文反平易。"

朱熹在《尚书》学史上的大胆怀疑，开启了清代阎若璩考证《古文尚书》为伪的先声，是宋代经学疑古思潮的典型代表。宋代经学疑古惑经思潮不仅带来了经学体系的重构，也深刻影响到了史学。

## 二、经学疑古思潮影响下的宋代历史考证

宋代将中唐以降的经学疑古思潮发展到了空前的高度。这股经学疑古思潮不但推动了经学的变化，也带来了宋代历史考证与史学考证的空前发展。

在疑古思潮中，宋儒以史学精神重构了经学历史考证体系，进而促进了历史考证的发展。刘敞是经学变古转折中的关键人物，其不惑传注的怀疑精神也带来了其历史考证方面的创见。其论汉高祖与魏武帝称：

汉高帝既诛项羽而哭之，哀魏武帝平袁绍亦祭焉。世或以二君匿怨矫情非也。方天下畔秦，刘项兄弟也。及董卓之乱，袁曹同盟也。其艰难周旋，祸福同之，岂云虚哉？及权就势成，人怀图王之意，还自相攻耳，非有宿怨积仇，必达大义者也。既摧破其国，非

---

[1] 朱熹：《晦庵先生朱文公文集》卷八十二《书临漳所刊四经后·书》，载朱杰人等主编：《朱子全书》第二十四册，上海古籍出版社、安徽教育出版社 2002 年版，第3888—3889 页。

其初约。虽功业归已而英心感动,自然陨涕。此乃所谓慷慨英雄之风也。岂介介然幸已成而乐人祸哉?!且夫为天下除残则推之公义,感旧抚往则均之私爱。此明取天下,非已欲破敌国,非已怨也。其高怀卓荦,有以效其为人,固非龊龊者所能察也。[1]

刘敞对刘邦哭项羽和曹操祭袁绍两件史事,提出了与前人迥然不同的见解。其历史考证的最大特点在于运用了欧洲19世纪狄尔泰与兰克等人所提倡的"同情"与"直觉"的方法,亦即通过体悟历史人物心境的方法来理解历史人物的行动。这样的历史考证方法曾被狄尔泰和兰克等欧洲史学巨擘奉为历史考证的重要甚至最高方法。

欧阳修的疑古不仅带来了诸多经学创见,也带来了其历史考证的重要成就。欧阳修通过独立思考与历史考证,对经学旧说进行了大范围的否定,提出了许多新见。以《诗经》为例,其称:

> 五经之书,世人号为难通者,《易》与《春秋》。夫岂然乎?经皆圣人之言,固无难易,系人之所得有深浅。今考于《诗》,其难亦不让二经,然世人反不难而易之,用是通者亦罕。使其存心一,则人人皆明,而经无不通矣。

> 大抵谓《诗》为不足通者有三:曰章句之书也,曰淫繁之辞也,曰猥细之记也。若然,孔子为泛儒矣。非唯今人易而不习之,考于先儒亦无几人。是果不足通欤?唐韩文公最为知道之笃者,然亦不过议其序之是否,岂是明圣人本意乎!《易》《书》《礼》《乐》《春秋》,道所存也。《诗》关此五者,而明圣人之用焉。习其道不知其用之与夺,犹不辨其物之曲直而欲制其方圆,是果于其成乎!故二《南》牵于圣贤,《国风》惑于先后,《豳》居变《风》之末,惑者溺于私见而谓之兼上下,二《雅》混于小、大而不明,三《颂》昧于《商》《鲁》而无辨,此一经大概之体,皆所未正者。先儒既无所取舍,后人因不得其详,由是难易之说兴焉。毛、郑二学,其说炽辞辩

---

[1] 刘敞:《公是集》卷四十八《题魏太祖纪》,文渊阁《四库全书》本,第1095册,第821—822页。

固已广博，然不合于经者亦不为少，或失于疏略，或失于谬妄。[1]

欧阳修打破以《易》与《春秋》为最难通者的定论，认为《诗》之难不让于《易》《春秋》二经，这种说法是通过历史考证与文本考证得出的。欧阳修否定毛、郑解《诗》旧说，认为其说"或失于疏略，或失于谬妄"。欧阳修虽然奉开宋学风气的韩愈为"最为知道之笃者"，却依然认为韩愈仅抨击《序》的做法有不足之处。欧阳修对《诗》的定位进行了彻底颠覆，他不仅把《诗》的解说难度与《易》《春秋》相提并论，还把之前的诗学定位为"一经大概之体，皆所未正"。这种颠覆性论断，正是建立在欧阳修对《诗》的考证基础之上的。

由于《诗》的史诗特质，欧阳修的考证自然包含了历史考证内容。例如，在解说"大抵《国风》之次以两而合之，分其次以为比，则贤善者著而丑恶者明矣"时，欧阳修便需要对所涉史事进行说明：

> 《周》《召》以浅深比也，《卫》《王》以世爵比也，《郑》《齐》以族氏比也，《魏》《唐》以土地比也，《陈》《秦》以祖裔比也，《桧》《曹》以美恶比也。《豳》能终之以正，故居末焉。浅深云者，周得之深，故先于召。世爵云者，卫为纣都，而纣不能有之。周幽东迁，无异是也。加卫于先，明幽、纣之恶同，而不得近于正焉。姓族云者，周法尊其同姓，而异姓者为后。郑先于齐，其理然也。土地云者，魏本舜地，唐为尧封。以舜先尧，明晋之乱非魏褊俭之等也。祖裔云者，陈不能兴舜，而襄公能大于秦，子孙之功，陈不如矣。[2]

在分析《国风》的编排次序时，欧阳修通过对所涉商周时期史事的评判而赋予次序以儒家伦理道德判断的意义。可见，历史考证是欧阳修阐发经学义理的基础。

---

[1] 欧阳修：《居士外集》卷十一《诗解统序》，载《欧阳修全集》，中华书局 2001 年版，第 883—884 页。

[2] 欧阳修：《居士外集》卷十一《十五国次解》，载《欧阳修全集》，中华书局 2001 年版，第 888 页。

欧阳修不仅通过解经促进了历史考证，而且作为一个史学大家，常常通过历史考证来推翻前人解经之说。例如，他解说《鲁颂》之不可信，便是一种典型的历史考证：

> 或问：《鲁诗》之颂僖公盛矣，信乎？其克淮夷，伐戎狄，服荆舒，荒徐宅，至于海邦、蛮貊，莫不从命，何其盛也！……然鲁在春秋时，常为弱国，其与诸侯会盟、征伐见于《春秋》《史记》者，可数也，皆无诗文所颂之事。而淮夷、戎狄、荆舒、徐人之事有见于《春秋》者，又皆与《颂》不合者何也？
>
> 按《春秋》僖公在位三十三年，其伐邾者四，败莒、灭项者各一，此鲁自用兵也。其四年伐楚、侵陈，六年伐郑，是时齐桓公方称霸，主兵率诸侯之师，而鲁亦与焉耳。二十八年，围许，是文公方称伯，主兵率诸侯，而鲁亦与焉耳。十五年，楚伐徐，鲁救徐，而徐败。十八年，宋伐齐，鲁救齐，而齐败。二十六年，齐人侵伐鲁鄙，鲁乞师于楚，楚为伐齐，取谷。《春秋》所记僖公之兵，止于是矣。其自主兵所伐邾、莒、项，皆小国，虽能灭项，反见执于齐。其所伐大国，皆齐、晋主兵。其有所救者，又力不能胜而辄败。由是言之，鲁非强国可知也，焉有诗人所颂威武之功乎？[1]

欧阳修通过历史考证，断定"《鲁诗》之颂僖公盛矣"不可信。他不仅大胆否定《鲁颂》旧说，更通过《春秋》所载史事，详细考证了僖公在位三十三年间的用兵情况，从而总结称："其自主兵所伐邾、莒、项，皆小国，虽能灭项，反见执于齐。其所伐大国，皆齐、晋主兵。其有所救者，又力不能胜而辄败"。由此，欧阳修得出"鲁非强国可知也"的结论。通过历史考证，欧阳修大胆否定了"诗人所颂威武之功"。

南宋时期经学义理化趋势得到发展，经学疑古风气波及更广，由此带动了历史考证的进一步发展。郑樵"好为考证伦类之学"[2]，作《通

---

[1] 欧阳修：《居士外集》卷十一《经旨十八首·鲁问》，载《欧阳修全集》，中华书局2001年版，第898页。

[2]《宋史》卷四百三十六《郑樵传》，中华书局1985年版，第12944页。

志》，推崇"会通之义"，称："会通之义大矣哉！自书契以来，立言者虽多，惟仲尼以天纵之圣，故总《诗》《书》《礼》《乐》而会于一手，然后能同天下之文，贯二帝三王而通为一家，然后能极古今之变。"[1]郑樵赞孔子之辞未必确实，但可看出其强调会通天下文献与史事以"极古今之变"。这种会通的做法包含了历史考证的重要成分。《通志》精华在《二十略》，《二十略》无一不是对文献和史事进行历史考证而形成的。

郑樵之重历史考证突出体现在其对待古代经学权威观点的态度上。郑樵不迷信前人旧说，而是敢于通过独立思考来进行历史考证。以《诗经》研究为例，郑樵以一种历史主义的态度否定历来对《诗经》的附会穿凿之说。他明确指出："古之诗，今之辞曲也，若不能歌之，但能诵其文而说其义，可乎？不幸腐儒之说起，《齐》《鲁》《韩》《毛》四家，各为序训而以说相高，汉朝又立之学官，以义理相授，遂使声歌之音湮没无闻。"[2]郑樵认为《诗经》即古时辞曲，否认汉代以来阐发《诗经》义理的做法，专门著《诗辨妄》指摘此做法，并力辨《诗序》之谬。[3]郑樵既考证《诗序》为伪，因此所作《夹漈诗传》弃而不用，《乐略》等也皆不采其义理，而多驳斥之语。

朱熹作为理学中"道问学"一派的集大成者，在历史考证方面建树颇丰。朱熹不仅发明心性，也重视考察义理，他曾明确对袁枢讲过考证方法："熹窃谓生于今世而读古人之书，所以能别其真伪者，一则以其义理之所当否而知之，二则以其左验之异同而质之，未有舍此两涂而能直以臆度悬断之者也。"[4]朱熹从理论上指出对待古书不能"臆度悬断"，而要考证真伪。除了"以其义理之所当否而知之"和"以其左验之异同而质之"两种方法以外，实际上朱熹也经常直接考证史籍明文。其疑《诗序》，就明确说过一个重大疑点在于"《诗序》之作，说者不同，或以为孔子，或以为子夏，或以为国史，皆无明文可考。唯《后汉书·儒林

---

[1] 郑樵：《通志·总序》，载《通志二十略》上册，中华书局1995年版，第1页。

[2] 郑樵：《通志·乐略第一·乐府总序》，载《通志二十略》上册，中华书局1995年版，第883页。

[3] 吴怀祺：《郑樵研究》，厦门大学出版社2010年版，第51—58页。

[4] 朱熹：《晦庵先生朱文公文集》卷三十八《答袁机仲》，载朱杰人等主编：《朱子全书》第二十一册，上海古籍出版社、安徽教育出版社2002年版，第1664页。

传》以为卫宏作《毛诗序》，今传于世，则《序》乃宏作明矣"[1]。朱熹对经史群书做了大量考证，虽然其中不乏臆测和不合理之处，但总体而言还是体现出了重理据与参证的特点。

以《诗经》为例，朱熹将《诗经》作为理学教材，故对其做了较多历史考证，对其真伪和篇章做了考察和整理，有《诗集传》等著作。朱熹否定《诗序》，是历经了长时间的考证的，并非一时之见。《朱子语类》记载：

> 问："《诗传》多不解《诗序》，何也？"曰："某自二十岁时读《诗》，便觉《小序》无意义。及去了《小序》，只玩味诗词，却又觉得道理贯彻。当初亦尝质问诸乡先生，皆云，《序》不可废，而某之疑终不能释。后到三十岁[2]，断然知《小序》之出于汉儒所作，其为谬戾，有不可胜言。"[3]

除了做文献梳理，考之明文认为《诗序》出自汉儒之外，朱熹也从义理的角度对《诗序》进行了否定："今考其首句，则已有不得诗人之本意，而肆意妄说者矣，况沿袭云云之误哉"[4]；"《小序》大无义理，皆是后人杜撰，先后增益凑合而成。多就《诗》中采摭言语，更不能发明《诗》之大旨"[5]。作为理学家，朱熹并不凭空考证义理，而是结合具体历史进行考证。朱熹受郑樵废《诗序》的影响，立论历史考证特色更明显，称："《诗序》实不足信，向见郑渔仲有《诗辨妄》，力诋《诗序》，其间言语太甚，以为皆是村野妄人所作。始亦疑之，后来子细看一两篇，因质之《史记》《国语》，然后知《诗序》之果不足信。"[6] 朱熹不仅就史

----

[1] 朱熹：《诗集传·诗序辨说》，载朱杰人等主编：《朱子全书》第一册，上海古籍出版社、安徽教育出版社2002年版，第353页。

[2] 注：钱穆认为"三十岁"可能是"五十岁"之误。参见钱穆：《朱子新学案》下册《朱子之诗学》，巴蜀书社1986年版，第1267页。

[3] 黎靖德编：《朱子语类》卷八十《诗一·纲领》，中华书局1986年版，第2078页。

[4] 朱熹：《诗集传·诗序辨说》，载朱杰人等主编：《朱子全书》第一册，上海古籍出版社、安徽教育出版社2002年版，第353页。

[5] 黎靖德编：《朱子语类》卷八十《诗一·纲领》，中华书局1986年版，第2075页。

[6] 黎靖德编：《朱子语类》卷八十《诗一·纲领》，中华书局1986年版，第2076页。

事进行考证，也从史学角度对文献本身进行历史考证。他说：

> 《诗大序》亦只是后人作，其间有病句。
>
> 《诗》，才说得密，便说他不着。"国史明乎得失之迹"，这一句也有病。《周礼》《礼记》中，史并不掌诗，《左传》说自分晓。以此见得《大序》亦未必是圣人做，《小序》更不须说。[1]

朱熹通过结合《周礼》等其他经典，探讨历史上史官的职掌，指出《诗序》将史与诗混为一谈，与历史事实不符。

朱熹的《诗集传》确立《诗》的废《序》体制，是从历史传承的角度来看待《诗》的。"问删《诗》。曰：'那曾见得圣人执笔删那个，存这个！也只得就相传上说去。'"[2] 朱熹因此又对《诗经》次序做出解说，认为十五《国风》并没有特殊含义，"十五《国风》次序恐未必有意"[3]。可见朱熹对前人经说基本上以历史考证的态度加以对待，而不迷信前人旧说。因此，朱熹解说《诗经》并不完全是阐发义理，也吸取了诸多历史考证内容。像其解说《邶一之三》，便道：

> 邶、鄘、卫，三国名。在《禹贡》冀州，西阻太行，北逾衡漳，东南跨河，以及兖州桑土之野。及商之季、而纣都焉。武王克商，分自纣城，朝歌而北谓之邶，南谓之鄘，东谓之卫，以封诸侯。邶、鄘不详其始封。卫则武王弟康叔之国也。卫本都河北，朝歌之东，淇水之北，百泉之南。其后不知何时并得邶、鄘之地。至懿公为狄所灭。戴公东徙渡河，野处漕邑。文公又徙居于楚丘。朝歌故城在今卫州卫县西二十二里，所谓殷墟。卫故都即今卫县。漕、楚丘皆在滑州。大抵今怀、卫、澶、相、滑、濮等州，开封、大名府界皆卫境也。但邶、鄘地既入卫，其诗皆为卫事，而犹系其故国之名，

---

[1] 黎靖德编：《朱子语类》卷八十《诗一·纲领》，中华书局1986年版，第2072页。
[2] 黎靖德编：《朱子语类》卷八十《诗一·纲领》，中华书局1986年版，第2065页。
[3] 朱熹：《晦庵先生朱文公文集》卷三十九《答范伯崇》，载朱杰人等主编：《朱子全书》第二十二册，上海古籍出版社、安徽教育出版社2002年版，第1768页。

则不可晓。而旧说以此下十三国皆为变《风》焉。[1]

朱熹从历史地理和历史沿革的角度对所涉国名做了考证，又对不可理解的"其诗皆为卫事，而犹系其故国之名"直言"不可晓"，并未附会穿凿，也直录旧说"以此下十三国皆为变《风》焉"。

经学疑古思潮带来了史学上对既往历史观点的怀疑，突出表现在经学历史和经学所涉史事的怀疑。因此，为了阐明经学义理，进行历史考证就成为一种必须。这种疑古惑经的历史考证，在前代被视作离经叛道，但在宋代却蔚为风气。

### 三、经学疑古思潮影响下的宋代史学考证

疑古思潮推动了宋代的历史考证。由于历史考证的发展，专门的史学考证也大为发展。在宋代出现了重视史书考证的风气与一批重要著作，它们不仅在文献学上有重要价值，也是专门史学考证的重要成果与表现。

吕夏卿曾受欧阳修和宋祁推荐参与编纂《新唐书》，"学长于史，贯穿唐事，博采传记杂说数百家，折衷整比。又通谱学，创为世系诸表，于《新唐书》最有功云"[2]。吕夏卿为编纂《新唐书》而著《唐书直笔》，他对宋人所普遍推崇的《春秋》义例进行考证，以之为《新唐书》的编纂义例。从这个角度来说，这部作品是一部具有史学考证性质的作品。而且，《唐书直笔》中有很多内容是针对《新唐书》而发，更显现出史学批评的功能。

首先，《唐书直笔》对《春秋》的书法进行了系统考证，得出了严谨的史书义例，亦即史书的记述规则。吕夏卿对本纪部分的"名字""书母""即位""内禅""立太子""立皇后""宰相拜复""命将征伐""公主下降""乱臣""无地书据""方镇""权臣""僭国""义师"等诸多方面，都根据《春秋》考订出了严格的义例。像"即位"，吕夏卿规定为：

---

[1] 朱熹：《诗集传·诗卷第二》，载朱杰人等主编：《朱子全书》第一册，上海古籍出版社、安徽教育出版社2002年版，第422页。

[2] 《宋史》卷三百三十一《吕夏卿传》，中华书局1985年版，第10658—10659页。

继世而立，书即位，用常文。

书曰："皇太子即位于枢前"。书"枢前"示承顾命之重也。

继故而立，其贼不讨则为子之谊轻，不称太子，无嗣父之道也。[1]

可见，其规定之严格详细。虽然这套复杂的编纂规则未必真是《春秋》义例，但吕夏卿确实是将这套规则作为史学规范来做出考证的。

其次，吕夏卿针对唐史撰述提出了史学意见。比如对于"即位"的书写，吕夏卿考订《文宗纪》的记述，说：

《文宗纪》书曰："宝历二年十二月，皇帝即位。"敬宗遇弑，文宗以弟继统，纵贼不讨，贬也。[2]

而《旧唐书》与《新唐书》的记述方式都与之不同。《旧唐书》书为：

宝历二年十二月八日，敬宗遇害，贼苏佐明等矫制立绛王勾当军国事。枢密使王守澄、中尉梁守谦率禁军讨贼，诛绛王，迎上于江邸。癸卯，见宰臣于阁内，下教处分军国事。甲辰，僧惟真、齐贤、正简，道士赵归真，并配流岭南，击球军将于登等六人令本军处置。宰臣百僚三上表劝进。乙巳，即位于宣政殿。[3]

《新唐书》书则为：

宝历二年十二月，敬宗崩，刘克明等矫诏以绛王悟句当军国事。壬寅，内枢密使王守澄、杨承和，神策护军中尉魏从简、梁守谦奉江王而立之，率神策六军、飞龙兵诛克明，杀绛王。乙巳，江王即

[1] 吕夏卿：《唐书直笔》卷一《帝纪第一·即位》，文渊阁《四库全书》本，第 685 册，第 705 页。

[2] 吕夏卿：《唐书直笔》卷一《帝纪第一·即位》，文渊阁《四库全书》本，第 685 册，第 705 页。

[3] 《旧唐书》卷十七上《文宗纪上》，中华书局 1975 年版，第 522—523 页。

皇帝位于宣政殿。[1]

《唐书直笔》规定的记述方式与《旧唐书》《新唐书》均不同，这实际上是对二史记述方式的批评。其原因大体有二：第一，《春秋》极简，而二史所记均较繁。《新唐书》以简洁著称，仍不能满足吕夏卿的要求。第二，在吕夏卿看来，二史均未按照《春秋》追究责任者的笔法点出文宗"纵贼不讨"的责任。《春秋》书"赵盾弑其君"，吕夏卿显然有考于此，要贬文宗。吕夏卿考证《春秋》以定史学规则，又考证《旧唐书》与《新唐书》记述方式，对二者提出批评，其中确有史学考证意味。

宋代出现了专就某部史学作品进行"纠谬"的作品，意谓纠正他人史著谬误，就史书"辨正异同"，具有强烈的史学考证意味。其代表作当数吴缜的《新唐书纠谬》。《四库全书总目提要》对其作有一个考察说明：

> 其著此书，专以驳正《新唐书》之讹误，凡二十门，四百余事。初名"纠谬"，后改为"辨证"。而绍兴闲长乐吴元美刊行于湖州，仍题曰"纠谬"，故至今尚沿其旧名。王明清《挥尘录》称：欧阳修重修《唐书》时，缜尝因范镇请预官属之末，修以其年少轻佻拒之，缜鞅鞅而去。及新书成，乃指摘瑕疵，为此书。晁公武尝引张九龄为相事，谓其误有诋诃。今观其书，实不免有意掊击。如第二十门"字书非是"一条，至历指偏旁点画之讹，以讥切修等。大都近于吹毛索瘢。然欧、宋之作新书，意主文章，而疏于考证，抵牾踳驳，本自不少。缜自序中所举八失，原亦深中其病，不可谓无裨史学也。[2]

虽然有所争议，但四库馆臣所言基本可以征信。《新唐书纠谬》的确对《新唐书》进行了历史与史学两个层次的考证。虽然吴缜的一些"纠谬"显然失当，但整体而言"不可谓无裨史学"。尤其是从史学考证发展的角度来说，其代表着史家的史学意识和考证意识的重要发展，功不可没。

[1]《新唐书》卷八《文宗纪》，中华书局 1975 年版，第 229—230 页。
[2] 永瑢等：《四库全书总目》卷四十六《新唐书纠谬》，中华书局 1965 年版，第 410—411 页。

中国经史关系通史·宋元明卷

吴缜在《新唐书纠谬序》中说道："编次事实，详略取舍，褒贬文采，莫不适当。稽诸前人而不谬，传之后世而无疑。粲然如日星之明，符节之合，使后学观之而莫敢轻议，然后可以号信史。"他把考证作为史书是否能成为"信史"的必要条件，从理论上提升了考证在史学中的地位，也身体力行进行了历史考证和史学考证的两方面工作。

首先，《新唐书纠谬》对《新唐书》所载史事进行了历史考证。比如吴缜对"刘兰拒却颉利"一事进行了纠谬：

> 《刘兰传》：贞观十一年为夏州都督长史。时突厥携贰郁射设阿史那模末率属帐居河南，兰纵反间离之。颉利果疑模末惧来降，颉利急追，兰逆拒却其众。
>
> 今案《太宗纪》贞观四年三月甲午李靖俘突厥颉利可汗以献，又《突厥传》贞观八年颉利死于京师矣。今《刘兰》乃谓贞观十一年颉利尚存于本国。且又考突厥本传，亦无模末来降而颉利急追，刘兰拒却之事。此可验其事皆虚也。[1]

吴缜通过比对《新唐书》相关篇章，考证"刘兰拒却颉利"一事为虚。这种针对史事的历史考证在《新唐书纠谬》中有广泛运用。

其次，《新唐书纠谬》针对史书义例进行了大量史学考证。《新唐书纠谬》也有大量与《唐书直笔》相类的考证《春秋》书法以为史书义例的内容。《春秋》重视正名，突出表现为按照礼法标准给予历史人物称谓。像楚国国君称王，《春秋》则以之为僭越，贬称其为楚子。宋代承继五代篡弑不断、礼法败坏的乱局，特别重视依据礼法正名。欧阳修非常理解这一点，甚至把正名视为《春秋》的撰述旨趣，称："孔子何为而修《春秋》？正名以定分，求情而责实，别是非，明善恶，此《春秋》之所以作也。"[2] 即使如此，吴缜仍然考证出《新唐书》的帝纪在正名义例方面有不足。其论"中宗纪前与诸帝纪详略不同"，称：

---

[1] 吴缜：《新唐书纠谬》卷一《一曰以无为有》，四部丛刊三编本，第20页。
[2] 欧阳修：《居士集》卷十八《春秋论中》，载《欧阳修全集》，中华书局2001年版，第307页。

《本纪》云："中宗大和大圣大昭孝皇帝讳显，高宗第七子也。母曰则天顺圣皇后武氏。高宗崩，以皇太子即皇帝位。"

今案诸帝纪初必书其始封或迁徙改名进爵及历官次序等事，然后乃记即位，而中宗自高宗时封周王，又徙英王，改名哲，武后时复名显之类，以诸帝纪例，皆宜备书。今乃略而不述，未知其故。[1]

通过与其他帝纪比对，吴缜指出《新唐书·中宗纪》记述中宗即位，未按一般规则记述"其始封或迁徙改名进爵及历官次序等事"。这不是一般的叙事体例不一，在吴缜看来，有违"《春秋》正名"旨趣。叙事严格以体现正名思想的做法值得商榷，但在当时的时代背景下，吴缜是在用较为流行的史学标准对《新唐书》进行考证，至少反映出其极具时代特征的强烈的史学考证意识。

在"纠谬"作品之外，宋代还有一批"刊误"史学的作品。唐代李涪曾著《刊误》一书，《四库全书总目》称其"考究典故，引旧制以正唐末之失，又引古制以纠唐制之误"[2]，大体指明了该书具有一定的历史考证的性质。宋代产生了多部刊误之作，且聚焦于《汉书》。这一系列《汉书》刊误之作，不仅有历史考证，也有大量的史学考证。吴仁杰所著《两汉刊误补遗》是宋代刊误作品的代表作之一。在吴仁杰著此书之前，宋代已出现多部刊误作品，像张泌和余靖各著有《汉书刊误》一部，刘敞、刘颁、刘奉世著有《三刘汉书标注》，刘颁著有《后汉书刊误》。吴仁杰之作晚出，在各种考著基础上进一步考证，尤可见宋代史学考证之发展。除了历史考证的内容之外，《两汉刊误补遗》有突出的史学考证内容。

第一，《两汉刊误补遗》对史书的记述进行了大量考证。《两汉刊误补遗》考证多以历史内容为对象，但其考证以前著为基础，又进一步细化或纠正，史学色彩浓厚。举例言之，其考"沛丰邑中"，云：

《高纪》"沛丰邑中。"《刊误》曰：沛丰，郡县名。史家用汉事纪录耳。仁杰按《史记》"世家""列传"所载邑里，大抵书"某县

中国经史关系通史·宋元明卷

---

[1] 吴缜：《新唐书纠谬》卷十五《十五曰义例不明》，四部丛刊三编本，第 231 页。

[2] 永瑢等：《四库全书总目》卷一百十八《杂考上》，中华书局 1965 年版，第 1016 页。

152

某乡"或略之则曰："某县"。鲜有列郡县名者。如："萧何，沛丰人"；"陈平，阳武户牖人"；"项羽，下相人"；"陈涉，阳城人"；此类是也。至《汉书》"文景"以来，诸臣传始兼列郡县名。如《史记》张释之但曰"堵阳人"，卫青但曰"平阳人"。《汉书》则曰："（南）阳堵阳""河东平阳"，此类是也。帝纪比世家列传加详，故县邑里名皆具。《高纪》所著县邑乃《史记》本文，则知所谓沛丰邑者，沛县之丰邑，非用汉事纪录然也。考《春秋传》都曰城，邑曰筑，则都大而邑小。至秦商鞅，集小都邑聚为县，故县有仍用，邑名如枸邑、左邑之类为多。今《地理志》沛郡属县有丰而不云丰邑，此足以知《纪》所云丰邑非县名也。又中阳者，里名。荀悦《汉纪》曰："刘氏迁于沛之丰邑处中阳里而高祖兴焉。"《刊误》以沛丰邑中为连文，公是先生兄弟不应尔，传录者误也。[1]

吴仁杰在前人基础上发现考证之误，综合《史记》与《汉书》的叙事规则，又旁佐他书，得出结论，指出刘敞等人之误，实属难得。

第二，《两汉刊误补遗》对史家也进行了考证，可见其史学意识。《两汉刊误补遗》卷七有"太史公"五条，详细考证了司马迁之父司马谈、司马迁和太史公等内容。举例言之，其第二条考证"太史公"称谓：

> 韦昭曰：《史记》称迁为太史公者，外孙杨恽所称。《志林》以为：古者主天官，皆上公。至汉官属仍以旧名尊而称公。仁杰按：颜延之言有三公之公，田舍公之公，家公之公。三公知（如）周召，固易见。所谓田舍公者，以其高年耳。《吴志》云"程普最年长，时人皆呼程公"是也。所谓家公者，贾谊云"与公并倨"是也。韦昭谓杨恽以外孙称迁为公，则是家公之公。虞喜以为主天官者，皆上公，则是三公之公。然迁《报任少卿书》亦以太史公自称，此岂官属与外孙尊之耶？

吴仁杰详考群书，厘定古代"公"之称谓有三种，又分别考证不同人物

---

[1] 吴仁杰：《两汉刊误补遗》卷一《沛丰邑中》，文渊阁《四库全书》本，第253册，第826—827页。

称"太史公"的含义。这种考证，既是历史考证，又因为对太史公司马迁的史学兴趣而成为重要的史学考证。

宋代还出现了专门的史学汇考作品，如高似孙所著《史略》。《史略》在史学考证方面具有重要意义。

第一，《史略》接续《史通》专门考评史著，其涉及的范围在《史通》的基础上有所发展，对之前的史学进行了一定的总结。《史略》首先考证前四史、唐修八史、《新五代史》、《新唐书》、同时期其他纪传体史著，以及一些相关考证著作，然后考证编年体史著与典志体等其他史体史著。这不仅是一部空前规模汇考前史的作品，也反映出在当时人心目中纪传体成为最重要史体而编年体次之的一种史学认识。在重视纪传体的基础上，《史略》又对各类史著有较广泛的涉及，像《唐会要》、各种《实录》、吴缜与吕夏卿的考史作品，甚至连《山海经》都在其考察范围内。

第二，《史略》汇集各类体裁的史书加以考评，因而对史体本身具有敏锐的洞察力。《史略》对各类史体进行了考评，像纪传体与编年体之短长等问题都有所涉及。在史体思想方面，《史略》有两个较为引人注目之处：一是《史略》在同一卷中将"史评"与"史赞"分列为两个条目，表明高似孙已具有区别历史评论与史学批评的意识；二是高似孙强调史体随内容而发展，其云："事有出于常事之表，则创例亦新，用志亦艰矣。神而明之者，史乎？"[1] 把历史内容视作推动史体发展的重要原因是有一定见地的。《史略》的理论高度和见解创新程度虽然并不突出，但其毕竟在史学考证方面有较为突出的贡献，反映了宋代的考证风气。

总之，经学疑古思潮打破了宋儒对于权威的迷信，由此带动了历史考证的发展。因为历史考证的发展而促成史学意识的自觉，史学考证也在这一时期大为发展，这成为宋代史学发展的一个较为突出的现象。

## 第二节　易学与宋代史学的通变思想

通变思想是中国古代经学的重要特点之一，《周易》《诗经》和三礼

---

[1]　高似孙：《史略》卷四《史例》，载《高似孙集》（上册），浙江古籍出版社 2015 年版，第 328 页。

都具有较为突出的通变的历史思维特征。宋代易学发达，而易学又是宋代理学的重要思想来源。在六经当中，《周易》的通变思想最为彰显，也最成系统。随着宋代易学对于史学影响的不断加深，易学的通变思想直接影响着这一时期史学通变思想的发展。

一、宋儒对于易学通变思想的阐发

易学在宋代经学义理化过程中占据极为重要的地位，成为宋代历史哲学的重要哲理基础。这一时期出现了一批易学家与史学家一身二任的著名学者，也出现了一批具有易学意蕴的史学作品。

《周易》以"通变"为核心观念，通变的思维方式贯穿全篇。《系辞上》云："通变之谓事"，以通变为事之本来情状，也就是把通变看成一种具有普遍性的情况。因此"通变"也就成为《周易》考察事物的一种重要思维方式。司马迁说："《易》著天地阴阳四时五行，故长于变。"[1]孔颖达也说："夫《易》者，变化之总名，改换之殊称。"[2]《系辞下》解说卦爻象的变化，云："八卦成列，象在其中矣。因而重之，爻在其中矣。刚柔相推，变在其中矣。系辞焉而命之，动在其中矣。吉凶悔吝者，生乎动者也。"这表明，卦爻的本质特征即是变，"爻者，言乎变者也"[3]，"爻也者，效天下之动者也"[4]，卦象的变化取决于爻象的变动。卦爻象变化的内在根因，则是阴阳二爻的相互推移，所谓"刚柔相推，变在其中矣"。而所谓相推，则不仅只是阴阳二爻相互推移，也指上下往复之消长，《系辞上》说："刚柔相摩，八卦相荡。鼓之以雷霆，润之以风雨。日月运行，一寒一暑。"

从事物发展变化规律的角度来说，《系辞下》强调"《易》穷则变，变则通，通则久"，也就是主张在事物发展到尽头时有所变化，变化之后发展才会通畅，发展通畅的事物才会持续长久。《系辞下》结合人类历史

---

[1] 《史记》卷一百三十《太史公自序》，中华书局 1982 年版，第 3297 页。

[2] 孔颖达：《周易正义序》，《十三经注疏》本，中华书局 1980 年版，第 7 页。

[3] 《周易·系辞上》，《十三经注疏》本，中华书局 1980 年版，第 17 页。

[4] 《周易·系辞下》，《十三经注疏》本，中华书局 1980 年版，第 87 页。

来对此进行说明："神农氏没，黄帝、尧、舜氏作，通其变，使民不倦，神而化之，使民宜之。"这就使得变易思想更具有历史色彩，容易影响到历史学。所以，历代史家往往可以从易学中获得启发并寻得思想资源，形成具有时代特点的历史通变思想。宋代易学发达，尤其典型。

宋儒普遍重视《周易》的通变思想，并对此进行阐发和强调。胡瑗的易学特重通变，其对通变之解说较为系统详细。首先，强调通变的价值，说："《义》曰：夫暑往则寒来，阳生则阴伏，物之所以理，事之所以通。生而后滋，周而复始，皆自于变化之力也。故黄帝通其变，使民不倦。神而化之，使民宜之易。穷则变，变则通，通则久，是皆自通变之道，然后成天下之事也。"[1] 胡瑗将《周易》关于"变"的阐发和关于"道"的解释明确归纳为"通变之道"，认为"物之所以理，事之所以通"，皆由通变之道。所以，通变之道是"成天下之事"的根本。

其次，强调人顺应天道而取法通变之道。胡瑗认为，"是君子之心通变，能与天时俱行，故可止则止，可行则行。若仲尼皇皇于衰周，孟子历游于战国，是皆欲已道之行"[2]。既然通变之道是"物理事通"之道，君子就应当也能通变，"君子之心通变"就合于天道，"能与天时俱行"。胡瑗强调通变之道在人事领域依然适用，他说：

> 《义》曰：此覆说上文。圣人见天下之赜也。夫小人之性为谗为谄，常有害君子之心，然君子之人，凡所作事使小人不得间而窥，不得伺而疑，故所行之事坦然而行，小人不能以恶忌也。故大易之道，广之如地，高之如天，君子小人之道，无不备载于其间。然虽有黜小人之辞，然无心专在于小人，但人事得失皆备言之。故虽小人之心亦不能恶大易之道也。[3]

虽然在人事领域有君子与小人之分，但通变之道不因君子小人之分而有异，小人也不能改变通变之道。

---

[1] 胡瑗：《周易口义》卷十一《系辞上》，文渊阁《四库全书》本，第8册，第470页。
[2] 胡瑗：《周易口义》卷六《下经》，文渊阁《四库全书》本，第8册，第322页。
[3] 胡瑗：《周易口义》卷十一《系辞上》，文渊阁《四库全书》本，第8册，第474页。

另外，胡瑗也针对人事领域强调了守节与通变的关系，他说：

> 大凡人之守节，确然执一而不能通变者，未可以语圣贤之道也。夫圣贤之道，随时通变，无所执泥。当可随之时，虽素有所主，亦必择其人之善者而从之也；若时不可动而人不可随，则退而固其所守，以道自处也。然虽去就不同，但从于正则吉也。[1]

胡瑗认为守节与通变并不矛盾，主张"随时通变，无所执泥"，把根据时势情状而动作为通变的原则，强调在通变中守节，不能拘泥于形式。表面"去就不同"，但都是"从于正"。胡瑗重视易理之通变，又重视把通变之道放在人事领域进行阐发，反映出宋儒对"通变之道"的重视和重在人事领域言天道的特点。

二程特重在人事领域阐发易道，对通变思想的阐发也多在人事领域。其解释《周易·系辞上》的"通变之谓事"，云："通变不穷，事之理也。"这就是把"通变不穷"上升到了"理"的高度。既然"通变不穷"是万事万物之理，那么人类社会领域的发展变化自然也要遵循此理。程颐认为"识变知化为难。古今风气不同，故器用亦异宜。是以圣人通变，使民不倦，各随其时而已矣"[2]，也就是强调了解变化有难度，因为不同时代的特点不同，所以圣人是根据各自的时代特点来通变，从而使民不倦。二程把变化视作常理，即使圣人也无可奈何，"凡为政，须立善法，后人有所变易，则无可奈何。虽周公，亦知立法而已，后人变之，则无可奈何也"[3]。程颐尤其强调道之"变易"内涵，"郭忠孝议《易传序》曰：'易即道也，又何从道？'或以问伊川，伊川曰：'人随时变易为何？为从道也。'"[4] 可以看出，二程重视通变，以之为"道"的内涵，

---

[1] 胡瑗：《周易口义》卷四《上经》，文渊阁《四库全书》本，第 8 册，第 263 页。

[2] 程颢、程颐：《二程遗书》卷十一《师训》，载《二程集》，中华书局 2004 年版，第 129 页。

[3] 程颢、程颐：《二程遗书》卷十七《伊川先生语三》，载《二程集》，中华书局 2004 年版，第 179 页。

[4] 程颢、程颐：《河南程氏外书》卷十一《时氏本拾遗》，载《二程集》，中华书局 2004 年版，第 411 页。

也重视以通变眼光看待人事。

朱熹是宋代易学的集大成者，其治《易》非常重视阐发其中的通变思想，也反映出理学重理而破除汉儒神秘色彩的特点。首先，朱熹非常重视易学通变。他解释《周易》之名指出："周，代名也。易，书名也。其卦本伏羲所画，有交易、变易之义，故谓之易。"[1] 他更把通变上升到道之本体的高度，称：

> "易，变易也，随时变易以从道也"。易也，时也，道也，皆一也。自其流行不息而言之，则谓之易；自其推迁无常而言之，则谓之时；而其所以然之理，则谓之道。时之古今，乃道之古今；时之盛衰，乃道之盛衰。人徒见其变动之无穷也，而不知其时之运也；徒见其时之运也，而不知其道之为也。道之为道，实造化之枢机、生物之根本，其随其从，非有所随、有所从也，一气运行，自有所不得已焉耳。[2]

朱熹强调"易""时""道"三者同一，而"易"即"变易"，要"随时变易以从道"。因此根本而言，"变易"即"道"。朱熹又进一步分析"易""时""道"三者关系，称：

> 所谓易有太极，其此之谓欤？一说：当处便是时，其变动不居、往来无穷者，易也。其所以然者，道也。一说：易，道之生也，故曰"易，变易也"。然易有太极，故又曰"随时变易以从道也"。故伊川曰："君子顺时，如影之随形，可离非道也。"夏葛冬裘，饥食渴饮，岂有一毫人为加乎其间哉！随时而已。时至自从，而自不可须臾离也。以是知"随时变易以从道"，三者虽若异名，而易之于道，初无两物也。[3]

[1] 朱熹：《周易本义·周易上经第一》，载朱杰人等主编：《朱子全书》第一册，上海古籍出版社、安徽教育出版社2002年版，第30页。

[2] 朱熹：《晦庵先生朱文公文集》卷三十九《答范伯崇》，载朱杰人等主编：《朱子全书》第二十二册，上海古籍出版社、安徽教育出版社2002年版，第1773页。

[3] 朱熹：《晦庵先生朱文公文集》卷三十九《答范伯崇》，载朱杰人等主编：《朱子全书》第二十二册，上海古籍出版社、安徽教育出版社2002年版，第1773—1774页。

朱熹认为"易""时""道"三者"异名"而"初无两物"。所以"易"即是"道"，即是"所以然"之理，"不可须臾离"。而"易"有"太极"，故"随时变易以从道"。这就赋予了"变易"以"理"与"道"的根本地位。可见其对变易思想的体认与重视。

其次，朱熹的易学反映了宋儒重视在人事领域阐发通变思想的风气。朱熹认为"《易》有圣人之道四焉：以言者尚其辞，以动者尚其变，以制器者尚其象，以卜筮者尚其占"。这里的圣人之道"四者皆变化之道，神之所为者也"。他进一步解释"极数知来之谓占，通变之谓事"，认为"占，筮也。事之未定者属乎阳也。事，行事也。占之已决者属乎阴也。极数知来，所以通事之变"，将解《易》的卜筮之说落实到了人事的通变上。[1] 他进一步提出"自古无不晓事情底圣贤，亦无不通变底圣贤"[2]，"使孔子继周，必能通变使简易"[3]。

再次，朱熹的易学反映了宋代重"理"而去除汉儒神秘色彩的特点。朱熹认为，圣人与一般人的区别，就在于是否明白"易"、明白"变易"。指出包含变易的易道是反映圣人之心之作，存乎作《易》之前，他说：

> "是故著之德"止"不杀者夫"。此言圣人所以作《易》之本也。著动卦静而爻之变易无穷，未画之前，此理已具于圣人之心矣。然物之未感，则寂然不动而无朕兆之可名；及其出而应物，则忧以天下，而所谓圆神方智者，各见于功用之实矣。[4]

可见，朱熹认为"爻之变易无穷"本是先圣人作《易》而存在的理，圣人只是将其反映出来。这实际上把圣人看作能够体察易道的圣贤，而去除了汉儒对圣人的神秘化解说。朱熹也从反面解说一般人不能成为圣人，

---

[1] 朱熹：《周易本义·周易系辞上传第五》，载朱杰人等主编：《朱子全书》第一册，上海古籍出版社、安徽教育出版社 2002 年版，第 127 页。

[2] 黎靖德编：《朱子语类》卷一百一十七《训门人五》，中华书局 1986 年版，第 2830 页。

[3] 黎靖德编：《朱子语类》卷一百八《论治道》，中华书局 1986 年版，第 2683 页。

[4] 朱熹：《晦庵先生朱文公文集》卷三十二《答张敬夫问目》，载朱杰人等主编：《朱子全书》第二十一册，上海古籍出版社、安徽教育出版社 2002 年版，第 1400 页。

是因为一般人对"易""道"与"时"三者认识的不足，他说：

> "易，变易也，随时变易以从道也"，此指易而言，谓人事也。
> 以理言之，一流行而无穷，则时之迁移固自未尝不随其所当然而然
> 也。当然而然，即从道也。就人言之，众人不识易而不能体，则时
> 既迁而不知，遂以倒行逆施而违其时之所当然。[1]

朱熹强调"众人"之失在于"不识易而不能体"，而其所"不能体者"是
"时既迁而不知"，也就是不能"随时变易以从道"。如此，就会"倒行逆
施而违其时之所当然"，也就是违反"道"。可见，朱熹把"圣人"与
"众人"的区别归纳为是否能够"识易"，是否能够明白变易之理。

宋代易学重视"易即变易"的思想，从而形成了丰富的通变思想，
强调变化为万事万物常理。宋儒相对于汉儒，去除了易道变化的诸多神
秘色彩，并在人事领域多有阐发，这也有利于其对史学产生影响。

## 二、易学通变思想对于史学的影响

宋儒注重在人事领域阐发易学通变思想，有利于与历史考察相结合，
因而深刻影响了宋代的历史通变思想。一方面，通变思想影响到宋代史
家进行规模宏阔的历史记述。司马光的《资治通鉴》、邵雍的《皇极经世
书》、胡宏的《皇王大纪》和罗泌的《路史》等作品，都体现出通天人古
今而究其变的历史通变意识。另一方面，更为重要的是宋代史家的具体
历史撰述中也反映出通变思想。

欧阳修既是易学家，也是史学家，深谙易学。其论历法，颇见历史
变通思想：

> 盖历起于数，数者，自然之用也。其用无穷而无所不通，以之
> 于律、于《易》，皆可以合也。然其要在于候天地之气，以知四时寒

---

[1] 朱熹：《晦庵先生朱文公文集》卷三十九《答范伯崇》，载朱杰人等主编：《朱子全
书》第二十二册，上海古籍出版社、安徽教育出版社2002年版，第1774页。

中国经史关系通史·宋元明卷

暑，而仰察天日月星之行运，以相参合而已。然四时寒暑无形而运于下，天日月星有象而见于上，二者常动而不息。一有一无，出入升降，或迟或疾，不相为谋。其久而不能无差忒者，势使之然也。故为历者，其始未尝不精密，而其后多疏而不合，亦理之然也。不合，则屡变其法以求之。自尧、舜、三代以来，历未尝同也。[1]

欧阳修认为历法起于"数"，而数是"自然之用"，与经学上的律、《易》吻合。天地之气"常动而不息"，因此历法初精密而后多不能与自然合，是"理之然"。这就是说自然处在变动之中，按照理，历应当"屡变其法以求之"。欧阳修对"自尧、舜、三代以来，历未尝同"历史现象的解释，正是基于他思考天理的历史通变思想。

罗泌著《路史》，因为立足道家学说，故特重易学，甚至以之为史料。《周易·系辞下》阐发通变思想，有"神农氏没，黄帝、尧、舜氏作，通其变，使民不倦，神而化之，使民宜之"之语，《路史》径直以之为史料，称轩辕氏"与民通变，称物平施，有无以迁"[2]，又言"黄帝通变不倦"[3]。更为重要的是，《路史》对历史的考察颇见通变思想。罗泌的古史记载，向来不为史家所信，但其历史记述中的通变思想，却反映了当时的历史思维方式与形式。罗泌信从《乾凿度》之言，认为"易者，易也，不易也，变易也"，也就是注重易道的"变易"内涵。这成为罗泌考察历史的基本思路，其论"浑沌氏"，称：

> 是之时，阴阳和平万物无息。蜚鸟之巢，可俯而探也；走兽可系而从也。盖执中涵和，除日无岁，无内而无外者，此浑沌氏之治也。至其衰也，鸟兽虫蛇皆为人害。是故迫其难则求其便。因其患则操其备。故常不必循器械，不必因后世，因时而有变易，亦以辅万物之自然而已矣。七十九代之君其为法不同，而俱王于天下，由

[1] 《新唐书》卷二十五《历一》，中华书局1975年版，第533—534页。
[2] 罗泌：《路史》卷七《前纪七》，文渊阁《四库全书》本，第383册，第47页。
[3] 罗泌：《路史》卷十七《后纪八》，文渊阁《四库全书》本，第383册，第153页。

此道也。[1]

罗泌崇尚道家之自然无为，以此为理想时代。"至其衰"，古代君王"因时而有变易"，"辅万物之自然"，因此"七十九代之君其为法不同，而俱王于天下"。所谓"七十九代之君"不足凭信，但罗泌强调变易以辅自然的历史思想在宋代有一定代表性。

朱熹以通变思想考察历史，解释历史人物的言行。他解释孟子的"汤武革命"说，辩解其并非"不仁甚矣"，认为这种说法正是孟子"识通变之道，达时措之宜"的表现。他称：

> 汤居亳，小国也，伊尹相汤，使之伐夏救民。桀虽无道，天子也，君也。汤有道，诸侯也，臣也。伊尹胡不说汤率诸侯而朝夏乎？行李往来，至于五就，观时察变，盖已熟矣，不得已为伐夏之举。致汤于王道，固非盛德之事，后世莫有非之者，以能躬行仁义，顺天应人故也。……说之使为汤、武者，不过以德行仁而已；说之以行王道者，不过乎使民养生丧死无憾而已。未尝说之使伐某国，诛某人，开疆拓土，大统天下而为王也。若孟子者真圣人之徒欤。识通变之道，达时措之宜，不肯枉尺直寻……[2]

朱熹认为"桀虽无道，天子也，君也。汤有道，诸侯也，臣也"。汤武革命，是"观时察变"，"不得已为伐夏之举"。汤伐夏在伦理上是有缺陷的，"致汤于王道，固非盛德之事"，"后世莫有非者"，是因为此举"躬行仁义，顺天应人"。朱熹称赞孟子"真圣人之徒"，能够"识通变之道，达时措之宜，不肯枉尺直寻"，指陈汤武革命的事实。

易学通变思想作为理学的基本思维方式对史学有深刻影响，史学往往在此种影响下表现出深刻的历史通变意识。不仅史学著述记述范围宏阔，而且在具体的历史考察与评价中也渗透着历史通变的思想。

---

[1] 罗泌：《路史》卷四《前纪四》，文渊阁《四库全书》本，第383册，第26页。
[2] 朱熹：《朱文公文集》卷七十三《李公常语下》，载朱杰人等主编：《朱子全书》第二十四册，上海古籍出版社、安徽教育出版社2002年版，第3539页。

## 三、史学对宋代易学发展的作用

宋代的易学有重大发展，一个突出表现就是象数易学和义理易学流派各自有所发展并交融。史学在宋代易学的发展中起到了重要作用。不论是象数派还是义理派，都借助史学来为易学服务。一方面，宋儒借用史事来阐明易道；另一方面，宋儒也把修撰义理化史著作为阐发与论证易理的手段。

首先，宋儒有以史事阐明易理的做法。司马光是经学家也是易学家，在阐发易理时往往借助史事：

> 初六，干父之蛊，有子考无咎，厉终吉。象曰："干父之蛊，意承考也。子者，所以承父之事而成之臣者，所以成君之事而终之天下之事。"大矣，多矣！自非圣人不能无过。故子能盖父之愆，臣能掩君之恶，然后为干蛊也。以秦始、汉武之奢汰骄暴，相远也无几耳，始皇得胡亥以为子，李斯以为臣，不旋踵而亡矣。天下后世之言恶者必归焉。武帝得昭帝以为子，霍光以为臣，而国家乂宁后世称之为明君。隋唐之祖亦然。故必有贤子然后考得无咎也。干事之始，敢自安乎？故战战兢兢，乃得终吉也。夫事有蛊敝不可不更臣子之心，非以高君父而自名也，欲以掩恶而全美，故曰意承考也。[1]

司马光解释"初六，干父之蛊，有子考无咎，厉终吉"，引用史事来说明易理。他不仅解释字面含义，指出子竟父业，也通过史事来说明须得贤子贤臣才可以"子能盖父之愆，臣能掩君之恶，然后为干蛊"，列举了汉武帝和"隋唐之祖"的正面事例；又列举秦始皇的反面事例。两相比较，论证得贤子贤臣的重要性。还通过秦皇、汉武都"奢汰骄暴"但身后历史不同的对比来说明自己所要阐发的易理。

朱熹是宋代易学的集大成者，兼汇义理与象数两派。他在发明易理

---

[1] 司马光：《温公易说》卷二，上海古籍出版社 1989 年，第 28 页。

的时候也会引用史事。其《周易本义》中便有例子。其解释"九三，明夷于南狩，得其大首，不可疾贞"，云：

> 九三，明夷于南狩，得其大首，不可疾贞。以刚居刚，又在明体之上，而屈于至暗之下，正与上六暗主为应，故有向明除害、得其首恶之象。然不可以亟也，故有不可疾贞之戒。成汤起于夏台，文王兴于羑里，正合此爻之义。[1]

朱熹解《易》重视阐发其义理，指出其"向明除害、得其首恶"，"然不可以亟"之意，又引成汤和文王的史事来说明和论证。

其次，宋儒有以义理化史著阐发与论证易理的做法。邵雍著《皇极经世书》是典型代表。四库馆臣曾概述其书，云：

> 邵子数学本于之才，之才本于穆修，修本于种放，放本陈抟。盖其术本自道家而来。当之才初见邵子于百泉，即授以义理、物理、性命之学。《皇极经世》盖即所谓物理之学也。其书以元经会、以会经运、以运经世，起于尧帝甲辰，至后周显德六年己未。凡兴亡治乱之迹，皆以卦象推之。[2]

四库馆臣指出，《皇极经世书》记载了"起于尧帝甲辰，至后周显德六年己未"的"兴亡治乱之迹"，但这部"史著"实为"物理之学"的作品，"以元经会、以会经运、以运经世"，以卦象推演历史走势。因此，四库馆臣将其归为"术数类"。从史学的角度来说，"邵子精于数学，不闻精于史学，所书先圣事迹，亦未必尽确"[3]。但其著述宗旨本不在记事，而是希望借史事阐明义理，体现出以史明《易》的学术路径。邵雍谓：

―――――

[1] 朱熹：《周易本义·周易下经第二》，载朱杰人等主编：《朱子全书》第一册，上海古籍出版社、安徽教育出版社 2002 年版，第 63 页。

[2] 永瑢等：《四库全书总目》卷一百八《数学》，中华书局 1965 年版，第 915 页。

[3] 永瑢等：《四库全书总目》卷五十九《孔子世家补》，中华书局 1965 年版，第 531 页。

知《易》者不必引用讲解，是为知《易》。孟子之言未尝及《易》，其间《易》道存焉。俾人见之者鲜耳。人能用《易》，是为知《易》。如孟子可谓善用《易》者也。[1]

邵雍推崇"言未尝及《易》，其间《易》道存"，认为这是"知《易》"。从这一角度来说，《皇极经世书》便是用《易》推演史事的知《易》之作。

如前所述，罗泌所著《路史》立足道家学说，因而也在一定程度上成为阐发易理的史学形式作品。从史学角度而言，其记事难以为信，"皇古之事，本为茫昧。泌多采纬书，已不足据。至于《太平经》《洞神经》《丹壶记》之类，皆道家依托之言，乃一一据为典要，殊不免庞杂之讥"。但从罗泌本人的著述宗旨来说，他是把这部作品当成严肃的史著的。

泌自序谓"皇甫谧之《世纪》、谯周之《史考》、张愔之《系谱》、马总之《通历》、诸葛耽之《帝录》、姚恭年之《历帝纪》、小司马之《补史》、刘恕之《通鉴外纪》，其学浅狭，不足取信。苏辙《古史》，第发明索隐之旧，未为全书。因著是编。"《余论》之首释名书之义，引《尔雅》"训路为大"，所谓《路史》，盖曰大史也。[2]

罗泌否定从皇甫谧之《世纪》到苏辙《古史》的众多作品，希望能成就一部"大史"。其作品之大，一是叙事规模宏大，从记事起自"初三皇"；二是希望阐发的义理宏大。易理也是《路史》所希望阐发的重要义理。

《路史》阐明易道主要有两种形式。一者，其有专篇阐发以发挥易道。二者，多通过记事来阐发易道。罗泌认为圣人能够稽考众人疑惑的世界本源，"事有不可尽究，物有不可臆言，众人疑之，圣人之所稽也。易有太极，是生两仪"[3]。既然易道为世界本源，那么易理也就成了

---

《路史》考察历史的思维方式与思想形式。举例言之，其记"有巢氏"：

> 昔在上世，人固多难。有圣人者，教之巢居，冬则营窟，夏则居曾巢。未有火化，搏兽而食，凿井而饮，撙菣秸以为蓐，以辟其难。而人说之，使王天下，号曰有巢氏。……其为政也，授而弗恶，予而弗取，故天下之民皈仁焉。其及末也，有礼，臣而贵，任之专而不享，欲削之权，惧而生变。有巢氏遂亡。[1]

《路史》记有巢氏起初造福世人而被推为王，天下之民皈依其仁政。至其末年则出现臣下专权，欲削之而叛，导致有巢氏灭亡。这些史事难称确凿，但重要的是《路史》以易理考察评论的思想形式。罗泌论称：

> 圣人乘理而制天下，必有以厌服之，然后小大罔敢不壹于正。在《易》之《观》，"神道设教"。礼者，圣人之神道也，五之履显以中正而观天下以中正。观天下，故下观而化之。[2]

罗泌以易理考察有巢氏兴亡，强调"神道设教"的重要性，认为圣人"乘理而制天下，必有以厌服之"，然后才能使"小大罔敢不壹于正"。有巢氏之失在于其末期于礼有亏，致使天下不能"壹于正"。罗泌又进一步因《易》推演兴亡之理，称：

> 吾尝原《易》之所以消长者矣。……五阳之卦，皆述君子姤遁否剥，各戒小人，而观之象，有不言焉。……夫小人之为剥，岂惟《易》之忧哉？始乎下而卒乎上，始乎外而卒乎内，未有不然也。[3]

罗泌认为《易》卦颇重消长，以小人为忧，有巢氏之亡背后具有普遍性的事理，即"始乎下而卒乎上，始乎外而卒乎内"。

---

[1] 罗泌：《路史》卷九《前纪九》，文渊阁《四库全书》本，第 383 册，第 64 页。
[2] 罗泌：《路史》卷九《前纪九》，文渊阁《四库全书》本，第 383 册，第 65 页。
[3] 罗泌：《路史》卷九《前纪九》，文渊阁《四库全书》本，第 383 册，第 65—66 页。

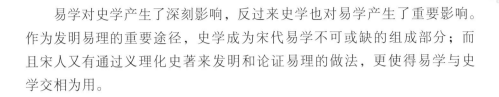

易学对史学产生了深刻影响，反过来史学也对易学产生了重要影响。作为发明易理的重要途径，史学成为宋代易学不可或缺的组成部分；而且宋人又有通过义理化史著来发明和论证易理的做法，更使得易学与史学交相为用。

## 第三节　《春秋》笔法与宋代史学思想的发展

在宋代，春秋学是与易学并立的另一大经学显学。《春秋》笔法是经史之学交相探讨的重要问题，在宋代颇为盛行，对宋代史学思想有重大影响。一是深刻影响了宋代史学的求真理念，二是影响了宋代的史学评论。

### 一、《春秋》笔法与宋代史学求真理念

《春秋》笔法的求真理念与近代以来的史学求真理念不同，一方面求史实之真，对客观历史事实进行征实的记述，尽可能全面、准确地揭示历史面貌；另一方面则是求义理之真，使历史记述最大限度地阐明义理。宋代是《春秋》求真理念盛行的时代，一方面重视直书实录，另一方面注重以义理为标准来进行历史记述。

在《春秋》的史学求真理念中，求义理之真是根本目的，求史实之真则服务于求义理之真。一方面，《春秋》注重通过各种笔法来彰显义理，甚至不惜使历史记述偏离史实之真；另一方面，《春秋》又注重直书史事，通过探明史实之真来达到阐明义理的目的。《春秋》笔法所蕴含的这种求真理念，对后世史学影响深远，宋代史学体现得尤其明显。

一方面，《春秋》重视求义理之真，义理之真与史实之真相冲突，则往往取义理之真而舍史实之真。孔子修《春秋》，力图呈现"天下有道"的理想状态，因此据义理而为礼乐崩坏时代的史事"正名"，揭示违反礼法等级秩序的事件中的应有名分。这意味着当史实不合于义理时，《春秋》则取义理之真而舍史实之真，主要有四种笔法：一是以"盗窃宝玉、大弓"为代表，依据义理进行评价的笔法。《春秋·定公八年》书："盗窃宝玉、大弓。"《左传》释称："阳虎说甲如公宫，取宝玉、大弓以出，

舍于五父之衢，寝而为食。"可见，《春秋》从义理角度认为阳虎取鲁定公宫中宝玉、大弓是强盗之举，因此书其人为"盗"，书其行为"窃"。这种笔法并没有改变所书对象，所谓"盗"仍指阳虎，但是违背了阳虎不是强盗的史实，对阳虎进行了义理评价。二是以"赵盾弑其君"为代表，书道义责任所在的笔法。《春秋·宣公二年》书："晋赵盾弑其君夷皋。"《左传》解经云："晋灵公不君……赵穿攻灵公于桃园。宣子未出山而复。大史书曰：'赵盾弑其君。'以示于朝。宣子曰：'不然。'对曰：'子为正卿，亡不越竟，反不讨贼，非子而谁?'……孔子曰：'董狐，古之良史也，书法不隐。赵宣子，古之良大夫也，为法受恶。惜也，越竟乃免。'"可以看出，《春秋》继承了以董狐为代表的古代史官求义理之真的传统，记事重视追究道义责任所在，因此将赵穿弑君一事书为"赵盾弑其君"。三是以"天王狩于河阳"为代表，按义理上的应然状态记事的笔法。《春秋·鲁僖公二十八年》记"天王狩于河阳"，而实际的情形是，这一年晋文公在温之盟上传见周天子。按照礼法，天子不应当被诸侯召见，天子因为狩猎而顺道参加诸侯盟会才是义理上的应然状态，所以《春秋》记为天子因狩猎于河阳而赴诸侯之会。四是按义理需要隐讳部分史事的笔法。《春秋》所书鲁国二百四十二年历史上有四个国君（隐公、闵公、子般、子恶）被弑，但《春秋》俱不书"弑"，只说"公薨"或"子卒"。按照求史实之真的要求，书此四君被弑，才是准确反映史事。但是，从义理上来说国君不应当被弑，所以《春秋》仅书其死。这种讳书与"天王狩于河阳"的讳书不同：前者在历史记述中改变了史事的本来面貌，而后者则是在历史记述中故意隐讳部分史事。

另一方面，《春秋》也重视求史实之真，但是把求史实之真作为阐发义理的手段。孔子作《春秋》，遵循了古代良史的纪实书法，《春秋》不仅记载了大量义理所褒奖的历史事迹，也记述了很多有悖于义理的史事。杜预在《春秋左传序》中论及《春秋》"尽而不污"的纪实直书时称："'尽而不污'，直书其事，具文见意。丹楹刻桷、天王求车、齐侯献捷之类是也。"《春秋·庄公二十三年》云："秋，丹桓公楹。"就是说用朱漆漆桓公宫内的柱子。《穀梁传》释称："礼，天子、诸侯黝垩，大夫仓，士黈，丹楹，非礼也。"按照礼制，天子、诸侯的屋柱用微青黑色，大夫用青色，士用黄色，用赤色者非礼。这说明《春秋》据实记录了鲁国的非礼之举。《春秋·桓公十五年》云："天王使家父来求车。"《左传》释称："天王使家父来求车，非礼也。诸侯不贡车、服，天子不私求财。"这就是说，诸侯不应当进贡车与戎服，天王不应当私自求财，《春秋》记"天王使家父来求车"是直书天王的非礼举动。《春秋·庄公三十一年》云："六月，齐侯来献戎捷。"《左传》释称："凡诸侯有四夷之功，则献于王，王以警于夷。中国则否。诸侯不相遗俘。"这说明齐侯把戎虏献给鲁国违背了礼制，《春秋》据事直书。诸如此类的记载在《春秋》中还有不少，说明《春秋》重视征实记述违反礼法之事来阐明义理标准。

此外，《春秋》中还有一种较为特殊的纪实笔法，即三传所发"常事不书"之例。"常事不书"所带来的"异辞"，有时也体现出求史实之真的理念。"常事不书"，就是对例行的礼仪及一般性事件不予记载，《春秋》如果记载一些本来不该记载的事件，那就表明有异常情况存在，后人称之为"异辞"。《春秋》中不少"异辞"，也是实录一些应当批评的事情。《春秋·桓公十四年》云："秋八月壬申，御廪灾。……乙亥，尝。""尝"就是秋祭，本来属于《春秋》不予记载的常规祭祀活动。《公羊传》释称："常事不书，此何以书？讥。何讥尔？讥尝也。曰：'犹尝乎？'御廪灾，不如勿尝而已矣。"《穀梁传》也称："御廪之灾不志，此其志何也？以为唯未易灾之余而尝可也。志不敬也。天子亲耕以共粢盛，王后亲蚕以共祭服，国非无良农工女也，以为人之所尽事其祖祢，不若以己所自亲者也。何用见其未易灾之余而尝也？曰甸粟，而内之三宫，三宫米而藏之御廪，夫尝必有兼甸之事焉。壬申，御廪灾。乙亥尝。以为未易灾之余而尝也。"《公羊传》和《穀梁传》指出《春秋》的这条记载是为了说明鲁国在发生灾害后仍然进行秋祭的举动。可见，《春秋》的"异辞"也是为了记述违礼之事，从而阐明义理标准。

总之，《春秋》的求史实之真服务于求义理之真，当史实之真与义理之真发生冲突时，则以特殊笔法舍史实而取义理。《春秋》以义理统史实的求真理念，在中国古代史学居于主导地位，宋代则是一个典型的时代。

宋代理学兴起，史学随之出现义理化倾向，史学纪实的内蕴也随之发生了变化，《春秋》倡导的道义之真更为彰显。像范祖禹的《唐鉴》、朱熹的《资治通鉴纲目》等，大力宣扬天理史观，都是一些理学化色彩极为浓厚的史学著作，其主要彰显的当然是义理之真。这种着重彰显义理之真的史学书法，在宋代，应该说一直都占据着主导的地位。

宋代史家运用《春秋》的求义理之真的笔法，与其对《春秋》笔法的认识有关。欧阳修曾论《春秋》旨趣说：

> 昔周法坏而诸侯乱，平王以后，不复雅而下同列国，吴、楚、徐夷，并僭称王，天下之人不禀周命久矣。孔子……即其旧史，考诸行事，加以王法，正其是非，凡其所书，一用《周礼》，为《春秋》十二篇，以示后世。……初，孔子大修六经之文，独于《春秋》，欲以礼法绳诸侯，故其辞尤谨约而义微隐。[1]

欧阳修认为孔子作《春秋》的用意，在于矫正"天下之人不禀周命久矣"的时弊，"以礼法绳诸侯"。他指出《春秋》"以礼法绳诸侯"的具体做法是"即其旧史，考诸行事，加以王法，正其是非，凡其所书，一用《周礼》"。这就是说，《春秋》把《周礼》作为历史记述的标准，来明辨是非。宋代史家将对《春秋》笔法的这种认识付诸史学实践，自然就会以义理为标准来进行历史记述，继承《春秋》取义理之真而舍史事之真的笔法，主要体现在四个方面：

第一，宋代史家大量运用《春秋》"盗窃宝玉、大弓"这种依据义理进行评价的笔法。欧阳修对《春秋》"正名"的笔法有明确认识，他说："孔子何为而修《春秋》？正名以定分，求情而责实，别是非，明善恶，此《春秋》之所以作也。"[2] 欧阳修把正名视为"别是非、明善恶"的起点，因此，对体现这一宗旨的依据义理进行评价的笔法予以继承。

《新唐书·僖宗本纪》有"盗杀义昌军节度使王铎"的记述。宋祁在《新唐书·王铎传》中详细记述了王铎被害的经过："铎世贵，出入裘马鲜明，妾侍且众。过魏，乐彦祯子从训心利之。李山甫者，数举进士被黜，依魏幕府，内乐祸，且怨中朝大臣，导从训以诡谋，使伏兵高鸡泊

[1] 欧阳修：《欧阳修全集》卷一百二十四《崇文总目叙释·春秋类》，中华书局2001年版，第1883页。

[2] 欧阳修：《居士集》卷十八《春秋论中》，载《欧阳修全集》，中华书局2001年版，第307页。

劫之，铎及家属吏佐三百余人皆遇害。"[1] 对照《王铎传》可以看出，乐彦祯之子乐从训劫掠、杀害王铎，其行径与盗贼无异，因此欧阳修书其为"盗"。这是求义理之真而非求史实之真，反映出与"阳货取大弓《春秋》书为盗"相类的求真理念。

五代时，梁太祖朱温之子朱友珪曾弒君自立为帝。欧阳修在《新五代史》中未将朱友珪列入本纪，而是归之于《梁家人传》，以"庶人"称之。欧阳修指出这样做是因为："《春秋》之法，君弒而贼不讨者，国之臣子任其责。予于友珪之事，所以伸讨贼者之志也。"[2] 欧阳修认为朱友珪作为弒君之贼已伏诛，因此不得视之为帝。梁末帝将朱友珪废为庶人，欧阳修据此从义理上称朱友珪为庶人，而不依史实称其为帝。

范祖禹同欧阳修一样具有通过依据义理进行评价的笔法来正名的思想。范祖禹在《唐鉴》中评论宦官废立唐昭宗一事说：

> 臣祖禹曰：刘季述劫太子而幽帝，宦者皆预谋。昭宗不能因天下仇疾之心穷治逆党以清宫闱，夺其兵柄归之将相，而以乱易乱，复任宦者，既赦而不问，又稍以法诛之，至使反侧不安，外结藩镇，以致劫迁之。祸由除恶不绝其本，而大信不立故也。昔阳虎作乱于鲁，囚季桓子，劫其国君，《春秋》书曰："盗窃宝玉、大弓。"若季述等家臣贼人，不得曰废立。为唐史者，宜书曰"盗"，则名实正矣。[3]

范祖禹认为刘季述等人"劫太子而幽帝"是盗行，为了让历史记述"名实正矣"，修唐史者应该仿效《春秋》"盗窃宝玉、大弓"的笔法，将刘季述等人记为"盗"，而不能称其"废立"。

第二，宋代史家继承了《春秋》"赵盾弒其君"的书道义责任所在笔法。欧阳修认为《春秋》载圣人之道，又认为圣人之道落实于礼法，因此注重点出道义责任所在，他说："为道必求知古，知古明道，而后履之以身，施之于事，而又见于文章而发之，以信后世。其道，周公、孔子、

---

[1] 《新唐书》卷一百八十五《列传第一百一十》，中华书局 1975 年版，第 5407 页。
[2] 《新五代史》卷十三《梁家人传第一》，中华书局 1974 年版，第 139 页。
[3] 范祖禹：《唐鉴》卷十二《昭宗》，上海古籍出版社 1984 年版，第 332 页。

孟轲之徒常履而行之者是也；其文章，则六经所载至今而取信者是也……所谓道者，乃圣人之道也，此履之于身、施之于事而可得者也……其事乃君臣、上下、礼乐、刑法之事。"[1] 欧阳修认为六经是载道的文章，道要"施之于事"，最终落实于"君臣、上下、礼乐、刑法"的礼法等级秩序。基于对礼法的重视，欧阳修注重在历史记述中追究违反礼法行为的责任之所在。

欧阳修撰《新唐书》本纪，有"凡反逆者，虽遣其将拒战，亦必书逆首姓名，不书贼将"[2] 的笔法。记安史之乱时，因为安禄山是反叛首领，从道义上讲，对叛军的行为负主要责任，因此欧阳修往往在历史记述中表明安禄山的责任。《玄宗本纪》记唐将哥舒翰在灵宝西原被安禄山的部将崔乾佑打败之事，书为"哥舒翰及安禄山战于灵宝西原，败绩"；记安禄山部将孙孝哲攻陷长安，书为"禄山陷京师"；记阿史那承庆攻陷颍川，书为"禄山陷颍川郡"。这些都是书道义责任所在的笔法。

《新五代史》也体现了欧阳修书道义责任所在的求真理念。《梁本纪》有"天雄军乱，贺德伦叛附于晋"的记述。实际上，当时作乱叛附于晋的是张彦，但"责在贵者"[3]，贺德伦作为天雄军节度使在道义上对此事负责。欧阳修的这种笔法与《春秋》"赵盾弑其君"笔法同出一辙，都是重视追究道义责任的表现。尹洙在《五代春秋》中记天雄军叛附于晋一事，同《新五代史》一样使用了书道义责任所在的笔法，记曰："六月，晋王入魏，以贺德伦归，晋师遂取德州。"尹洙不仅将天雄军叛附于晋的责任归于贺德伦，而且把晋人取德州的责任也归结到了贺德伦身上。

第三，宋代史家继承了《春秋》"天王狩于河阳"这种按义理上的应然状态记事的笔法。尹洙《五代春秋》记契丹攻破后晋都城开封、晋出帝出城投降一事，称："（开运）四年正月，帝逊于北郊。"晋出帝被迁往

［1］ 欧阳修：《居士外集》卷十七《与张秀才棐第二书》，载《欧阳修全集》，中华书局2001年版，第978页。
［2］ 赵翼著，王树民校证：《廿二史札记校证》卷十六《新书本纪安史之乱》，中华书局2013年版，第350页。
［3］ 赵翼著，王树民校证：《廿二史札记校证》卷二十一《欧史书法谨严》，中华书局2013年版，第461页。

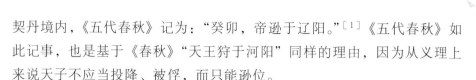

契丹境内,《五代春秋》记为:"癸卯,帝逊于辽阳。"[1]《五代春秋》如此记事,也是基于《春秋》"天王狩于河阳"同样的理由,因为从义理上来说天子不应当投降、被俘,而只能逊位。

王称在《东都事略》中记"靖康之变",对徽、钦宗遭金人掳掠之事以二帝"北狩"称之:"靖康二年二月丁卯,道君皇帝出郊。三月丁巳,道君皇帝北狩"。"夏四月庚申朔,皇帝北狩"。"皇帝北狩"之语,明显是模仿《春秋·鲁僖公二十八年》"天王狩于河阳"的书法。

第四,宋代史家效仿《春秋》隐讳部分史事的笔法。唐宪宗为宦官陈弘志所弑,《旧唐书》记曰:"(宪宗)时以暴崩,皆言内官陈弘志弑逆,史氏讳而不书。"[2]欧阳修在《新唐书》中记此事称:"宦者陈弘志等反。庚子,皇帝崩。"[3]欧阳修的这一记述,正是使用了《旧唐书》所说的讳书。与之类似,唐昭宗被朱全忠派部下杀死,欧阳修则记为"(天祐元年)八月壬寅,全忠以左右龙武统军朱友恭、氏叔琮、枢密使蒋玄晖兵犯宫门;是夕,皇帝崩,年三十八"[4]。欧阳修只记朱全忠派人进犯宫门和唐昭宗驾崩,而略去了朱全忠部下杀死唐昭宗的细节。五代时,后梁太祖为其子朱友珪所弑,欧阳修同样在《新五代史·梁太祖本纪中》中讳书曰:"戊寅,皇帝崩。"欧阳修著史,并没有必要为前代隐讳天子被弑之事,其讳书是模仿《春秋》求义理之真笔法的结果。按义理天子不应当被弑,所以欧阳修仿效《春秋》的"子卒""公薨",书"皇帝崩"。

尹洙的《五代春秋》也多有类似笔法。后唐时,李从珂举兵反对闵帝,闵帝出逃并在卫州被杀。《五代春秋》对此事讳书称:"戊辰,帝逊位于卫州。四月壬申,从珂入京师。戊寅,帝崩于卫州。"[5]这里,尹洙只记"帝崩"而略去了闵帝被弑之事。《五代春秋》又记宋太祖陈桥兵变夺取帝位,只书:"七年正月甲辰,帝逊位于我宋。"[6]这同样只记后

[1] 尹洙:《尹洙集编年校注·景祐三年·五代春秋·少帝》,中华书局2019年版,第67页。

[2]《旧唐书》卷十五《本纪第十五》,中华书局1975年版,第472页。

[3]《新唐书》卷七《本纪第七》,中华书局1975年版,第219页。

[4]《新唐书》卷十《本纪第十》,中华书局1975年版,第302页。

[5] 尹洙:《尹洙集编年校注·景祐三年·五代春秋·闵皇帝》,中华书局2019年版,第62页。

[6] 尹洙:《尹洙集编年校注·景祐三年·五代春秋·恭帝》,中华书局2019年版,第73页。

周逊位于宋，而略去兵变之事。

宋代史学也继承了《春秋》求史实之真的传统。欧阳修继承了《春秋》将求史实之真作为求义理之真手段的理念，重视求史实之真。欧阳修认为《春秋》是纪实之书，他说："《春秋》，谨一言而信万世者也。"[1]据此，欧阳修否定了三传所发明的一些《春秋》求义理之真的笔法，认为三传与经文不符的记述都是"妄意圣人而惑学者"[2]。《春秋》书"赵盾弑其君"，三传释称赵穿弑君，赵盾因为"亡不越竟，反不讨贼"而受恶，这是历来公认的看法。但是欧阳修认为《春秋》是纪实之书，因而提出"春秋赵盾弑君非赵穿"[3]。欧阳修的这种观点虽有偏颇，却体现出他对《春秋》求史实之真的极力推崇。欧阳修在修史实践中也非常重视求史实之真，他说："史者，国家之典法也。自君臣善恶功过，与其百事之废置，可以垂劝戒、示后世者，皆得直书而不隐。"[4]欧阳修史学求史实之真，主要表现在三个方面：

第一，欧阳修注重考证史事，探明其真。欧阳修著史遵循《春秋》"善恶是非之实录"[5]的精神，务求考证细密，探明史事。赵翼曾指出，欧阳修著《新五代史》广泛参考史著，"博采群言，旁参互证，则真伪见而是非得其真"[6]。欧阳修著史不仅参证各种史著，还"收蓄古文图书，集三代以来金石铭刻为一千卷，以校正史传百家讹缪之说"[7]，甚至将当时学者所不屑的小说也作为史料来源。王鸣盛曾论及欧阳修将实录与小说互相参证对探明史事大有裨益，称《新五代史·常从简传》"载其好

[1] 欧阳修：《居士集》卷十八《春秋或问》，载《欧阳修全集》，中华书局2001年版，第311页。

[2] 欧阳修：《居士集》卷十八《春秋论上》，载《欧阳修全集》，中华书局2001年版，第306页。

[3] 欧阳修：《附录》卷二《先公事迹》，载《欧阳修全集》，中华书局2001年版，第2627页。

[4] 欧阳修：《奏议》卷十五《论史馆日历状》，载《欧阳修全集》，中华书局2001年版，第1687页。

[5] 欧阳修：《居士集》卷四十七《答李诩第二书》，载《欧阳修全集》，中华书局2001年版，第669页。

[6] 赵翼著，王树民校证：《廿二史札记校证》卷二十一《欧史不专据薛史旧本》，中华书局2013年版，第460页。

[7] 欧阳修：《附录》卷三《行状》，载《欧阳修全集》，中华书局2001年版，第2697页。

中国经史关系通史·宋元明卷

食人肉，所至潜捕小儿为食。此等当出小说所载，其事必真"[1]。由于欧阳修精于考证，所以其《新五代史》达到了"卷帙虽不及薛史之半，而订正之功倍之，文直事核"[2]的效果。

第二，欧阳修据《春秋》"责备贤者"之义，重视征实记述正面人物的负面事迹。欧阳修以唐太宗为例阐明《春秋》"责备贤者"之义，称："盛哉，太宗之烈也！其除隋之乱，比迹汤、武；致治之美，庶几成、康。自古功德兼隆，由汉以来未之有也。至其牵于多爱，复立浮图，好大喜功，勤兵于远，此中材庸主之所常为。然《春秋》之法，常责备于贤者，是以后世君子之欲成人之美者，莫不叹息于斯焉。"[3]欧阳修认为《春秋》笔法对贤者责全求备，不隐讳其缺失。所以，欧阳修在《太宗本纪》中既详载唐太宗的功绩，又征实记述其好佛、穷兵黩武的过失。欧阳修作《李靖传》也体现出"责备贤者"、全面记述人物事迹的思想：在备述李靖功勋，盛赞其"功大而主不疑，虽古哲人，何以尚兹"的同时，又对李靖"持军无律，纵士大掠，散失奇宝"的缺点如实记述。[4]

第三，欧阳修重视《春秋》"大恶而不隐"的笔法，对违背义理的大恶之事也予以著录。欧阳修认为《春秋》记事不避讳篡弑大恶，并将这一点作为自己修史的一个宗旨，他说：

> 呜呼，天下之恶梁久矣！自后唐以来，皆以为伪也。至予论次五代，独不伪梁，而议者或讥予大失《春秋》之旨，以谓："梁负大恶，当加诛绝，而反进之，是奖篡也，非《春秋》之志也。"予应之曰："是《春秋》之志尔。鲁桓公弑隐公而自立者，宣公弑子赤而自立者，郑厉公逐世子忽而自立者，卫公孙剽逐其君衍而自立者，圣人于《春秋》，皆不绝其为君。此予所以不伪梁者，用《春秋》之法也。……《春秋》于大恶之君不诛绝之者，不害其褒善贬恶之旨也，

---

[1] 王鸣盛：《十七史商榷》卷九十三《欧史喜采小说薛史多本实录》，中华书局2010年版，第1370页。

[2] 赵翼著，王树民校证：《廿二史札记校证》卷二十一《欧史不专据薛史旧本》，中华书局2013年版，第460页。

[3] 《新唐书》卷二《本纪第二》，中华书局1975年版，第48—49页。

[4] 《新唐书》卷九十三《列传第十八》，中华书局1975年版，第3814页。

惟不没其实以著其罪，而信乎后世，与其为君而不得掩其恶，以息人之为恶。能知《春秋》之此意，然后知予不伪梁之旨也。"[1]

欧阳修指出《春秋》承认篡弑自立之君也是国君，"不没其实以著其罪"，可以达到褒善贬恶的目的。在修史过程中，欧阳修也采取了《春秋》的这一做法。除了在《新五代史》中力排众议为朱温立本纪外，又在《新唐书》中为武则天立本纪。欧阳修还指出，《春秋》"著其大恶而不隐"的笔法在史学上一直有所表现，《史记》《汉书》为吕后立本纪，《旧唐书》为武则天立本纪都合于此法，能够起到使"乱臣贼子惧"的劝惩作用。[2] 出于"大恶而不隐"的宗旨，欧阳修还在《新唐书·艺文志》和《崇文总目》中设"伪史类"一目，存录记述割据或篡立政权的史书。

司马光的《资治通鉴》在史学求真方面，求史实之真表现得很突出，但如果整理其思想，我们可以发现，司马光的求史实之真仍然服务于其求义理之真的目的。

首先，司马光非常注重求史实之真。《资治通鉴》之所以深具探明史实的精神，与其撰述旨趣是分不开的。司马光在《进〈资治通鉴〉表》中明确讲自己的历史撰述是要"鉴前世之兴衰，考当今之得失，嘉善矜恶，取是舍非"，同时为了体现帝王教科书的特点，而"专取关国家兴衰、系生民休戚、善可为法、恶可为戒者"。这就说明了《资治通鉴》撰述旨趣的两个方面：一是要探求历史盛衰之理，彰显史学的经世致用价值；二是要明辨善恶，以为劝戒。为了探究历史盛衰之理，发挥史学的经世致用功能，司马光明确表示要直书史事、不采《春秋》笔法，由此决定了司马光在史学求真上更偏重史实的特点。司马光明确说过，他的历史撰述要"使观者自择其善恶得失，以为劝戒，非若《春秋》立褒贬之法，拨乱世反诸正也"[3]。司马光认为，叙事"无所抑扬"，才能"庶几不诬事实，近于至公"[4]。

---

[1] 《新五代史》卷二《梁本纪第二》，中华书局1974年版，第21—22页。
[2] 《旧唐书》卷四《本纪第四》，中华书局1975年版，第87页。
[3] 司马光：《资治通鉴》卷六十九《魏纪一》，中华书局1956年版，第2187页。
[4] 司马光：《资治通鉴》卷六十九《魏纪一》，中华书局1956年版，第2187页。

司马光重求史实之真，主要表现在史料的采集与选取上：第一，为求得史实之真而坚持博采史料的主张。司马光编纂《资治通鉴》的方法，是先组织人按年月顺序将收集的史料标明事目，编排成"丛目"，作为撰述所需的史料汇编；再整理加工"丛目"，修成"长编"作为据以笔削成书的底稿；最后根据拟定的体例笔削"长编"而成书。[1] 对于"丛目"的编纂，司马光以"但稍与其事相涉者，即注之，过多不害"[2] 为原则；对于"长编"的编纂，司马光以"据事目下所该新旧纪、志、传及杂史、小说、文集，尽检出一阅"[3] 为原则。第二，在史料的选取上显示出求史实之真的理念。张煦侯先生总结《资治通鉴》的史料选取原则为："参取众书而从长者"，"两存者"，"两弃者"，"两疑而节取其要者"，"存疑者"以及"兼存或说于《考异》中者"。[4]

其次，司马光的求史实之真服务于求义理之真。司马光在史学求真上之所以会偏重史实之真，是为了求得历史盛衰之理，而司马光所认识到的这个"理"，却又是与《春秋》之义及宋代天理观念相关的，这决定了司马光的求史实之真仍然是其求义理之真的一种手段。如前所述，《春秋》笔法蕴含的史义是以礼制为特征的政治理想和伦理标准，司马光从历史兴衰中则得出了"礼为纪纲"的结论，认为礼具有重大的社会作用，他说："礼之为物大矣！用之于身，则动静有法而百行备焉；用之于家，则内外有别而九族睦焉；用之于乡，则长幼有伦而俗化美焉；用之于国，则君臣有叙而政治成焉；用之于天下，则诸侯顺服而纪纲正焉。"[5] 司马光认为礼对于从修身、齐家到治国、平天下的社会生活都大有裨益，他所说的"善可为法，恶可为戒"，很大程度上就是从礼的角度来予以评判的。可见，司马光的求史实之真并不是目的，而是进行惩恶劝善的手段。

---

[1] 注：关于司马光编纂《资治通鉴》的方法，参见张煦侯：《通鉴学》，安徽人民出版社1981年版，第31—37页；又参刘节：《中国史学史稿》，中州书画社1982年版，第215—217页。

[2] 马峦、顾栋高：《司马光年谱》卷之五《一〇七〇年》，中华书局1990年版，第156页。

[3] 马峦、顾栋高：《司马光年谱》卷之五《一〇七〇年》，中华书局1990年版，第156页。

[4] 张煦侯：《通鉴学》，安徽人民出版社1981年版，第66—71页。

[5] 司马光：《资治通鉴》卷十一《汉纪三》，中华书局1956年版，第375—376页。

总之，宋代有很多史家在修史过程中，既求义理之真，又求史实之真，其笔法往往与《春秋》有关，继承了《春秋》以义理统史实的求真理念，成为宋代义理化史学的一个重要特点。

二、《春秋》笔法与宋代史学评论

宋代是传统史学的鼎盛时期，一个重要标志就是史学评论意识的发展。宋代以前，史家虽然注意评论历史，但针对史学本身的评论意识较弱。唐代刘知幾著《史通》，注意进行史学评论与总结，在一定程度上可以说是宋代以前学者对史学的一次集中总结和评论。宋代的史学评论不仅论者辈出、篇幅超过前代，而且颇具特点，相较于刘知幾的史学评论，更突出经学尤其是春秋学在史学评论中的地位。宋代有不少史家着力于史学评论：北宋官书《册府元龟》特立"国史部"专门论述史学，不仅著录了大量史料和前代史学内容，还进行了大量史学评论；吴缜著《新唐书纠谬》和《五代史纂误》针对欧阳修及宋祁的史学进行评论；吕夏卿作《唐书直笔》，也对《新唐书》的书法进行了一些评论；曾巩著有《新序目录序》《梁书目录序》《战国策目录序》《陈书目录序》《南齐书目录序》和《梁书目录序》等文章，对前代史学进行了一些评论；洪迈的《容斋随笔》内容丰富，不仅包含了一些历史考据，也包含一些史学评论；胡寅的《读史管见》虽然多为历史评论，但其书针对《资治通鉴》而作，也体现出了一种史学评论意识；叶适的《习学记言》总结自己对前代著述的观点，其中含有不少对历代史书的评价；朱熹注重以史明理，在论述读史方法和编纂《资治通鉴纲目》的过程中阐发了一些史学评论意见；晁公武的《郡斋读书志》不仅专门设立《史类》，还"自《文史类》内摘出论史者为《史评》"[1]，体现出一定的史学评论自觉；高似孙所著《史略》不但存录前代史学重要内容，也发表了一些史学批评意见；陈振孙的《直斋书录解题》评价前代著述时含有不少史学评论内容……宋代史家不仅注意史学评论，而且在不同程度上重视《春秋》及

[1] 晁公武撰，孙猛校证：《郡斋读书志校证》卷七《史评类》，上海古籍出版社1990年版，第295页。

《左传》在史学评论中的地位，一方面往往以《春秋》《左传》为史家撰述的最高典范，另一方面往往以它们为标准考察史学著作。

首先，宋代史家往往以《春秋》《左传》为史家撰述的最高典范。虽然历代史家不乏推崇编年体者，但是司马迁创纪传体之后，编年体长期处于低谷，史家修史竞相采用纪传体。直到宋代以前，史家相对偏重纪传体而轻视编年体的状况都没有大的改变。到了宋代，编年不敌纪传的形势发生了根本性转变。如前所述，宋代编年体著述出现了振兴局面，而在史学评论上，宋人也空前重视编年体，甚至否定纪传体的价值，像叶适就猛烈抨击司马迁变编年体为纪传体是"自劳而启后世之烦且杂"[1]。宋代史学评论对《春秋》《左传》编年体的空前推崇，实际上是宋代春秋学兴盛和史学自觉接受春秋学指导使然。一方面，宋人以《春秋》发尊王之义和正统之论，因此推崇《春秋》编年体以王纪年可以充分表达尊王与正统思想；另一方面，宋代史学具有义理化倾向，重视在史书中阐明义理，因此格外推崇《春秋》编年纪事所用的褒贬笔法。宋代史学评论形成了一个重要特点，就是往往推崇《春秋》和《左传》对史学的示范作用，以之为史家修史的极则。

《册府元龟》是北宋时期的一部重要官书。王钦若、杨亿等人奉宋真宗之旨从历代经史中选取君臣事迹汇编此书时，特撰《国史部》记录历代史官设置情况及官修史书编纂的相关情形，其中包含了不少史学评论的内容。《册府元龟·国史部》上溯史官源流，说明了《春秋》和《左传》的史学性质，并以《春秋》和《左传》为史家修史的圭臬。《册府元龟》将史官源流追溯至西周，称：

> 古之王者，世有史官，君举必书，书法不隐，所以慎言行、示劝戒也。自伏羲始造书契，神农之世，民风尚朴，官设未备，黄轩之臣曰仓颉，取象鸟迹，以作文字，记诸言行，竹册而藏之，史官之作，盖自此始。周监二代，并建众职。春官宗伯之属有太史掌建邦之六典，下大夫二人，上士四人；小史掌邦国之志，中士八人，下士十有六人；内史掌王之八柄之法，以诏王治，中大夫一人，下

[1] 叶适：《习学记言》卷十九《史记·表》，上海古籍出版社1992年版，第165页。

大夫二人，上士四人，中士八人，下士十有六人；外史掌书外令、四方之志，及三皇五帝之书，上士四人，中士八人，下士十有六人；皆有府史胥徒之属。诸侯亦各有国史。战国之世，咸有史官。[1]

《册府元龟·国史部》指出，史官是上古文字产生的必然产物，西周立国已有之，不仅中央政权有太史、内史、外史及其属官，而且诸侯国也各有国史，西周的史官制度贯穿周代始终；并肯定《春秋》是孔子在东周史官制度废弛后，据鲁国国史等西周史记撰修而成，称："史氏之职旧矣！自周衰失官，旧章堙紊，仲尼因鲁史记之文，考其真伪，刊而正之，以劝戒，盖诸侯之国史也。"[2] 指出《左传》是从《春秋》而衍生出来的：

> 周孔子，明王道，七十余君莫能用。故西观周室，论史记旧闻，兴于鲁而次《春秋》，上记隐，下至哀之获麟。约辞文，去其烦重，以制义法，王道备，人事浃。七十子之徒，口受其传指，为有所讥刺，褒讳挹损之文辞，不可以书见也，鲁君子左丘明惧弟子人人异端，各安其意，失其真，故因孔子史记，具论其语，成《左氏春秋》。[3]

《册府元龟》厘清《春秋》继西周史书而作，《左传》承《春秋》旨趣而为之的关系后，进一步指出《春秋》和《左传》在史学中的源流地位，称：

> 自左丘明授经于仲尼而为之传，其后太史公易编年之旧式，明述作之微旨，扬榷而论，文辞炳焉，班氏父子，专心载籍，亦复斟酌前史，讥正得失。尔后当笔削之任者，盖不乏其人焉。至于考正先民之异同，论次一时之类例，断以年纪，裁以体范，深述惩劝之本，极谈书法之事，或列于封疏，或形于奏记。至乃立言以垂制，

[1] 王钦若等：《册府元龟》卷五百五十四《国史部·总序》，凤凰出版社 2006 年版，第 6336 页。
[2] 王钦若等：《册府元龟》卷五百五十五《国史部·采撰》，凤凰出版社 2006 年版，第 6355 页。
[3] 王钦若等：《册府元龟》卷五百五十五《国史部·采撰》，凤凰出版社 2006 年版，第 6355 页。

中国经史关系通史·宋元明卷

移书以布怀，罕不磅礴今古，讲求奥赜，绪言佳话，蔼乎前闻，足以见作者之志矣。[1]

《册府元龟》把《春秋》和《左传》视为古代史学的源头，将之后的《史记》《汉书》看作是史学的一种变化。《册府元龟》肯定《史记》和《汉书》在史书体裁上的变化，但更重视史书的"深述惩劝之本"。正是因为强调《春秋》的记事以惩劝的作史宗旨，《册府元龟》把后世史书都视作《春秋》和《左传》的后继者，从而突出了《春秋》与《左传》作为史学源头的地位。

吴缜曾作《新唐书纠谬》和《五代史纂误》两部书，专门对欧阳修的两部正史进行批评。吴缜在论修史之难时说：

> 史才之难尚矣，游、夏，圣门之高弟，而不能赞《春秋》一辞。自秦、汉迄今，千数百岁，若司马迁、班固、陈寿、范晔之徒，方其著书之时，岂不欲曲尽其善而传之无穷，然终亦未免后人之诋斥。至唐，独称刘知幾能于修史之外，毅然奋笔，自为一书，贯穿古今，讥评前载。观其以史自命之意，殆以为古今绝伦。及取其尝所论著而考其谬戾，则亦无异于前人。由是言之，史才之难，岂不信哉！[2]

在吴缜看来，历史上的史书，除了《春秋》无人可以诟病，其余的作品，从司马迁的《史记》到刘知幾的《史通》，都是史家尽其所能却不能免于有所"谬戾"。吴缜的这一判断值得商榷，但其在史学批评上以《春秋》为最高典范的观念已彰显无遗。

曾巩的《战国策目录序》《南齐书目录序》《梁书目录序》和《陈书目录序》等文，反映了他对史学的总结和反思。纵观曾巩的文章，可以看出其以《春秋》为经，而以《左传》代替《春秋》在史学上的至高地位。曾巩承认"天子动则左史书之，《春秋》是也；言则右史书之，《尚

[1] 王钦若等：《册府元龟》卷五百五十八《国史部·论议》，凤凰出版社 2006 年版，第 6393 页。
[2] 吴缜：《新唐书纠谬·原序》，四部丛刊三编本，第 2 页。

书》是也"<sup>[1]</sup>的古代史官职守，但他显然不认为据古史《春秋》而作的《春秋》经可与史书等同视之，而以《左传》与其他史著并列作为史书中的杰出者。他说：

> 学者所不得不尽心，能尽心，然后能自得之，此所以为经，而历千余年盖能得之者少也，《易》《诗》《礼》《春秋》《论语》皆然……叙事使可行于远者，若子夏、左丘明、司马迁、韩愈亦可谓拔出之材，其言庶乎有益者也。<sup>[2]</sup>

曾巩认为，包括《春秋》在内的经书后世能明其真谛者甚少，退而言其次，在经书之外的著作中，则《左传》与《史记》等可以算是"其言庶乎有益者"。

叶适认为《春秋》"名经而实史"，推崇《春秋》的史学地位，并认为《春秋》是一部蕴含大义的史书，后世史学难以揣测其大旨。他说：

> 周自昭穆之后，君德虽衰，纪纲法度故在，厉王大坏矣，犹曰释位共和，而间王政，未有以霸统者也。及周室东迁，平、桓欲自振不能，而齐庄、僖稍已鸠诸侯，荆亦始大，遂有桓、文之事，而吴越起东南，天下之变故繁矣。故《春秋》因诸侯之史，录世变，述霸政，续《书》《诗》之绝绪，使东周有所系而未失，盖世之治道之行而事之合乎道。世之乱、道之废，而事之悖乎道，皆其理之固然，书其悖谬以示后世，皆森然具之，岂待察其所以而后知也。太史公《自序》察其所以皆失其本已，此其大旨也。<sup>[3]</sup>

叶适认为，《春秋》超出群史之处在于"因诸侯之史"记录历史变迁，用合于王道的笔法突显周王室的地位，而认为司马迁关于孔子因为不得当时诸侯任用而著述以明王道的说法有失《春秋》大旨。叶适还具体指出了《春秋》大旨非一般史家所能知，认为：

--------

［1］ 曾巩：《元丰类藁》卷四十九《史官》，四部丛刊初编本，第618页。
［2］ 曾巩：《元丰类藁》卷十二《王容季文集序》，四部丛刊初编本，第198页。
［3］ 叶适：《习学记言》卷九《春秋·隐至庄》，上海古籍出版社1992年版，第75—76页。

　　　　所谓其事则齐桓、晋文者，此春秋之桢干也，又曰："天下有
道，则礼乐征伐自天子出；天下无道，则礼乐征伐自诸侯出。"自诸
侯出，盖十世希不失矣；自大夫出，五世希不失矣；陪臣执国命，
三世希不失矣。天下有道，则政不在大夫；天下有道，则庶人不议。
《春秋》书法，备此数者，因其出也，见其失也，反其在下，遏其横
议，此《春秋》之绳墨也；至于凡例、条章，或常或变，区区乎众
人之所争者，乃史家之常，《春秋》之细尔，学者不可不知也。[1]

叶适认为《春秋》的主要内容是记史事，而其记事的大旨在于"尊王"，
至于后世学者所探讨的《春秋》义例只是一般史家的"常例"。叶适身处
重视义理的理学勃兴的时代，既重视《春秋》的史学性质，又不愿把贯
穿义理的《春秋》与其他史家等而言之，因此用《春秋》大旨把《春秋》
与其他史家加以区别，实际上把《春秋》推上了后世史家无法望其项背
的至高地位。

　　朱熹把《春秋》视作史书，并且认为《春秋》是史书的最高典范，
王柏曾评价朱熹的修史旨趣，说：

　　　　昔夫子之作《春秋》，因《鲁史》之旧文，不见其笔削之迹，正
以无凡例之可证。朱子曰："《春秋》传例，多不可信，非夫子之为
也。"今《纲目》之《凡例》，乃朱子之所自定，其大义之炳如者，
固一本于夫子。[2]

正如王柏所言，朱熹否定三传所发《春秋》凡例，而归纳《春秋》大义、
自定凡例。实际上，朱熹对《春秋》史学的推崇即在于《春秋》大义。朱
熹曾言："读史当观大伦理、大机会、大治乱得失。"[3] 在朱熹看来，《春
秋》反映了历史上的"大伦理"，他曾说："《春秋》大旨，其可见者，诛乱

---

[1] 叶适：《习学记言》卷九《春秋·隐至庄》，上海古籍出版社 1992 年版，第 76 页。

[2] 王柏：《宋咸淳稽古堂刻本资治通鉴纲目凡例后语》，载朱杰人等主编：《朱子全书》
　　第十一册，上海古籍出版社、安徽教育出版社 2002 年版，第 3504 页。

[3] 朱熹：《朱熹语类》卷十一《学五·读书法下》，载朱杰人等主编：《朱子全书》第十
　　四册，上海古籍出版社、安徽教育出版社 2002 年版，第 355 页。

臣，讨贼子，内中国，外夷狄，贵王贱伯而已。"[1] 朱熹不仅将《春秋》大义视为《春秋》的史学价值所在，更以之为史学评价的重要标准。因此，朱熹教人读史，重视解说《春秋》大义的《左传》，说："先读《史记》，《史记》与《左传》相包，次看《左传》，次看《通鉴》。"又说："先读《史记》及《左氏》，却看《西汉》《东汉》及《三国志》，次看《通鉴》。"[2] 朱熹推崇解说《春秋》大义的《左传》，实际上含有推崇《春秋》的成分。

吕祖谦重视《春秋》的经学性质，而在史学上突显《左传》的地位，以《左传》为史法典范，他说：

> 学者观史，各有详略。如《左传》《史记》《前汉》三书，皆当精熟细看，反覆考究，直不可一字草草。自《后汉》《三国志》以下诸史，只是看大纲，始末成败。盖自司马氏、班氏以后，作史者皆无史法。

> 看《史记》又与看《左传》不同，《左传》字字缜密，《史记》所载却有岁月差互、先后不同处，不似《左传》缜密，只是识见高远，真个识得三代规模，此学者所当熟看。[3]

吕祖谦认为史著的最高典范当推《左传》《史记》《汉书》三书，认为此三书之后的史著"皆无史法"。而就史法而言，吕祖谦又认为，《左传》"字字缜密"，超过《史记》。吕祖谦的这一史学批评论点虽然有不妥之处，但其以《左传》为史家极则的观点在宋代却很有代表性。

其次，宋代史家往往以《春秋》《左传》为标准考察史学著作。宋人因为以《春秋》《左传》为史家极则，因此在进行史学评论时，往往以《春秋》和《左传》为准绳去考量史学作品。虽然在宋代之前也有论者用《春秋》和《左传》衡量史著，但宋代因为春秋学的兴盛和史学评论的发展，表现得更为明显。《册府元龟》推崇《春秋》据尊王之义而予夺褒贬

[1] 朱熹：《朱熹语类》卷八十三《春秋·纲领》，载朱杰人等主编：《朱子全书》第十七册，上海古籍出版社、安徽教育出版社 2002 年版，第 2831 页。
[2] 朱熹：《朱熹语类》卷十一《学五·读书法下》，载朱杰人等主编：《朱子全书》第十四册，上海古籍出版社、安徽教育出版社 2002 年版，第 354 页。
[3] 吕祖谦：《左氏传续说·纲领》，文渊阁《四库全书》本，第 152 册，第 144 页。

的笔法，以之为史学评论的标准。明人李嗣京为《册府元龟》作序说：

> 宣尼得帝魁之书，迄秦缪，凡三千二百四十篇，乃断远取近，
> 止留百二十篇，以为万世君臣之法，又因端门之命，使子夏等求周
> 史记，得百二十国之书，乃芟辞取义，止因鲁史，以申天王予夺之
> 权。是非大定，得失灿然，凛乎其不可易。故后世司马光作《通
> 鉴》，朱子作《纲目》，皆始于周威烈之二十三年，而不敢上越以避
> 《尚书》《春秋》。然其立旨，君规臣儆，则根本托焉。臣谓《册府元
> 龟》实准于是。[1]

这段话指出了《册府元龟》以《尚书》所立君臣之义和《春秋》所明尊
王之旨为撰述的思想指导。《册府元龟·国史部》在进行史学评论时，更
侧重于用《春秋》来考察史学，根据《春秋》和《左传》提出了一个重
要的史学评论原则，也就是"书法不隐"而"惩恶劝善"。综观《册府元
龟·国史部》各篇，可以看出其所提出的这一史学评论标准具有丰富的
思想内涵。第一，《册府元龟·国史部》主张修史应当效仿《春秋》，通
过书法不隐的直书实录而使善恶是非毕现。其论曰：

> 夫简牍之兴，得失攸纪，善恶无隐，曲直遂分。是故劝沮于斯
> 人，见信于来裔，其或记言动之任，举《春秋》之旨，虽微婉之斯
> 在，亦纤介之必书，故使哿矣之言，足征于龟鉴；直哉之笔，若列
> 于日星。斯盖得执简之余芳，书法之遗懿者已。[2]

《册府元龟·国史部》认为史书作用重大，要求史书"善恶无隐，曲直遂
分"，也就是认为史家通过直书实录可以使是非见于历史记述。《册府元
龟·国史部》还明确把《春秋》视为这种书法的源流，要求史家"举《春
秋》之旨"，使历史记述"见信于来裔"，从而使其著录足以为善恶鉴戒。

第二，《册府元龟·国史部》所言书法不隐，相较前代观点，内涵丰富，

[1] 李嗣京：《册府元龟序》，载《册府元龟》附录，凤凰出版社 2006 年版，第 1 页。
[2] 王钦若等：《册府元龟》卷五百五十四《国史部·公正》，凤凰出版社 2006 年版，
    第 6345 页。

主要有三层含义：一是反对曲笔，要求史家征实记述史事。《不实》篇称：

> 《传》曰"书法不隐"，又曰"不刊之书"，盖圣人垂世立法，惩恶劝善者也。若乃因嫌而沮善，渎货以隐恶，或畏威而曲加文饰，或徇时而蔑纪勋伐，恣笔端而溢美，擅胸臆以厚诬，宜当秽史之名，岂曰传信之实，垂于后也，不其恧欤！[1]

《册府元龟》认为《左传》所称的"书法不隐"说明了《春秋》不掺杂主观因素而征实记述的旨趣，因此把因"畏威"和"徇时"而掺杂主观好恶的曲笔称为"秽史"，认为这样的记述"不实"，歪曲了历史，不能起到劝善惩恶的作用。

二是要求记录史事不能略去关乎善恶的事迹。《非才》篇说：

> 夫史氏之职，掌四方之志，善恶不隐，言动必书，固宜妙选良材，图任明职，广示惩劝之义，备适详略之体，成大典于一代，垂信辞于千祀。若乃司载笔之官，昧叙事之方，徒淹岁时，空索编简，或绅绎之靡就，或颁次之无文，昧进旷官，盖可惩也。[2]

《册府元龟》认为史家作史要"善恶不隐，言动必书"，尤其强调历史记述要能明惩劝、备详略、成大典。这就是要求史家修史要注意记载关乎善恶是非之事，否则就是"徒淹岁时，空索编简"而失职。

三是要求史家记事详备得体。《疏谬》篇称：

> 广记备言，国史之职也。章往考来，《春秋》之义也。夫司记言动，绅绎编简，为一代之典，流千秋之训，固宜书法不隐，叙事可观，研思覃精，间不容发。岂有脱落时事，采述异端，体芜舛而不

---

[1] 王钦若等：《册府元龟》卷五百六十二《国史部·不实》，凤凰出版社2006年版，第6445页。

[2] 王钦若等：《册府元龟》卷五百六十二《国史部·非才》，凤凰出版社2006年版，第6449页。

伦，文混漫而难辨，否臧非允，论次乖方，物议既喧，讼牒斯集，固知述作之际，宜图任于良士焉。[1]

从这段话可以看出，《册府元龟》所说的《春秋》"书法不隐"有慎于选择材料使历史记述不脱漏重要史事的含义。《册府元龟》要求史家记事详备，在《疏谬》篇中列举了不少脱漏时事的反例，在批评北魏史家时就指出其修史遗漏大量史事的弊病，说："自文成帝已来，至于太和，崔浩、高允著作国书，编年序录，为《春秋》之体，遗落时事，三无一存。"[2]

曾巩推崇《春秋》的经学地位，而将其与其他史书区别开，但又用圣人作《春秋》之法来要求史家，对后世史家进行评论，他说：

> 将以是非得失兴坏理乱之故而为法戒，则必得其所托，而后能传于久，此史之所以作也。然而所托不得其人，则或失其意，或乱其实，或析理之不通，或设辞之不善，故虽殊功韪德非常之迹，将暗而不章，郁而不发，而祷杌嵬琐奸回凶慝之形，可幸而掩也。尝试论之，古之所谓良史者，其明必足以周万事之理，其道必足以适天下之用，其智必足以通难知之意，其文必足以发难显之情，然后其任可得而称也。何以知其然也？昔者唐虞有神明之性，有微妙之德，使由之者不能知，知之者不能名，以为治天下之本。号令之所布，法度之所设，其言至约，其体至备，以为治天下之具，而为至典者推而明之。所记者岂独其迹也，并与其深微之意而传之，小大精粗无不尽也，本来先后无不白也。使诵其说者如出乎其时，求其旨者如即乎其人。是可不谓明足以周万事之理，道足以适天下之用，知足以通难知之意，文足以发难显之情者乎？则方事之时，岂特任政者皆天下之士哉！盖执简操笔而随者，亦皆圣人之徒也。两汉以来，为史者去之远矣。司马迁从五帝三王既没数千载之后，秦火之

[1] 王钦若等：《册府元龟》卷五百六十二《国史部·疏谬》，凤凰出版社2006年版，第6444页。
[2] 王钦若等：《册府元龟》卷五百六十二《国史部·疏谬》，凤凰出版社2006年版，第6444页。

余，因散绝残脱之经，以及传记百家之说，区区掇拾，以集著其善
恶之迹、兴废之端，又创己意，以为本纪、世家、八书、列传之文，
斯亦可谓奇矣。然而蔽害天下之圣法，是非颠倒而采摭谬乱者，亦
岂少哉？是岂可不谓明不足以周万事之理，道不足以适天下之用，
智不足以通难知之意，文不足以发难显之情者乎？夫自三代以后，
为史者如迁之文，亦不可谓隽伟拔出之才、非常之士也。然顾以谓
明不足以周万事之理，道不足以适天下之用，智不足以通难知之意，
文不足以发难显之情者，何哉？盖圣贤之高致，迁固有不能纯达其
情，而见之于后者矣，故不得而与之也。迁之得失如此，况其它邪！
至于宋、齐、梁、陈、后魏、后周之书，盖无以议为也。[1]

这里，曾巩认为史书的根本旨趣在于"以是非得失兴坏理乱之故而为法
戒"，也就是把总结历史上的是非与兴衰而为鉴戒视作历史撰述的宗旨。
在指出史书宗旨的基础上，曾巩进一步强调史家修养的重要性，认为史
书编纂如果"所托不得其人"，就会造成史书不能反映客观历史情形，而
这样的史书无法起到劝善惩恶的鉴戒作用。曾巩论述了他心目中的良史
标准是："其明必足以周万事之理，其道必足以适天下之用，其智必足以
通难知之意，其文必足以发难显之情。"曾巩从"明""道""智""文"
四个方面要求史家。其中，"明""道""智"三个方面实际上是古代对执
政者的要求，而曾巩则认为这样的素质不独古圣王具有，史官也同样具
备，称："盖执简操笔而随者，亦皆圣人之徒也。"正是因为曾巩以圣人
的标准来要求史家，因此对汉代以后的史家进行了严厉批评。曾巩认为
两汉以后的史家，只有司马迁可以称得上"隽伟拔出之才、非常之士"，
但司马迁在"明""道""智""文"四个方面也仍然不能符合良史的要
求。曾巩认为司马迁不能比于古代良史是因为心术不能达到圣人的境界，
称："盖圣贤之高致，迁固有不能纯达其情"。

曾巩还从圣人心术的标准来批评刘向，认为刘向作《战国策》心术
不能抵于圣人之境，说：

[1] 曾巩：《元丰类藁》卷十一《南齐书目录序》，四部丛刊初编本，第 187—188 页。

向叙此书（《战国策》），言"周之先，明教化，修法度，所以大治。及其后，谋诈用，而仁义之路塞，所以大乱"。其说既美矣。卒以谓"此书战国之谋士度时君之所能行，不得不然"。则可谓惑于流俗，而不笃于自信者也。夫孔孟之时，去周之初已数百岁，其旧法已亡，旧俗已熄久矣。一子乃独明先王，以谓不可改者，岂将强天下之主以后世之不可为哉？亦将因其所遇之时、所遭之变而为当世之法，使不失乎先王之意而已。二帝三王之治，其变固殊，其法固异，而其为国家天下之意，本末先后未尝不同也，二子之道如是而已。盖法者所以适变也，不必尽同；道者所以立本也，不可不一，此理之不易者也。故二子者守此，岂好为异论哉？能勿苟而已矣，可谓不惑乎流俗而笃于自信者也。[1]

刘向认为周初以德治天下，到了战国之世，谋诈取代了仁义，因此战国时的士人迫于时代变迁而以智谋效力于国君。曾巩据此对刘向提出了严厉批评，认为刘向是惑于流俗而不笃于自信者。曾巩所言"流俗"和"不笃于自信"实际上是指史家心术不纯、不能自信于古圣王之道而流于时俗。曾巩对史家心术的这一批评是以圣人为标准的，他认为孔子和孟子在同样礼崩乐坏的时代著述"不失乎先王之意"，因此是"不惑乎流俗而笃于自信者"。虽然曾巩对史家心术标准的这种认识有所偏颇，但孔子修《春秋》对其史学批评的影响可见一斑。

叶适注重《春秋》和《左传》的史学性质，不仅认为《春秋》"名经而实史"，而且认为《左传》实际上也是史书，称《左传》"取义广，叙事实，兼新旧，通简策，虽名曰传其实史也"[2]。正因为把《春秋》和《左传》视为史书，所以叶适在史学批评中往往把《春秋》和《左传》作为修史的准则，而对后世史学与《春秋》《左传》不合之处加以批评。叶适的史学评论主要集中在《习学记言》关于史书的篇章中。综观这些篇章，可以看出叶适以《春秋》《左传》为标准进行史学评论，主要有两个方面：第一，叶适用《春秋》《左传》的史法去衡量其他史著的修史之

---

[1]　曾巩：《元丰类藁》卷十一《战国策目录序》，四部丛刊初编本，第184—185页。

[2]　叶适：《习学记言》卷十一《春秋·昭二十四至哀公终》，上海古籍出版社1992年版，第101页。

法。其一，叶适推崇《春秋》《左传》的编年体，以之批评纪传体史书。叶适对《史记》颇有微词，其中重要的一点就是不满司马迁改变《春秋》《左传》的编年体，他说：

> 迁虽言"欲一观诸要难"，其实既因《春秋》《左氏》变旧史法，又以二书无所置之，故用纪年聚其要语，前乎共和，后乎楚汉，接续章次，略成一体以存旧文。然均之一事，表既谱之，纪复纪之，世家列传又申明之，参互错重，十数见而犹未已。甚矣！迁之自劳而启后世之烦且杂也。[1]

叶适否定司马迁改编年体为纪传体的价值，认为《史记》"因《春秋》《左氏》变旧史法"并不成功，造成一部史书中一事屡见于多篇的弊端，"启后世之烦且杂"。这样的评价虽失于武断、片面，但反映出《春秋》《左传》的编年体对宋人史学批评的重要影响。其二，叶适治《左传》，注重研究《春秋》与《左传》中的史法，并用自己所得出的结论批评宋代史学模仿《春秋》笔法的不足。《旧唐书·文宗本纪》曾记载文宗即位后的一道诏书，叶适根据《旧唐书·文宗本纪》在记录诏书后所言"帝在藩邸，知两朝之积弊，此时厘革，并出宸衷，士民相庆，喜理道之复兴矣"之语，指出这道诏书反映了文宗的英明进取之处，据此反对欧阳修在《新唐书·文宗本纪》中删去这道诏书，称：

> （文宗）其聪明恭俭，自然合道，盖非秦汉以后继世之君所能及，况行其所言，终始不变，则虽秦汉以前犹难之。《新史》用《春秋》法减省文字，此诏遂遗落不得具，可惜也。[2]

叶适不仅指出了欧阳修遗漏重要史料的编纂过失，更指出了这一过失的原因是欧阳修用《春秋》史法不得当。叶适还曾批评《新唐书·五行志》用《春秋》史法不当，称：

---

[1] 叶适：《习学记言》卷十九《史记·表》，上海古籍出版社1992年版，第164—165页。

[2] 叶适：《习学记言》卷三十八《唐书·帝纪》，上海古籍出版社1992年版，第356页。

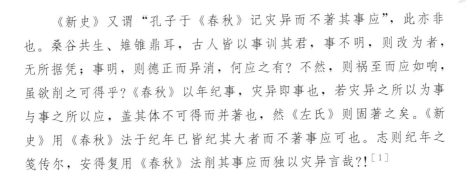

《新史》又谓"孔子于《春秋》记灾异而不著其事应",此亦非也。桑谷共生、雊雉鼎耳,古人皆以事训其君,事不明,则改为者,无所据凭;事明,则德正而异消,何应之有?不然,则祸至而应如响,虽欲削之可得乎?《春秋》以年纪事,灾异即事也,若灾异之所以为事与事之所以应,盖其体不可得而并著也,然《左氏》则固著之矣。《新史》用《春秋》法于纪年已皆纪其大者而不著事应可也。志则纪年之笺传尔,安得复用《春秋》法削其事应而独以灾异言哉?![1]

《新唐书·五行志》认为《春秋》记灾异而不记其事应,因此模仿《春秋》的做法。叶适认为《新唐书·五行志》对《春秋》记灾异之法的理解有误,指出《春秋》记灾异而不记其事应是由于《春秋》编年纪事而灾异与事应不同年造成的,所以反对《新唐书·五行志》不记灾异事应的做法。实际上,《春秋》记灾异而不记其事应的具体原因难于详考,《新唐书·五行志》对《春秋》记灾异之法的理解实际上根源于前文所述欧阳修的灾异观。叶适批评《新唐书·五行志》对《春秋》史法理解有误,虽然未必准确,却可看出《春秋》史法在叶适史学批评标准中的重要地位。

第二,叶适注重用《春秋》的史义考量其他史学著作的思想。宋代经学上所阐发的《春秋》大义,在以《春秋》为史的叶适那里,实际上成了用以考察史义的思想准则。叶适用自己理解的《春秋》史义去评价其他史著的史义,是其史学批评的一个重要特征,这突出表现在他对司马迁的批评上。叶适的春秋学,主要是治《左传》,这恐怕是叶适对吸收了公羊家思想的司马迁进行苛刻指责的一个深层原因。叶适曾经严厉批评司马迁改变《左传》的编年体,说:

> 《左氏》为《春秋》作传,尽其巧思,包括诸国,参错万端,精粹研极,不可复加矣。迁欲出其上,别立新意而成此书。然无异故尽取诸书而合之耳,如刻偶人,形质具而神明不存矣。书完而义鲜,道德性命益以散,微学者无所统纪,其势不得不从事于无用之

---

[1] 叶适:《习学记言》卷三十九《唐书·表志》,上海古籍出版社1992年版,第365页。

空文，然则人材何由而可成？[1]

　　叶适推崇《左传》的成就，认为其著述之精严"不可复加"，而认为司马迁另创纪传体只不过是拼凑材料、行"无用之空文"。所谓"无用之空文"，是指《史记》"书完而义鲜，道德性命益以散"，也就是认为《史记》没有体现义理。我们不能不说，这是由于叶适所持《春秋》大义与司马迁观点相左造成的一种偏见。造成叶适这一偏见的原因有二：其一，司马迁身处经学方兴的时代，兼取百家思想，观点不尽合于儒家，更不合于理学勃兴时代的叶适重视性命义理的思想；其二，更重要的原因是，司马迁在春秋学上主要继承的是董仲舒的公羊家思想，而叶适则深受《左传》影响。叶适对汉代公羊家所发《春秋》大义颇不满，曾经说："《春秋》传记，其所训释，犹未能尽合义理之中，汉加甚焉。"[2] 所谓"汉加甚焉"，即是就汉代公羊家而言。叶适又指出"太史公言《春秋》之义，本于《公羊》董仲舒，粗浅妄意非其实也"[3]。叶适因为否定汉代公羊家对《春秋》大义的解说，因此将《史记》的思想也一并加以否定。叶适对《史记》的这种否定是一种偏激之辞，但我们却从中可以看出叶适根据《春秋》大义进行史学批评的特点，更可以看出春秋学对宋代史学的深刻影响。实际上，叶适这种从义理角度出发而否定《史记》的观点在宋代具有相当的代表性，孙甫、苏轼等人都有类似的言论，反映了宋代史学批评重义理并用自身春秋学观点评价史书的特点。

　　从一定程度上来说，宋代史学批评的重大发展受到了春秋学的强有力推动。经学的义理化走向促进了经史之学对春秋学的重视，由此促使史家争相从《春秋》经传的角度来考评史学。

---

[1]　叶适：《习学记言》卷二十《史记·列传》，上海古籍出版社 1992 年版，第 178 页。

[2]　叶适：《习学记言》卷五十《吕氏文鉴》，上海古籍出版社 1992 年版，第 466 页。

[3]　叶适：《习学记言》卷二十《史记·史迁自序》，上海古籍出版社 1992 年版，第 180 页。

# 第五章 元代理学的官学化与义理化史学的发展

宋元易鼎之后，程朱理学得到了广泛的传播。元代政权大力提倡程朱理学，将之确定为居统治地位的官方学术思想，从而使之在社会上传播的广度和深度都较宋代有所提升。元代理学的传播与官学化，不但推动了这一时期理学的发展，而且也深刻地影响了史学与史学思想的发展，这主要表现在史学的义理化程度得到了进一步加深。

## 第一节 理学的传播与官学化

随着元朝大一统政权的建立，南北方的学术也走向融合，尤其是程朱理学的北传，为此后元代学术思想的发展奠定了基础，最终促使程朱理学成为官方正统之学。在这一过程中，赵复、许衡、郝经、吴澄等一批理学家为理学的传播以及官学化做出了重要的贡献，他们的学术思想在宋代理学的基础上又有了新的发展。

### 一、理学北传与南北方理学的发展

宋末元初，由于南北方政权的分裂割据，学术也是各自发展，不相沟通的。当时北方承袭金代学术，以章句训诂之学为主，也有部分二程理学的遗脉；南方则主要传承的是南宋程朱理学思想。随着蒙古大军南下，南北政权统一，南方程朱理学思想也随之传到了北方。

在理学北传的过程中，当时的名儒赵复起到了关键性的作用。赵复，字仁甫，德安（今湖北安陆）人，是宋末元初的理学大家，世称"江汉先生"。1235 年窝阔台派兵南下，"拔德安，得名儒赵复"[1]。当时，军中名士姚枢奉命寻求儒、道、释、医、卜等人才，在他的极力劝说下，赵复最终同意随之北上。《元史》记载："先是，南北道绝，载籍不相通。至是，复以所记程、朱所著诸经传注，尽录以付枢。"[2] 而且，太子与姚枢还为宋代理学宗师周敦颐立祠，并"收伊、洛诸书送燕都"[3]，建立了太极书院，延请赵复为书院主讲，北方许多学者前往学习。自此以后，程朱理学在北方广泛传播。元初学者郝经曾撰《太极书院记》，其中写道："今建书院以明道，又伊洛之学传诸北方之始也。……推本谨始，以太极为名，于是伊洛之学遍天下矣。"[4] 与当时北方所流行的章句训诂之学不同，赵复的理学上承朱熹，讲求性命义理。随着赵复理学北传，南北方学术思想开始沟通融合，理学在北方的影响力日益突出。姚大力教授曾在《金末元初理学在北方的传播》一文中评述道：金末元初理学在北方的传播，可以 1235 年赵复游学北方为界，分为前后两个阶段。在 1235 年以前，流传在北方的理学，主要是二程学说的残支余脉；同时偶尔也有朱熹之学零星北传，但更多的学者则潜心词章声律。理学在北方长期处于自生自灭的状态，而且招来相当多的反对。赵复游学北上则是北方理学发展史上的重要转折点。[5]

继赵复理学北传之后，北方许多学者进一步传播和发展了理学思想。据史书记载，姚枢隐退苏门传授赵复之学，当时如许衡、刘因、郝经等北方大儒亦皆深受理学思想影响。

许衡（1209—1281 年），字仲平，号鲁斋，河内人（今河南焦作）。他曾"访姚枢于苏门，得伊洛、新安遗书"，归来称："昔者授受，殊孟

---

[1] 《元史》卷一百五十八《姚枢传》，中华书局 1976 年版，第 3711 页。

[2] 《元史》卷一百八十九《儒学一》，中华书局 1976 年版，第 4314 页。

[3] 《元史》卷一百四十六《杨惟中传》，中华书局 1976 年版，第 3467 页。

[4] 郝经：《陵川集》卷二十六《太极书院记》，文渊阁《四库全书》本，第 1192 册，第 288—289 页。

[5] 姚大力：《金末元初理学在北方的传播》，载《元史论丛》第二辑，中华书局 1983 年版，第 217 页。

浪也，今始闻进学之序。"[1] 可见程朱理学对许衡学术的深刻影响。元朝建立后，许衡受到元世祖忽必烈的赏识，拜集贤大学士兼国子祭酒，培养了大批汉族和蒙古族的弟子，对元代理学的传播与发展产生了重要影响。许衡所作《大学要略》《明明德》《大学直解》《中庸直解》《读易私言》等篇章延续了程朱理学的思想观点，对儒家经典进行了深入的解读。元代史家虞集在《送李彦方诗序》中评价许衡称："许文正公表章程、朱之学，天下人心风俗之所系，不可诬也。"[2]

刘因（1249—1293年），字梦吉，号静修，雄州容城人（今河北容城县）。刘因治学之路经历了从训诂到义理的转变，他早年曾跟随国子司业砚弥坚探究经学"训诂疏释之说"，然而刘因认为"圣人精义，殆不止此"，后来经由赵复而得"周、程、张、邵、朱、吕之书"，称"我固谓当有是也"。[3] 刘因曾对宋代理学宗师做出评价："邵，至大也；周，至精也；程，至正也。朱子，极其大，尽其精，而贯之以正也。"[4] 由此可见，刘因认为朱熹是宋代理学的集大成者，所以刘因的学术亦以朱子为宗。刘因一生授徒讲学，同样为理学在北方的传播做出了重要贡献。黄百家称赞许衡和刘因的学术，认为二人之学"盖元之所借以立国者也"[5]。而且，黄百家指出："二子之中，鲁斋之功甚大，数十年彬彬号称名卿材大夫者，皆其门人，于是国人始知有圣贤之学。"而对于刘因，黄百家同样也肯定其学术贡献，并引史家虞集之言称赞他"天分尽高，居然曾点气象"。[6]

郝经（1223—1275年），字伯常，泽州陵川人（今山西晋城）。郝经

[1] 黄宗羲著，全祖望补修：《宋元学案》卷九十《鲁斋学案》，中华书局1986年版，第2995页。

[2] 黄宗羲著，全祖望补修：《宋元学案》卷九十《鲁斋学案》，中华书局1986年版，第3002页。

[3] 黄宗羲著，全祖望补修：《宋元学案》卷九十一《静修学案》，中华书局1986年版，第3020页。

[4] 《元史》卷一百七十一《刘因传》，中华书局1976年版，第4008页。

[5] 黄宗羲著，全祖望补修：《宋元学案》卷九十一《静修学案》，中华书局1986年版，第3021页。

[6] 黄宗羲著，全祖望补修：《宋元学案》卷九十一《静修学案》，中华书局1986年版，第3021页。

受元世祖忽必烈的赏识，"咨以治国安民之道"[1]，授翰林侍读学士。而且，在元与南宋对峙时，郝经由于主张天下一家，还曾作为使者被派往南宋谈判。郝经的学术思想包容贯通，一方面，他受家学影响，其祖上受学于程颢，因而郝经得洛学之传。另一方面，郝经也曾从学于赵复，吸收了南方理学的思想。郝经著有《续后汉书》《春秋外传》《易外传》等著作，元人苟宗道曾为郝经作行状，称他"以兴复斯文道济天下为己任。读书则专治六经，潜心伊洛之学，涉猎诸史子集，以穷理尽性修己治人为本，其余皆厌视而不屑也"[2]。

在元代北方理学传播和发展的同时，南方学术依旧延续南宋理学传统。尽管许多由宋入元的南方理学家不愿入仕元朝，但他们著书讲学，同样对元代理学发展产生了深刻影响，其中最为重要的代表当数金履祥、许谦的金陵学派，以及吴澄的草庐学派。

金履祥（1232—1303 年），字吉父，兰溪人（今浙江兰溪）。金履祥学识广博，先师从王柏，后来又入何基门下。何基为朱熹再传弟子，所以金履祥的学术思想承袭了朱子之学。宋亡以后，金履祥避居金华山，专注于撰述授徒，作有《通鉴前编》《大学章句疏议》《论语孟子集注考证》等。许谦（1269—1337 年），字益之，浙江金华人，学者称其白云先生。许谦师从金履祥，学成后同样避居山林讲学；其学术重理一分殊、中庸之道，"其教以五性人伦为本，以开明心术、变化气质为立身之要，以分辨义利为处事之制"[3]。

吴澄（1249—1333 年），字幼清，抚州崇仁人（今江西崇仁）。吴澄对元代理学发展影响深远，其学术地位与许衡相当，素有"北许南吴"之称。对于吴澄的学术思想，全祖望论述道："草庐出于双峰，固朱学也，其后亦兼主陆学。盖草庐又师程氏绍开，程氏尝筑道一书院，思和会两家。然草庐之著书，则终近乎朱。"吴澄本人也曾明确表示："朱、

[1] 黄宗羲著，全祖望补修：《宋元学案》卷九十《鲁斋学案》，中华书局 1986 年版，第 3007 页。
[2] 苟宗道：《故翰林侍读学士国信使郝公行状》，载李修生主编：《全元文》卷四○六，凤凰出版社 2004 年版，第 709 页。
[3] 黄宗羲著，全祖望补修：《宋元学案》卷八十二《北山四先生学案》，中华书局 1986 年版，第 2756 页。

陆二师之为教，一也。而二家庸劣之门人，各立标榜，互相诋訾，至于今，学者犹惑。呜呼甚矣，道之无传而人之易惑难晓也！"[1] 可见，吴澄反对朱学与陆学的门户之争，其理学思想融合了朱、陆二家，而仍以朱学为主。吴澄曾被元朝多次征召入仕，但他一再推辞，至元仁宗时，任国子监司业，却又被同僚嫉恨，最终告病辞官。尽管如此，吴澄对元代理学的发展依然有着突出的贡献，他一生专注于著书立说，尤其对五经颇有研究，撰有《五经纂言》，改变了汉唐时期以文字训诂解经的方式，注重经学义理。而且，吴澄的追随者众多，他培养了大批优秀的理学学者。

综上可见，元代理学继承了宋以来程朱理学的学术传统，南北方学术也开始交流，逐渐融合。值得注意的是，元代理学与史学有着密切的关系，从理学家的著述来看，他们之中有不少人都撰有史书或史论。例如刘因的许多文章都反映了他的历史观，还作有不少评史的诗歌；郝经的《续后汉书》、金履祥的《通鉴前编》以及许谦的《治忽几微》则都是史学著作。而且，从学术传承看，很多元代的著名史家都师承于这些理学家。如欧阳玄、苏天爵均承自赵复江汉之学一脉，虞集、揭傒斯则为吴澄门人。由此可见，元代史学的发展与理学传承是交织在一起的。

## 二、程朱理学的官学化

元代理学的发展与统治者对理学的重视是分不开的。程朱理学自宋代兴起以来，发展的过程是比较曲折的，到了元代，程朱理学受到官方认可成为正统之学。

元统治者自率军南下之时，就表现出对儒学的推崇。统一全国后，更是颁布许多施政措施以尊儒。一方面，元统治者在所征伐之地广寻儒士，为己所用，如前文所论名儒赵复即因此随元军北上。《元史》记载："及取中原，太宗始立十路宣课司，选儒臣用之。"[2] 另一方面，元初统

---

[1] 黄宗羲著，全祖望补修：《宋元学案》卷九十二《草庐学案》，中华书局1986年版，第3046页。

[2] 《元史》卷八十五《百官一》，中华书局1976年版，第2119页。

治者自身也较为注重对儒学的学习，如《元史》称元世祖在潜邸时，便"思大有为于天下，延藩府旧臣及四方文学之士，问以治道"，还常与许衡、郝经等理学家谈论治国之策，在诏书中也说道："法《春秋》之正始，体大《易》之乾元。炳焕皇猷，权舆治道。"[1] 此外，一些大臣也在尊儒方面做出了很多努力。《元史·耶律楚材传》记载了当时的名臣耶律楚材尊孔崇儒所推行的一系列举措："楚材又请遣人入城，求孔子后，得五十一代孙元措，奏袭封衍圣公，付以林庙地。命收太常礼乐生，及召名儒梁陟、王万庆、赵著等，使直释九经，进讲东宫。又率大臣子孙，执经解义，俾知圣人之道。置编修所于燕京、经籍所于平阳，由是文治兴焉。"[2] 赵良弼也曾向元世祖论说经学的重要性，他说："宋亡，江南士人多废学，宜设经史科，以育人材，定律令，以戢奸吏。"[3]

元统治者对儒学的重视多出于当时治民理政的需要，但在客观上起到了促进儒学发展的作用。元代理学的官学化，更多地表现在学校教育和科举取士上。许衡曾向元世祖表明设立学校的重要意义，他说："自都邑而至州县，皆设学校，使皇子以下至于庶人之子弟，皆入于学，以明父子君臣之大伦，自洒扫应对以至平天下之要道，十年已后，上知所以御下，下知所以事上，上下和睦，又非今日之比矣。"元世祖兴办太学，任命许衡为集贤大学士兼国子祭酒，并"亲为择蒙古弟子俾教之"。许衡欣然接受任命，并且说："此吾事也。国人子大朴未散，视听专一，若置之善类中涵养数年，将必为国用。"[4] 可见，许衡对于朝廷建立太学之事十分欣喜，认为蒙古子弟质朴专一，如果教之以良善之道，则可成为国之栋梁。而且，许衡积极为之筹划，《元史·许衡传》记载：

（许衡）乃请征其弟子王梓、刘季伟、韩思永、耶律有尚、吕端善、姚燧、高凝、白栋、苏郁、姚燉、孙安、刘安中十二人为伴读。诏驿召之来京师，分处各斋，以为斋长。时所选弟子皆幼稚，

[1]《元史》卷四《世祖一》，中华书局1976年版，第65页。
[2]《元史》卷一百四十六《耶律楚材传》，中华书局1976年版，第3459页。
[3]《元史》卷一百五十九《赵良弼传》，中华书局1976年版，第3746页。
[4]《元史》卷一百五十八《许衡传》，中华书局1976年版，第3727页。

衡待之如成人，爱之如子，出入进退，其严若君臣。其为教，因觉以明善，因明以开蔽，相其动息以为张弛。课诵少暇，即习礼，或习书算。少者则令习拜跪、揖让、进退、应对，或射，或投壶，负者罚读书若干遍。久之，诸生人人自得，尊师敬业，下至童子，亦知三纲五常为生人之道。[1]

从这段话可以看出，许衡为太学的兴办做出了突出的贡献，不仅亲自授学，还征召自己的弟子辅助伴读。而且，许衡的教育成果是显著的，学生人人尊师知礼，恪守三纲五常之道。据《元史》记载，当时的国子监学生"凡读书必先《孝经》《小学》《论语》《孟子》《大学》《中庸》，次及《诗》《书》《礼记》《周礼》《春秋》《易》"[2]。从读书次序可以看出，国子监教育以理学经典为主要内容，作为理学之核心的四书是排在五经之前的。许衡的《小学大义》《大学要略》《大学直解》《中庸直解》均为当时讲授所作，这些讲义著作文字简明，直述经义。明人洪宽为其《大学要略》作序称："其言约而达，微而臧，虽庸人孺子皆有以知，这便是明明德新民之说，这便是止于至善之谓，这便是格致诚正之方，这便是修齐治平之理。然后古者大学教人之道，圣经贤传之旨，莫不焕然融会，洞然昭灼，夫岂复有余蕴哉！"[3] 许衡的这种简单直接的讲述方式让太学中的蒙古子弟很容易接受，提升了蒙古贵族阶层的理学修养，加强了元朝统治者对理学的认可。

许衡在太学的讲授，对程朱理学的传播及其官学地位的确立起到了促进作用；而后来元代科举将程朱理学作为选拔人才的标准，则正式确立了程朱理学的正统地位。苏天爵在《伊洛渊源录序》中说：

> 昔我世祖皇帝，既定天下，惇崇文化，首征覃怀许文正公为之辅相。文正之学，尊明孔、孟之遗经，以及伊、洛诸儒之训传，使

---

[1]《元史》卷一百五十八《许衡传》，中华书局 1976 年版，第 3727—3728 页。

[2]《元史》卷八十一《选举一》，中华书局 1976 年版，第 2029 页。

[3] 洪宽：《大学要略序》，载程敏政编：《明文衡》卷四十四，四部丛刊初编本，第 747 页。

夫道德之言，衣被四海。故当时学术之正，人材之多，而文正之有功于圣世，盖有所不可及焉。逮仁庙临御，肇兴贡举，网罗俊彦，其程试之法，表彰六经。至于《论语》《大学》《中庸》《孟子》，专以周、程、朱子之说为主，定为国是，而曲学异说，悉罢黜之，是则列圣所以明道术以正人心、育贤材以兴治化者，其功用顾不重且大欤。[1]

元代科举在元世祖时就已有雏形，至元四年（1267 年），翰林学士承旨王鹗"请行选举法"，中书左三部与翰林学士还商议了科举的程式，提出"选蒙古人诸职官子孙百人，专命师儒教习经书，俟其艺成，然后试用"[2]。后来许衡也曾向元世祖建议行科举，虽然世祖对这些大臣的建言都表示认可，但科举制在当时并未真正实行。直到元仁宗时，当时的中书省大臣又向皇帝奏请推行科举，称："夫取士之法，经学实修己治人之道，词赋乃摘章绘句之学，自隋、唐以来，取人专尚词赋，故士习浮华。今臣等所拟将律赋省题诗小义皆不用，专立德行明经科，以此取士，庶可得人。"[3]中书省大臣建议的取士之法摒弃了隋唐以来"专尚辞赋"的风气，以经学为主要的考察内容。元仁宗认可了这一建议，并颁布诏书，确立了科举取士的制度。这份诏书详细规定了元朝科举的考试程式，其中写道：

> 蒙古、色目人，第一场经问五条，《大学》《论语》《孟子》《中庸》内设问，用朱氏章句集注。其义理精明，文辞典雅者为中选。第二场策一道，以时务出题，限五百字以上。汉人、南人，第一场明经经疑二问，《大学》《论语》《孟子》《中庸》内出题，并用朱氏章句集注，复以己意结之，限三百字以上；经义一道，各治一经，《诗》以朱氏为主，《尚书》以蔡氏为主，《周易》以程氏、朱氏为主，已上三经，兼用古注疏，《春秋》许用三传及胡氏传，《礼记》

[1] 苏天爵：《滋溪文稿》卷五《伊洛渊源录序》，中华书局 1997 年版，第 73—74 页。
[2] 《元史》卷八十一《选举一》，中华书局 1976 年版，第 2017 页。
[3] 《元史》卷八十一《选举一》，中华书局 1976 年版，第 2018 页。

中国经史关系通史·宋元明卷

用古注疏，限五百字以上，不拘格律。第二场古赋诏诰章表内科一道，古赋诏诰用古体，章表四六，参用古体。第三场策一道，经史时务内出题，不矜浮藻，惟务直述，限一千字以上成。[1]

从这段话可以看出，元朝科举以经史为主，注重时务，反对浮华。而且，经义的考察以四书为首，以朱熹的《四书章句集注》为标准，五经的内容以二程、朱熹、蔡沈等宋代理学家的注为主，兼采古注疏。皮锡瑞的《经学历史》也称："于是元仁宗延祐定科举法，《易》用朱子《本义》，《书》用蔡沈《集传》，《诗》用朱子《集传》，《春秋》用胡安国《传》，惟《礼记》用郑注，是则可谓小统一矣。"[2] 由此可见，宋儒经注已基本取代汉儒经注，成为元代官方经学统一的标准。元朝科举标志着程朱理学的官学化，尤其是朱熹的《四书章句集注》，从此便一直作为科举考试士人必读书目，朱子之学成为主流正统之学。

元代理学的官学化促进了理学的传播与推广。一方面，理学在元朝统治阶层中广泛流行。例如，元朝名臣不忽木便精通儒学，入国子监师从许衡。不忽木曾向元世祖上书，建议发展学校教育。不忽木在奏疏中强调学校教育的重要性，称"如欲人材众多，通习汉法，必如古昔遍立学校然后可"[3]；而且指出国子学教育"必本于人伦，明乎物理，为之讲解经传，授以修身、齐家、治国、平天下之道"，对于各科学业，"俾国子学官总领其事，常加点勘，务要俱通，仍以义理为主"。[4] 不忽木之子巎巎"幼肄业国学，博通群书，其正心修身之要得诸许衡及父兄家传"[5]，任翰林学士承旨、知制诰兼修国史。《元史》记载，巎巎为元世祖讲诵经义，"凡四书、六经所载治道，为帝绅绎而言，必使辞达感动帝衷敷畅旨意而后已"[6]。由此可见，元朝的理学教育对统治阶层影响很深，他们不仅提高了自身的理学修养，还通过向皇帝进言讲经，为理学

[1]《元史》卷八十一《选举一》，中华书局1976年版，第2019页。

[2] 皮锡瑞：《经学历史》卷九《经学积衰时代》，中华书局1959年版，第282页。

[3]《元史》卷一百三十《不忽木传》，中华书局1976年版，第3165页。

[4]《元史》卷一百三十《不忽木传》，中华书局1976年版，第3166页。

[5]《元史》卷一百四十三《巎巎传》，中华书局1976年版，第3413页。

[6]《元史》卷一百四十三《巎巎传》，中华书局1976年版，第3414页。

的进一步传播与发展做出贡献。另一方面，随着元朝科举制的确立和地方学校教育的发展，理学思想也在逐渐普及。例如，苏天爵的《性理四书序》记载：

> 至正丁亥，诏严守令之选，以六事责之。明年夏五月，浙西廉访副使徐侯思让拜括苍郡守，下车之初，奉行六事惟谨，……侯益延师储书，尽教养之实，又以周子《太极图说》《通书》，张子《正蒙》《西铭》，刊置郡学，俾诸生阅习。书成，号《性理四书》，命文学掾云某来求序。[1]

这段话写的是苏天爵为《性理四书》作序的缘由，从中可以看出，地方官员十分重视理学的教育，专门将周敦颐、张载的理学经典著作汇编起来，以供地方诸生研习。可见，理学在地方上同样有较强的影响力，这反映了理学在逐渐由统治阶层向社会下层渗透。

## 第二节　理学思潮影响下的历史发展观

元代史学的义理化首先表现在理学对历史观的影响上。元代学者往往以天理来解释历史的发展变化，着重探讨了"命""理""势"在历史发展中的作用，从而体现出他们通变以合天理的历史变易思想。而且，学者们强调王道德政对历史盛衰的影响，并以此作为历史阶段划分的依据。

### 一、通变以合天理的历史变易思想

元代学者将历史的发展变化归因天理，以《周易》阴阳之变解释历史的治乱兴衰，强调通变以合天理的历史变易思想，体现出元代历史发展观具有强烈的理学色彩。

元代理学家延续了宋代理学思想，以天理作为万事万物的根本。许

---

[1]　苏天爵：《滋溪文稿》卷六《性理四书序》，中华书局1997年版，第87页。

衡在《中庸直解》中说："只一个理，到中间却散为万事，如达道达德九经三重之类，无所不备。"[1] 刘因的《希圣解》也称："天地之间，理一而已。爰其厥中，散为万事；终焉而合，复为一理。"[2] 理学家对天理有不同的称谓，有时称"理"，有时称"道"。宋代理学家将《周易》的阴阳思想与天理相结合，认为天理所统摄的万物由阴阳所构成，他们将世间万物的变化解释为阴阳的消长，并且以阴阳的消长变化来说明社会历史的治乱兴衰，其中阳代表治世，阴代表乱世。这种观点同样被元代理学家继承，许衡就说："天下古今，未有无阳之阴，亦未有无阴之阳。""盖消之中复有长焉，长之中复有消焉，长中之消，其消也渐微，消中之长，其长也亦渐微。"[3] 认为天下古今之事物都包含着阴阳，而且是阴中有阳，阳中有阴，事物的变化就是在阴长阳消、阳长阴消中进行的。许衡的这种阴阳辨证的思想与他对历史变化的看法是相契合的，他说："尝谓天下古今一治一乱，治无常治，乱无常乱，乱中有治焉，治中有乱焉。乱极而入于治，治极而入于乱。乱之终治之始也，治之终乱之始也。"[4] 在许衡看来，历史之治乱与阴阳一样，都是在不断变化的，所以治乱无常，治世达到极致则生乱，乱世的终结也是治世的开始。刘因也将阴阳作为事物变化的主体，他在诗中写道："邈哉开辟初，造化惟阴阳。"[5] 但刘因对历史治乱变化的看法与许衡有所不同，他更多地抒发了他个人对历史兴衰的感受，认为古往今来，乱多治少。他在诗中称："乱多治少君知否，阴偶阳奇理自明。"[6] "阴偶小故多，阳奇屹无倾。……既知治长少，莫叹才虚生。"[7] 可见，刘因同样是以阴阳来释治乱，只是他认为阴为偶数，阳为奇数，所以在历史发展中乱多治少。

从许衡和刘因的论述可以看出，元代理学家对历史发展的认识基本继承了宋代理学的思想，认为历史的发展是一治一乱的阴阳互变。所以

[1] 许衡：《鲁斋遗书》卷五《中庸直解》，文渊阁《四库全书》本，第1198册，第342页。
[2] 刘因：《静修先生文集》卷一《希圣解》，商务印书馆1936年版，第2页。
[3] 许衡：《鲁斋遗书》卷六《阴阳消长》，文渊阁《四库全书》本，第1198册，第390页。
[4] 许衡：《鲁斋遗书》卷九《与窦先生》，文渊阁《四库全书》本，第1198册，第410页。
[5] 刘因：《静修先生文集》卷六《答乐天问》之二，商务印书馆1936年版，第107页。
[6] 刘因：《静修先生文集》卷十一《试笔》，商务印书馆1936年版，第209页。
[7] 刘因：《静修先生文集》卷十二《和饮酒》之七，商务印书馆1936年版，第244页。

他们强调历史是不断变化发展的，但同时又认为历史变化是符合天理的，因此对待历史的发展要通变以合天理。许衡说：

> 五帝之禅，三代之继，皆数然也，其间有如尧舜有子之不肖，变也。尧舜能通之以揖逊，而不能使己之无丹朱、商均。汤武遇君之无道，变也。汤武能通之以征伐，而不能使夏商之无桀纣。圣人遇变而通之，亦惟达于自然之数，一毫之己私无与也。[1]

许衡的这段话，充分体现了他的历史通变的思想。许衡在此特别提出了"数"这一概念。他认为五帝禅位、三代相继等历史沿革都是"数"使之然，其中尧舜之子不肖、汤武遇到暴君，这些都属于"变"。圣人面对这样的变化，就会顺应历史发展的趋势，通过禅让、征伐等形式使历史发展符合"自然之数"。许衡提出的"自然之数"，其实就是表明历史的发展变化是按照一定的客观规律进行的，是符合"理"的。刘因在《退斋记》中也论述了事物的变通，他说：

> 道之体本静，出物而不出于物，制物而不为物所制，以一制万，变而不变者也。以理之相对，势之相寻，数之相为流易者而观之，则凡事物之肖夫道之体者，皆洒然而无所累，变通而不可穷也。[2]

刘因的这段话说明，事物是在变化之中的，而"道"作为事物的本体不受事物的外在变化所累，所以事物变通要遵循着"道"的发展规律，才可达到长久无穷。

这种历史变易思想对元代史学的发展产生了深刻影响，史学家的历史撰述充分体现了他们通变的历史观。马端临的《文献通考》就体现了这种通变思想，《文献通考·序》说："《诗》《书》《春秋》之后，惟太史公号称良史，作为纪、传、书、表，纪传以述理乱兴衰，八书以述典章经制，后之执笔操简牍者，卒不易其体。然自班孟坚而后，断代为史，

---

[1] 许衡：《鲁斋遗书》卷一《语录上》，文渊阁《四库全书》本，第1198册，第283页。
[2] 刘因：《静修先生文集》卷二《退斋记》，商务印书馆1936年版，第42页。

无会通因仍之道，读者病之。"[1] 可见，马端临十分推崇司马迁的通史撰述，反对断代为史，认为只有通史撰述才可反映历史的"会通因仍之道"。胡三省的《资治通鉴音注》同样能反映出他通变的历史观。他称赞蔡兴宗和萧道成"人地虽殊，所见不异，盖识时达变，唯智者能之，文武无二道也"[2]；引用沈括有关兵制的注解，批评其论述"用之则误国丧师，不知合变"[3]。《资治通鉴》曾记载有西魏时文士卢柔向武将贺拔胜提出的建议，卢柔说："高欢悖逆，公席卷赴都，与决胜负，生死以之，上策也。北阻鲁阳，南并旧楚，东连兖、豫，西引关中，带甲百万，观衅而动，中策也。举三荆之地，庇身于梁，功名皆去，下策也。"[4] 贺拔胜听后并未选择卢柔建议的上策，反而采取了下策。对此，胡三省评述道："贺拔胜既不能勤王，又不能保境，挺身奔梁，卒如卢柔所料。原胜之心，以柔书生，故易其言。殊不知博观往迹，默察时变以坐论胜败，则书生之见，固非武夫健将之所能及也。"[5] 胡三省赞赏卢柔审时度势的能力，认为他能够"博观往迹，默察时变"，从胡三省的论述可以看出他通变的历史思想。

## 二、以"命""理""势"为核心的历史动因论

元代学者认为历史的发展变化当合天理，也就等于是肯定了天理才是社会历史发展的根本动因。元代以前，学者们对历史动因问题早已有过很多论述。元代学者在官方理学思想影响下，在前人关于历史动因探讨的基础上，重点探讨了"命""理""势"在历史发展中的作用。

关于"命"，中国自先秦以来就形成了天命史观，即认为天命是历史发展的决定因素。天命史观在两汉时期最为兴盛，当时的天命思想强调天人感应，多以灾异、谶纬来解说历史的发展变化。而到宋代理学兴起

[1] 马端临：《文献通考·序》，中华书局 2011 年版，第 1 页。
[2] 司马光：《资治通鉴》卷一百三十一《宋纪十三》，中华书局 1956 年版，第 4124 页。
[3] 司马光：《资治通鉴》卷六《秦纪一》，中华书局 1956 年版，第 191 页。
[4] 司马光：《资治通鉴》卷一百五十六《梁纪十二》，中华书局 1956 年版，第 4848—4849 页。
[5] 司马光：《资治通鉴》卷一百五十六《梁纪十二》，中华书局 1956 年版，第 4849 页。

之后，理学家将天命纳入理学的体系之中，以义理来阐释天人关系。元代理学家继承了这种天人思想，对历史发展中的"命"与"理"的关系做了深入的探讨。

许衡强调顺应天命的重要性。他说："不听父命者，则为不孝；不听君命者，则为不忠；其或不听天命者，独无责耶？君父之命或时在可否之间，设教者犹曰勿逆勿怠，况乎天命大公至正，无有不善，何若而不受命乎？"[1] 可见，许衡对天命十分重视，并且指出与君父之命相比，天命是绝对公正无私的，因此人应当受命于天。但许衡的天命观与汉代具有神秘性的天人感应思想有所不同，他在突出"天"的决定性的同时，也注重时势、义理在历史发展中的作用。许衡在《与窦先生》中写道：

> 治乱相寻，天人交胜。天之胜，质掩文也；人之胜，文胜质也。天胜不已，则复而至于平，平则文著而行矣。故凡善恶得失之应无妄然者，而世谓之治，治非一日之为也，其来有素矣。人胜不已，则积而至于偏，偏则文没不用矣。故凡善恶得失之迹若谬焉者，而世谓之乱，乱非一日之为也，其来有素矣。析而言之，有天焉，有人焉；究而言之，莫非命也。命之所在，时也；时之所向，势也。势不可为，时不可犯，顺而处之，则进退出处，穷达得失，莫非义也。[2]

许衡一方面指出社会历史一治一乱的变化是天人交胜的结果，天胜人时，天之质掩盖了人之文，治世逐渐形成；治世尚文，于是人之文又逐渐胜过天之质，这种文积累到一定程度就形成乱世。所以，许衡认为，治乱相替并非一时一日所形成的，而是天人交胜、质文渐变的过程。从这个角度看，许衡的天人观主张顺从天命，却否定了人对历史的推动作用。而另一方面，许衡又指出天与人"莫非命也"，他所谓的"命"并不是一种绝对的神秘力量，而是"时"与"势"的体现；而且，无论是"时""势"，还是"命"，许衡认为只要是顺从了这种历史发展趋势，就都是合

[1] 许衡：《鲁斋遗书》卷一《语录上》，文渊阁《四库全书》本，第1198册，第277页。
[2] 许衡：《鲁斋遗书》卷九《与窦先生》，文渊阁《四库全书》本，第1198册，第410页。

中国经史关系通史·宋元明卷

乎"义"的。由此可见，许衡认为"命"与历史的客观趋势是相顺应的，这种顺应时势的"命"与历史发展之义理也是一致的。关于天命与义理的关系，许衡论述道：

> 或问："穷理至于天下之物，必有所以然之故，与其所当然之则，所谓理也？"曰："博学、审问、慎思、明辨，此解说个穷字。其所以然与其所当然，此说个理字。所以然者是本原也，所当然者是末流也；所以然者是命也，所当然者是义也。每一事，每一物，须有所以然与所当然。"
>
> ……
>
> 凡事物之际有两件，有由自己的，有不由自己的。由自己的有义在，不由自己的有命在，归于义、命而已。[1]

这两段话说得更为直白，许衡将事物的发展划分为"所以然"和"所当然"两种，其中"所以然"是"命"，"所当然"是"义"。从许衡的表述来看，"命"不由个人意志所决定，"义"则是可以通过人的主观行动来达到的。

金履祥在《孟子性命章讲义》中也谈到了"命"，他所讲的"命"，主要是从孟子的性命学说中引申出来的。《孟子·尽心下》中有一段话说："口之于味也，目之于色也，耳之于声也，鼻之于臭也，四肢之于安佚也，性也，有命焉，君子不谓性也。仁之于父子也，义之于君臣也，礼之于宾主也，智之于贤者也，圣人之于天道也，命也，有性焉，君子不谓命也。"[2] 金履祥将孟子这段话中讲到的"命"分为"气之理"和"理之气"两种，口、目、耳、鼻、四肢的感觉是上天以气化成，形态源于上天之命，理也蕴含其中，是"气之理"；仁、义、礼、智、天道这五者是义理，但具体到不同的人事中有气之清浊厚薄的区别，清浊厚薄的差异就是"命"的不同，是"理之气"。金履祥对其中仁、义、礼、智、

[1] 许衡：《鲁斋遗书》卷一《语录上》，文渊阁《四库全书》本，第1198册，第277—278页。

[2] 《孟子·尽心下》，《十三经注疏》本，中华书局1980年版，第2775页。

天道五者与"命"的关系做了详细的论述，他说：

> 仁义五者，非命也，到得所值不同，则命也。故程子、朱子当初于此五者之命，见其说不去，却把命也推上去说，清浊厚薄所值不同，以补其语意，此说尽之矣。五者之命，程子清浊厚薄之说尽之。夫清浊厚薄气也，而清浊发于所知，厚薄发于所值。自其清者言之，则仁之于父子也自至，义之于君臣也自尽，礼之于宾主也自节，智自能辨贤否，圣人自能吻合乎天道；自其浊者言之，则于父子而仁有所窒，于君臣而义有未充，于宾主而礼有未合，于贤否而智有所昏，于天道固不能如圣人之自然吻合，此命之有清浊也。自其厚者言之，则为父而得其子之孝，为子而得其父之慈，为君而得其臣之忠，为臣而遇其君之敬，宾主之相得，贤否之会避，圣人而得位得禄、得名得寿；自其薄者言之，则子孝而有瞽瞍之父，父慈而有朱、均之子，君贤而有管、蔡之臣，臣忠而有龙逢、比干之戮，为主而晋侯见弱于齐，为宾而鲁君不礼于楚，以言乎智，则晏婴而不知仲尼，以言乎圣与天道，而孔子不得位，此命之厚薄也。气化流行，纷纶错糅，化生人物，随处不同，或清或浊，或厚或薄，四者相经相纬，相糅相杂，而发于心，验于身，遇于事，各有不同者，清者生知安行，而浊者则反是，厚者气数遇合，而薄者则不同，此所以谓之命也。[1]

金履祥在此继承了程子、朱子对性命的解说，认为仁、义、礼、智、天道本不属于"命"，但人对于仁、义、礼、智、天道所禀赋的气质有所不同，这就体现了"命"的差别。金履祥指出，当气质为清时，仁、义、礼、智、天道都臻于充盈自然，君臣、父子、宾主等社会关系也十分融洽；而当气质为浊时，社会关系则出现窒碍，仁、义、礼、智、天道都有所欠缺。而关于气之厚薄，金履祥认为气质浓厚则父子、君臣、宾主等关系相得益彰，圣人的名位禄寿也都与其相配。反之则关系不对等，

---

[1] 黄宗羲著，全祖望补修：《宋元学案》卷八十二《北山四先生学案》，中华书局1986 年版，第 2741—2742 页。

如舜孝顺却有瞽叟这样的不慈之父，尧、舜慈爱却有丹朱、商均这样不肖之子，贤君周成王有管叔、蔡叔这样的叛臣，龙逢、比干等忠臣却被昏君所杀等等。可见，仁、义、礼、智、天道是天理所赋予人的，但这五者反映在客观现实之中又有不同的境遇和表现，这便是"命"所导致的。

总体来看，与汉代天人感应思想相比，元代学者的天命观念已经不再突出"天"的神秘性，而是通过"命"来解释客观历史发展的不同表现，并且强调"命"与"理"的一致性。

除了论述天命对社会历史的影响，元代学者还探讨了历史发展中"势"与"理"的关系。郝经《上宋主陈请归国万言书》详细论述了这一问题，其中写道：

> 夫天下有定理而无定势。圣人驭天下之大柄，本夫理而审夫势，不执于一，不失于一，而惟理是适。……势莫能定，而理无不定。推理而行，握符持要，以应夫势，天下无不定也。贾谊有言：汤武之定取舍审，而秦王之定取舍不审。审者何？审夫势也。定者何？定夫理也。取舍者何？理势之间也。见夫势必求夫理，轻重可否，不相违戾，而后权得而处之定。天下之大柄不去，而行夫临制之道，故不以一己之势易天下之势，不以天下之势易一己之势，不以已然之势累本然之势，不以当然之势累未然之势，定于中审，取舍于外，操存其理，而曲尽其势，王者之事备矣。夫一己之势，如是而便利，如是而遂乐，而理有未安者，宁违于己以徇夫理，是不以一己之势易天下之势也。天下之势，如此而可以有为，如此而可以得志，而理有所不可者，必反诸己以求夫理，是不以天下之势易一己之势也。天下之事业已如此，屹然不可移也，叛然不可变也，而理不可焉，必弃之而不为也，是不以已然之势累本然之势也。方今之势当如此也，而一时则可，异日则不可，不为也，是不以当然之势，累未然之势也。如是则审势求理无不尽矣。故曰，天下有定理而无定势也。[1]

---

[1]　郝经：《陵川集》卷三十九《上宋主陈请归国万言书》，文渊阁《四库全书》本，第1192册，第453—454页。

郝经这段话围绕"天下有定理而无定势"这一观点展开论述，他认为时势是在不断变化的，而天理是绝对不变的，所以审时度势要以理为根本。郝经引用贾谊的话，指出统治者在理势之间应有所取舍，把理势之取舍划分为四点，即"不以一己之势易天下之势，不以天下之势易一己之势，不以已然之势累本然之势，不以当然之势累未然之势"。郝经对这四点的分析表明，他对时势的审查定夺都基于理，无论个人还是天下的形势，一旦于理不合，便不可取，即使这种不符合理的形势在客观上业已形成，也要抛弃"已然之势"而遵循"本然之势"。但同时郝经也强调不可以拘泥于一时的形势，要考虑到更为长远的"未然之势"，可见他是以发展的眼光来看待时势变化的。

刘因也对理势关系有过论述，他认为万物发展都是"理势之必然"，他说："凡吾有生之民，或给力役，或出智能，亦必各有以自效焉。此理势之必然，自万古而不可易，庄周所谓'无所逃于天地之间'者也。"而且，刘因在《游高氏园记》中提出了"理势相因"的观点，他论述道：

> 夫天地之理，生生不息而已矣。凡所有生，虽天地亦不能使之久存也。若天地之心，见其不能使之久存也，而遂不复生焉，则生理从而息矣。成毁也，代谢也，理势相因而然也。人非不知其然也，而为之不已者，气机使之焉耳。若前人虑其不能久存也，而遂不为之，后人创前人之不能久有也，而亦不复为之，如是，则天地之间化为草莽灰烬之区也久矣，若与我安得兹游之乐乎！天地之间，凡人力之所为，皆气机之所使，既成而毁，毁而复新，亦生生不息之理耳。安用叹耶！[1]

刘因这段话指出，天地万物的发展变化是"理势相因"的结果，是"气机使之焉"。而且刘因特别强调，事物是生生不息地向前发展的，其间有成毁、代谢，但这些并没有阻碍事物的发展，所以前人不会因为事物在未来不能久存而不为，后人也不会因为前人所做不能久存而不为。可以看出，刘因认识到事物发展具有客观性，同时他又将这种客观发展归因于"理"。

---

[1] 刘因：《静修先生文集》卷二《游高氏园记》，商务印书馆 1936 年版，第 46 页。

元代学者对历史发展动因的探讨以"命""势""理"为基础，指出"命"影响历史的发展，同时也承认历史发展具有客观性，主张顺应历史发展的客观趋势。但无论是天命还是历史客观趋势，元代学者最终都归于天理，认为历史发展的"命"和"势"都应与"理"相合。

### 三、以王道德政为基础的历史盛衰观

宋代学者多有三代、汉唐分论，认为三代是王道政治，是天理流行的盛世，汉唐则是人欲横流的衰世，如朱熹就认为三代的王道政治顺应天理，汉唐功业则出于君主的私欲。当然，也有司马光提出"王霸无异道"的观点，认为三代时期既有王道也有霸道，二者都值得肯定。但总体来说，宋代区分三代、汉唐的历史阶段论是以统治者之德作为划分标准，强调王道与霸道的区别，认为行王道者顺应天理。元代学者基本延续了宋代三代、汉唐分论的观点，强调王道德政是影响历史盛衰的关键因素，认为君主施行王道便可顺应天理，并且以此作为历史阶段划分的标准。许衡说：

> 三纲倒置，人伦不明，国虽强大，而君子以为寒心。……世之诋霸者，犹以尚功利为言，殊不知霸者之所为，横斜曲直莫非祸端。先儒谓王道之外无坦途，举皆荆棘，仁义之外无功利，举皆祸殃。[1]

许衡的这段话就强调了王道与霸道的区别，并且特别指出，霸道并无功利可言，皆为祸端，所以君主当讲仁义，行王道。郝经的《思治论》也说：

> 无意于取，而有意于治者，殷周也；有意于取，有意于治者，汉唐也；有意于取，有意于治，而不知所以取与治者，晋隋也。取之以道，治之以道，其统一以远；取不以道，治之以道者，次之；

---

[1] 许衡：《鲁斋遗书》卷八《子玉请复曹卫》，文渊阁《四库全书》本，第 1198 册，第 405 页。

取与治皆不以道者，随得而随失也。[1]

郝经的这段话，可以说是在三代、汉唐分论的基础上又做了更为细致的划分。他对统治者的政权获取和社会治理进行了分析，将历史上的殷周、汉唐、晋隋等统治做了性质上的区分。而且，郝经以取与治是否符合"道"为标准，将政治统治分为三等：取与治都符合道是第一等，这样的政权统一且长久；取不以道而治之以道则次之；若取与治都不合道义，政权就会随时面临危机。可见，郝经对政治统治的划分同样也是以道德为主要依据。

此外，元朝官修的《宋史》首列《道学传》，将"道"作为儒学学术传承的核心，以道之显隐来阐述社会历史的兴衰：

> "道学"之名，古无是也。三代盛时，天子以是道为政教，大臣百官有司以是道为职业，党、庠、术、序师弟子以是道为讲习，四方百姓日用是道而不知。是故盈覆载之间，无一民一物不被是道之泽，以遂其性。于斯时也，道学之名，何自而立哉。
>
> 文王、周公既没，孔子有德无位，既不能使是道之用渐被斯世，退而与其徒定礼乐，明宪章，删《诗》，修《春秋》，赞《易象》，讨论《坟》《典》，期使五三圣人之道昭明于无穷。故曰："夫子贤于尧、舜远矣。"孔子没，曾子独得其传，传之子思，以及孟子，孟子没而无传。两汉而下，儒者之论大道，察焉而弗精，语焉而弗详，异端邪说起而乘之，几至大坏。[2]

这段话概括了道学从三代至两汉的发展，三代之时，"无一民一物不被是道之泽"，所以为盛世；三代以下，道学逐渐衰微，孔子、曾子、子思、孟子等圣贤不能使道应用于世，却也尚能传承道学，而两汉以后，儒者都不明大道，异端邪说又趁机兴起，所以为衰世。《宋史·道学传》这段

---

[1] 郝经：《陵川集》卷十八《思治论》，文渊阁《四库全书》本，第1192册，第200—201页。

[2] 《宋史》卷四百二十七《道学一》，中华书局1985年版，第12709页。

话充分体现了当时以道学划分历史阶段的历史观念。

关于王道德政的具体内涵和意义，元代学者从天理的角度做了详细的分析和论述，并且常常以儒家经典作为立论依据。例如《周易》中说："元者，善之长也。亨者，嘉之会也。利者，义之和也。贞者，事之干也。君子体仁足以长人，嘉会足以合礼，利物足以合义，贞固足以干事。君子行此四德者，故曰：乾，元亨利贞。"[1] 这段话分别解释了乾卦卦辞"元亨利贞"四字的内涵，指出元亨利贞为君子的四德。许衡则从其中"元"的内涵入手进行引申，他说：

> 仁为四德之长，元者善之长。前人训元为广大，直是有理。心胸不广大，安能爱敬？安能教思无穷？容保民无疆？仁与元俱包四德，而俱列并称，所谓合之不浑，离之不散。……元者四德之长，故兼亨、利、贞；仁者五常之长，故兼义、礼、智、信。[2]

许衡将"元"与"仁"联系在一起，认为"元"为四德之长，兼有亨、利、贞；"仁"为五常之长，兼有义、礼、智、信，实行仁政便可保有万民，统治天下。这段话其实隐含着许衡对元朝政治的解说，他从《周易》当中为元朝实行仁政找到了理论依据。吴澄则直接以"元亨利贞"为基础建立了道统论，他说：

> 道之大原出于天，神圣继之，尧、舜而上，道之元也；尧、舜而下，道之亨也；洙、泗、鲁、邹，其利也；濂、洛、关、闽，其贞也。分而言之，上古则羲皇其元，尧、舜其亨，禹、汤其利，文、武、周公其贞乎！中古之统：仲尼其元，颜、曾其亨，子思其利，孟子其贞乎！近古之统：周子其元也，程、张其亨也，朱子其利也，孰为今日之贞乎？[3]

[1] 《周易·文言》，《十三经注疏》本，中华书局 1980 年版，第 15 页。
[2] 许衡：《鲁斋遗书》卷一《语录上》，文渊阁《四库全书》本，第 1198 册，第 276 页。
[3] 黄宗羲著，全祖望补修：《宋元学案》卷九十二《草庐学案》，中华书局 1986 年版，第 3037 页。

吴澄的道统论分为两个层次：第一，从总体上说，将尧舜以上、尧舜以下、春秋战国时洙泗鲁邹之风、宋代以后的濂洛关闽之学分别对应"道"之"元""亨""利""贞"。第二，具体而言，上古、中古、近古的道统传承也都有各自的"元""亨""利""贞"四个阶段。而且，吴澄在最后提出"孰为今日之贞乎"一句，这其实表达了他以传承道统为己任的理想。

元代学者还特别论述了纲常伦理对历史盛衰的影响。许衡就强调了人伦的重要性，他说："学则三代共之，皆所以明人伦也。人伦明于上，则小民亲于下。舜明于庶物，察于人伦，后世君臣、父子、兄弟、夫妇、朋友，此五者祸乱相寻只是人伦不明，故致如此。"[1] 许衡认为，君臣、父子、兄弟、夫妇、朋友等人伦关系维系着上古三代的盛世，后世出现混乱的衰世，主要是因为人伦纲纪不明。许衡还以阴阳来阐释这些人伦关系，他说："天下皆以阳者为天、为君、为夫，阴者为地、为臣、为妇。阳尊而先，下求于阴。天先乎地，君先乎臣，夫先乎妇者，合乎理也。"[2] 也就是说，在许衡看来，人伦关系与阴阳关系一样，都有尊卑之别，这种尊卑等级是维护社会稳定的基础。许衡还专门论述了三纲五常对天下国家的重要意义，他说：

> 自古及今，天下国家惟有个三纲五常，君知君道，臣知臣道，则君臣各得其所矣。父知父道，子知子道，则父子各得其所矣。夫知夫道，妇知妇道，则夫妇各得其所矣。三者既正，则他事皆可为之。此或未正，则其变故有不可测知者，又奚暇他为也。[3]

这段话指出，三纲五常是自古至今社会平稳发展的关键，君臣、父子、夫妇在三纲五常为主导的社会秩序中才能各得其所，才可得"正"；如果三纲不正，社会发展就有可能出现不可测的变故。史家虞集也曾指出："《春秋》道名分，实尽性之书也。分上下不辨，则民志不定，乱之所由

---

[1] 许衡：《鲁斋遗书》卷一《语录上》，文渊阁《四库全书》本，第1198册，第279页。
[2] 许衡：《鲁斋遗书》卷二《语录下》，文渊阁《四库全书》本，第1198册，第290页。
[3] 许衡：《鲁斋遗书》卷一《语录上》，文渊阁《四库全书》本，第1198册，第280页。

生也。必君君臣臣、父父子子、夫夫妇妇之分定，则王道行矣。"[1] 可见，元代学者多将三纲五常、尊卑等级作为社会发展的根本，这也是君主行王道的核心内容。

## 第三节 心性之学在史学思想中的体现

在元代的理学思想中，心性论是十分重要的内容，理学家们大多强调"正心"对人性修养的重要性。心性之学对元代史学思想也产生了深刻影响，一方面，它促使史家从"人心"的角度看待和评论历史的发展；另一方面，"心术"成为评判史家修养的重要标准。

### 一、元代理学心性论的发展

关于心性论，早在先秦时期，孟子就曾有详细的论述。孟子指出人有"四端"，即恻隐、羞恶、恭敬、是非之心，这四端是人生而具有的，由"四端"就可萌生出仁义礼智等善良的道德品质。在孟子看来，人性之善是人的"良知良能"，是人心的本质，不须后天学习。所以，孟子提出了"尽心"的观点，他说："尽其心者，知其性也。知其性，则知天矣。存其心，养其性，所以事天也。夭寿不贰，修身以俟之，所以立命也。"[2] 他认为，人应当保养自己善良的本心，修身养性以待天命。此外，《大学》中也提出"欲修其身者，先正其心；欲正其心者，先诚其意"，并解释道：

> 所谓诚其意者，毋自欺也，如恶恶臭，如好好色，此之谓自谦，故君子必慎其独也！小人闲居为不善，无所不至，见君子而后厌然，掩其不善，而著其善。人之视己，如见其肺肝然，则何益矣！此谓

---

[1] 虞集：《道园学古录》卷三十一《送饶则明序》，文渊阁《四库全书》本，第1207册，第456—457页。

[2] 《孟子·尽心上》，《十三经注疏》本，中华书局1980年版，第2764页。

诚于中，形于外，故君子必慎其独也。曾子曰："十目所视，十手所指，其严乎!"富润屋，德润身，心广体胖，故君子必诚其意。……

所谓修身在正其心者，身有所忿懥，则不得其正；有所恐惧，则不得其正；有所好乐，则不得其正；有所忧患，则不得其正。心不在焉，视而不见，听而不闻，食而不知其味。此谓修身在正其心。[1]

《大学》的这两段话表明"正心"是修身的根本，人只有摒弃了忿懥、恐惧、好乐、忧患等"不得其正"的情绪，才能达到修身的目的；而要做到"正心"，就要于心内赤诚，于身外慎独，这样便可内外一致，心广体胖。宋代以后的理学家多继承孟子性善、尽心的观点，并且从《大学》中的正心诚意之说出发来阐释心性论，其中尤以朱熹的心性学说为代表。朱熹在《四书章句集注》中阐释《大学》章句"正心诚意"的内涵，称："心者，身之所主也，诚，实也。意者，心之所发也。实其心之所发，欲其一于善而无自欺也。"[2]朱熹认为，心是人身之主，所谓"诚意"，就是指充实内心所发的善意，他在此表达的也是人心本善、回归本心的主张。而且，朱熹还以天理和人欲区分人心的公私邪正，他在《辛丑延和奏札》中论述道：

臣闻人主所以制天下之事者，本乎一心。而心之所主，又有天理、人欲之异。二者一分，而公私邪正之涂判矣。盖天理者，此心之本然，循之则其心公而且正。人欲者，此心之疾疢，循之则其心私而且邪。公而正者逸而日休，私而邪者劳而日拙，其效至于治乱安危有大相绝者，而其端特在夫一念之间而已。舜、禹相传，所谓"人心惟危，道心惟微，允执厥中"者，正谓此也。[3]

在这段话中，朱熹指出，君主治理天下的关键在于其心。而君主之心又

[1] 朱熹：《四书章句集注·大学章句》，中华书局1983年版，第7—8页。
[2] 朱熹：《四书章句集注·大学章句》，中华书局1983年版，第3—4页。
[3] 朱熹：《晦庵先生朱文公文集》卷十三《辛丑延和奏札》，载朱杰人等主编：《朱子全书》第二十册，上海古籍出版社、安徽教育出版社2002年版，第639页。

分为天理和人欲，天理是人的本心，是公正之心；人欲则是私欲和邪恶之心。朱熹认为，天下治乱兴衰的缘起都在君主的一念之间，君主要回归"心之本然"，坚持公正而摒弃邪恶，才能达到天下大治。

元代的理学家在宋代心性之学的基础上做了进一步的阐释和发挥。许衡强调回归人心之原本的良知良能，他说：

> 圣人是因人心固有良知良能上扶接将去。他人心本有如此意思，爱亲敬兄，蔼然四端，随感而现，圣人只是与发达推扩，就他元有的本领上进将去，不是将人心上元无的强去安排与他。后世却将良知良能是斫丧了，却将人性上元无的强去安排栽接，如雕虫小技，以此学校废坏，坏却天下人才。及去做官，于世事人情，殊不知远近，不知何者为天理民彝，似此，民何由向方？如何养得成风俗？他于风化人伦，本不曾学，他家本性已自坏了，如何化得人！[1]

许衡认为，人心原本就有亲善友爱的良知良能，圣人只是将其发扬推广。然而后世之人把人心的良知良能抛弃了，却强加上了人性所没有的恶。许衡指出："仁者，人心之所固有，而私或蔽之，以陷于不仁。故仁者必克己，克己则公，公则仁，仁则爱。"[2] 许衡区分了人性的"公"与"私"，他认为"仁"是人心原本就有的，但人的私欲会蒙蔽原本的仁心，只有克己奉公才能保持仁爱的本性。因此，许衡强调"正心"的重要性，他说：

> 孔子道修身在正心，这的是《大学》里一个好法度。能正心便能修身，能修身便能齐家，能齐家便能治国，能治国便能平天下。那诚意、格物、致知都从这上头做根脚来，大概看来，这个当于正心上，一步一步行着去。一心正呵，一身正，一家正，一国正，这的便是平天下的体例。[3]

[1] 许衡：《鲁斋遗书》卷一《语录上》，文渊阁《四库全书》本，第1198册，第278—279页。

[2] 许衡：《鲁斋遗书》卷一《语录上》，文渊阁《四库全书》本，第1198册，第276页。

[3] 许衡：《鲁斋遗书》卷三《大学要略》，文渊阁《四库全书》本，第1198册，第313页。

从这段话可以看出，与朱熹的心性论相比，许衡进一步突出了"正心"的地位和作用，将"正心"作为修身、齐家、治国乃至平天下的核心。

此外，金履祥、许谦、吴澄等元代南方理学大家也对心性之学有深入的论述。金履祥从体察天地之心出发而论人心。他指出："夫所谓天地之心者，何也？仁也，生生之道也。"[1] 对于人而言，要体察天地之心，就要先回归自己仁德的本心，金履祥说：

> 人之所以失其良心，迷此仁性，而终不能见天地之心者，盖其欲动情胜，而常失之于动也。夫物之感人无穷，人之好恶无节，此心所存，逐物而动，则飞扬升降，幻贸驱驰，安能体认义理，充养仁心？其于天地之心，惘然莫知也。故学者亦须收视反听，澄心定虑，然后可以玩索天理，省察初心，而有以见天地之心。[2]

金履祥认为，人失去仁德之心的原因在于不能节制自己的好恶之情，只有澄心定虑，克制内心的私欲，才能体认天理，获知天地之心。

许谦从治学的角度论述了探求"圣人之心"的重要性，他说："学以圣人为准的，必得圣人之心，而后可学圣人之事。圣人之心，具在四书，而四书之义，备于朱子，顾其词约义广，安可以易心求之哉！"指出"古之立言者，诵于口而可以心存，存于心而可以身践，而成天下之务，则圣人之道也。今口诵之而不足明乎心，降其心以识之而不可施于事，是则佛、老之流之说耳"。[3] 许谦强调，在传承圣人之道时，要注重内心修养和外在实践的统一。

吴澄延续了孟子所提出的回归本心的主张，他说：

> 心也者，形之主宰，性之郛郭也。此一心也，自尧、舜、禹、汤、

----

[1] 黄宗羲著，全祖望补修：《宋元学案》卷八十二《北山四先生学案》，中华书局1986年版，第2738页。

[2] 黄宗羲著，全祖望补修：《宋元学案》卷八十二《北山四先生学案》，中华书局1986年版，第2739—2740页。

[3] 黄宗羲著，全祖望补修：《宋元学案》卷八十二《北山四先生学案》，中华书局1986年版，第2758页。

中国经史关系通史·宋元明卷

文、武、周公传之，以至于孔子，其道同。道之为道，具于心，岂有外心而求道者哉！……孟子传孔子之道，而患学者之失其本心也，于是始明指本心以教人。其言曰："仁，人心也。放其心而不知求，哀哉！"又曰："学问之道无他，求其放心而已矣。"又曰："耳目之官不思而蔽于物。心之官则思。先立乎其大者，则其小者不能夺也。"[1]

吴澄认为，心是人身的主宰，也是人性之所在，孟子提出"求其放心"，就是提醒世人不要因外物而失去了本心，泯灭了人性。吴澄同样也从天理和人欲的角度来论"正心"，他说："主于天理则坚，徇于人欲则柔。坚者，凡世间利害祸福、富贵贫贱举不足以移易其心。柔，则外物之诱仅如毫毛，而心已为之动矣。"而且，吴澄认为"人心主于敬"，他论述道："仁，人心也，敬则存，不敬则亡。……夫人之一身，心为之主。人之一心，敬为之主。主于敬，则心常虚，虚则物不入也。主于敬，则心常实，实则我不出也。"吴澄指出，敬可使心长存，内心诚敬，才可守住本心，不会受到外物的影响。可以看出，吴澄"人心主于敬"的观点是对《大学》"正心诚意"之学以及朱熹"实其心之所发"之论的继承与发展。另外，吴澄也强调了德性与闻见的内外合一，他说：

> 知者，心之灵，而智之用也，未有出于德性之外者。曰德性之知，曰闻见之知，然则知有二乎哉？夫闻见者，所以致其知也。夫子曰："多闻阙疑，多见阙殆。"又曰："多闻择其善者而从之，多见而识之。"盖闻见虽得于外，而所闻所见之理则具于心，故外之物格，则内之知致。此儒者内外合一之学，固非如记诵之徒，博览于外，而无得于内；亦非如释氏之徒，专求于内，而无事于外也。……昔朱子于《大学或问》尝言之矣，曰："此以反身穷理为主，而必究其本末是非之极致，是以知愈博而心愈明。彼以徇外夸多为务，而不核其表里真妄之实，然是以识愈多而心愈窒。"[2]

---

[1] 黄宗羲著，全祖望补修：《宋元学案》卷九十二《草庐学案》，中华书局1986年版，第3046—3047页。

[2] 黄宗羲著，全祖望补修：《宋元学案》卷九十二《草庐学案》，中华书局1986年版，第3040页。

吴澄认为，儒者的内外合一之学就是人通过对外在事物的所闻所见，将其中的义理具备于心，从而修养其德性。吴澄还引用朱熹的论述，说明博学多识与反身穷理要相结合，这样才能知识越渊博，心性越澄明。

二、"正心"：历史评论的核心标准

心性之学的发展对元代历史思想产生了深刻的影响，"正心"成为历史评论的重要标准。元代理学家通过对历史事件和历史人物事迹的分析来为理学的心性论提供依据，而史学家则在历史撰述和评论中突出了心性道德在社会历史发展中的作用。

为了表明"正心"的重要意义，作为理学家的许衡从历史经验出发，阐释了"正心"对个人修身及君主治国理政的作用。他以历史上朱熹、盗跖、颜回等人为例，说明"正心"对人的影响，他说：

> 这般心正的人，有那好勾当，便肯向前去做，见那歹勾当，便不肯向前去做。如那朱晦庵解了六经、四书、诸家文字，许多生受了，他是个正心的人肯去做呵，做的都是那好勾当。如古时有个柳盗跖，专一要做贼打劫，吃人的心肝，也是一个昧心，不是那正心的。人都做得歹了，教后人道不好，将那颜回来比呵，便见得柳盗跖歹、颜回好，颜回是能正心的人，盗跖是不能正心的人。[1]

许衡认为，朱熹阐释六经、四书文字，便是教人正心。盗跖与颜回，做事一邪一正，他们的区别也在于是否能正心。除了对个人修身的影响，许衡还强调了"正心"对治理国家的重要性，他以尧帝征苗民、楚平王斗宝等事为例进行论证：

> 比着尧帝去征苗民，有苗民并驩兜做歹的人，将那已前歹的心，都改正了，重新做个好人，却用做好勾当。又如楚平王在临潼斗宝，用那贤人赢了诸国。孔子道：楚书说楚国无以为宝，惟善以为宝。

---

[1] 许衡：《鲁斋遗书》卷三《大学要略》，文渊阁《四库全书》本，第1198册，第313页。

这的是那楚国有好人，所以楚国强。这般样思量呵，便是明德、新民到那至善的意儿，这三项都从心正生做。[1]

尧帝改正苗民为非作歹的私心，人心正则社会安定；楚平王以贤者为国宝，也体现出君主对正心扬善的重视。许衡认为，尧帝和楚平王都能做到宣扬道德、教化民众，从而使天下达到至善，而这些都源于"心正"。

许衡还具体谈到君主如何"正心"，提出要以"爱心"和"公心"来求得"天下心"。他认为："得天下心无他，爱与公而已矣。爱则民心顺，公则民心服。既顺且服，于为治也何有？"[2]在许衡看来，"公心"与"私欲"相对立，君主只有克服自身私欲，才能做到公正，因而实现仁政。此外，对于辅政的臣子，许衡同样也强调"爱心"与"公心"的重要性。他说："贤者以公为心，以爱为心，不为利回，不为势屈，置之周行，则庶事得其正，天下被其泽。贤者之于人国，其重故如此。"[3]

刘因为王允中的种德亭作记，其中也着重论述了王允中作为臣子的忠诚之心：

> 予尝因是而求允中之心。三为廉使，未尝不以赈恤罢民、平反冤狱为事。使河南时，奏罢镇南郎将为民害者一人，力出良家误为豪右所臧获者百余口。此虽皆人所不敢为者，然未足以知允中也。至于陈请省台，严江浙鬻子之禁；上书天子，论国家储副之重。使河南而哀江浙，守一官而忧天下，此可以见其心之忠诚恻怛之至也。[4]

刘因先是列举了王允中抚恤民众、为民除害等事迹，但指出这些"未足以知允中也"；而真正能体现王允中为人的，是其"忠诚恻怛"之心，刘因对王允中的评述充分体现了他对臣子"正心"的强调。

金履祥在《资治通鉴前编》中突出了"圣人之心"在历史发展中的

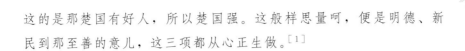

第五章 元代理学的官学化与义理化史学的发展

---

[1] 许衡：《鲁斋遗书》卷三《大学要略》，文渊阁《四库全书》本，第1198册，第313页。

[2] 许衡：《鲁斋遗书》卷七《时务五事》，文渊阁《四库全书》本，第1198册，第393页。

[3] 许衡：《鲁斋遗书》卷七《时务五事》，文渊阁《四库全书》本，第1198册，第397页。

[4] 刘因：《静修先生文集》卷二《种德亭记》，商务印书馆1936年版，第44—45页。

重要性，他说：

> 春秋以上君薨，嗣君逾年即位于庙。夫即位必逾年者，当丧未君也；而年而即位者，不可旷年无君也。独唐虞之际，三年之丧毕而始即位，何以知其然？《书》称帝乃徂落三载，四海遏密八音矣。而后书月正元日，舜格于文祖，则是舜之即位在三载之后也。《书》注舜服尧丧三年毕，将即位，故复至文祖庙。司马《稽古录》亦云然。即位于三载之后，则圣人之心可见矣。南河之避，何足疑乎。且谓避之非者，以势言也。圣人有天下而不与，固不以势之利害入其心者。而况五帝之世，世质民淳，帝尧陶天下于礼逊雍睦之中，百有余载，禹岳诸圣贤咸萃朝廷，当是时也，帝舜从容其间，势亦无不可者。夫圣经者，事之衷也；圣心者，理之□也，论事而折衷于圣经，以求圣人之心，焉是为得之矣。[1]

金履祥认为上古帝王服丧的礼制体现着"圣人之心"，指出圣人"不以势之利害入其心"，无论世事如何变化，都保持其公正之心。金履祥还强调圣心即理，认为论事要以圣人之经典为依据，从中探求圣人之心。

"正心"说对元代史家的历史撰述和评论产生了重要影响，他们的著述体现了心性之学与历史发展的关系，突出"正心"对君主治国以及教化民众的重要性。苏天爵认为，"盖自古为政者，必明道术以正人心，育贤材以兴治化"[2]。他强调君主个人的品德修养，说："人君当防未萌之欲，辅养君德，要使跬步不离正人；谓一命之士苟存心于爱物，于人必有所济；则正主庇民之道，岂有外此者乎！"[3] 马端临在谈到宋代的社仓问题时说：

> 嘉定末，真德秀帅长沙行之。然今所在州县间有行之者，皆以

[1] 金履祥：《资治通鉴前编》卷一"乙酉百有二载舜避于南河之南"，文渊阁《四库全书》本，第332册，第70页。
[2] 苏天爵：《滋溪文稿》卷五《伊洛渊源录序》，中华书局1997年版，第73页。
[3] 苏天爵：《滋溪文稿》卷五《伊洛渊源录序》，中华书局1997年版，第74页。

熹之已行者为式，凶年饥岁，人多赖之。然事久而弊，或主者倚公以行私，或官司移用而无可给，或拘纳息米而未尝除免，甚者拘催无异正赋。良法美意，胥此焉失，必有仁人君子以公心推而行之，斯民庶乎其有养矣。[1]

这段话指出，南宋时期的社仓建设多依照朱熹曾经的范例，是为了在灾荒之年为民众提供粮食补给，然而时间久了，就出现了假公济私的弊端。所以，马端临强调，像建立社仓这样原本属于"良法美意"的举措，应当由仁人君子秉持公正之心来推行，这样才能真正惠及民众。苏天爵的《元朝名臣事略》也着重叙述了元朝名臣的心性修养。该书论及廉希宪读《孟子》之事时称：

公于书嗜好尤笃，虽食息之顷，未尝去手。是日，方读《孟子》，闻急召，因怀以进。上问："何书？"对曰："《孟子》。"上问："其说谓何？"公以"性善义利之分，爱牛之心，扩而充之，足以恩及四海"为对。上善其说，目为"廉孟子"。[2]

从这段话可以看出，廉希宪对孟子心性学说十分重视，并且希望以性善义利之说来劝诫帝王。又如该书叙述元初名将严实延请儒士讲论古今之事时也说：

公既握兵柄，颛生杀，时年已长，经涉世故，乃更折节自厉。间亦延致儒士，道古今成败。至前人良法美意，所以仁民爱物者，辄欣然慕之。故虽起行伍间，严厉不可犯，至于仁心为质者，亦要其终而后见也。[3]

这段话表明，严实对古今"仁民爱物者"十分钦慕，由此可见其"仁心"。

[1] 马端临：《文献通考》卷二十一《市籴考二》，中华书局 2011 年版，第 634 页。
[2] 苏天爵：《元朝名臣事略》卷七《平章廉文正王》，中华书局 1996 年版，第 125 页。
[3] 苏天爵：《元朝名臣事略》卷六《万户严武惠公》，中华书局 1996 年版，第 93—94 页。

除了正君心与正臣心，元代史家还强调正民心。苏天爵曾撰写《两汉诏令序》，阐述了将古代诏令记入史册的重要性，认为"善恶悉著于史策"，则可以训示后人，而且指出："夫明君贤臣讦谟于岩廊之上，既务合乎典礼，发号施令，敷布于海宇之内，必能格于人心。"[1] 可见，苏天爵所说的诏令入史以彰善瘅恶，最终落脚点在教化人心上。此外，苏天爵在《正学编序》也论述了儒学经传传承对正人心的影响，他说："儒者之学，祖述圣贤之所传，考求经传之所载，端本以正人心，立教以化天下。"[2]

除了教化民心，元代史家还通过历史撰述表明民心在历史发展中的重要性。胡三省在《资治通鉴音注》中就多次强调民心向背对政治统治的重要影响。如《资治通鉴》记载后凉君主吕光宠信主簿尉祐，"祐谮杀名士姚皓等十余人，凉州人由是不悦"。胡三省注曰："昔齐人伐燕，胜之。孟子曰：'取之而燕民悦，则取之；取之而燕民不悦，则勿取。'其后燕卒报齐。吕光始得凉土而无以收凉人之心，宜其有国不永也。"[3] 胡三省引用孟子论齐人伐燕的话来说明吕光放任尉祐杀戮名士，因而失去了凉州的民心，所以其国祚不长。再如《资治通鉴》载："坚革宣帝苛酷之政，更为宽大，删略旧律，作刑书要制，奏而行之；躬履节俭，中外悦之。"胡三省注曰："贾谊曰：'寒者利裋褐，饥者甘糟糠；天下之嗷嗷，新主之资也。'古之得天下，必先有以得天下之心，虽奸雄挟数用术，不能外此也。"[4] 这段话表明，杨坚改革了陈宣帝的苛政，宽容待民，躬行节俭，从而获得了民众的支持。所以胡三省指出，得天下必先得天下民心。

此外，马端临议论封建问题时，也以是否有"公天下之心"为标准，来分析封建制的利弊得失的。《文献通考·序》说：

愚尝谓必有公天下之心而后可以行封建。自其出于公心，则选

［1］苏天爵：《滋溪文稿》卷六《两汉诏令序》，中华书局1997年版，第86页。
［2］苏天爵：《滋溪文稿》卷六《正学编序》，中华书局1997年版，第77页。
［3］司马光：《资治通鉴》卷一百六《晋纪二十八》，中华书局1956年版，第3354页。
［4］司马光：《资治通鉴》卷一百七十四《陈纪八》，中华书局1956年版，第5412页。

贤与能，而小大相维之势，足以绵千载；自其出于私心，则忌疏畏逼，而上下相猜之形，不能以一朝居矣。景武之后，令诸侯王不得治民补吏，于是诸侯虽有君国子民之名，不过食其邑入而已，土地甲兵不可得而擅矣。然则汉虽惩秦之弊，复行封建，然为人上者苟慕美名，而实无唐虞、三代之公心，为诸侯者既获裂土，则遽欲效春秋、战国之余习，故不久而遂废。[1]

马端临认为，封建制的施行必须以公天下之心为基础，若出于公心，封建制可为天下选拔贤能之士，维护社会等级秩序，从而使政权平稳延续；若出于私心，则分封的上下等级之间相互猜忌，导致政局动荡。马端临以西汉复行分封来说明他的观点，他认为西汉时的分封就是出于私欲，君主徒慕虚名，而没有像唐虞三代时的公心，所以这样的封建制不能长久。《文献通考·封建考》也以历史上的分封为例详细论述了公心与私心的区别：

> 公心者何？昔文、武、成、康之众建诸侯也，有德有功者则畀之。初未尝专以私其宗亲，虽曰兄弟甥舅之邦，然所封皆极一时之选。若其果贤，则微子尹东夏，蔡仲君蔡邦，虽仇雠不废也。若其不贤，则管、蔡为戮，五叔无官，虽同气不恕也。至汉则且私且忌，故始则剿灭异代所建国，而尽以畀其功臣；继则剿灭异姓王，而尽以畀其同宗；又继则剿灭疏属刘氏王，而尽以畀其近亲。而其所建置，若濞若长之徒，初无功德足以君国子民，特以其近亲而王之，故不旋踵而犯上作乱，墟其国而陨其身矣。盖有先王之公心，则其弊不至于此。[2]

马端临指出，西周初年是以德行和功绩为标准来分封诸侯的，没有偏私宗亲。微子、蔡仲虽为前朝宗室和叛臣之子，同样因其贤能而封诸侯；

---

[1]　马端临：《文献通考·序》，中华书局 2011 年版，第 18 页。
[2]　马端临：《文献通考》卷二百七十五《封建考》，中华书局 2011 年版，第 7522—7523 页。

而宗亲管叔、蔡叔受戮，五叔无官，这都是因为他们不贤。然而到了汉代，分封制的建立就夹杂着帝王的私心了，先是剿灭前朝封国将封地分给有功之臣，继而灭异姓王而分封同姓宗亲，后来又灭疏远的宗室诸侯而分封近亲。西汉的分封不论功德而专封近亲，所以最终诸侯叛乱，封国覆灭，这都是因为没有先王分封时的公心。

### 三、"心术"与"史意"：元代史家修养论的新发展

元代理学思想中的心性学说不仅深刻影响了理学家和史家的历史观，而且推动了史家修养论的进一步发展，"心术"与"史意"成为史家个人修养和撰史主旨的核心要求。

关于史家修养，在元代以前，已有不少相关论述。中国传统史学自古以来就有强调史家"书法无隐"的信史传统，如董狐笔、太史简皆因彰善瘅恶、秉笔直书而为世人称赞。所以，直书一直是评判史家素养的首要标准。南北朝时期，南朝刘勰在其著作《文心雕龙》的《史传》篇中提出了"素心"这一概念。刘勰在文中批评有的史家对远古之事穿凿附会，记近世之史又多有回护，所以他认为史家"析理居正，唯素心乎"。关于"素心"，刘勰并没有做更为详细的解释，从其文义来看，所谓"素心"，应当指史家要具有公正、澄澈之心，准确、如实地记载史事。真正开始系统地论述史家修养的是唐代史家刘知幾，他提出了才、学、识史才三长论。刘知幾称：

> 史才须有三长，世无其人，故史才少也。三长：谓才也、学也、识也。夫有学而无才，亦犹有良田百顷、黄金满籯，而使愚者营生，终不能致于货殖者矣。如有才而无学，亦犹思兼匠石、巧若公输，而家无楩楠斧斤，终不果成其宫室者矣。犹须好是正直，善恶必书，使骄主贼臣，所以知惧，此则为虎傅翼，善无可加，所向无敌者矣。脱苟非其才，不可叨居史任。自夐古已来，能应斯目者，罕见其人。[1]

---

[1]《旧唐书》卷一百二《刘子玄传》，中华书局 1975 年版，第 3173 页。

从这段话可以看出，刘知幾认为作史者须具备才、学、识三长，三者缺一不可。所谓史才，是指史籍文献的编纂和文字表述的能力。所谓史学，是指各种史料文献知识。而关于史识，刘知幾在这段话中提到的"好是正直，善恶必书"的直书精神便是史识的内涵之一，强调的是史家的道德品质。此外，史识还表示史家对历史的理解力和见识力，《史通·鉴识》说："斯则物有恒准，而鉴无定识，欲求铨核得中，其唯千载一遇乎？"[1]刘知幾在此论述的就是史家对客观历史的认识力，自然也是史识的内涵。

刘知幾的史才三长论对后世影响深远，宋元以后的许多学者继承和发展了这一理论观点。如北宋的杨亿、苏颂、曾巩、吴缜、魏了翁等人都对史才三长说加以肯定。就元代学者而言，理学家刘因曾在《送王之才赴史馆编修》一诗中写道："中原人物有权衡，玉堂谁擅才学识。"[2]这句诗表明刘因对以才、学、识为标准的史家修养论的继承和认同。史家虞集说："每思史事之重，非有欧公之才识，而又得刘公之博洽以资之，盖未易能有成也。"[3]这也是对史家的才能、学识和博闻的要求。值得注意的是，随着理学思想的兴起与繁荣，史家对史才三长说的论述带有更多的义理化色彩，突出了史识在三长说中的重要性，强调史家的道德修养。魏了翁曾说："昔人谓作史者必有才、学、识三长，才、学固不易，而有识为尤难。"[4]这就在刘知幾史才三长说的基础上，将史识的地位抬高了。元代学者同样也将理学思想渗透到史才三长论中。如元人冯福京在《昌国州图志·序》中说："史所以传信，传而不信，不如亡史。故作史者必擅三者之长，曰学、曰识、曰才，而后能传信于天下，盖非学无以通古今之世变，非识无以明事理之精微，非才无以措褒贬之

［1］　刘知幾撰，浦起龙通释：《史通通释》卷七《鉴识》，上海古籍出版社 1978 年版，第 204 页。

［2］　刘因：《静修先生文集》卷七《送王之才赴史馆编修》，商务印书馆 1936 年版，第 136 页。

［3］　虞集：《道园学古录》卷三十二《送墨庄刘叔熙远游序》，文渊阁《四库全书》本，第 1207 册，第 462 页。

［4］　魏了翁：《鹤山先生大全集》卷五十六《蔡文懿公〈百官公卿年表〉序》，四部丛刊初编本，第 944 页。

笔削。三者阙一，不敢登此职焉。"[1] 从冯福京的话可以看出两点：其一，冯福京指出，史家的才、学、识三长是其所作之史得以传信于后世的必要条件。其二，冯福京关于才、学、识的阐释，不仅"明事理之精微"的史识具有义理化的含义，"通古今"与"措褒贬"同样也是从义理的角度来看待史学和史才的，是史家对历史发展变化的认识，以及通过褒贬笔法对史义的表达。史才三长论的义理化使得道德品质在史家修养中的地位越来越高，这为以"心术"和"史意"为核心的元代史家修养论的发展奠定了基础。

关于心术，元代有不少学者都曾有过论述。刘因作有《读史评》一诗，诗中写道："记录纷纷已失真，语言轻重在词臣。若将字字论心术，恐有无边受屈人。"[2] 刘因的这首诗从史学评论的角度来谈史家真实记录历史的重要性。刘因认为，许多史家记录失真，如果将其所录之史事以心术来看待和评论，许多被载入史册的人恐怕要受冤屈了。史家欧阳玄也曾强调心术在治学中的重要性，他说："夫儒者读书，以正心术为务。医者读书，尤以正心术为急。心术正则学术亦正，心术偏则学术亦偏。正则人受其赐，偏则人与己皆为所累矣。"[3]

而真正明确地将心术作为史家修养标准的是元代史家揭傒斯。《元史·揭傒斯传》记载："丞相问：'修史以何为本？'（揭傒斯）曰：'用人为本。有学问文章而不知史事者，不可与；有学问文章知史事而心术不正者，不可与。用人之道，又当以心术为本也。'"[4] 揭傒斯将史家之心术与学问、史事并列为史家修养的三要素，这三要素可以说是对刘知幾的才、学、识三长说的继承，但不同的是，揭傒斯的心术说将史家的道德品质明确列为史家修养之一。刘知幾三长说中的史识虽然也包含史家善恶必书的道德品质，但并未将其突出出来，揭傒斯不仅将心术与史事、学问并举，还强调心术是三者之中的首要要求，选用史官要"以心术为本"。揭傒斯的心术说对后世史家修养论影响深远，如明人叶盛的

---

[1] 冯福京：《昌国州图志·序》，文渊阁《四库全书》本，第491册，第268页。

[2] 刘因：《静修先生文集》卷十一《读史评》，商务印书馆1936年版，第209页。

[3] 欧阳玄：《欧阳玄集》卷六《读书堂记》，岳麓书社2010年版，第65页。

[4] 《元史》卷一百八十一《揭傒斯传》，中华书局1976年版，第4186页。

《水东日记》中有一篇《史官以心术为本》，专门论述史官心术对史书撰述的重要性，其中说道："揭文安公尝论史官不当专尚史才，必以心术为本。"[1] 揭傒斯的心术说突出了史家的道德修养，而这种道德修养在史书撰述中的具体表现就是史家之史意。因而，揭傒斯还提出了"作史者须求作史之意"的观点。《元史·揭傒斯传》记载："（揭傒斯）且与僚属言：'欲求作史之法，须求作史之意。古人作史，虽小善必录，小恶必记。不然，何以示惩劝？'"[2] 揭傒斯认为"作史之意"是史家修史的核心，欲求史法，先求史意；而从揭傒斯的话可以看出，所谓史意，应当主要指史家通过历史撰述来表达惩恶扬善的道义。所以，揭傒斯作为史官，一直秉持评判是非的公心，《元史》记载他"毅然以笔削自任，凡政事得失，人材贤否，一律以是非之公；至于物论之不齐，必反复辩论，以求归于至当而后止。"[3]

关于史意，元代其他史家也多有强调。所谓"史意"，指的是史家撰述之旨趣。而在元代，受理学心性论的影响，史家的史意大多强调的是历史撰述中的褒贬善恶之义理。如刘因在《题高允图后》中说："史臣不明义理，而于遣辞之际轻为增损，往往使人忠亮之心，不洒然于天地间。"[4]《宋元学案》记载许谦在史学方面曾作《治忽几微》一书，称该书"放史家年经国纬之法，起太皞氏，迄宋元祐元年秋九月尚书左仆射司马光卒，总其岁年，原其兴亡，著其善恶，盖以为光卒，则中国之治不可复兴，诚理乱之几也，故附于续经而书孔子卒之义，以致其意焉。"[5] 可见，许谦在这部史书中阐发了他对历史之兴亡善恶、理乱之几的认识。苏天爵引用曾巩对史家修养的论述，认为古之良史"其明足以周万事之理，其道足以适天下之用，其智足以通难知之意，其文足以

[1] 叶盛：《水东日记》卷二十四《史官必以心术为本》，中华书局1980年版，第236—237页。
[2]《元史》卷一百八十一《揭傒斯传》，中华书局1976年版，第4186页。
[3]《元史》卷一百八十一《揭傒斯传》，中华书局1976年版，第4186页。
[4] 刘因：《静修先生文集》卷三《题高允图后》，商务印书馆1936年版，第51页。
[5] 黄宗羲著，全祖望补修：《宋元学案》卷八十二《北山四先生学案》，中华书局1986年版，第2757页。

发难显之情，然后其任可得而称也"[1]。其中的"明""道""智""文"，其实也是延续了才、学、识的史家修养内容，但强调了史家对"万世之理""难知之意""难显之情"等史意的阐发。欧阳玄论述朱熹《资治通鉴纲目》的撰述之旨，称："盖尝求之《春秋》者，鲁史旧文说者谓直书其事，美恶自见，初未尝拘拘于义例者。愚盖不敢必以其言为非也。若司马公则志存鉴戒，已见于著书之名。而予夺权衡，时有所憾。文公患之，故有是作焉。"[2]欧阳玄指出，朱熹作《资治通鉴纲目》是要修正司马光在《资治通鉴》中的予夺权衡，强调以《春秋》的义例笔法作为撰史的标准，这些都体现出朱熹的史意。[3]

---

[1] 苏天爵：《滋溪文稿》卷六《曹先生文稿序》，中华书局1997年版，第84页。

[2] 欧阳玄：《欧阳玄集》卷七《庐陵刘氏〈通鉴纲目书法〉后序》，岳麓书社2010年版，第75页。

[3] 关于元代史家修养论，参考王嘉川《唐宋元时期的史才三长论》（《史学理论研究》2014年第2期）、王记录《"三长"的深化与"心术"的提出：宋元时期史家修养论的发展与特征》（《学习与探索》2016年第10期）。

# 第六章　元代理学和史学的现实关照与反思

元是中国历史上第一个少数民族入主中原的大一统政权，社会历史经历了巨大的变革，社会的变化也影响到学术的发展。元代的理学和史学与社会现实有着密切的联系，都呈现出经世致用、求真务实的倾向。面对朝代的更迭与社会的变迁，元代的理学家和史学家怀有强烈的故国情结，同时也注重以史为鉴，强调忠君爱国的气节观念。此外，元代的夷夏观念和正统论也有新的发展，传统理学思想所强调的夷夏之辨和正统观都在社会现实的影响下产生了新变化。

## 第一节　理学与史学的求实致用思想

元代的理学和史学都与社会现实联系密切，具有征实的思想特点。有不少理学家从学术思想的角度对宋末理学进行反思，批判了宋末理学的空疏之风，进而掀起了理学经世思潮。受理学经世思潮的影响，元代史学家也更加重视史学的致用功能，其史学撰述与社会现实紧密结合。元代学者以求真务实的精神对经史文献进行辨伪、考订，经史文献考证学有了明显的发展。同时，元代经史关系论也有了新的发展，强调经史同源、经史并重，体现出明理与致用相结合的学术思想倾向。

一、理学的经世思潮与史学的致用思想

南宋末年，社会危机不断加深，当时许多理学家空谈性命义理，致使理学思想与社会现实严重脱节。元代的不少学者认识到了宋末理学的弊端，纷纷对此做出批评。

宋末元初的学者周密对宋代理学空疏之风多有批评，他评论宋末奸臣贾似道称："其所短者，专功而怙势，忌才而好名，假崇尚道学、旌别高科之名，而专用一等委靡迂缓不才之徒，高者谈理学，卑者矜时文，略不知兵财政刑为何物。"[1] 周密指出，宋末专权的贾似道借推崇道学之名，选用了许多高谈理学大义而无真才实学的迂腐之人。而且，周密还专门作《道学》一篇，抨击了当时的假道学，其中写道：

> 尝闻吴兴老儒沈仲固先生云："道学之名，起于元祐，盛于淳熙。其徒有假其名以欺世者，真可以嘘枯吹生。凡治财赋者，则目为聚敛；开阃捍边者，则目为粗材；读书作文者，则目为玩物丧志；留心政事者，则目为俗吏。其所读者，止四书、《近思录》《通书》《太极图》《东西铭》《语录》之类，自诡其学为正心、修身、齐家、治国、平天下。……于是天下竞趋之，稍有议及，其党必挤之为小人，虽时君亦不得而辨之矣。其气焰可畏如此。然夷考其所行，则言行了不相顾，卒皆不近人情之事。异时必将为国家莫大之祸，恐不在典午清谈之下也。"余时年甚少，闻其说如此，颇有嘻其甚矣之叹。其后至淳祐间，每见所谓达官朝士者，必愦愦冬烘，弊衣菲食，高巾破履，人望之知为道学君子也。清班要路，莫不如此，然密而察之，则殊有大不然者，然后信仲固之言不为过。盖师宪当国，独握大柄，惟恐有分其势者，故专用此一等人，列之要路，名为尊崇道学，其实幸其不才愦愦，不致掣其肘耳。以致万事不理，丧身亡国，仲固之言，不幸而中，呜呼，尚忍言之哉！[2]

正如周密引沈仲固之言所说，理学发展至南宋已渐渐成为一些所谓"道学君子"欺世盗名的工具，而真正关心政务的人被视为"俗吏"，备受这

[1] 周密：《癸辛杂识》后集《贾相制外戚抑北司戢学校》，上海古籍出版社2012年版，第36页。
[2] 周密：《癸辛杂识》续集下《道学》，上海古籍出版社2012年版，第94—95页。

些假道学家的排挤。周密起初并没有十分在意这种假道学对社会的影响，但随着宋朝走向衰亡，他也清醒地意识到不务实事的空疏学风是致使宋朝丧身亡国的重要因素。

元代学者袁桷说："礼乐刑政之具，狱讼兵甲之实，悉有所不讲，哆口避席，谢非所急。……科举承踵，骎骎乎魏晋之清谈。疆宇之南北，不接乎视听。"[1] 又说："自宋末年尊朱熹之学，唇腐舌弊，止于四书之注。故凡刑狱簿书，金谷户口，靡密出入，皆以为俗吏而争鄙弃。清谈危坐，卒至亡国而莫可救。"[2] 由此可见，宋末尊崇朱熹之学，学者们固守四书注释，以至于对礼乐刑政、狱讼兵甲等事务漠不关心，甚至对现实的政务嗤之以鼻，认为这些都是"俗吏"所为。袁桷认为，这种脱离社会现实的清谈之风是导致宋朝灭亡的重要因素。陆文圭也说："近世以科目取士，以资格任官。宋过江百五六十年，不能破规矩用一士，士亦无一人能自出于规矩。浮诞补缀之词章，清高虚旷之议论，怠玩姑且之政事，百五六十年而后亡者，独非幸耶！"[3] 认为理学空疏之风对宋朝的人才培养和选拔产生了恶劣的影响，进而使宋朝走向衰亡。

此外，元朝理学家还从学术本身对理学的空疏学风进行反思。比如，刘因在《叙学》中写道：

> 世人往往以《语》《孟》为问学之始，而不知《语》《孟》，圣贤之成终者，所谓"博学而详说之，将以反说约"者也。圣贤以是为终，学者以是为始，未说圣贤之详，遽说圣贤之约，不亦背驰矣乎！所谓"颜状未离于婴孩，高谈已及于性命"者也。[4]

刘因的这段话反映出宋以后学者重四书而轻五经、空谈性命义理的学术

[1] 袁桷：《清容居士集》卷十八《昌国州重修学记》，文渊阁《四库全书》本，第1203册，第243页。

[2] 袁桷：《清容居士集》卷四十一《国学议》，文渊阁《四库全书》本，第1203册，第549页。

[3] 陆文圭：《送曹士宏序》，载李修生主编《全元文》卷五六二，凤凰出版社2004年版，第527—528页。

[4] 刘因：《静修先生文集》卷一《叙学》，商务印书馆1936年版，第3页。

倾向。刘因指出，以往学者多以《论语》《孟子》作为问学的开端与基础，但其实这样的治学路径是本末倒置的。学者们还未了解圣贤之博学，夯实学问之根基，就已经高谈性命学说，这在刘因看来是与圣贤的本意背道而驰的。

正是基于对宋末理学的反思，元代理学家在一定程度上扭转了空谈性命之学、以理学沽名钓誉的虚浮之风，他们的学术思想呈现出务实的特点。如《元史》称郝经"为人尚气节，为学务有用"[1]。清人陆心源评述金履祥称"其学由博返约为主，不为性理空谈"[2]。四库馆臣也曾评论道："元儒笃实，不甚近名。"[3]具体而言，元代理学家十分注重理学与现实的关系，将理学大义与政教民生相结合，从而掀起了理学经世的思潮。

首先，元代理学家通过阐释"道"与具体事物的关系，说明了理学与现实是密不可分的，提出了"道不远人"的观点。许衡就认为，道是"众人之所能知能行者"[4]。他以文、义、道对事物加以划分，称："大而君臣父子，小而盐米细事，总谓之文；以合其宜，又谓之义；以其可以日用常行，又谓之道。文也、义也、道也，只是一般。"[5]许衡认为文、义、道是相通的，大到君臣父子之纲常伦理，小到柴米油盐等日用之物，无不蕴含着道。郝经也曾论述过道与"形器"的关系，他说："道统夫形器，形器所以载夫道。即是物而是道存，即是事而是道在，近而易行，明而易见也。谓夫虚无惚恍而不可稽极者，非道也。谓夫艰深幽阻高远而难行者，非道也。谓夫寂灭空阔而恣为诞妄者，非道也。道不离乎万物，不外乎天地，而总萃于人焉。"[6]郝经认为，道统摄万物，而具体的事物则承载着道；因此，存在于具体事物中的道，也应当是显而易见而非高深莫测的。

［1］《元史》卷一百五十七《郝经传》，中华书局 1976 年版，第 3709 页。

［2］陆心源：《重刊金仁山先生尚书注序》，载金履祥《书经注》卷首，十万卷楼丛书本，第 7 页。

［3］永瑢：《四库全书总目》卷五十八《元儒考略》，中华书局 1965 年版，第 525 页。

［4］许衡：《鲁斋遗书》卷五《中庸直解》，文渊阁《四库全书》本，第 1198 册，第 349 页。

［5］许衡：《鲁斋遗书》卷一《语录上》，文渊阁《四库全书》本，第 1198 册，第 282 页。

［6］郝经：《陵川集》卷十七《道》，文渊阁《四库全书》本，第 1192 册，第 181 页。

中国经史关系通史·宋元明卷

其次，在理学家们看来，理学所尊崇的圣人之道不能仅停留在文辞表面，而要落实到具体的事物之中。许衡强调知行合一，指出"道尧、舜、周、孔、曾、孟之言，如出诸其口，由之以责其实，则霄壤矣"[1]。认为学习圣人经典是为了实践，许衡说："凡为学之道，必须一言一句自求己事。如六经、《语》、《孟》中我所未能，当勉而行之；或我所行不合于六经、《语》、《孟》中，便须改之。先务躬行，非止诵书作文而已。"[2]他在《熊勿轩先生文集序》中也说："文之传世，岂易云乎？不深于道德，不能以为文；不关乎世教，不足以言文。道德其本，世教其用与。"[3]许衡认为道德与世教是"本"与"用"的关系，道德是为文的根本，而以文章教化世人则是为文之功用，二者密不可分，相辅相成。刘因也曾指出："本诸《诗》以求其情，本诸《书》以求其辞，本诸《礼》以求其节，本诸《春秋》以求其断，然后以《诗》《书》《礼》为学之体，《春秋》为学之用，一贯本末具举，天下之理穷，理穷而性尽矣。"[4]认为学习《诗》《书》《礼》《春秋》等圣人经典皆有具体的意义，并且区分了经书的"学之体"与"学之用"，强调治学当"本末具举"，只有这样才能穷尽天下之义理。

此外，从理学家自身的治学特点也可以看出他们对现实事务的重视。如许衡曾作《时务五事》以献于元朝统治者，其中涉及立国、为君、保民等许多治国之道。他尤其重视黎民生计，特别强调"为学者治生最为先务"。他说：

> 苟生理不足，则于为学之道有所妨。彼旁求妄进，及作官嗜利者，殆亦窘于生理之所致也。诸葛孔明身都将相，死之日廪无余粟，库无余财，其廉所以能如此者，以成都桑土，子弟衣食自有余饶尔。治生者，农工商贾而已，士子多以务农为生。商贾虽为逐末，亦有可为者，果处之不失义理，或以姑济一时，亦无不可。若以教学与

[1]　许衡：《鲁斋遗书》卷一《语录上》，文渊阁《四库全书》本，第1198册，第281页。
[2]　许衡：《鲁斋遗书》卷一《语录上》，文渊阁《四库全书》本，第1198册，第276页。
[3]　熊禾：《熊勿轩先生文集·许序》，商务印书馆1936年版，第1页。
[4]　刘因：《静修先生文集》卷一《叙学》，商务印书馆1936年版，第4页。

作官规图生计，恐非古人之意也。[1]

这段话强调了"生理"的重要性，无论是治学还是为官，谋生都是前提，若生计无法维持，对学者而言会妨碍为学之道，对官吏而言则迫使他们为追逐利益不择手段。许衡以诸葛孔明为例，指出孔明之所以能至死都廉洁奉公，就是因为他依靠成都桑土耕植的有利条件，使百姓子孙衣食无忧。许衡还具体谈到士子当如何谋生，他认为务农是根本，而在不违背义理的前提下，也可通过经商得利。综上可见，许衡十分注重学以致用，主张将理学大义运用到现实的生产生活中；他所欣赏的也是诸葛孔明这样的治世之臣，而非坐而论道、空谈义理的迂腐儒生。

理学经世之风的兴起带动了史学致用思想的发展，元代史家的历史撰述充分体现了他们以史经世的思想。

元初史家马端临作《文献通考》，就是以史经世的重要代表。马端临在《文献通考·序》中评价司马光的《资治通鉴》称："司马温公作《通鉴》，取千三百余年之事迹，十七史之纪述，萃为一书，然后学者开卷之余，古今咸在。然公之书详于理乱兴衰而略于典章经制。"[2] 从这段话可以看出，马端临对《资治通鉴》古今贯通的撰述方式是十分推崇的，但他认为《资治通鉴》虽对历史兴衰治乱的记载较为详细，而对典章制度沿革有所忽略。所以，他的《文献通考》重视对历代典制的考察，即"有志于经邦稽古者或可考焉"。在这种撰述思想的指导下，《文献通考》经世致用的特点十分突出。例如，《文献通考》中有许多内容是反映现实社会经济问题的。马端临继承了《通典》以"食货"为首的编纂次序，并且将有关食货的内容分为田赋、钱币、户口、职役、征榷、市籴、土贡、国用等八"考"，较为全面地记述了社会经济制度的发展。而且，马端临强调财政收入的使用对政权统治的影响，他说：

国之废兴，非财也，财少而国延，财多而国促，其效可睹矣。

[1] 许衡：《鲁斋遗书》卷十三《国学事迹》，文渊阁《四库全书》本，第1198册，第462页。

[2] 马端临：《文献通考·序》，中华书局2011年版，第1页。

然自《周官·六典》有太府，又有玉府、内府，且有"惟王不会"之说，后之为国者因之。两汉财赋曰大农者，国家之帑藏也，曰少府、曰水衡者，人主之私蓄也。唐既有转运、度支，而复有琼林、大盈；宋既有户部、三司，而复有封桩、内藏。于是天下之财，其归于上者，复有公私。恭俭贤主，常捐内帑以济军国之用，故民裕而其祚昌；淫侈僻王，至糜外府以供耳目之娱，故财匮而其民怨。[1]

马端临认为国之兴废不在于财富本身的多少，而在于如何管理和使用财富，他指出，"归于上"的"天下之财"是有公私之分的，"公"是用于国家军政事务的开支，"私"是供君王所用的钱财。马端临从历史经验中认识到，贤德之君多将地方上缴的钱财用于国家建设，这使得民众生活富足，国运昌盛；而荒淫奢侈之君则聚敛钱财归为己用，导致国家财政亏空，百姓怨愤。从这段话可以看出，马端临十分重视民生问题，并且强调"民裕"是国祚昌隆的基础。

元文宗时官方修撰的《经世大典》，也集中体现了元代史学的经世致用思想。《经世大典》由赵世延、虞集总领修撰，其体裁仿照唐宋时期的会要体史书，"悉取诸有司之掌故"，较为全面地反映了元代的典章制度。《经世大典序录》说明了此书的撰述旨趣，即"慨念祖宗之基业，旁观载籍之传闻；思辑典章之大成，以示治平之永则"[2]。可见，此书的修撰具有强烈的经世目的。全书共十篇，其中君事四篇，分别为帝号、帝训、帝制、帝系；臣事六篇，分别为治典、赋典、礼典、政典、宪典、工典。关于这些篇目的主旨，《序录》概括称：

君临天下，名号最重，作帝号第一；祖宗勋业，具在史策，心之精微，用言以宣，询诸故老，求诸纪载，得其一二于千万，作帝训第二；风动天下，莫大于制诰，作帝制第三；大宗其本也，藩服其文也，作帝系第四；皆君事也，蒙古局治之。设官用人，共理天

[1] 马端临：《文献通考·序》，中华书局 2011 年版，第 7—8 页。
[2] 虞集：《经世大典序录》，载苏天爵编《元文类》卷四十，上海古籍出版社 1993 年版，第 490 页。

下，治其事者宜录其成，故作治典第五；疆理广袤，古昔未有，人民贡赋，国用系焉，作赋典第六；安上治民，莫重于礼，朝廷郊庙，损益可知，作礼典第七；肇基建业，至于混一，告成有绩，垂远有规，作政典第八；政刑之设，以辅礼乐，仁厚为本，明慎为要，作宪典第九；六官之职，工居一焉，国财民力，不可不慎，作工典第十；皆臣事也。[1]

由上可以看出，《经世大典》的篇目内容涉及经邦治国的方方面面，既载录帝王治国之准则、方略，又叙述了选官、赋税、刑罚、礼制等具体的政治制度。值得注意的是，这段话多处提到了"治民"的问题，可见《经世大典》的内容已深入社会的生产生活之中。此外，《经世大典》的每一篇均有单独的序言，其中也突出了史学经世的思想。以《赋典总序》为例，其中写道：

> 《传》曰："有德，此有人；有人，此有土；有土，此有财；有财，此有用。"兹古今不易之论也。粤若皇元肇基朔方，神功大业，混一华夏；好生之仁，如天地无不覆载；此圣德之昭著也。……我祖宗创业守成，艰难勤俭，亦岂易言哉？大率以修德为立国之基，以养民为生财之本，布诸方策，昭示后裔，以垂宪万世者，宁有既乎？[2]

这段话引用了《礼记》中的论述，说明了国家赋税与统治者之德的密切关系，强调统治者有德是其保民的基础，而有了民众的拥护，百姓生活富足，便可使国家的财政收入不断增长。因此，国家赋税的征收和管理是关系到国计民生的重要制度，《经世大典》将元代赋税制度载入史册，为的是垂范后世，并表明元代统治者正是以修德养民为本，才得以创业

---

[1] 虞集：《经世大典序录》，载苏天爵编《元文类》卷四十，上海古籍出版社 1993 年版，第 491 页。

[2] 虞集：《经世大典序录·赋典总序》，载苏天爵编《元文类》卷四十，上海古籍出版社 1993 年版，第 497 页。

中国经史关系通史·宋元明卷

238

守成。

## 二、经史文献考证学的发展

元代学术的务实倾向还表现在经史文献考证学的发展上，这也是基于对宋末空疏学风的反思。袁桷曾批评宋末学者不注重言辞的精准和文献的考订，称他们"言词之不工，则曰：'吾何以华藻为哉？'考核之不精，则曰：'吾何以援据为哉？吾唯理是先，唯一是贯。'"[1] 元代学者认识到前代学人的不足，在经学和史学的文献考证方面做出了很多重要成果。

在经学方面，元代许多学者对传统经学文献进行了考订、辨伪工作。如《元史·吴澄传》称："（吴澄）于《易》《春秋》《礼记》，各有纂言，尽破传注穿凿，以发其蕴，条归纪叙，精明简洁，卓然成一家言。作《学基》《学统》二篇，使人知学之本，与为学之序，尤有得于邵子之学。校定《皇极经世书》，又校正《老子》《庄子》《太玄经》《乐律》，及《八阵图》、郭璞《葬书》。"[2] 可见，吴澄十分注重文献的考证，在这方面有着丰富的学术成果，尤其是他所作的《五经纂言》，对五经的产生、流传等情况都做了详细的梳理，并且对五经文字重加考订。以《易纂言》为例，吴澄在序录中首先论述了《周易》《连山》《归藏》这三《易》的来源，并且说明了《周易》经传各篇的产生与衍变。吴澄指出："自魏、晋诸儒分《象》《象》《文言》入经而《易》非古，注疏传诵者，苟且仍循，以逮于今。宋东莱吕氏始考之以复其旧，而朱子因之，第其文阙衍谬误，未悉正也。今重加修订，视旧本为精善，虽于大义不能有所损益，而于羽翼遗经，亦不无小补云。"[3] 吴澄认为，《周易》经传在流传中逐渐失去了原本的面貌，注疏传诵之人不加考辨而因循错误的版本，虽然宋儒有所恢复，但依然存在许多文字的讹误，因此吴澄要对《周易》进

[1] 袁桷：《清容居士集》卷十八《昌国州重修学记》，文渊阁《四库全书》本，第1203册，第243页。

[2] 《元史》卷一百七十一《吴澄传》，中华书局1976年版，第4014页。

[3] 黄宗羲著，全祖望补修：《宋元学案》卷九十二《草庐学案》，中华书局1986年版，第3049页。

行校订，以求复其古意。此外，值得注意的是，吴澄的《书纂言》对古文《尚书》的真伪提出了质疑。吴澄说：

> 汉儒所治，不过伏生《书》及伪《泰誓》共二十九篇尔。张霸伪古文虽在，而辞义芜鄙，不足取重于世以售其欺。及梅赜二十五篇之《书》出，则凡传记所引《书》语、诸家指为"逸书"者，收拾无遗，既有证验，而其言率依于理，比张霸伪《书》辽绝矣。……伏氏《书》既与梅赜所增混淆，谁复能辨！窃尝读之，伏氏《书》虽难尽通，然辞义古奥，其为上古之《书》无疑；梅赜所增二十五篇，体制如出一手，采集补缀，虽无一字无所本，而平缓卑弱，殊不类先汉以前之文。夫千年古书，最晚乃出，而字画略无脱误，文势略无龃龉，不亦大可疑乎？[1]

吴澄首先否定了流传于汉代的张霸古文《尚书》的真实性，认为其言辞义理粗鄙不可信。而对于晋代梅赜所献的古文《尚书》，认为虽然它比张霸古文《尚书》收录更详，也更合于理，但与伏生今文《尚书》相较，它的体裁规整，文辞通顺易读，不像今文《尚书》那样佶屈聱牙，而且其文字、语句几乎都没有错漏或矛盾之处，这也不像自先秦就已形成的古书。可以看出，吴澄对古文《尚书》的怀疑是有理有据的，虽然他的观点是在前人疑经的基础上提出的，但他对古文《尚书》的辨伪在学术史上依然具有重要的影响。全祖望曾评论称："宋人多疑古文《尚书》者，其专主今文，则自草庐始。是书出世，人始决言古文为伪。"[2]

金履祥也曾对《尚书》《论语》《孟子》等经书进行考证，其中对《尚书》"用功尤深"[3]，曾作《尚书注》与《尚书表注》。金履祥同样从文献征实的角度对经书的内容提出了质疑。他曾怀疑《书序》是东汉人

---

[1] 黄宗羲著，全祖望补修：《宋元学案》卷九十二《草庐学案》，中华书局 1986 年版，第 3052—3053 页。

[2] 黄宗羲著，全祖望补修：《宋元学案》卷九十二《草庐学案》，中华书局 1986 年版，第 3053 页。

[3] 陆心源：《重刊金仁山先生尚书注序》，载金履祥《书经注》卷首，十万卷楼丛书本，第 6 页。

伪作，朱彝尊的《经义考》中称："金履祥曰：朱子曰：'安国之序绝不类西汉文字。'履祥疑东汉之人为之，不惟文体可见，而所谓闻金石丝竹之音，端为后汉人语无疑也。盖后汉之时，谶纬盛行，其言孔子旧居，事多涉怪，如阙里草自除，张伯藏璧一之类，若此附会多有之，则此为东汉传古文者托之，可知也。"[1] 可见，金履祥继承了朱熹疑《书序》的观点，从《书序》的文体和记述内容得出《书序》为东汉人所作的结论。

在学者对经学文献进行整理、辨伪的同时，历史文献的考证在元代更是有了长足的发展。元代史家十分注重史学的真实性，袁桷说："中原诸老，家有其书，必能搜罗会粹，以成信史。"[2] 虞集也认为，史家当注重实地考察，即"观夫山川之形胜，封疆之离合，考古人之遗迹，风气之变通，习俗之升降，文史之遗阙"，"肆其问学，而资其见闻"。[3] 苏天爵十分注重历史文献的征实，曾作《三史质疑》，对辽、宋、金三史史料进行了考辨，并从文献征实的角度对元修三史提出自己的建议。他说：

> 金人入中原，宋臣死节者仅十数人，奉使不屈如洪皓、朱弁辈又数人，而宇文虚中者，既失身仕金为显官矣，金初一切制度皆虚中所裁定。如册宋高宗为帝文，亦虚中在翰林时所撰。第以讥讪慢侮权贵被杀。今《宋史》书曰："欲因虏主郊天举事。"果可信乎？甚至比为苏武、颜真卿，而又录用其宗人。固曰："激劝臣下"，然亦何为饰诈矫诬之如是乎？[4]

据苏天爵考证，宇文虚中在金人入主中原后失节仕金，并且官居要职，

---

[1] 朱彝尊：《经义考·册十一》卷七十六《孔氏尚书传》，中华书局 1930 年版，第 25—26 页。

[2] 袁桷：《清容居士集》卷四十一《修辽金宋史搜访遗书条列事状》，文渊阁《四库全书》本，第 1203 册，第 550 页。

[3] 虞集：《道园学古录》卷三十二《送墨庄刘叔熙远游序》，文渊阁《四库全书》本，第 1207 册，第 463 页。

[4] 苏天爵：《滋溪文稿》卷二十五《三史质疑》，中华书局 1997 年版，第 424 页。

他最终被杀只是因为得罪了金朝权贵。而《宋史》将宇文虚中塑造为为宋而死的忠臣，甚至把他比作苏武、颜真卿。苏天爵认为，这样的记载是不符合事实的矫饰诬枉之说。他说：

> 先儒有言：修史者当得人，得书。司马温公修《通鉴》也，《史记》《前》《后汉》则刘贡父，三国历九朝、隋则刘道原，唐迄五代则范纯甫。其在正史外，楚、汉事则司马彪、荀悦、袁宏，南北则崔鸿《十六国春秋》、萧方《三十国春秋》、李延寿《南》《北史》，唐以来则稗官、野史及百家谱录、正集、别集、墓志、碑碣、行状、别传，皆不敢忽。今三史笔削，宜得其人，考证当得其书，庶几可传于世。[1]

苏天爵的这段话强调了"得人""得书"对修史的重要性，他以司马光组织修撰《资治通鉴》为例，指出该书的修撰有赖于刘攽、刘恕、范祖禹等史家较高的撰述水平以及对前代史料的广泛采集。所以苏天爵认为，辽、金、宋三史的修撰也应"得人""得书"，因为优秀的史家可使历史叙述笔削得当，丰富的史料则有利于考证历史事实，只有做到这两点，史书才可传于世。可见，苏天爵十分重视三史修撰的真实性、准确性。

除了虞集、苏天爵等人对历史考证的一些具体论述，马端临的《文献通考》集中体现了元代史学的征实思想，是元代历史考证学最重要的代表作。《文献通考·序》说：

> 有如杜书纲领宏大，考订该洽，固无以议为也。然时有古今，述有详略，则夫节目之间，未为明备，而去取之际颇欠精审，不无遗憾焉。
>
> ……
>
> 凡叙事则本之经史，而参之以历代会要，以及百家传记之书，信而有征者从之，乖异传疑者不录，所谓"文"也。凡论事则先取当时臣僚之奏疏，次及近代诸儒之评论，以至名流之燕谈、稗官之

---

[1] 苏天爵：《滋溪文稿》卷二十五《三史质疑》，中华书局1997年版，第427页。

记录，凡一话一言可以订典故之得失，证史传之是非者，则采而录之，所谓"献"也。其载诸史传之纪录而可疑，稽诸先儒之论辩而未当者，研精覃思，悠然有得，则窃著己意，附其后焉……[1]

马端临指出，杜佑的《通典》虽然有着宏大的撰述规模，文献考订也较为完备，但在一些具体的章节篇目的安排以及史料的采撰上还不够完备和精准。可见，马端临在史料的采择方面有着较高的要求。所以，他的《文献通考》十分注重文献的征实。具体来说，马端临将"文""献"二字拆解开来说明了他的撰述原则。所谓"文"，就是史书的叙事部分，马端临主要参考的是历代经籍、正史、会要以及各类传记。马端临特别强调，只能采用确实可信的史料，对于"乖异传疑者"则不录。所谓"献"，主要是指史书的议论部分，对此马端临参考了历代臣僚的奏疏、诸儒评论以及名流、稗官的言谈记录。关于这些议论，马端临同样是以能否论证史传得失是非为标准来进行采录。而且，对于前人的记录和议论中的可疑与不当之处，马端临都在书中加以考辨和订正。综上可见，马端临《文献通考》的撰述充分反映了元代历史考证学的长足发展。

### 三、经史关系论的新发展

除了经世思想的兴起与经史文献考证学的发展，元代学者的经史关系论也反映了他们对义理和致用关系的认识。

对于经史关系，中国古代学者做过许多论述。隋代王通提出以六经中《尚书》《诗经》《春秋》为史的观点，开启了后世对经史关系的讨论。到了宋代，理学家们也关注经史关系问题，但他们大多重经而轻史，认为经精史粗，经为史的根本。元代学者继承了宋代理学的经史关系论，但也有新的发展。

一方面，元代学者依然强调经为史之根本，读史是为了探寻其中包含的经学义理。如许衡曾说："阅子史必须有所折衷，六经、《语》、《孟》乃子史之折衷也。"他还称："读史传事实文字，皆已往粗迹，但其中亦

---

[1] 马端临：《文献通考·序》，中华书局 2011 年版，第 2—3 页。

有理在。"[1] 另一方面，元代学者从学术发展的角度指出"古无经史之分"，并且逐渐认识到史学的重要意义，提出了经史并重的观点。

首先，对经史同源的认识。刘因说：

> 六经既治，《语》《孟》既精，而后学史。"先立乎其大者，小者弗能夺也。"胸中有六经、《语》、《孟》为主，彼废兴之迹，不吾欺也。……学史亦有次第。古无经史之分，《诗》《书》《春秋》皆史也，因圣人删定笔削，立大经大典，即为经也。[2]

刘因承认六经、《语》、《孟》是学术之根基，所以要先学经后学史；但他同时提出"古无经史之分"，《诗》《书》《春秋》原本都是史书，由于它们是经过圣人删削校定的，所以被立为经典。

郝经也提出"古无经史之分"的观点，他专门作有一篇《经史》，详细论述了经史学术渊源以及相互关系，其中写道：

> 古无经史之分，孔子定六经而经之名始立，未始有史之分也，六经自有史耳。故《易》即史之理也；《书》，史之辞也；《诗》，史之政也；《春秋》，史之断也；《礼》《乐》经纬于其间矣，何有于异哉？至马迁父子为《史记》，而经史始分矣，其后遂有经学、有史学，学者始二矣。[3]

郝经认为，六经的经学之名是孔子设定的，六经原本都可以视作史书，如《周易》表达了史学之理，《尚书》蕴含着史学的文辞，《诗经》记述了王政的历史发展，《春秋》体现了史家之笔削论断，《礼》与《乐》也都包含于史之中；直至司马谈、司马迁父子作《史记》，经学与史学才有了区分。在《一王雅序》中，郝经也指出六经是述王道之作，其中《诗》

[1] 许衡：《鲁斋遗书》卷一《语录上》，文渊阁《四库全书》本，第1198册，第275页。
[2] 刘因：《静修先生文集》卷一《叙学》，商务印书馆1936年版，第4—5页。
[3] 郝经：《陵川集》卷十九《经史》，文渊阁《四库全书》本，第1192册，第208—209页。

中国经史关系通史·宋元明卷

《书》《春秋》"皆本乎史"，他说：

> 王者之迹备乎《诗》，而废兴之端明；王者之事备乎《书》，而善恶之理著；王者之政备乎《春秋》，而褒贬之义见。圣人皆因其国史之旧而加修之，为之删定笔削，创法立制，而王道尽矣。[1]

郝经指出，《诗经》记载了王道兴废之迹，《尚书》通过叙述王者之事来昭示善恶之理，《春秋》则记录了王者之政以体现圣人的褒贬之义。圣人删定旧有的国史记录，通过历史撰述为世人创法立制，从而彰显王道。

元代理学家黄泽论及经史的学术渊源，主要阐述了《春秋》和《诗经》这两部经书与史学的密切关系。关于《春秋》，他指出：

> 说《春秋》有实义，有虚辞。不舍史以论事，不离传以求经，不纯以褒贬疑圣人，酌时宜以取中，此实义也。贵王贱霸，尊君卑臣，内夏外夷，皆古今通义，然人自为学，家自为书，而《春秋》迄无定论，故一切断以虚辞。
>
> ……鲁史记事之法，实有周公遗制，与他国不同，观韩宣子之言可见。圣人因鲁史修《春秋》，笔则笔，削则削，游、夏不能赞一辞，则必有与史法大异者。然曰其文则史，是经固不出于史也。[2]

从黄泽的论述可知，《春秋》是圣人根据鲁史而作，它自然不同于单纯的历史记录，但圣人也并未脱离具体的史事而空谈义理，而是借助历史叙述来表达"贵王贱霸""尊君卑臣""内夏外夷"等义理。所以，《春秋》的内容"固不出于史"。关于《诗经》，黄泽论述道：

> 然今三百篇，有出于太师所采者，《周南》《召南》是也。有录

---

[1] 郝经：《陵川集》卷二十八《一王雅序》，文渊阁《四库全书》本，第 1192 册，第 302 页。

[2] 黄宗羲著，全祖望补修：《宋元学案》卷九十二《草庐学案》，中华书局 1986 年版，第 3065—3066 页。

第六章 元代理学和史学的现实关照与反思

245

于史官，而非太师所采者，《豳风》及周大夫所作是也。其余诸国风，多是东迁以后之作，率皆诸国史官所自纪录。方周之盛，美刺不兴；《汉广》《江沱》诸诗，虽是见诸侯之美，而风化之原，实系于周。其后天子不能统一诸侯，诸侯善恶皆无与于周，故不以美刺，皆谓之变风，以其不系于《二南》，而各自为风也。《周礼》，王巡狩，则太史、太师同车。又其官属所掌，皆有世奠系之说。方采诗之时，太师掌其事，而太史录其时世。及巡狩礼废，太师不复采诗。而后，诸国之诗，皆其国史所自记录，以考其风俗盛衰、政治得失。[1]

黄泽的这段话，从采诗来源的角度说明了《诗经》与史学的密切关系。黄泽指出，《诗经》中的许多内容都是周王朝和各诸侯国史官所录，而且这些诗作反映了当时周王朝和各诸侯国的历史盛衰与政治得失。

其次，强调经史并重。这一点，较之宋代的重经轻史的经史关系论有了较大的变化与发展。刘因说：

> 学者必读全史，历代考之，废兴之由，邪正之迹，国体国势，制度文物，坦然明白。时以六经旨要立论其间，以试己意，然后取温公之《通鉴》，宋儒之议论，校其长短是非，如是，可谓学史矣。[2]

刘因强调了读史的重要性，他认为学者应当了解历史的发展变化，从而考察兴亡之理、邪正之迹，以六经的旨义来明辨其是非，这样才是读史的正确方法。可以看出，刘因的经史关系论虽然还是以经学为史学之根本，但有别于宋代理学家经重史轻的观点，他已经意识到读史的重要性，认为应将读史与读经相结合。

郝经认为在经学与史学分流之后，它们依然有着密切的联系，二者

[1] 黄宗羲著，全祖望补修：《宋元学案》卷九十二《草庐学案》，中华书局 1986 年版，第 3070 页。
[2] 刘因：《静修先生文集》卷一《叙学》，商务印书馆 1936 年版，第 5 页。

相互影响。他说：

> 经史而既分，圣人不作，不可复合也。第以昔之经，而律今之史可也；以今之史，而正于经可也。若乃治经而不治史，则知理而不知迹；治史而不治经，则知迹而不知理。苟能一之，则无害于分也。[1]

在郝经看来，经学表达的是义理，史学体现的是历史发展的轨迹，在治学中，理与迹缺一不可，所以治经与治史要相结合，既可以经论史，又可以史证经。

胡三省的《新注资治通鉴序》也提出了经史并重的观点，他说："世之论者率曰：'经以载道，史以记事，史与经不可同日语也。'夫道无不在，散于事为之间，因事之得失成败，可以知道之万世亡弊，史可少欤！"[2] 胡三省以"道"与"事"的关系来论述经史关系，他批评了世人"史与经不可同日而语"的观点，指出经学所阐发的"道"是散见于史学所述的"事"之中的，通过考察史学之"事"的得失成败才可知世事之"道"，所以史学是必不可少的。

综上可见，在元代经史关系论中，经学与史学的联系十分紧密，而且史学的学术地位明显提高了，这体现出元代学者注重学术的现实致用性，强调通过考察历史事实来阐发经学义理；他们以"道（理）"与"事（迹）"来阐释经与史，这种经史观为明清时期"六经皆史"思想的形成与发展奠定了基础。

## 第二节　理学影响下的故国情结与历史鉴戒思想的发展

在元代史学思想的发展中，元初史家的故国情结，促使他们重视对

---

[1] 郝经：《陵川集》卷十九《经史》，文渊阁《四库全书》本，第 1192 册，第 209 页。

[2] 胡三省：《新注资治通鉴序》，载苏天爵编：《元文类》，上海古籍出版社 1993 年版，第 399 页。

亡国教训进行历史反思；与此同时，终元一代的官方史学，也非常重视以史为鉴，历史鉴戒思想显得尤为突出。元初史家对故国的怀念以及对历史的反思与借鉴，以及元朝官方史学的历史借鉴思想，既是朝代更替、社会统治的时代要求，也是理学所提倡忠君爱国的气节观念的体现。

一、元初学者的故国情结与亡国教训的历史反思

元朝初年的学者在经历了朝代更迭的社会动荡之后，深感于乱世之中国破家亡之惨痛，因而在著述中表达了对故国的缅怀之情，而故国情思也促使他们对亡国的历史教训进行反思。他们的故国情结和历史反思，也反映出理学思想所倡导的忠孝仁义等道德要求。

宋元易代之际，学者们怀有强烈的亡国之痛，尤其是南方汉族士人，他们对蒙古统治者的民族压迫有切身的感受，因而对故国的怀念之情也十分深厚。史家胡三省在宋亡之后拒不入仕，隐居著书，他在《资治通鉴音注》中表达了对宋朝的追思。陈垣先生在《通鉴胡注表微》中说："胡身之今本《通鉴注》，撰于宋亡以后，故《四库提要》称之为元人，然观其对宋朝之称呼，实未尝一日忘宋也。大抵全书四十卷至二百三十二卷之间，恒称宋为'我朝'或'我宋'，而前后则率称'宋'或'宋朝'，吾颇疑为元末镂版时所改，其作内词者，身之原文也。"[1]根据陈垣先生考证，胡三省在《资治通鉴音注》中一直称宋朝为"我朝"或"我宋"，说明他在宋亡之后依然不忘自己是宋朝人，可见他对故国的缅怀之情。具体来看，胡三省的注释中多有借古论今之语，以古代历史的变迁来表达他对宋元易代的认识。如《资治通鉴》载："初，淮西之人劫于李希烈、吴少诚之威虐，不能自拔，久而老者衰，幼者壮，安于悖逆，不复知有朝廷矣。……虽居中土，其风俗犷戾，过于夷貊。"胡三省注曰："考之《汉志》，汝南户口为百郡之最。古人谓汝、颍多奇士，至唐而犷戾乃尔，习俗之移人也。呜呼！吾恐后之视今，亦犹今之视昔。"[2]《资治通鉴》的这段话讲的是在李希烈、吴少诚等悖逆之人的统治下，淮

---

[1] 陈垣：《通鉴胡注表微·本朝篇》，商务印书馆2011年版，第4页。

[2] 司马光：《资治通鉴》卷二百四十《唐纪五十六》，中华书局1956年版，第7745页。

中国经史关系通史·宋元明卷

西百姓最初惧于其暴虐而不敢怀旧，久而久之，文化也随之改变，不复有原本敦厚纯良的民风。胡三省认为，这是习俗移人的结果。他担忧后世之人看待宋元之际的历史就如同他看待唐朝的淮西之人一样，也是在暴虐统治中忘记了为人之根本。可以看出，胡三省对故国文化身份有着强烈的认同感，并且一直坚守这种爱国的信念。

金履祥作为宋元之际的理学家、史学家，作《通鉴前编》一书，其中也表达了他对王朝更迭的感叹，以及对复兴盛世的希望。金履祥写道：

> 呜呼！荀悦《汉纪》《申鉴》之书，志在献替，而遭值建安之季；王仲淹续经之作，疾病而闻江都之变，泫然流涕曰：生民厌乱久矣，天其或者将启尧舜之运，而吾不与焉，则命也。履祥末学，非二公比，而其生不辰，罹此百忧。其所以拳拳缀辑者，特不为忧悴废业耳，覆酱瓿固可知也。刘道原《外纪后序》伤于废疾，愚尝三复其辞而深悲之，孰知吾之所悲，又有大于道原者耶？幸而天运循环，无往不复，圣贤有作，必有复兴三代唐虞之治于千载之下者，区区此编之所望也。[1]

金履祥在这段话中提到了荀悦和王通，荀悦作《汉纪》《申鉴》，王通续六经，两人都遭逢亡国战乱之世，仍以著史表达他们对历史兴亡、国家治乱的认识与关怀。金履祥同样处于乱世之中，他对宋朝灭亡的悲伤要远大于刘恕《通鉴外纪后序》中所述的废疾之伤。但金履祥也希望像荀悦和王通一样，能够"不为忧悴废业"，因而作《通鉴前编》以鉴戒世人，并且坚信能有后来之人复兴三代唐虞之治。

金元之际的学者同样具有强烈的故国情结。学者刘祁在金亡之后回乡避乱，著有《归潜志》一书，其中主要记载了他在金末结识的官宦与学士的生平事迹。他在序中写道："独念昔所与交游，皆一代伟人，人虽物故，其言论、谈笑，想之犹在目。且其所闻所见可以劝戒规鉴者，不可使湮没无传。"[2] 可以看出，刘祁的《归潜志》表达了对故国与故人

---

[1] 金履祥：《仁山集》卷一《通鉴前编·后序》，商务印书馆 1937 年版，第 3 页。

[2] 刘祁：《归潜志·序》，中华书局 1983 年版，第 1 页。

的怀念。他在书中多次赞扬了金末士人为国舍身的高尚气节，如他记载李巩、李复亨叔侄两人在金末镇守平阳和同州，蒙古军队攻城后，二人皆自杀殉国，刘祁称："叔侄相继执政，俱死事，士论所嘉。"[1] 关于这种忠贞气节，刘祁做过详细的论述，他说：

> 长于此者必短于彼，优于大者或劣于小。士君子穷处不能活妻子，免饥寒，及其得志，则兼济天下，使民物皆得所。太公困于鼓刀钓鱼，伊尹躬耕莘野，彼岂不能妄营财利，使生理优游邪？耻不为也。若夫韩淮阴，少年乞食漂母，人皆笑嗤。及为将，料敌制胜无遗策，卒能佐汉祖定天下，身享南面之乐。岂昔之拙而今之巧邪？材有所长，志有所不为也。因是以思吾侪，今日遭大变，遁于穷山荒野中，日惟糊口之不给，而不免有求于人，亦不足怪，但恨不能自渔樵、亲耕稼以自给，如古之人。彼穷居，妻子有愠言，乡人贱人，交游笑之，又何病也？理固然也。
>
> ……
>
> 人之生有三乐：有志气之乐，有形体之乐，有性命之乐。夫事业、功名、权势、爵位，乐志气也；酒色、衣食、使令、车马，乐形体也；仁义、礼知、忠信、孝弟，乐性命也。虽然，事业、功名、权势、爵位，得时者之所有也；酒色、衣食、使令、车马，富厚者之所备也；惟仁义、礼知、忠信、孝弟，虽不得时、不富厚而于我皆具，盖穷士之所有也。今吾既不得时有志气之乐，又不富厚有形体之乐，居荒山之中，日惟藜藿之为养，其所享无一毫过于人，舍性命其何乐哉？[2]

刘祁指出，在历史上，姜太公、伊尹和韩信等贤臣名将都曾有过困窘之时，但他们都不曾丢失自己的廉耻之心和高远之志。而且，刘祁还提出了人生三乐，即志气之乐、形体之乐和性命之乐。在他看来，志气之乐与形体之乐的获得取决于人的时运和财富，穷处之士难以拥有；而代表

---

[1] 刘祁：《归潜志》卷六，中华书局 1983 年版，第 59 页。

[2] 刘祁：《归潜志》卷十二《辩亡》，中华书局 1983 年版，第 138—140 页。

中国经史关系通史·宋元明卷

着仁义、礼知、忠信、孝悌的性命之乐才是人生真正的乐趣，即使身处困顿之中，也依然可以保有这样的人生之乐。

理学家刘因世代为金儒，元朝建立后，虽然他肯定了元朝的统一之功，但不满于蒙古统治者在征伐过程中对民众的杀戮与压迫，因此在应召入朝不久即辞官隐退。刘因在其众多的诗文著作中流露出了对故国的追思，他有不少诗歌是为金朝皇家遗物而作，如《金太子允恭唐人马》《金太子允恭墨竹》等。这些诗写的是金世宗太子生前的画作，刘因见画作流落于民间因而联想到了金朝的历史，他在诗中表达了对故国兴衰的感慨，以及对社会动荡之中自身命运的哀叹。刘因还十分关注金末民众在战乱之中的处境，他的《孝子田君墓表》记载了蒙古军队对金朝士卒民众的残酷屠杀：

> 先人尝手录金源贞祐以来，致死于其所天者十余人，而武臣战卒及闾巷草野之人为多。而予每览之，未尝不始焉而惭惕若不自容，中焉而感激为之泣下，终则毛骨悚然，若有所振励者。故为之访诸故老，揆诸小说，考其姓里，增补而详记之，惟恐其事之不传也。[1]

可见，刘因对蒙古军队的杀戮行径感到震惊且气愤，同时，他又为金朝军民忠诚仁孝的高尚气节所鼓舞，即所谓"有所振励者"。《孝子田君墓表》中叙述了清苑人田喜遭元军杀戮，欲代父受死，后背父归葬的事迹，这正是金朝民众仁孝之体现。刘因先人将这样的忠孝事迹记录下来，刘因又在此基础上加以整理和增补，其撰述的主旨便是弘扬故国军民坚贞不屈、忠孝仁义的精神，这既是其故国情结的体现，同时也符合理学之大义。而且，面对世道艰难、命途多舛，刘因还做出了这样的感叹：

> 天地至大，万物至众，而人与一物于其间，其为形至微也。自天地未生之初，极天地既坏之后，前瞻后察，浩乎其无穷，人与百年于其间，其为时无几也。其形虽微，而有可以参天地者存焉，其

---

[1] 刘因：《静修先生文集》卷四《孝子田君墓表》，商务印书馆1936年版，第79—80页。

时虽无几，而有可以与天地相终始者存焉。故君子当平居无事之时，于其一身之微、百年之顷，必慎守而深惜，惟恐其或伤而失之，实非有以贪夫生也，亦将以全夫此而已矣。及其当大变，处大节，其所以参天地者，以之而立；其所以与天地相终始者，以之而行，而回视夫百年之顷、一身之微，曾何足为轻重于其间哉？然其所以参天地而与之相终始者，皆天理人心之所不容已，而人之所以生者也，于此而全焉。一死之余，其生气流行于天地万物之间者，凛千载而自若也。使其舍此而为区区岁月筋骸之计，而禽视鸟息于天地之间，而其心固已死矣。而其所不容已者，或有时发焉，则自视其身亦有不若死之为愈者。是欲全其生，而实未尝生；欲免一死，而继以百千万死。呜呼！可胜哀也哉！[1]

刘因表明，人在宇宙时空中十分渺小，虽然如此，人也有可以与天地相参、相始终者。平居无事之时，君子谨慎地保守和珍惜其人身寿命，不是因为贪生怕死，而是要保全其永恒的存在；而当身处大变、大节之中，那与天地相参、相始终的存在便显现出来，这便是天理人心使然。

这些处于易代之际的学者面对历史兴衰之变，一方面怀念、追思故国，另一方面也从"理"的角度对亡国的历史教训进行反思。例如，《资治通鉴》载："凡厥庶民，制度日侈，见车马不辨贵贱，视冠服不知尊卑。尚方今造一物，小民明已睥睨；宫中朝制一衣，庶家晚已裁学。侈丽之源，实先宫闱。"胡三省称："呜呼！我宋之将亡，其习俗亦如此，吾是以悲二宋之一辙也，呜呼！"[2]《资治通鉴》指出，刘宋王朝的灭亡在于社会的奢靡之风，原本车马衣服等体现的尊卑等级秩序已经瓦解，胡三省认为，宋代的灭亡与此如出一辙。

再如，刘祁的《辩亡》篇深入剖析了金朝灭亡的历史原因，开篇写道：

或问：金国之所以亡何哉？末帝非有桀纣之恶，害不及民，疆

---

［1］ 刘因：《静修先生文集》卷四《孝子田君墓表》，商务印书馆1936年版，第79页。
［2］ 司马光：《资治通鉴》卷一百二十七《宋纪九》，中华书局1956年版，第4007页。

中国经史关系通史·宋元明卷

土虽削，士马尚强，而遽至不救，亦必有说。

余曰：观金之始取天下，虽出于边方，过于后魏、后唐、石晋、辽，然其所以不能长久者，根本不立也。[1]

刘祁肯定了金朝的开国功业，认为其"取天下"超过了之前的后魏、后唐、石晋、辽等朝，但不能国祚长久，其原因在于"根本不立"。所谓"根本"，刘祁在文中做了十分详细的阐述，其中说道：

> 然文学止于词章，不知讲明经术为保国保民之道，以图基祚久长，又颇好浮侈，崇建宫阙，外戚小人多预政，且无志圣贤高躅，阴尚夷风；大臣惟知奉承，不敢逆其所好，故上下皆无维持长世之策，安乐一时，此所以启大安贞祐之弱也。……其迁都大梁可谓失谋。向使守关中，犹可以数世，况南渡之后，不能苦心刻意如越王勾践志报会稽之羞，但苟安幸存以延岁月。由高琪执政后，擢用胥吏，抑士大夫之气不得伸，文法梦然，无兴复远略。大臣在位者，亦无忘身徇国之人，纵有之，亦不得驰骋。又偏私族类，疏外汉人，其机密谋谟，虽汉相不得预。人主以至公治天下，其分别如此，望群下尽力难哉。故当路者惟知迎合其意，谨守簿书而已。为将者，但知奉承近侍以偷荣幸宠，无效死之心。幸臣贵戚，皆据要职于一时，士大夫一有敢言、敢为者，皆投置散地。此所以启天兴之亡也。[2]

刘祁认为金朝统治者虽然积极学习汉族文化，但仅仅停留在词章等表面功夫，而不讲经术，不通治国保民之道。在刘祁看来，金朝不重视关乎治国之道的经学义理，是其灭亡的重要原因之一。刘祁还指出，金朝后期，当政的大臣大多只知迎合上意，朝廷缺乏忠贞爱国、为国舍身效死的忠义之士，这也是金朝走向衰亡的重要因素。

---

[1] 刘祁：《归潜志》卷十二《辩亡》，中华书局1983年版，第135页。
[2] 刘祁：《归潜志》卷十二《辩亡》，中华书局1983年版，第136—137页。

## 二、元代官方史学的历史鉴戒思想

除了元初学者的故国情结与历史反思，元代历史鉴戒思想还体现在官方史学的修撰上。尤其是到了元中后期，政治统治显现危机，虞集、苏天爵、欧阳玄等官方史学家希望通过修史，为统治者提供借鉴。这些史家的历史鉴戒思想同样是强调天理，突显人的道德品性在历史发展中的作用，他们所撰写的史书也多赞扬忠义之士，贬斥奸邪、叛逆之臣，这样的历史鉴戒思想既是为了维护元朝的政治统治，同时也是理学所强调的忠君思想在史学中的体现。

虞集说："伏惟昔者明王，不以天纵而自圣；本之先哲，式资道揆以开人。故伏羲则画于河图，神禹锡畴于洪范。凡将图治，慎在求闻。盖帝王传授之精，布乎方册，而古今治乱之迹可以鉴观。"[1] 他认为自古圣王治国并不依靠天资，而是以历史经验为本，圣贤之君将治国经验布乎方册，向后世君主展现了古今治乱之迹，从而为现实的政治统治提供借鉴。又说："夫《春秋》道名分，实尽性之书也。分之上下弗辨，则民志不定，乱之所由生也。必君君臣臣，父父子子，夫夫妇妇之分立，则王道行矣，此教之大者也。夫古今治乱之迹不考，则无以极事理之变通，又史学之不可不讲也。"[2] 这段话强调史书所记载的古今治乱之迹中包含着事物之理，如《春秋》着重阐发了君臣、父子、夫妇等名分关系，以此彰显王道，教化民众，因此，史学"不可不讲"。虞集特别强调历史上的忠臣事迹对后世君臣的借鉴意义。他在《题孝节堂记后》中写道：

> 皇元之取宋也，蜀先受兵，蜀士之以家死事，若西和贾倅，盖有之矣。天兵至南土，遂灭宋，昔者死事之，子孙又死之如西和之曾孙，何可多得哉！史馆承诏修辽、宋、金史，此记宜上送国史。贾氏有遗

[1] 虞集：《道园学古录》卷十二《经筵谢宣表》，文渊阁《四库全书》本，第 1207 册，第 180 页。

[2] 虞集：《道园学古录》卷三十一《送饶则明序》，文渊阁《四库全书》本，第 1207 册，第 456—457 页。

孤，见育于延平陈氏，忠孝之家，天必闵之，陈氏亦德人哉。[1]

虞集在此称颂了南宋蜀地忠孝之家贾氏的殉国壮举，他并没有因为贾氏是南宋之臣而讳言其事迹，反而认为这种忠义之事应当载入史册，为元朝臣子效仿，可见虞集对忠君思想的强调。

宋末元初人杨玄有感于其大父的忠义之举而作《忠史》，记载夏商以来至宋代的忠臣事迹，虞集与欧阳玄都曾为之作序。虞集的序文写道：

> 某尝读横渠张子之书，以为事亲犹事天也，著文以为铭。嗟乎！事君亦犹是矣。孔子谓：子文忠矣，未知焉得仁。而谓微子、箕子、比干为仁，而不及忠也。然则非善事天者，其孰能与于此乎？而古今之言忠，或以一事自见，概可谓之忠矣。必仁也，然后无歉于斯乎！予尝荐玄不报，心窃愧之。姑推能忠之本原，以广其著述之意云耳。[2]

虞集提出，臣子事君如同事天，要做到仁义和忠诚；而仁是忠之本原，只有做到仁，才能无愧于天。欧阳玄的序文则对忠有更详细的论述，其中写道：

> 忠者，尽己之名也。天以事物当然之理赋于人，人尽其所当然者而无憾焉，是之谓忠。今语人曰，臣事君以忠，与忠恕之忠同，则莫不骇然以为非，而实然也。或曰：臣尽臣道于君，忠矣。子尽子道于父，何独曰孝乎？曰：不然也。《礼记》所谓内尽于己而外顺于道，忠臣以事其君，孝子以事其亲，其本一也，此即吾说也。然则上尽其所当然于其下，其名曰何？曰：尽有不敢不勉之义。上下之间必有别也，故尽之对为推，即恕矣。程子尝谓忠、恕，一也，事上之道莫若忠，使下之道莫若恕。后儒疑之，未喻此也。人生而静，动与物接，即有尽己、推己二者出乎其间，识者知其然，固无

[1] 虞集：《道园学古录》卷十《题孝节堂记后》，文渊阁《四库全书》本，第 1207 册，第 154 页。

[2] 虞集：《道园学古录》卷五《忠史序》，文渊阁《四库全书》本，第 1207 册，第 84 页。

一息而非吾效忠之时也是道也，所以事君，所以事天……

　　……玄翁慨慕先志作《忠史》，十余年成书，于是上下数千年臣子大义粲然毕具。微而一言一行，苟无愧于尽己者悉录之。……呜呼！自忠之说不明，士大夫平居无涵养省察之功，莅事无鞠躬尽瘁之志，立朝无直言极谏之风，至于临难死节，能保其必然也耶？呜呼！宇宙间此道明，即天地变化，草木蕃，不明，即天地闭塞贤人隐，甚可畏也。

　　余为国子博士时，职当校献书，既表章之，犹恐玄翁著书之志未白也，故述忠说于斯。呜呼！是书果行于世也，夫书之幸也夫，世之幸也夫。[1]

欧阳玄的这段话从"理"的角度论述了忠的内涵及其意义，他认为忠臣事君与孝子事父是一致的，臣子忠君是"尽己之名"，是天理之当然，是臣子应尽的职责。而且，欧阳玄指出，臣子之忠与君上之恕也是相辅相成的，二者都是尽其本分，这就是所谓忠恕之道。杨玄的《忠史》充分彰显了"尽其所当然"的忠恕之道，表现出士大夫忠诚贞洁的品质，从而彰明天地宇宙之道。故而欧阳玄认为，《忠史》的问世具有重要的社会教化意义，是"书之幸也夫，世之幸也夫"。

苏天爵曾上疏请求修功臣列传，他说：

　　史之为书，善恶并载。善者所以为劝，恶者所以为戒也。故《春秋》成而乱臣贼子惧，后世史臣亦云"诛奸谀于既死，发潜德之幽光"。今修史条例止见采取嘉言善行，则奸臣贼子之事将不复登于书欤？彼奸臣者固不恤其书与否也，今从而泯灭之，是使奸计暴行得快于一时，无所垂戒于后世，彼又何惮而不为恶乎！且如阿合马、桑哥、帖失、倒剌沙之流，皆当明著其欺罔之罪，弑逆之谋，庶几奸邪之徒有所警畏。[2]

［1］欧阳玄：《欧阳玄集》卷七《忠史序》，岳麓书社 2010 年版，第 75—76 页。
［2］苏天爵：《滋溪文稿》卷二十六《修功臣列传》，中华书局 1997 年版，第 445—446 页。

苏天爵认为修史应效仿《春秋》，善恶并载，他还引用韩愈"诛奸谀于既死，发潜德之幽光"的史论，强调史书的撰修要突出其道德教化的作用。而且苏天爵指出，当前修史条例仅要求采取嘉言嘉行，忽视了对奸臣贼子的恶行的记载，这样一来，就无法达到惩恶垂鉴的目的。所以苏天爵提出，像阿合马、桑哥、帖失、倒剌沙等奸臣，应在史书中揭露其欺罔谋逆之罪，这样才能使奸邪之人有所畏惧。

元末所修辽、金、宋三史集中体现了元代官方史学的历史鉴戒思想。元顺帝颁布的《修三史诏》中称："这三国为圣朝所取制度、典章、治乱、兴亡之由，恐因岁久散失，合遴选文臣，分史置局，纂修成书，以见祖宗盛德得天下辽、金、宋三国之由，垂鉴后世，做一代盛典。"[1]从诏书的内容可以看出，元代三史的撰修主要是为了考察辽、金、宋三朝的典章制度沿革以及治乱兴亡之由，并以此为统治者和世人提供历史借鉴。欧阳玄曾代丞相脱脱、阿鲁图撰写进三史表，其中也突显了历史鉴戒的思想。如《进辽史表》称："人主监天象之休咎，则必察乎玑衡之精；监人事之得失，则必考乎简策之信。是以二者所掌，俱有太史之称。然天道幽而难知，人情显而易见。动静者吉凶之兆，敬怠者兴亡之机。史臣虽述前代之设施，大意有助人君之鉴戒。"[2]《进金史表》称："窃惟汉高帝入关，任萧何而收秦籍；唐太宗即祚，命魏征以作《隋书》。盖历数归真主之朝，而简编载前代之事，国可灭史不可灭，善吾师恶亦吾师。矧夫典故之源流，章程之沿革，不披往牒，曷蓄前闻。"[3]《进宋史表》称："曰若帝尧，曰若帝舜，惟圣心稽古之功；监于有夏，监于有殷，乃臣子告君之道。"[4]从进三史表的这些论述可以看出，元代史臣充分认识到编修前代史对当朝统治的重要意义。而所彰显的历史鉴戒思想，主要有三个重要内涵：其一，在天人观上，三史注重对人事的论述。人主既要鉴天象也要察人事，天象难测而人事显见，所以修史的主要目的是向人主展现前代人事之得失。其二，三史的撰述强调善恶并载，善

---

[1]《辽史》附录《修三史诏》，中华书局 1974 年版，第 1554 页。

[2]《辽史》附录《进辽史表》，中华书局 1974 年版，第 1555 页。

[3]《金史》附录《进金史表》，中华书局 1975 年版，第 2899 页。

[4]《宋史》附录《进宋史表》，中华书局 1977 年版，第 14255 页。

恶皆"吾师"。其三，三史的撰修表明，以史为鉴的思想既是为君之道，也是臣子的职责所在。此外，三史修成后，元顺帝还曾对三史总裁官阿鲁图说："史书所系甚重，非儒士泛作文字也。彼一国人君行善则国兴，朕为君者宜取以为法；彼一朝行恶则国废，朕当取以为戒。然岂止儆劝人君，其间亦有为宰相事，善则卿等宜仿效，恶则宜监戒。朕与卿等皆当取前代善恶为勉。"[1] 可见，元顺帝对史书的鉴戒功能也有比较深刻的认识，这种以史为鉴的思想是当时君臣的共识。

从史书内容来看，三史的撰修突显了道德在历史发展中的地位和作用。首先，三史突出了君主的德行对历史兴衰的重要影响。比如《宋史》称赞了宋太祖的建国之功，其中写道："务农兴学，慎罚薄敛，与世休息，迄于丕平；治定功成，制礼作乐。在位十有七年之间，而三百余载之基，传之子孙，世有典则。遂使三代而降，考论声明文物之治，道德仁义之风，宋于汉、唐，盖无让焉。"[2] 而对于宋徽宗这样的亡国之君，《宋史》称他"恃其私智小慧，用心一偏，疏斥正士，狎近奸谀"，并且进一步指出："自古人君玩物而丧志，纵欲而败度，鲜不亡者，徽宗甚焉，故特著以为戒。"[3] 可见，《宋史》史官正是通过展现一朝帝王德行之优劣，来说明君主之德对历史发展的重要意义，为后世之君提供鉴戒。

其次，对于臣子，三史也强调其道德品行。三史的列传部分设有"忠义传""奸臣传""逆臣传"等类传，史官通过叙述忠义之臣与奸佞、叛逆之臣的历史事迹，惩恶劝善，使后世君臣引以为鉴。例如，《辽史·奸臣传》称：

> 《春秋》褒贬，善恶并书，示劝惩也。故迁、固传佞幸、酷吏，欧阳修则并奸臣录之，将俾为君者知所鉴，为臣者知所戒。此天地圣贤之心，国家安危之机，治乱之原也。辽自耶律乙辛而下，奸臣十人，其败国皆足以为戒，故列于《传》。[4]

[1]《元史》卷一百三十九《阿鲁图传》，中华书局1976年版，第3361—3362页。
[2]《宋史》卷三《太祖纪三》，中华书局1977年版，第51页。
[3]《宋史》卷二十二《徽宗纪四》，中华书局1977年版，第418页。
[4]《辽史》卷一百十《奸臣上》，中华书局1974年版，第1483页。

可以看出，《辽史·奸臣传》也是对《春秋》褒贬之义的彰显。司马迁、班固在史书中为佞幸和酷吏专门设传，欧阳修的《新唐书》则合并为"奸臣传"。元代史臣认为，这些史书为奸佞之臣设传，体现了天地圣贤之心；列传所载内容关乎国家治乱安危，为君臣提供了鉴戒。再如，《金史·忠义传》中写道：

> 公卿大夫居其位，食其禄，国家有难，在朝者死其官，守郡邑者死城郭，治军旅者死行阵，市井草野之臣发愤而死，皆其所也。故死得其所，则所欲有甚于生者焉。金代褒死节之臣，既赠官爵，仍录用其子孙。贞祐以来，其礼有加，立祠树碑，岁时致祭，可谓至矣。圣元诏修《辽》《金》《宋史》，史臣议凡例，凡前代之忠于所事者，请书之无讳，朝廷从之。乌乎，仁哉圣元之为政也。司马迁记豫让对赵襄子之言曰："人主不掩人之美，而忠臣有成名之义。"至哉斯言，圣元之为政足为万世训矣。[1]

这段话指出，当国家有难之时，为臣者应当坚守其职，舍身救国，这样才可谓之死得其所。金代就有褒奖忠义之臣的传统，元代修三史，其凡例特别提出，对于前朝忠贞之士的爱国事迹，应当以实记述，不加避讳。这体现出元代对忠君爱国思想的弘扬。

## 第三节　夷夏观念与正统论的新发展

夷夏观念与正统论是理学所探讨的重要内容，也是史学家历史撰述中的重要思想。元朝作为中国历史上第一个少数民族入主中原的统一王朝，对夷夏关系与王朝正统的阐述和论证都面临着新的问题。元代学者的夷夏观经历了从"严守夷夏之防"到"用夏变夷"的转变。而关于正统论，元代理学家和史家也发表了许多观点，尤其是针对元以前的辽、金、宋三朝何为正统的问题，一直争论不休，最终"各与正统"的观念

---

[1]《金史》卷一百二十一《忠义一》，中华书局1975年版，第2633—2634页。

在辽、金、宋三史的修撰中得以实践。

## 一、元代夷夏观念的新发展

夷夏观是中国古代思想史上的重要思想，代表着中国古代人们对不同民族之间关系及其历史发展的认识。先秦时期，人们就已经有了夷夏有别的观念。孔子曾说：“夷狄之有君，不如诸夏之亡也。”[1] 孟子称：“吾闻用夏变夷者，未闻变于夷者。”《公羊传》对夷夏之别有较为详细的阐释，如《春秋·成公十五年》经文载：

> 冬，十有一月，叔孙侨如会晋士燮、齐高无咎、宋华元、卫孙林父、郑公子鳅、邾娄人会吴于钟离。

《公羊传》的解释是：

> 曷为殊会吴？外吴也。曷为外也？《春秋》内其国而外诸夏，内诸夏而外夷狄。王者欲一乎天下，曷为以外内之辞言之？言自近者始也。[2]

《公羊传》以“内”“外”来区别诸夏和夷狄，表明《春秋》以诸夏为本，亲诸夏而远夷狄。但孔子、孟子与《公羊传》都强调这种夷夏之别是以礼义文化来分辨的，而不是拘泥于血缘上的区别，即对奉行中国之礼法的夷狄则“中国之”，而对违背礼义的诸夏则“夷狄之”。两汉时期，董仲舒、何休等公羊学家进一步发挥了《公羊传》的夷夏观念，一方面对夷夏之别做了更细致的划分，另一方面延续了《公羊传》以礼义文化为标准的夷夏观，并且以这种文化民族观念来阐释大一统之义。到了宋代，理学兴起，夷夏关系成为理学家们讨论的焦点。尤其是南宋时期，由于民族危机的不断加剧，当时的理学家大多片面地强调夷夏之辨，这种思

[1] 《论语·八佾》，十三经注疏本，中华书局1980年版，第2466页。
[2] 《公羊传·成公十五年》，十三经注疏本，中华书局1980年版，第2297页。

想也影响到历史撰述，以朱熹《资治通鉴纲目》为代表的历史著作把历史上少数民族政权视为僭伪的王朝。

在元朝建立之初，由于受宋代理学的影响以及民族抵触情绪的高涨，大多南方汉族士人延续了宋代以来严于夷夏之防的观念。他们推崇朱熹的《资治通鉴纲目》，撰写了大量的相关注释文句、阐发义理之作，他们在这些著作中申明了夷夏之辨的思想。如尹起莘在《资治通鉴纲目发明序》中谈到《资治通鉴纲目》的"大经大法"，"贵中国而贱夷狄"就是其中之一。[1] 此外，胡三省的《资治通鉴音注》也具有明显的严于夷夏之防的意识，胡三省在注释中表达了他尊中国、攘夷狄以及反抗民族压迫的思想。例如，后汉时期，北方群盗兴起，契丹国主称"中国之人难制如此"，胡三省则指出："中国之人，困于契丹之陵暴掊克，咸不聊生，起而为盗，乌有难制者乎！盖亦反其本矣。"[2] 可以看出，胡三省十分同情被契丹凌虐的"中国之人"，认为契丹欺压"中国之人"，致使民不聊生，这才是盗贼群起的根本原因。

然而，元朝毕竟是少数民族的政权，而且入主中原，完成了南北的统一，所以传统的夷夏观念也随着政权的不断巩固发生了新变，尤其是北方不少由金入元的汉族士人，他们没有如宋代理学家那样斤斤计较于夷夏之别，而是发展并实践了先秦孔、孟以及《公羊传》"用夏变夷"的思想。

刘祁在《辩亡》一文中表明，金朝统治者有意学习汉文化以变易风俗，他说："宣孝太子最高明绝人，读书喜文，欲变夷狄风俗，行中国礼乐如魏孝文。"[3] 而且，他还指出："大抵金国之政，杂辽宋非全用本国法，所以支持百年。然其分别蕃汉人，且不变家政，不得士大夫心，此所以不能长久。向使大定后宣孝得位，尽行中国法，明昌、承安间复知保守整顿以防后患。"[4] 刘祁认为，金朝政权能延续百年靠的是学习和施行汉法，但由于排挤汉人，不变旧俗，因而不得汉族士大夫的拥戴，最终还是走向灭亡。可见，刘祁十分推崇少数民族政权学习汉法，以汉

---

[1] 尹起莘：《资治通鉴纲目发明序》，载卜大友辑：《明刻珍本史学要义》，中华全国图书馆文献缩微复制中心 1999 年版，第 345 页。

[2] 司马光：《资治通鉴》卷二百八十六《后汉纪一》，中华书局 1956 年版，第 9346 页。

[3] 刘祁：《归潜志》卷十二《辩亡》，中华书局 1983 年版，第 136 页。

[4] 刘祁：《归潜志》卷十二《辩亡》，中华书局 1983 年版，第 137 页。

文化移风易俗。

　　郝经则明确提出了"用夏变夷"的思想。郝经认为，善于为政的不一定是"中国之人"，他说："中国而既亡矣，岂必中国之人而后善治哉？圣人有云，夷而进于中国，则中国之。苟有善者，与之可也，从之可也。"[1] 可以明显地看出，郝经的观点继承了先秦两汉时期以礼义文化为标准的民族观念。郝经高度赞扬了历史上能够"进于中国"的夷狄君主和政权。如他称赞北魏孝文帝改革说："昔元魏始有代地，便参用汉法。至孝文迁都洛阳，一以汉法为政，典章文物灿然与前代比隆，天下至今称为贤君。"[2] 郝经认为北魏孝文帝"卒全龙德"，是"用夏变夷之贤主"，[3] 在他的汉化改革的影响下，北魏王朝的典章文物可与前朝相较。而对于金朝"用夏变夷"之举，郝经有更为详细的阐述。他在《立政议》中说：

　　　　金源氏起东北小夷，部曲数百人，渡鸭绿，取黄龙，便建位号。一用辽宋制度，取二国名士，置之近要，使藻饰王化，号十学士，至世宗与宋定盟，内外无事，天下晏然，法制修明，风俗完厚，真德秀谓金源氏典章法度在元魏右，天下亦至今称为贤君。燕都故老语及先皇者，必为流涕，其德泽在人之深如此。是又可以为鉴也。[4]

他在所作《删注刑统赋序》中也提到：

　　　　盖金有天下，席辽、宋之盛，用夏变夷，拥八州而征南海，威既外振，政亦内修，立国安疆，徙都定鼎。至大定间，南北盟誓既定，好聘往来，甲兵不试，四鄙不警，天下晏然，大礼盛典，于是具举。泰和中，律书始成，凡在官者，一以新法从事，国无弊政，亦无冤民，粲粲一代之典，与唐、汉比隆。[5]

[1]　郝经：《陵川集》卷十九《时务》，文渊阁《四库全书》本，第1192册，第211页。
[2]　郝经：《陵川集》卷三十二《立政议》，文渊阁《四库全书》本，第1192册，第361页。
[3]　郝经：《陵川集》卷三十二《班师议》，文渊阁《四库全书》本，第1192册，第357页。
[4]　郝经：《陵川集》卷三十二《立政议》，文渊阁《四库全书》本，第1192册，第362页。
[5]　郝经：《删注刑统赋序》，载李修生主编：《全元文》，凤凰出版社2004年版，第186页。

郝经的这两段话回顾了金王朝兴起的过程，他指出金源氏原本是东北地区的小族，后来建立强大的政权，威震四海，主要依靠的是"用夏变夷"的政治统治措施。具体而言，一是重用名士，使之辅佐君王，实行仁政；二是修明法制，完善典章制度，注重礼义教化。郝经以历史上"用夏变夷"的成功事例，论证了夷夏之别不在于地域、血缘，而在于文化。而且，他曾代表元朝与宋谈判，指出元朝君主忽必烈"久符人望，而又以亲则尊，以德则厚，以功则大，以理则顺，爱养中国，宽仁爱人，乐贤下士，甚得夷夏之心，有汉唐英主之风"[1]。可见，郝经认为，无论夷夏，只要以理治国，以德服众，便有资格成为"中国之主"。

此外，元初许多儒生向统治者提出了行汉法的建议，这其实也反映了"用夏变夷"观念在现实政治中的表现。其中许衡的建议最具代表性，他说：

> 国朝土宇旷远，诸民相杂，俗既不同，论难遽定。考之前代，北方奄有中夏，必行汉法可以长久，故魏、辽、金能用汉法，历年最多，其它不能实用汉法，皆乱亡相继。史册具载，昭昭可见也。国朝仍处远漠，无事论此，必若今日形势，非用汉法不可也。陆行资车，水行资舟，反之则必不能行；幽燕以北，服食宜凉，蜀汉以南，服食宜热，反之则必有变异。以是论之，国家当行汉法无疑也。[2]

许衡首先从现实的角度指出，元朝疆域辽阔，不同民族杂居在一起，习俗各有不同，所以实行何种制度确实难以定夺。但是从历史经验而言，之前北方少数民族入主中原而建立的王朝行汉法则可以国祚长久，不用汉法则乱亡相继。许衡认为，政治统治的方式应因地制宜，元朝若想长久统治中原之地，就应适应、学习中原汉族的礼义文化和典章制度。当然，许衡也认识到，汉法的推行势必会受到蒙古权贵的阻挠。对此，他论述道：

---

[1] 郝经：《陵川集》卷三十八《复与宋国丞相论本朝兵乱书》，文渊阁《四库全书》本，第1192册，第447页。

[2] 许衡：《鲁斋遗书》卷七《时务五事》，文渊阁《四库全书》本，第1198册，第393页。

然万世国俗，累朝勋贵，一旦驱之下从臣仆之谋，改就亡国之俗，其势有甚难者。苟非聪悟特达，晓知中原实历代圣王为治之要，则必咨嗟怨愤，喧哗甚不可也。窃尝思之，寒之与暑固为不同，然寒之变暑也，始于微温，温而热，热而暑，积百有八十二日而寒气始尽。暑之变寒，其势亦然。山木之根，力可破石，是亦积之之一验也。苟能渐之摩之，待以岁月，心坚而确，事易而常，未有不可变者。[1]

许衡以自然界的气候变化以及山木破石的现象来说明移风易俗的过程，他指出寒与暑固然是完全不同的气候，但寒暑交替变化并不是一蹴而就的，而是一个逐渐转变的过程；再如树木之根可以力破顽石，这也是经过了漫长的积累而形成的。所以，以汉法改易蒙古旧俗也需要长时间的积累和过渡，从而使得古元权贵与民众逐渐从内心认同汉文化。从许衡关于行汉法的论述可以看出，他对民族历史文化的发展演变有着较为客观和深刻的认识，他的论证既参考了历史之势，又符合现实之理，体现出许衡作为一代理学大家的远见卓识。

从"严守夷夏之防"到"用夏变夷"的转变反映出元代民族观念的进步，人们逐渐不再斤斤计较于夷夏之别，而是从文化的角度寻求民族的发展以及民族间的交流与融合。这样的转变是对宋代理学夷夏之辨的突破，这种进步的民族观念也深刻影响了元代正统论的发展。

## 二、元代学者的正统论辩

正统论是中国古代史学发展中的重要问题之一，它反映出史家对王朝合法性以及历史发展趋势的认知。宋代理学兴起以后，正统论成为理学家们争论的焦点话题。北宋欧阳修作《正统论》，以"君子大居正"与"王者大一统"作为正统王朝的评判标准。所谓"居正"，即"正天下之不正"；所谓"一统"，即"合天下之不一"。欧阳修认为，历史上的正统王朝有三种，一是既"居正"又"一统"；二是虽不"居正"，但能"合

---

[1] 许衡：《鲁斋遗书》卷七《时务五事》，文渊阁《四库全书》本，第1198册，第393页。

天下于一”；三是“居正”但不能“一统”。[1] 南宋朱熹的《资治通鉴纲目》也反映了他的正统思想，他将王朝的统系分为正统、列国、篡贼、建国、僭国、无统等几个类别。可以看出，朱熹的正统论更强调王朝是否“居正”，比如对于三国时期的曹魏与蜀汉，朱熹以蜀汉为正统，这与司马光《资治通鉴》的正统观是不同的。而且朱熹的正统论强调了夷夏之辨，对于历史上的少数民族政权，他视之为僭伪之国。

元代的正统思想在宋代理学家的基础上又有了新的发展。如前所述，元代有许多对朱熹《资治通鉴纲目》的发挥之作，这些著作往往继承了朱熹的正统观，强调王朝统治之“正”，包括郝经所作的《续后汉书》也是同朱熹一样尊蜀汉为正统。但是，郝经与朱熹正统论的出发点有所不同。郝经在《立政议》中有一段关于“贵乎有天下者”的议论，他说：

> 所贵乎有天下者，谓其能作新树立，列为明圣，德泽加于人，令闻施于后也。非谓其志得意满，苟且而已也。志得意满，苟且一时，与草木并朽而无闻，是为身者也，于天下何有？有志于天下者不贵也。为人之所不能为，立人之所不能立，变人之所不能变，卓然与天地并，沛然与造化同，雷厉风飞，日星明而江河流，天下莫不贵之而已。不以为贵，以为己所当为之职分也。古之有天下者，莫不然。后之有天下者，亦莫不当然。天下，一大器也。……纲纪礼义者，天下之元气也。文物典章者，天下之命脉也。非是，则天下之器不能安。小废则小坏，大废则大坏。小为之修完，则小康。大为之修完，则太平。故有志于天下者，必为之修而不弃也。以致治自期，以天下自任，孳孳汲汲，持扶安全，必至于成功而后已。使天下后世称之曰，天下之祸至某君而除，天下之乱至某君而治，天下之亡者至某君而存，天下之未至作者，至某君而作，配天立极，继统作帝，熙鸿号于无穷，若是则可谓有志于天下矣。[2]

---

[1] 欧阳修：《居士集》卷十六《正统论上》，载《欧阳修全集》，中华书局 2001 年版，第 267 页。
[2] 郝经：《陵川集》卷三十二《立政议》，文渊阁《四库全书》本，第 1192 册，第 359—360 页。

郝经的这段话论述了统治天下之人所应具备的条件，总结起来有以下几个方面：其一，有志于天下的人应当德泽施于后人，而非逞一时之志。其二，有志于天下者要有大的作为，要建立前人所未有之功业。其三，有志于天下者应修正和完善天下的纲纪礼义、文物典章，郝经认为这二者是天下的元气和命脉，统治天下的人修缮纲纪礼义和文物典章才能使社会达到小康进而进入太平之世。在郝经看来，满足了以上这些条件，才可"配天立极，继统作帝"。一方面，郝经的确继承了朱熹正统论中突出王朝之"正"的观点。但另一方面，郝经与朱熹又是站在不同的社会背景和王朝立场上来论述正统的。朱熹深切地感受到北方少数民族政权对南宋王朝的威胁，所以他的正统论强调夷夏之辨。而郝经并没有将少数民族建立的政权排除在正统之外，正如上文所说，他提出"中国而既亡矣，岂必中国之人而后善治哉"的观点，他作为元朝之儒臣，要维护元的合法性，所以他的正统论强调的是统治者之德行与功业，是一个王朝对纲纪礼义、文物典章的保存与延续。

姚燧的《国统离合表》也是元代重要的正统论著作，该书现已失传，仅存一篇序言。姚燧在《国统离合表序》中说："走未壮时，读《通鉴纲目》书于苏门山，尝病国统散于逐年事首，不能一览而得其离合之概焉。"[1] 从这篇序言的内容来看，姚燧作《国统离合表》主要是为了进一步突显朱熹《资治通鉴纲目》中的王朝统续，虽然他也指出了该书一些系年的错误，但在正统观念上，姚燧与朱熹的看法基本是一致的。金末元初的杨奂曾著有《正统书》，此书也已亡佚，现存其《正统八例总序》一篇。杨奂的正统观与朱熹不同，他提出了"王道之所在，正统之所在也"的观点，尤其是他在文中说道："舍刘宋，取元魏，何也？痛诸夏之无主也。大明之日，荒淫残忍抑甚矣。中国而用夷礼则夷之，夷而进于中国则中国之也。"[2] 刘宋政权荒淫残忍，因此杨奂不以刘宋为正统；元魏孝文帝行王道，学习汉文化，所以杨奂视之为"中国"，与之正统。

[1] 姚燧：《国统离合表序》，载苏天爵编：《元文类》卷三十四，上海古籍出版社 1993 年版，第 415 页。
[2] 杨奂：《正统八例总序》，载苏天爵编：《元文类》卷三十二，上海古籍出版社 1993 年版，第 393 页。

可以看出，杨奂的正统论并没有计较于夷夏之辨，而是以"王道"的归属作为评判标准。

除了如姚燧、杨奂对历史上王朝正统做总体梳理，元代学者对王朝正统的争议还主要集中在辽、金、宋三史修撰的正统问题上。在中国古代，编修前朝史成为每个王朝的惯例，这既是对前朝历史事迹的保存，也是对当朝正统性的伸张和维护。在元初就已有不少儒士建议修辽史、金史。如元灭金后，刘秉忠曾建议修金史，他说："宜因新君即位，颁历改元，令京府州郡置更漏，使民知时。国灭史存，古之常道。宜撰修《金史》，令一代君臣事业不坠于后世，甚有励也。"[1] 王鹗也曾多次提出修辽、金二史，苏天爵的《元朝名臣事略》记载王鹗说："自古帝王得失兴废，班班可考者，以有史在。我国家以威武定四方，天戈所临，罔不臣属，皆太祖庙谟雄断所致，若不乘时纪录，窃恐岁久渐至遗忘。金《实录》尚存，善政颇多；辽史散逸，尤为未备。宁可亡人之国，不可亡人之史。"[2] 元灭宋以后，董文炳也曾说："国可灭，史不可没。宋十六主，有天下三百余年，其太史所记具在史馆，宜悉收以备典礼。"[3] 刘秉忠、王鹗、董文炳等人都强调国亡而史不亡，他们希望能通过修史保存一代君臣事迹，以考察其得失兴废。他们的建议确实也得到了统治者的认可，从元世祖忽必烈到后来的仁宗、英宗、文宗等几朝多次下诏修三史，但都未曾真正实行，原因主要在于辽、金、宋三朝之正统难以定夺。

在元朝，关于辽、金、宋三朝的正统问题的争论一直不断，甚至到三史真正修成后，依然有学者提出不同的观点。其中，以杨维祯为代表的一批汉族儒士主张以宋为正统，辽与金当仿照《晋书》列入载记。杨维祯著有《正统辩》一篇，他在开篇写道：

> 正统之说，何自而起乎？起于夏后传国，汤、武革世，皆出于天命人心之公也。统出于天命人心之公，则三代而下，历数之相仍

---

[1] 《元史》卷一百五十七《刘秉忠传》，中华书局 1976 年版，第 3691 页。

[2] 苏天爵：《元朝名臣事略》卷十二《内翰王文康公》，中华书局 1996 年版，第 239 页。

[3] 《元史》卷一百五十六《董文炳传》，中华书局 1976 年版，第 3672 页。

者，可以妄归于人乎？故正统之义，立于圣人之经，以扶万世之纲常。圣人之经，《春秋》是也。《春秋》，万代史宗也。首书王正于鲁史之元年者，大一统也。五伯之权，非不强于王也，而《春秋》必黜之，不使奸此统也。吴楚之号，非不窃于王也，而春秋必外之，不使僭此统也。然则统之所在，不得以割据之地，僭伪之名而论之也，尚矣。[1]

杨维桢的这段论述带有明显的理学色彩，他认为正统之说出于天命人心之公，所谓天命人心之公，应当就是理学家所说的天理。这种正统之义的依据是圣人之经，具体来说就是《春秋》。杨维桢指出，《春秋》以大一统作为其撰述宗旨，对于春秋时期的五霸之国，尽管其实力强于王室，《春秋》"必黜之"；对于自称为王的吴国和楚国，《春秋》也"必外之"。所以，根据《春秋》的书法原则，"割据之地""僭伪之名"都不可称之为正统。

杨维桢就以这样的原则在文中详细分析了辽、金、宋三朝的性质，他认为建立辽的契丹为"唐之边夷也，乘唐之衰，草窃而起"，而金"实又臣属于契丹者""篡有其国，僭称国号于宋重和之元"，所以对于辽与金，"不知其何统也"。而关于宋，杨维桢则称："当唐明宗之祝天，自以夷虏，不任社稷生灵之主，愿天早生圣人，自是天人交感而宋太祖生矣。天厌祸乱之极，使之君王中国，非欺孤弱寡之所致也。"杨维桢以天人感应之说来论证宋之正统，他认为是上天厌人世之祸乱，因而使宋太祖统治中国，这便是他所谓"天命人心之公"的体现。因此，杨维桢指出："论我元之大一统者，当在平宋，而不在平辽与金之日。"而且，杨维桢还以道统的传承来论证宋的正统地位，他说：

抑又论之，道统者，治统之所在也。尧以是传之舜，舜以是传之禹、汤，禹、汤传之文、武、周公、孔子。孔子没，几不得其传百有余年，而孟子传焉。孟子没，又几不得其传千有余年，而濂、

---

[1] 贝琼：《铁崖先生传》，载程敏政辑：《皇明文衡》卷六十，四部丛刊初编本，第980页。

洛、周、程诸子传焉。及乎中立杨氏，而吾道南矣。既而宋亦南渡矣，杨氏之传，为豫章罗氏、延平李氏及于新安朱子。朱子没，而其传及于我朝许文正公，此历代道统之源委也。然则道统不在辽、金而在宋，在宋而后及于我朝，君子可以观治统之所在矣。[1]

杨维祯认为道统为治统之所在，所以道统也可以体现王朝之正统性。杨维祯这段话梳理了自尧舜一直到元代的道统传承体系，其中元朝之道统由宋而来，元代大儒许衡之学上承朱子，所以元朝承接的是宋朝的正统性。杨维祯的正统论基本代表的是自宋以来传统理学的正统观念，其中凸显了夷夏之辨的民族观。然而，元朝是少数民族建立的政权，统治者对于这种尊中国而斥夷狄的正统论自然不会认同。

还有部分元代学者认为，不应否定辽与金的正统性。例如，修端作《辨辽宋金正统》，批驳了将辽、金视为僭伪政权的观点。修端在文中论述道：

> 夫耶律氏自唐以来，世为名族。延及唐末，朱温篡唐，四方幅裂。辽太祖安巴坚乘时而起，服高丽诸国，并燕云以北数千里，与朱梁同年即位，是岁丁卯，至丙子建元神册，在位二十年。……及乎宋受周禅，有中原一百六十余年。辽为北朝，世数如之。虽辽之封域褊于宋，校其兵力，而澶渊之战，宋几不守，因而割地连和，岁贡银绢二十万两匹，约为兄弟，仍以世序昭穆。降及晚年，辽为翁，宋为孙。及至天祚，金太祖举兵平辽克宋，奄有中原三分之二，子孙帝王，坐受四方朝贡，百有余年。今以刘、石等比之，愚故不可不辩也。
>
> 夫刘渊、石勒皆晋之臣庶，叛乱国家，以臣伐君，纵能盗据一隅，僭至姚泓，终为晋将刘裕所虏，斩建康市，兹作载记，理当然也。完颜氏世为君长，保有肃慎，至太祖时，南北皆为敌国，素非君臣。若如或者所言，金为载记，未审《辽史》复如何尔？方辽太祖神册之际，宋太祖未生，辽祖比宋前兴五十余年，已即帝位，固

---

[1] 贝琼：《铁崖先生传》，载程敏政辑：《明文衡》卷六十，四部丛刊初编本，第984页。

难降就五十年之后，包于《宋史》为载记，其世数相悬，名分颠倒，断无此法。既辽之世际宋不可燕，则金有中原，尤难别议。[1]

修端指出，契丹族耶律氏早在唐代就已世代为名族，唐末阿保机（文中写作"安巴坚"）建立辽国，统治燕云以北数千里，至宋朝建立时，契丹已长居北方一百六十余年。辽太祖建辽比宋朝早兴五十余年，所以《辽史》不能作为载记而包含于《宋史》之中。金朝完颜氏世代为君，与辽、宋对峙，互为敌国，从未称过君臣，所以金朝灭辽克宋与十六国时的刘渊、石勒等叛逆之臣以臣伐君是不同的。而且，就军事实力而言，辽与金都强过宋，宋曾向辽割地求和，金也曾南下攻宋，占据中原。可以看出，修端主要是从客观历史发展以及三朝实力的角度论证辽、金政权的独立性和合理性的。从民族观念来讲，修端的正统论没有局限于传统的夷夏之辨的思想，但这样的观点并不为许多汉族士人所认同。

由于正统问题难有定论，三史的修撰长期搁置。元代中后期，随着社会矛盾的不断加剧，学者们的忧患意识愈加强烈，所以三史的修撰亟待解决。虞集在《送墨庄刘叔熙远游序》中提到：

世祖皇帝时，既取江南，大臣有奏言："国可灭，其史不可灭。"上甚善之，命史官修辽、宋、金史，时未遑也。至仁宗时，屡尝以为言，是时予方在奉常，尝因会议廷中而言诸朝曰："三史文书阙略，辽金为甚，故老且尽，后之贤者，见闻亦且不及，不于今时为之，恐无以称上意。"典领大官是其言，而亦有所未建也。天历、至顺之间，屡诏史馆趣为之，而予别领书局，未奏，故未及承命。间与同列议三史之不得成，盖互以分合论正统，莫克有定。今当三家各为书，各尽其言而核实之，使其事不废可也。乃若议论，则以俟来者，诸公颇以为然。[2]

[1] 修端：《辩辽宋金正统》，载苏天爵编：《元文类》卷四十五，上海古籍出版社 1993 年版，第 589—590 页。
[2] 虞集：《道园学古录》卷三十二《送墨庄刘叔熙远游序》，文渊阁《四库全书》本，第 1207 册，第 462 页。

虞集的这段话一方面表明随着时间的推移，三史撰修的难度越来越大，曾经历辽、金二朝的故老大多离世，而后来的贤士又缺乏当事者的见闻。另一方面，虞集指出"三史之不得成"在于"互以分合论正统"，因此虞集提出了他对三史撰修的设想，即先搁置争议，"三家各为书"。虞集的想法得到了同僚们的认同，这种观点应当说为后来三史各与正统的撰修形式做了铺垫。

直至元末，三史的编修才真正得以付诸实践。元顺帝于至正三年（1343 年）颁布《修三史诏》，以"分史置局"[1] 的形式修撰辽、金、宋三史，命右丞相脱脱监修国史为都总裁官，欧阳玄、揭傒斯、张起岩等人为总裁官。脱脱等人制定了《三史凡例》，其中称："三国各史书法，准《史记》《西汉书》《新唐书》。各国称号等事，准《南》《北史》。"[2] 这条凡例体现了三史各与正统的修撰宗旨，尤其是各国称号依照《南史》《北史》的史法撰写，即表明辽、金二朝与宋朝有着同等的历史地位。

元末各与正统的三史撰修体现出元代民族观念和正统论的新发展，传统的理学思想所强调的夷夏之辨以及以诸夏为正统的观念在现实的历史发展和政治统治中受到了冲击，元代的学者以及统治者不得不在时代环境的影响下对传统的理学观念进行革新。

---

[1]《辽史》附录《修三史诏》，中华书局 1974 年版，第 1554 页。
[2]《辽史》附录《三史凡例》，中华书局 1974 年版，第 1557 页。

# 第七章 明代前期的理学与史学

明代是君主专制加强的一个重要时期。明朝建立之后，专制统治便定程朱理学于一尊，加强其对意识形态领域的控制。明代前期的统治者，希望把臣民的思想纳入其整齐划一的政治规划中，从而实现自己对社会权利的绝对把控。故此，被定于一尊的程朱理学深入影响明代社会的各个层面，特别是包括史学在内的整个明代学术思想。与此同时，明初史学的发展，也在一定程度上影响着明代的理学。

## 第一节 明前期理学的发展及其困境

在明朝加强皇权专权的要求下，统治者确立了"收天下之权以归一人"的立国宗旨，废除宰相，改造了传统的政治权力机构，颁布了严苛的法律并保证其实行，实行特务统治，并加强对文化领域的控制，从而保证皇帝专权的极端发展。在这种背景下，被统治者加以改造和利用的理学，其发展出现了困境。

### 一、"收天下之权以归一人"：明初的立国宗旨

明朝后期的史学家王世贞在目睹了明朝前中期的蠹政以后总结道："高皇帝收天下之权，以归一人，即狼戾如振、瑾者，一嚬而忧，再嚬而危，片纸中夜下而晨就缚，左右无不鸟散兽窜，是以能为乱而不能为变

中国经史关系通史·宋元明卷

也。虽然，不可恃也。"[1]这段话内涵非常丰富。首先，道出了明朝立国的一个基本宗旨，即"收天下之权以归一人"，强调皇权的极端专制；其次，正是在这种极端的皇权专制下，即使擅权如宦官王振、刘瑾者，也只能"为乱"而不能"为变"；再次，说明了这种极端皇权的不可靠性，即所谓"不可恃也"。应该来讲，王世贞的历史认知是深刻的。虽然在这里，王世贞没有明确说明宦官产生的原因就是极端的皇权专制。如在论述王振专权时，他也只是说："天子幼冲，母后不中制，权必有所归，而竖振遂滔天矣。"[2]

服务于皇权极端专制的需要，明初统治者首先改造了传统的政治权力结构，即废除了长期以来对皇权形成制衡的相权。朱元璋以"莫须有"的胡惟庸案为借口，废除了自秦汉以来就已确立的丞相制度，撤销中书省，分权给吏、户、礼、兵、刑、工六部，六部长官直接对皇帝负责，在解除了相权对君权的制约的同时，也使得皇权空前高涨。[3]为了保证皇权在中央和地方的顺利执行，明廷还加强了监察制度，建立特务机构，完善地方里甲组织等，建立了一套由皇帝直接、垂直控制中央和地方的政治体制。明初统治者对于传统政治权力结构的改造，就是人为、主观地利用社会的各种可能资源，充分发掘其潜力，进一步赋予其极端专制以合法的地位。明初统治者的这种苦心，也正如恩格斯所言，"不让现行的法律来限制自己的绝对权力"[4]。

明初统治者在废除宰相，改造传统的政治权力结构，确立极端皇权专制的前提下，还颁布了严苛的法律来保证君主专制制度的顺利执行，严惩危及皇权的各种社会行为。朱元璋就亲自组织力量，劳心焦思，费时二十年，经过七次修改和完善，重新修订了法典《大明律》，将以维护

[1]　王世贞：《弇州史料前集》卷十一《中官考一》，明万历四十二年刻本，《四库禁毁书丛刊》，史部第48册，第579页。

[2]　王世贞：《弇州史料前集》卷十一《中官考一》，明万历四十二年刻本，《四库禁毁书丛刊》，史部第48册，第579页。

[3]　吴晗：《胡惟庸党案考》，载《吴晗史学论著选集》，人民出版社1984年版，第442—480页。

[4]　恩格斯：《普鲁士国王弗里德里希—威廉四世》，载《马克思恩格斯全集》第一卷，人民出版社1956年版，第541页。

皇权为其核心的封建伦理纲常用法律的形式确定了下来，做出严格的规定，包括直接危及皇朝统治的反抗，煽惑或鼓动民众反抗的言行，质疑皇权至上的言行，等等，无不在其严酷镇压和处罚之列。从后来发生的胡惟庸案诛杀三万余人，蓝玉案株连一万五千余人，方孝孺案夷十族、连坐而死者八百四十七人的史实来看，明代法律之严苛可见一斑。更多的证据则表明这种严苛的法律就是为了维护皇帝一人的独裁统治。《大明律》规定："凡诸衙门官吏及庶人等，若有上言宰执大臣美政才德者，即是奸党，务要鞫问，穷究来历明白，犯人处斩，妻子为奴，财产入官。若宰执大臣知情，与同罪。"[1] 在这样的规定中，皇权具有超越一切的政治优势，成为明代社会一切权利的来源和依据。

为了加强中央集权，明朝在传统严刑峻法基础上，实行了一系列新的法外之法。概括而言，大致有三种：廷杖、东西厂和锦衣卫。《明史·刑法志》云："刑法有创之自明，不衷古制者，廷杖、东西厂、锦衣卫、镇抚司狱是已。是数者，杀人至惨，而不丽于法，踵而行之，至末造而极。举朝野命，一听之武夫、宦竖之手，良可叹也。"[2] 这些做法不仅彻底摧残士大夫的肉体，亦极尽折磨士大夫精神之能事，使传统士大夫群体的正常政治诉求，完全匍匐于高高在上的皇权威严脚下。其中特别是廷杖，"每廷杖，必遣大珰监视，众官朱衣陪列。左中使，右锦衣卫，各三十员，下列旗校百人，皆衣襞衣，执木棍。宣读毕，一人持麻布兜，自肩脊下束之，左右不得动。一人缚其两足，四面牵曳。惟露股受杖。头面触地，地尘满口中。受杖者多死；不死，必去败肉斗许，医治数月乃愈"[3] 又如无所不在的特务监视，即使如重臣宋濂者也莫能外，"尝与客饮，帝密使人侦视。翼日，问濂昨饮酒否，坐客为谁，馔何物。濂具以实对。笑曰：'诚然，卿不朕欺'"[4]。在京为官者，"每旦入朝，必与妻子诀，及暮无事，则相庆以为又活一日"[5]。郡县之官"虽居穷

[1]《大明律》卷二《上言大臣德政》，法律出版社1999年版，第35页。

[2]《明史》卷九十五《刑法志三》，中华书局1974年版，第2329页。

[3] 凌扬藻：《蠡勺编》卷十七《廷杖》，清岭南遗书本。

[4]《明史》卷一百二十八《宋濂传》，中华书局1974年版，第3786—3787页。

[5] 赵翼著，王树民校证：《廿二史札记校证》卷三十二《明祖晚年去严刑》，中华书局2013年版，第744页。

山绝塞之地，去京师万余里外，皆悚心震胆，如神明临其庭，不敢少肆。或有毫发出法度，悖礼义，朝按而暮罪之"[1]。再辅以无中生有、无孔不入的文字狱，可以说，明朝统治者编织出了一张密密匝匝的严刑酷法之网，并紧紧地笼罩在明初士大夫的头上，而总纲则紧紧握在极天下之权于一身的皇帝手里。

服务于加强君主极端专权的需求，明代统治者也十分注意加强文化统治，特别是在明朝前期更是如此。综观明朝前期加强文化统治的内容，主要表现在两个方面：一是大兴文字狱，钳制士人口舌。出身苦难而跃居皇位的个人经历，造成了朱元璋自卑而好猜忌的性格，每每披览臣下奏章，多生疑忌，认为臣下质疑和讽刺其皇帝的身份，质疑其皇权的合法性，故大兴文字狱，大肆屠杀臣下以逞其威。"明祖通文义，固属天纵，然其初学问未深，往往以文字疑误杀人，亦已不少。"赵翼《廿二史札记》载："杭州教授徐一夔贺表有'光生天下，天生圣人，为世作则'等语，帝览之大怒，曰：'生者僧也，以我尝为僧也；光则剃发也；则字音近贼也。'遂斩之。"[2]"剃发""为僧"的苦难经历，对其猜忌性格的形成产生了直接的影响，他为了维护自身统治，大兴文字狱以钳制士人口舌。二是敕谕编订旨在加强思想控制的文献，利用程朱理学加强思想统治，为学术思想发展提供一个官方的裁定标准，以正时人耳目。典型的表现就是永乐十三年（1415 年）《四书大全》《五经大全》和《性理大全》的成书。诚如朱棣亲自撰写的书序所言，目的是在"使天下之人，获睹经书之全，探见圣贤之蕴"说辞的掩护下，达到"使国不异政，家不殊俗，大回淳古之风，以绍先王之统，以成熙皞之治"的政治效果，把本身就该"百家争鸣"的思想纳入其人为的整齐划一的政治规划中，从而窒碍了思想的发展，以致出现了正如明末清初黄宗羲所谓的"此亦一述朱，彼亦一述朱"[3]的保守、因循的学术思想氛围。

[1] 方孝孺：《逊志斋集》卷十四《送祝彦芳致仕还家序》，宁波出版社 2000 年版，第 459 页。

[2] 赵翼著，王树民校证：《廿二史札记校证》卷三十二《明初文字之祸》，中华书局 2013 年版，第 740 页。

[3] 黄宗羲：《明儒学案》卷十《姚江学案序》，中华书局 2008 年版，第 178 页。

二、"国不异政，家不殊俗"：对程朱理学的改造和利用

在加强皇帝专权的要求下，明朝统治者把程朱理学确立为官方统治意识形态，加强其对思想领域的控制。当然，这里的"程朱理学"是经过其官方化改造过的，即片面发挥其君权神授的逻辑理论，而忽略其社会批判意识。

程朱理学的官方化，有一个历史发展过程。朱熹逝后，庆元党禁解除，理学得以继续发展。到了宋理宗时，对朱熹褒扬有加，其所作《四书章句集注》更是广泛流传开来，并被定为科举考试的内容，这是理学官方化的滥觞。元代，从整体上来讲，理学相较于其他学说，其优势也是比较明显的。元初，由于赵复等人的努力，理学得以北传，出现了许衡、刘因等具有代表性的理学家。随着理学的传播，元朝统治者也开始学习中原皇朝的做法，利用理学来加强自身统治。元仁宗延祐年间恢复科举考试，明令科考从四书内设问，并规定用朱熹的注作为解释原则。这样，理学在元朝也成为官学，元朝统治者亦把它作为统治意识形态加以巩固。

明朝建立，明初统治者沿用了宋元统治者"儒者可尚，以能维持三纲五常之道"[1]的做法。结合此时的"儒者"多指理学家的史实而言，因此具体一点来讲，这也是一个推崇理学的做法。这在解缙和朱元璋的一段对话中也表现得非常明显，解缙说："臣见陛下好观《说苑》《韵府》杂书。与所谓《道德经》《心经》者，臣窃谓甚非所宜也。《说苑》出于刘向，多战国纵横之论。《韵府》出元之阴氏，抄辑秽芜，略无可采。陛下若喜其便于检阅，则愿集一二志士儒英，臣请得执笔随其后，上溯唐、虞、夏、商、周、孔，下及关、闽、濂、洛，根实精明，随事类别，勒成一经，上接经史，岂非太平制作之一端欤！"[2] 从解缙的这段话中我们可以看出，传统儒家学说仍然是他规劝朱元璋治国安民所资利用的基本策略，其中传统儒学的新发展——"下及关、闽、濂、洛"——当然是最重要的内容。其目的自然是为了维护朱明皇朝的统治，即为"太平

[1]《元史》卷二十六《仁宗三》，中华书局 1976 年版，第 594 页。
[2]《明史》卷一百四十七《解缙传》，中华书局 1974 年版，第 4115—4116 页。

中国经史关系通史·宋元明卷

制作"。而"勒成一经，上接经史"的做法，大概可以看成是这种想法的具体实践，这也大概是明成祖朱棣三部《大全》编订的滥觞。朱元璋接受了这一劝说，并把对于理学的利用发挥到极致。与屠戮开国功臣、大兴文字狱、严刑酷法等措施相一致，加强思想控制，利用理学钳制士人口舌，同样起到"收天下之权以归一人"的专制统治目的。

明廷加强思想控制的举措，集中表现在教育领域内，就是程朱理学统治地位的确立。明太祖设立太学之初，即规定天下学校"一宗朱氏之学，令学者非五经、孔孟之书不读，非濂、洛、关、闽之学不讲"[1]。把程朱理学定为科举的指导思想，"国家明经取士，说经者以宋儒传注为宗，行文者以典实纯正为主"[2]，"不遵者以违制论"。在考试内容方面，把程朱理学人物对于儒家经典的理解作为评判优劣的定则。如洪武十七年（1384年）颁布的科举定式规定："四书主朱子《集注》，《易》主程《传》、朱子《本义》，《书》主蔡氏《传》及古注疏，《诗》主朱子《集传》，《春秋》主《左氏》《公羊》《穀梁》三传及胡安国、张洽《传》，《礼记》主古注疏。"[3]强制和利诱并用，使程朱理学成为控制人们思想的工具。吕妙芬在分析明廷的这一做法时说："程朱学派的诠释占极重要的地位，成为官方援引为政治统治的意识形态，也因此摇身一变为程朱官学。"[4]正说明了程朱理学于明初的官学地位。而当这种推尊程朱理学的统治观念与后来的八股取士制度结合起来以后，所导致的结果正如顾炎武所感叹的那样，"八股之害，等于焚书，而败坏人材，有甚于咸阳之郊所坑者但四百六十余人也"[5]。把利用八股取士手段推行官方化程朱理学比拟为秦始皇焚书坑儒，说明明初统治者加强思想控制的力度之大，对士人造成了极大的心理戕害。不仅如此，官方化程朱理学与八股取士制度的结合，还在客观上限制了学者的视野，"自贡举法行，学者知以摘经拟题为志，其所最切者，唯四子一经之笺是钻是窥，余则漫不加

---

[1] 陈鼎：《东林列传》卷二《高攀龙传》，文渊阁《四库全书》本，第458册，第199页。

[2] 彭孙贻：《松下杂钞》卷下，涵芬楼秘籍本，第365页。

[3] 《明史》卷七十《选举二》，中华书局1974年版，第1694页。

[4] 吕妙芬：《阳明学士人社群：历史、思想与实践》，新星出版社2006年版，第30页。

[5] 顾炎武著，黄汝成集释：《日知录集释》卷十六《拟题》，上海古籍出版社1985年版，第1260页。

省，与之交谈，两目瞪然视，舌本强不能对"[1]。造成了士子知识结构的单一，从而表现出"一种虚伪和萎靡不振的积习"[2]。

明成祖朱棣不仅延续了其父朱元璋的思想控制措施，更是编写出了代表理学官方化立场的三部《大全》——《五经大全》《四书大全》《性理大全》，为学术的解释提供了一个毋庸置疑的官方版本。明成祖朱棣亲自为三部《大全》制序，明确申明了"使国不异政，家不殊俗，大回淳古之风，以绍先王之统，以成熙皞之治"的编纂动机。《四书大全》36卷，《五经大全》154卷，《性理大全》70卷，共260卷。关于三部《大全》的内容，朱棣谕旨即言："五经、四书皆圣贤精义要道，其传注之外，诸儒议论有发明余蕴者，尔等采其切当之言，增附于下"，类聚"周、程、张、朱诸君子性理之言"。[3]三部《大全》以传统儒家四书、五经内容为线索，辑录后世儒家，特别是以程朱理学家的相关学说为主干编辑而成，这无疑是对程朱理学的一次大总结，也代表着程朱理学统治意识形态地位的确立。但是这种利用行政手段，简单、强制推行程朱理学的做法，极大地扼杀了学术发展赖以生存的宽松社会环境，即使就理学化经学自身的发展而言，也是致命的，难怪顾炎武说："自八股行而古学弃，《大全》出而经说亡，十族诛而臣节变。洪武、永乐之间，亦世道升降之一会矣。"[4]结合三部《大全》产生的时代背景、编纂动机及其内容，程朱理学于明朝加强意识形态控制中的作用自然不言而喻。

为什么明朝统治者会选择程朱理学作为其加强思想控制的理论武器呢？这可以从个体和国家、道德和事功两个层面来认识。先从个体和国家层面来看。总体上，程朱理学对这两方面的内容都是包括的，即其基本的价值取向主要有二：一是对个体道德起源与修养的探索，肯定个体道德修养的践履价值与意义，以满足士人个体追求终极关怀的精神需要；二是把这种个体的道德修养和践履价值的探讨推及于社会层面，以"天

[1] 宋濂：《宋文宪公全集》卷十《礼部侍郎曾公神道碑铭》，四部备要本。
[2] 白寿彝：《中国史学史》（第一册），上海人民出版社1986年版，第78页。
[3] 《明太宗实录》卷一百五十八，永乐十三年正月甲寅，台湾"中央研究院"历史语言研究所1962年影印本，第1803页。
[4] 顾炎武著，黄汝成集释：《日知录集释》卷十八《书传会选》，上海古籍出版社1985年版，第1390页。

理"等范畴为媒介，上升到对封建道德纲常、等级秩序和专制集权之合理性的探讨。这两种价值取向在其理论体系中并不是均衡发展的，而是后一种取向占据着主导位置，即认识论上"把普遍之理与具体事物的关系规定为外在的强制命令，将世界形而上、形而下截然地割裂开，形成理与气、道与器、道心与人心、天理与人欲等范畴的二元对立，忽视了普遍性是内在于特殊性的，只有通过特殊性才能起到指导作用，尤其是以'所以然'说'所应然'，无视道德实践的主体性，即普遍的道德律令只有与个人的内在意愿相结合，才能转化为有效的行为规范，否则只会因强迫的泛道德化而导致社会的普遍虚伪"[1]。而历代统治者往往看重的就是这一点，即以"天理"消解了个体道德践履的主体性，在一定程度上削弱了个体道德修养的意义与价值，从而把其纳入统治者整齐划一的政治规划中，企图"合众途于一轨，会万理于一源"，"一宗朱氏之学"，其后果必然是"使国不异政，家不殊俗"。这就使得程朱理学经过官方化处理以后，失去了其初始存在的社会批判意义，唯官方的统治需求马首是瞻。这也是程朱理学之所以受到宋、元统治者青睐的原因，当然也是谋求"收天下之权于一人"的明朝统治者特别看重的。

这里不得不辩的是，程朱理学确实存在着以外在天理消解个体道德践履的弊病，但就完整的程朱理学，或者说程朱理学的本身学术内涵而言，肯定个体道德践履的必要性仍是其重要内容之一。宋儒发动"新儒学"运动的本旨就是为了限制君权，改变自秦汉以来的"士贱君肆"[2]的局面，以达到士人与君主共治天下的目的。在这一共治过程中，士大夫的担当更是超越君主的，即所谓"天下治乱系宰相，君德成就责经筵"[3]。于此，对现实中君主专制及专制国家的各种行为，理学家经常是以一种批判的面目示人的。而在古代皇权即天理的历史语境下，强调限制君权，更是突显了个体的道德践履，从而使得程朱理学具备了相当的社会批判意识。只不过在明代理学的官方化过程中，程朱理学的社会

---

[1] 向燕南：《中国史学思想通史·明代卷》，黄山书社 2002 年版，第 171 页。

[2] 张栻：《南轩集》卷十六《张子房平生出处》，文渊阁《四库全书》本，第 1167 册，第 554 页。

[3] 程颢、程颐：《河南程氏文集》卷六《论经筵第三札子·贴黄》，载《二程集》，中华书局 2004 年版，第 540 页。

批判意识被当然地抹杀掉了。

再从道德和事功层面来看。上述宋代理学家的担当表明，他们不仅重视事功的理论阐释，更是事功的积极践行者。但从理学家学说的本身内涵来看，由于理学视"天理"为世界的本源，而这种本源性的东西自然也就具有无上的道德评判能力，朱熹曾说："宇宙之间，一理而已。……其张之为三纲，其纪之为无常，盖皆此理之流行，无所适而不在。"[1] 因此，道德评判在理学中的分量自然是不言而喻的。

同时，有关于道德和事功的思考，理学家们也往往以"正统论"的形式表现出来。严格意义上来讲，道德和事功这两方面内容都包括在理学家们的正统论中，"宋代经史学家的正统论有一个非常显著的特点，那就是它否定了传统意义上立定正统标准重视纯道德因素的做法，而突出了大一统功业的重要地位"[2]。其中欧阳修的"居天下之正，合天下于一"[3] 理论就是一个典型的代表。但也同样不可否认，在传统"大一统"理论道德的制约下，道德评判仍然是理学正统思想的重要内容。

同时正统论也有一个历史发展的过程，宋代理学正统论的提出，主要是为虽未"合天下于一"，但可以"居天下之正"的宋朝统绪找到一个合法性的理由，从而使得理学家们的正统论从一开始就表现出既重政治上的"一统"，更重视"居天下之正"的道德意义。这一点在蒙古族入主中原的刺激下，更是如此，如元朝时期的郑思肖曾言，"圣人、正统、中国本一也，今析而论之，实不得已。是故得天下者，未可以言中国；得中国者，未可以言正统；得正统者，未可以言圣人。唯圣人始可以合天下、中国、正统而一之"，认为那种"以'正而不统，统而不正'之语以论正统，及得地势之正者为正统，俱未尽善"。[4] 杨奂亦有"王道之所

---

[1] 朱熹：《晦庵先生朱文公文集》卷七十《读大纪》，见朱杰人等主编：《朱子全书》第二十三册，上海古籍出版社、安徽教育出版社 2002 年版，第 3376 页。

[2] 汪高鑫：《中国史学思想通论·经史关系论卷》，福建人民出版社 2011 年版，第 131 页。

[3] 欧阳修：《居士集》卷十六《正统论下》，载《欧阳修全集》，中华书局 2001 年版，第 269 页。

[4] 郑思肖：《古今正统大论》，载饶宗颐：《中国史学上之正统论》附录《资料一》，上海远东出版社 1996 年版，第 123 页。

在，正统之所在"[1]的观点，可见以正统论为表现形式，理学家们有关道德和事功层面的论述，还是以道德评判为主干的。与此密切相关的是有关于夷夏观的问题，夷夏之辨直接决定了"得天下之正"与否。虽然此时也有一些人以欧阳修的"合天下于一"的正统标准来为元朝入主中原摇旗呐喊，但郑思肖、杨奂辈的观点影响更大。综观明以前正统论的历史发展，"居天下之正"的道德评判，显然还是凌驾于"合天下于一"之上的。

而到了明初，朱元璋虽然在应天（今南京）称帝，但残元势力在政治上和军事上都威胁着新生的政权，军事上的进一步打击固然必要，政治上的宣传也是必不可少的，即如何在政治上论证自身统绪的合法性，如何攘夺统绪的大蠹，就成为明初统治者迫切需要解决的问题。对于这样一个对手是少数民族建立的政权，而本身又正在成长的新生政权而言，宋元时期正统论中重道德评判的倾向无疑是对其有利的，这是理学与明初政治紧密结合的一个逻辑进路，同时也是明初统治者片面利用理学的一个突破口。早在元朝末期，朱元璋的势力作为各支起义力量的一支时，就非常注意利用正统的夷夏之辨来宣传自己，"方今取天下之势，同讨夷狄，以安中国是为上策"[2]。至正二十七年（1367年），由宋濂起草的北上宣言《谕中原檄》中，就持"自古帝王临御天下，中国居内以制夷狄，夷狄居外以奉中国，未闻以夷狄治天下也"的狭隘民族观念，反复申说自己出兵北伐的目的就是"北逐群虏，拯生民于涂炭，复汉官之威仪"，"除暴乱，使民皆得其所，雪中国之耻"。[3]明朝初期统治者利用正统夷夏之辨中重道德评判的倾向，使得他们在面对残元势力时，拥有绝对的道德自信。

从上面的论述中，我们大致可以看出，历代统治者，包括明朝统治者利用程朱理学的基本思路是保留程朱理学中有利于其统治的成分，有意忽略和抹杀了程朱理学的社会批判意识和事功因素。经过官方化处理的程朱理学，确实登上了官方统治意识的宝座，但同时也处于一种被极

[1] 杨奂：《正统八例总序》，载饶宗颐：《中国史学上之正统论》附录《资料一》，上海远东出版社1996年版，第126页。

[2]《明太祖实录》卷十二，癸卯秋七月丙戌，台湾"中央研究院"历史语言研究所1962年影印本，第162页。

[3]《皇明诏令》卷一《谕中原檄》，明嘉靖十八年傅凤翔刻二十七年浙江布政司增修本，《续修四库全书》本，第457册，第33—34页。

端化扭曲的尴尬境地。

### 三、方孝孺之死：明初理学发展的巅峰与困境

总体上来讲，就客观效果而言，明初统治者汲汲于程朱理学的官方化改造，这对程朱理学的发展也产生了复杂的影响，既使程朱理学作为一种社会学说达到了其理想的社会状态——成为官方统治意识，也使得其自身学术内涵受到了极大的压缩，客观上陷入发展的困境。统治者对于程朱理学的虚伪性，在被称为"程朱复出"的方孝孺死于不遗余力推广程朱理学的朱棣皇帝之手的史实中，更是显露无遗。

我们先来确定一下方孝孺的程朱后学身份。

方孝孺（1357—1402 年），字希直，又字希古，号逊志，浙江宁海人。"孝孺幼警敏，双眸炯炯，读书日盈寸，乡人目为'小韩子'。长从宋濂学，濂门下知名士皆出其下。先辈胡翰、苏伯衡亦自谓弗如。孝孺顾末视文艺，恒以明王道、致太平为己任"[1]。黄宗羲亦说："神圣既远，祸乱相寻，学士大夫有以生民为虑、王道为心者绝少。宋没，益不可闻。先生禀绝世之资，慨焉以斯文自任。"并明确认为方孝孺不愧为接续程朱理学的"千秋正学"，"会文明启运，千载一时，深维上天所以生我之意，与古圣贤之所讲求，直欲排洪荒而开二帝，去杂霸而见三王，又推其余以淑来祀，伊、周、孔、孟合为一人，将旦暮遇之，此非学而有以见性分之大全不能也。既而时命不偶，遂以九死成就一个是，完天下万世之责。其扶持世教，信乎不愧千秋正学者也。考先生在当时已称程朱复出，后之人反以一死抹过先生一生苦心，谓节义与理学是两事，出此者入彼，至不得与扬雄、吴草庐论次并称。于是，成仁取义之训，为世大禁，而乱臣贼子，将接踵于天下矣"[2]。

---

[1] 《明史》卷一百四十一《方孝孺传》，中华书局 1974 年版，第 4017 页。

[2] 黄宗羲：《明儒学案》卷首《师说》，中华书局 2008 年版，第 1 页。黄宗羲此言除了说明方孝孺"程朱复出"的"正学"身份，还引出了一个非常值得我们思考的问题，即后世学者往往把方孝孺节义与理学分为"两事"。按照黄宗羲的逻辑思路，这导致了一种不良的后果，即"成仁取义之训，为世大禁，而乱臣贼子，将接踵于天下矣"。

黄宗羲还说：

> 先生直以圣贤自任，一切世俗之事，皆不关怀。朋友以文辞相
> 问者，必告之以道，谓文不足为也。入道之路，莫切于公私义利之
> 辨，念虑之兴，当静以察之。舍此不治，是犹纵盗于家，其余无可
> 为力矣。其言周子之主静，主于仁义、中正，则未有不静，非强制
> 其本心如木石然，而不能应物也，故圣人未尝不动。谓圣功始于小
> 学，作《幼仪》二十首。谓化民必自正家始，作《宗仪》九篇。谓
> 王治尚德而缓刑，作《深虑论》十篇。谓道体事而无不在，列《杂
> 诫》以自警。持守之严，刚大之气，与紫阳真相伯仲，固为有明之
> 学祖也。[1]

方孝孺慎辨于公私的求道之路，齐家治国平天下的外王信念，以及尚德而缓刑的治世理念等方面，也都说明其正学醇儒的学术身份，而"其言周子之主静""与紫阳真相伯仲"，则又或直接或间接地说明了方孝孺的程朱理学或新儒学身份。

方孝孺的程朱理学身份，还可以从其对待佛、道的态度上看出。与其师宋濂的态度相比，方孝孺的态度更为严苛，主张"驱斥"。"先生之学，虽出自景濂氏，然得之家庭者居多。其父克勤，尝寻讨乡先达授受原委，寝室为之几废者也。故景濂氏出入于二氏，先生以叛道者莫过于二氏，而释氏尤甚，不惮放言驱斥，一时僧徒俱恨之"[2]。无怪时人以"正学""程朱复出"视之。

方孝孺的正统论也是发展程朱理学家相关论说而来。如前所述，宋代理学家正统论的一个基本取向，即虽然承认"合天下于一"的合理性，但"居天下之正"显然是凌驾其上的。方孝孺的正统论确实表现出这一特征，其《后正统论》开篇即言："正统之名，何所本也？曰：本于《春

---

[1] 黄宗羲：《明儒学案》卷四十三《文正方正学先生孝孺》，中华书局 2008 年版，第
　　1042 页。

[2] 黄宗羲：《明儒学案》卷四十三《文正方正学先生孝孺》，中华书局 2008 年版，第
　　1042 页。

秋》。何以知其然也？《春秋》之旨虽微，而其大要，不过辨君臣之等，严华夷之分，扶天理，遏人欲而已。春秋之世，周室衰，诸侯盛，以地不及于齐、晋、吴、楚，以兵以粟则不远鲁、卫、曹、郑，然而必曰天王。天王齐晋，虽大国一有逾分奸礼，则必贬之。楚与吴固已称王，与周无异矣。而斥之曰子曰人，岂非君臣之等、华夷之分不可废乎？《传》曰：《春秋》大居正，又曰：王者大一统。此正统之名所由本也。"[1] 从《春秋》对周室和各诸侯国不同的处理，可以看出方孝孺正统论道德裁决的意味。在这一认识前提下，方孝孺提出"正统""变统"说，来处理"居天下之正"与"合天下于一"的二元紧张："尝试论之曰：天下有正统一，变统三。三代，正统也。如汉如唐如宋，虽不敢几乎三代，然其主皆有恤民之心，则亦圣人之徒也，附之以正统，亦孔子与齐桓仁管仲之意欤？奚谓变统？取之以不正，如晋宋齐梁之君，使全有天下，亦不可为正矣。守之不以仁义，戕虐乎生民，如秦与隋，使传数百年，亦不可为正矣。夷狄而僭中国，女后而据天位，治如符坚，才如武氏，亦不可继统矣。"[2] 方孝孺还阐述了这一理论惩恶劝善的社会道德意义："正统之说立，而后人君之位尊；变统之名立，而后正统之说明。举有天下者，皆谓之正统，则人将以正统可以智力得，而不务修德矣，其弊至于使人骄肆而不知戒。举三代而下皆不谓之正统，则人将以正统非后世所能及，而不勉于为善矣，其弊至于使人懈怠而无所劝。其有天下同也，惟其或归诸正统，或归诸变统，而不可必得，故贤主有所劝，而奸雄暴君不敢萌陵上虐民之心。"[3] 由此看来，道德扬榷在方孝孺正统论中发挥着根本的指导作用。这一点与程朱理学的观点也是比较一致的。

虽然方孝孺在一些具体方面的学术主张与程朱理学的经典作家朱熹的论说不尽相合，[4] 但整体上来讲，其作为明初程朱理学的典型代表人

[1] 方孝孺：《后正统论》，载饶宗颐：《中国史学上之正统论》附录《资料一》，上海远东出版社1996年版，第154页。
[2] 方孝孺：《释统上》，载饶宗颐：《中国史学上之正统论》附录《资料一》，上海远东出版社1996年版，第152页。
[3] 方孝孺：《释统中》，载饶宗颐：《中国史学上之正统论》附录《资料一》，上海远东出版社1996年版，第152页。
[4] 侯外庐等：《宋明理学史》（下），人民出版社1997年版，第97—99页。

物的身份大致是可以确定的。

下面我们再看一下这么一位严于律己的"正学"或醇儒，在"功（切）思帝王之治，一本于道"[1]的、号称"启天弘道高明肇运圣武神功纯仁至孝"[2]的明成祖那里的遭际。《明史·方孝孺传》记曰：

> 先是，成祖发北平，姚广孝以孝孺为托，曰："城下之日，彼必不降，幸勿杀之。杀孝孺，天下读书种子绝矣。"成祖颔之。至是欲使草诏。召至，悲恸声彻殿陛。成祖降榻劳曰："先生毋自苦，予欲法周公辅成王耳。"孝孺曰："成王安在？"成祖曰："彼自焚死。"孝孺曰："何不立成王之子？"成祖曰："国赖长君。"孝孺曰："何不立成王之弟？"成祖曰："此朕家事。"顾左右授笔札，曰："诏天下，非先生草不可。"孝孺投笔于地，且哭且骂曰："死即死耳，诏不可草。"成祖怒，命磔于市。孝孺慨然就死，作绝命词曰："天降乱离兮孰知其由，奸臣得计兮谋国用犹。忠臣发愤兮血泪交流，以此殉君兮抑又何求。呜呼哀哉兮庶不我尤。"时年四十有六。其门人德庆侯廖永忠之孙镛与其弟铭检遗骸瘗聚宝门外山上。[3]

姚广孝所言再一次印证了方孝孺"正学"、醇儒的身份，而在方孝孺一再反驳下，明成祖终于不耐其烦，而言"此朕家事"，这也道出了明朝皇权极端专制的本质，即家天下的思维方式。

通过方孝孺这一个案，我们可以看出皇权专制于明初得到了极端的加强，其统治触角涉及社会的各个领域。于思想领域，就是用经其改造后的程朱理学来论证皇权的合法性。因此，程朱理学在各种场合得到了突出的强调，成为笼络一时的统治意识形态。从表面的客观效果来讲，确实使得程朱理学达到了其发展顶峰。但我们也应清醒地认识到，程朱理学也只不过是明朝统治者加强皇权统治的工具之一，而且统治者对这

[1]《明太宗实录》卷一百六十八，永乐十三年九月己酉，台湾"中央研究院"历史语言研究所 1962 年影印本，第 1873 页。

[2]《明史》卷五《成祖一》，中华书局 1974 年版，第 69 页。

[3]《明史》卷一百四十一《方孝孺传》，中华书局 1974 年版，第 4019 页。

一工具的使用方法是片面的，某种程度上是有意忽略了这一工具的部分功能，从这一点上来讲，这又使得程朱理学陷入了其发展困境。早于明初，把程朱理学与科举取士制度捆绑在一起的做法，其消极就已经显现，"自贡举法行，学者知以摘经拟题为志，其所最切者，唯四子一经之笺是钻是窥，余则漫不加省，与之交谈，两目瞪然视，舌本强不能对"[1]。这固然说明士子整体知识范围的狭隘，但也能说明其所掌握的程朱理学的片面性。同时，程朱理学于明朝统治者那里的工具性，还体现在其不遗余力推崇程朱理学的虚伪性，学者在分析明成祖朱棣编定三部《大全》的本质时说："明成祖朱棣，是一个凶残酷毒的君主，但是在这场纂修《大全》的事业中，却俨然以发扬道统的圣王兼教主面貌出现，不能不令人齿冷，不能不令人感到是对'儒术'的讽刺。"[2]

## 第二节　明前期理学支配下萎靡的史学

在利用改造后的程朱理学来加强文化控制的背景下，史学从明朝立国初始，就受到了统治者的重视和利用。朱元璋就曾以秦朝设置丞相"不旋踵而亡"、汉唐宋各朝丞相"多有小人，专权乱政"，来说明他废丞相，集外廷、内廷权力于一身的正当性，[3] 这是统治者利用史学的一个方面。另一个方面则是通过对史学进行严密控制，以实现其加强自身专制统治的现实目的。两者往往交织在一起，整体上窒碍了明代前期史学的发展。

### 一、明初史学自我意识的淡薄

明初史学不管是私人史著还是官修史籍，都唯程朱理学马首是瞻，

---

[1] 宋濂：《文宪集》卷十八《大明故中顺大夫礼部侍郎曾公神道碑》，文渊阁《四库全书》本，第1224册，第106页。

[2] 侯外庐等：《宋明理学史》（下），人民出版社1997年版，第12页。

[3] 《明太祖实录》卷二百三十九，洪武二十八年六月己丑，台湾"中央研究院"历史语言研究所1962年影印本，第3478页。

从而丧失了其独立的学术品格，史学沦为政治和理学的婢女。方孝孺所言，即透出程朱理学笼罩下的士子的思想状态："况斯道自近世大儒剖析刮磨，具已明白，所患者信而行之者寡耳。"[1] 大儒薛瑄亦说："自考亭以还，斯道已大明，无烦著作，直须躬行耳。"[2] 章懋亦言："经自程、朱后不必再注，只遵闻行知。"[3] 而清人莫晋更是把程朱理学束缚下的明初学者自我意识的淡薄刻画出来，其言："明初，天台、渑池椎轮伊始，河东、崇仁风教渐广，大抵恪守紫阳家法，言规行矩，不愧游、夏之徒，专尚修，不尚悟，专谈下学，不及上达也。"[4] 由此看来，面对被明初统治者定为一尊的程朱理学，史学只有俯首帖耳地顺从，史学家也因此丧失了其立言的自我意识。官修史籍《元史》，就是以宋濂为代表的学者们在"夙夜揣分，无任战兢"[5] 的心情下编纂的，其结果也只能是"今修《元史》，不作论赞，但据事直书，具文见意，使其善恶自见，准《春秋》及钦奉圣旨事意"[6]。如果把这里的"准《春秋》"置放到经学理学化的明初来看，它不仅说明的是传统经学对于史学的影响，同样也说明理学对于《元史》编纂的指导意义，说明在程朱理学和君主专制的交相为用下《元史》学术品格的扭曲，"其尊贵与庄严，皆渺不可见"[7]。不仅官方史学活动如此，即使是与官方行为联系比较松散的私人著史也受这一时势的影响。顾炎武曾言："国初人朴厚，不敢言朝廷事，史学因以废失。"[8] 这里的"史学"就是指私人著史，"史学因以废失"道出了私人著史萎靡的史实，但"国初人朴厚"显然不是导致私人著史萎靡的主要原因，明初的高压统治才应是罪魁祸首，"明初文禁甚严，诸臣只言片纸即可获杀身之罪，所谓文字之祸，避之不及，私家著

[1] 方孝孺：《逊志斋集》卷十《答王仲缙五首》，宁波出版社 2000 年版，第 332 页。

[2] 《明史》卷二百八十二《薛瑄》，中华书局 1974 年版，第 7229 页。

[3] 黄宗羲：《明儒学案》卷四十五《文懿章枫山先生懋》，中华书局 2008 年版，第 1075 页。

[4] 黄宗羲：《明儒学案》卷首《莫晋序》，中华书局 2008 年版，第 12 页。

[5] 《元史》附《目录后记》，中华书局 1976 年版，第 4678 页。

[6] 《元史》附《纂修元史凡例》，中华书局 1976 年版，第 4676 页。

[7] 杜维运：《中国史学史》，商务印书馆 2010 年版，第 671 页。

[8] 顾炎武：《亭林余集》卷五《书吴、潘二子事》，四部丛刊初编本。

述，寥然可寻"[1]。这都说明在理学官方化之后，明代的专制统治室碍了史学的发展，官方史学的"准《春秋》及钦奉圣旨事意"，私人著史的"寥然可寻"，都说明了史学地位的削弱和史家自我意识的淡薄。

具体来看，理学官方化下的君主专制导致了明代前期史学地位的削弱和史家自我意识的淡薄，这一特征又主要表现在两个方面：首先，官方史学活动较为活跃，私人著史则比较萎靡。其次，史学沦为政治和理学的附庸，史学存在的价值全靠为理学做阐发和解释。

明代前期官方史学活动活跃，修史传统和贯彻统治者的统治意志应是其主要原因。统治者对史学的特殊关注客观上促进了官修史书的编纂，特别是利用国家财力、人力以及史料占有上的优势，保证了一批卷帙庞大的史籍，如《元史》《明实录》以及《大明会典》等史籍的顺利修成。但同时我们也应该注意到，明代官修史书纂修工作的顺利开展和完成，也是以损害史学健康发展为代价的，特别是在皇帝权利得到空前加强的明初更是如此，史学思想的发展受到极大的遏制。就其本质而言，与其说明代前期的官方史学活动具有史学上的意义，毋宁说是出于一种政治上的需要。

这种时代背景也深刻地影响着私人著史。明代前期的私人史著在君主专制的强权统治和官方化程朱理学的理论压迫下，很难有发展的空间，史家自我意识淡薄。虽然也出现了一些私人史著，但总体来看，一是这些史著数量少，与明代中期私人史著大量涌现无法相比。二是这些著作虽为私人所撰，但史家多有官方背景，如《洪武圣政记》和《大事记续编》的作者宋濂、王祎曾任《元史》的总裁官；为明皇朝歌功颂德是这些史著的普遍基调，刘基《皇明翌运录》、刘辰《国初事迹》等记载明初建国史实的史籍大都如此。还有，明朝前期出现的一些战记作品，如金幼孜《北征前录》和《北征后录》、杨荣《北征记》等，也都是在宣扬"我朝治隆唐虞，瀚海无波，大漠无尘"[2]文治武功的主题下编纂的。三是明代前期虽然也出现了一批私人节抄、续补、改编、补正《元史》的著作，如权衡《庚申外史》、解缙《元史正误》、朱右《元史补遗》、张

---

[1] 商传：《明代文化志》，上海人民出版社1998年版，第386页。

[2] 金幼孜：《北征录》卷首《金文靖公北征录序》，明嘉靖十二年刻明良集本，《续修四库全书》本，第433册，第107页。

九韶《元史节要》、梁寅《元史略》、胡粹中《元史续编》、许浩《元史阐幽》等，但也是在"尺尺寸寸，学步宋儒"[1]的前提下编纂的。虽然明代前期也出现了诸如陈诚的《西域行程记》和《西域番国志》、巩珍的《西洋番国志》、费信的《星槎胜览》以及马欢的《瀛涯胜览》等视角新颖、史料独特的史著，但"宣布纶音往夷域"无疑是它们共同的政治使命。

故而，无论是从数量还是史学思想的活跃程度来讲，明代前期的史学基本上并没有超越官方主导史书纂修的藩篱，普遍表现出臣服于官方化理学的特征，导致史学自我意识的淡薄，从而使这一时期的史学丧失了发展的原始动力，严重窒碍了史学的发展。

## 二、泛道德历史评论削弱了史学的客观性

受理学的影响，明代前期的史学中正统论探讨的风行，各种泛道德的评价大行其道，一定程度上损害了历史的客观性。

明朝前期史学一个显著的表现就是有关正统论探讨的炙热，仅据饶宗颐先生《中国史学上之正统论》一书后附录的历代有代表性的正统论论述，属于明代前期的就有王祎的《正统论》《改元论》，胡瀚的《正纪》，方孝孺的《释统》《后正统论》，徐一夔《正统问》，朱权的《天运绍统序》等等。从本质上来讲，明人的正统论就是他们历史观的一个重要方面。正统论的风行不仅表现在其作为一种历史内容成为明代学者探讨的热点，而且作为一种历史观也对史学产生了直接而深入的影响。从明朝建立伊始，正统论就对明代史学发挥着指导性作用，如前述明太祖朱元璋对于正统论的利用，其统治期间成书的《元史》也是在"建万世之丕图，绍百王之正统"[2]的背景下编纂的。明成祖朱棣编订三部《大全》的背景也是"能倡明六经之道，绍承先王之统"[3]。洪武十二年（1379年）傅藻等编成《春秋本末》，即"首周王之世以尊正统，次鲁公

---

[1]　永瑢等：《四库全书总目》卷四十七《元史续编》，中华书局1965年版，第429页。

[2]　《元史》附录《进元史表》，中华书局1976年版，第4673页。

[3]　胡广等：《进〈大全〉书表》，转引自向燕南：《中国史学思想通史·明代卷》，黄山书社2002年版，第31页。

之年以仍旧文，列国先晋、齐而后楚、吴，所以内中国而外夷狄也"[1]。永乐年间，宁献王朱权著《天运绍统》一书，"考之历代帝王编年世次，推详重勘，校而正之。其未有谱系者，编其谱系，列其次序，纪其甲子，以续绍统而继之运"[2]。

也正如上述，虽然欧阳修在学理上提出道德和事功并重的正统论理论，但不可否认，正统论在明前期现实社会的发展过程中，存在着重视道德评判的倾向，即正统论的立足点在"正"而不在"统"。明初正统论的代表者方孝孺便说：

> 昔之君子，未尝黜晋也，其意以为后人行天下之礼者数百年，势固不得而黜之。推斯意也，则莽苟不诛，论正统者，亦将与之矣。呜呼，何其戾也！正统之说，何为而立耶？苟以其全有天下，故以是名加之，则彼固有天下矣，何不加以是名也？苟欲假此以寓褒贬，正大分，申君臣之义，明仁暴之别，内夏外夷，扶天理而诛人伪，则不宜无辨。而猥加之以是名，使圣智夷乎暴桀，顺人者等乎逆弑也。侥幸而得天下者，虽其势力之强，无所为而不成，然其心私计而深念，未尝不畏后世之公议。今将立天下之大法，以为万世劝戒，不能探其邪正逆顺之实以明其是非，而概以正统加诸有天下之人，不亦长侥幸者之恶，而为圣君贤主之羞乎？[3]

方孝孺认为所谓正统，不能仅仅依循成王败寇的简单逻辑，更应该把道德评判纳入其中。从方孝孺的观点来看，"正"之与否显然是要凌驾于"统"之与否之上的，其道德评判的意味是非常浓厚的。

过分倚重道德评判的史学评判，无疑会损害史学的客观性。明前期史学重道德评判，可以说这是"经以载道"，"史也者，翼经之书"[4]传

[1]《明太祖实录》卷一百二十五，十二年六月乙酉，台湾"中央研究院"历史语言研究所1962年影印本，第2002—2003页。
[2] 饶宗颐：《中国史学上之正统论》，上海远东出版社1996年版，第59页。
[3] 方孝孺：《释统上》，载饶宗颐：《中国史学上之正统论》附录《资料一》，上海远东出版社1996年版，第151—152页。
[4] 许世昌：《重刻函史序》，载钱茂伟：《明代史学编年考》，中国文联出版社2000年版，第215页。

统逻辑思维的再现，也是古代史学的一个重要原则和传统，即如唐代大史学家刘知幾亦言："史氏有事涉君亲，必言多隐讳，虽直道不足，而名教存焉。"[1] 某种程度上来讲，程朱理学在明初的这种史学变化中是起到推波助澜的作用的。如前所述，程朱理学把外在天理规定为世界的本源，而这种本源性的东西具有绝对的道德评判权力，这就使得理学浸淫下的史学，其评判标准也要唯天理是取。天理是一以贯之的，是相对恒常的，历史情实是不断变化的，以不变应万变，历史情实处于相对次要的位置，其客观性也是难以保证的。明初受理学的影响，正统论探讨热烈，各种泛道德评判风行起来，充斥于各类史籍。吴怀祺先生说："纲常名分成为评价历史事件、历史人物的准尺，历史的'是''非'全以这把尺子来衡量。所以史学地位虽然重要，但最终又只能是处在从属理学的地位上。"[2] 这一点，首先可以从方孝孺偏重道德评价的正统论受到学者认可上看出。杨慎撰《广正统论》时称："逊志方子作《正统论》，大概以夷狄篡弑女主三者，非统之正，其论精且悉矣。"明代学者徐奋鹏更是认为，方孝孺的正统论比朱熹的相关论述更为合理和中允，"朱夫子以天下合一，朝觐讼狱皆归为正统。则秦之并六国，隋之混南北，皆得与汉、唐、宋并武矣。方希古有言曰：'仁义而王，道德而治者，夏、商、周也。智力而取，法术而守者，汉、唐、宋也。强致而暴失者，秦、隋也。篡弑以得之，无术以守之，而子孙受其祸者，晋也。取之也同，而身为天下大戮者，王莽也。'岂以全有天下，令行海内者遂为正统乎哉？此逊志之论，较之晦翁义为尤长也。"[3] 此外，王行的《纂宋系统图跋》、丘濬的《世史正纲序》、费訚的《世史正纲后序》、章潢的《论历代正统》、谢陞的《正帝统》、张自勋的《通鉴（纲目）续麟》及其所附刘友益《书法凡例》、严衍的《资治通鉴补序并凡例》等，都不同程度地受到方孝孺正统论的影响。[4] 尤其是丘濬的《世史正纲序》，"无论是基本

［1］ 刘知幾撰，浦起龙通释：《史通通释》卷七《曲笔》，上海古籍出版社1978年版，第196页。

［2］ 吴怀祺：《中国史学思想通史·宋辽金卷》，黄山书社2002年版，第93页。

［3］ 徐奋鹏：《古今正统辨》，载饶宗颐：《中国史学上之正统论》，上海远东出版社1996年版，第160页。

［4］ 饶宗颐：《中国史学上之正统论》，上海远东出版社1996年版，第159—185页。

观点，还是编纂体例的细则，可以说完全就是方孝孺正统论观点的具体实践"[1]。从明初学者对方孝孺正统论的接受程度，我们可以看出历史评价中的道德取向在明初的史籍中是一个非常普遍的倾向。

明代前期史学评价中的道德取向，在官方的史学活动中表现得更为明显。为了与北元政权攘夺统绪的大纛，如前述之《元史》，处处体现着明朝统治者在面对北元政权时的道德优势。官方史学评价中的道德取向还促生了一批"训诫类"文献，如《女戒》《宗藩昭鉴录》《祖训录》《孝慈录》《臣戒录》《相鉴》《武士训戒录》《逆臣录》等等。据统计，"有明一代敕撰的图书大约200余种，绝大部分是洪武、永乐两朝所撰，成于这两朝者，超过半数，洪武一朝又几于两倍永乐，达84种之多"[2]。这类史籍训诫的对象涉及当时社会的各个阶层，如君、臣、储君、相、外戚、武士、将领，甚至是公卿子孙、商贾子弟，不一而足。其直接的编纂动机无非是"敬天、忠君、孝亲"的传统道德宣扬，朱元璋自言："朕阅古圣贤书，其垂训立教，大要有三，曰敬天，曰忠君，曰孝亲，君能敬天，臣能忠君，子能孝亲，则人道立矣。"[3] 由此看来，明朝前期皇帝之所以热衷于各种训诫类史籍的编纂，是因为这些史学活动可以把皇帝推上道德的制高点，在面对各种群体时，皇帝具有最终的道德裁判权，从而维护自身君主专制的政治目的。而建立在这类道德训斥之上的史籍内容的客观性，则是次要的，许多情况下，是可以尽情捏造的。这一点在敕撰的《臣戒录》中表现得至为明显。"时胡惟庸谋叛事觉，上以朝廷用人，待之本厚，而久则恃恩，肆为奸宄。然人性本善，未尝不可教戒，乃命翰林儒臣纂录历代诸侯王、宗戚、宦官之属悖逆不道者，凡二百十二人，备其行事，以类书之。既成，赐名曰《臣戒录》，颁布中外之臣，俾知所警"[4]。由此看来，《臣戒录》成书的直接背景就是胡惟庸案的发生，其直接目的就是对臣下"俾知所警"的道德训斥。有关历史上的胡

[1] 向燕南：《中国史学思想通史·明代卷》，黄山书社2002年版，第87页。
[2] 向燕南：《中国史学思想通史·明代卷》，黄山书社2002年版，第37页。
[3] 《明太祖实录》卷一百五十二，洪武十六年二月乙丑，台湾"中央研究院"历史语言研究所1962年影印本，第2386页。
[4] 《明太祖实录》卷一百三十二，洪武十三年六月庚申，台湾"中央研究院"历史语言研究所1962年影印本，第2100页。

惟庸案，现代学术界普遍认为这是朱元璋为了维护自身统治而故意捏造的。也就是说，这些训诫类史籍在维护君主专制和统治者直接授意的压力下，其客观性是根本不能得到保证的。"统治者对史学的特殊关注，犹如一把双刃剑，在依照自己统治意愿，制造出大批大、小卷帙如《元史》《大明日历》《大明圣政记》《大明律》《历代名臣奏议》《大明一统志》《诸司职掌》及《续资治通鉴纲目》等等历史著作的同时，也极大地遏制了真正史学学术，尤其是史学思想的健康发展"[1]。这里"真正史学学术"和"史学思想的健康发展"盖就史学客观性而言。可见，经过官方化改造的程朱理学较为直接地体现了统治者的"统治意愿"，却损害了史学的客观性。

### 三、纲目体史书体裁对史学视野的局限

随着正统论的风行，程朱理学的独尊，促生了一些史学新体裁，但同样也局限了学者的视野，一定程度上损害了史学的系统性、完整性以及客观性。

与理学家们重视道德评判相一致的是，朱熹不满于司马光《资治通鉴》过于繁冗、不辨正统，通过编纂《资治通鉴纲目》，在传统史书体裁的基础上，创造出了一种新的史书体裁——纲目体。梁启超曾谓："这体的好处，文章干净，叙述自由，看读方便。"[2]

由于纲目体的这些特点，更由于《资治通鉴纲目》对封建伦理纲常的宣扬，其一经产生，就备受统治者的褒奖。该书于嘉定十二年（1219年）首刊于泉州，嘉定十六年就为经筵讲读官进呈于宋宁宗。理宗端平二年（1235年），诏太学生陈均依《资治通鉴纲目》例编《宋长编纲目》。嘉熙元年（1237年），以《资治通鉴纲目》下国子监并进经筵。咸淳十年（1274年），经筵讲读官再进该书于宋度宗。宋代学者们对该书推崇备至，真德秀说："大哉深乎！信《春秋》以来未之有也，为人君而通此书足以明德威之柄，烛治乱之原；为人臣而通此书，足以守经事之正，达变事

---

[1] 向燕南：《中国史学思想通史·明代卷》，黄山书社 2002 年版，第 39 页。

[2] 梁启超：《中国历史研究法补编》，河北教育出版社 2000 年版，第 336 页。

之权。盖穷理致用之总会，而万世史笔准绳规矩也。"[1] 所谓"穷理致用之总会"，说明《资治通鉴纲目》在经世致用方面的普适性；"万世史笔准绳规矩"，则是说该书的史法楷模作用。这不仅从对"君"和"臣"作用的角度，也分别从历史和史学的角度，极大地发掘了《资治通鉴纲目》的价值。《资治通鉴纲目》在宋代的影响，还表现在一批以续补、辨正、发明该书为务的史籍，如周密《纲目疑误》、尹起莘《资治通鉴纲目发明》、刘友益《资治通鉴纲目书法》等纷纷涌现。

入元以后，统治者和学者对该书的关注和褒扬较之宋代有过之。纲目体本质上来讲仍为一编年体，但是由于其纲目清楚、便于阅读以及更利于宣扬礼教，一些史籍依从于《资治通鉴》并续补之，书名包含"通鉴"两字，但实际所用体裁已经具备了纲目体的一些基本特征。如元初金履祥的《通鉴前编》，"凡所引经传子史之文，皆作大书。惟训释及案语则以小字夹注，附缀于后。盖避朱子纲目之体，而稍变通鉴之式"[2]。从此书后来的刊本改名为《资治通鉴纲目前编》来看，以朱熹《资治通鉴纲目》为代表的纲目体大有取代以《资治通鉴》为代表的编年体的趋势。到了元朝末年陈桱的《通鉴续编》，其虽仍名"通鉴"，但实际已经明确使用了纲目体，无怪四库馆臣说："其二十二卷皆宋事，始自太祖，终于二王，以继《通鉴》之后，故以《续编》为名。然大书分注，全仿《纲目》之例。当名之曰《续纲目》。仍袭《通鉴》之名，非其实也。"[3]饶宗颐所谓"金、元之际《通鉴》之学最盛"[4]，这里的"《通鉴》之学"固然包含有司马光《资治通鉴》的影响，但《资治通鉴纲目》的影响也是显而易见并愈益显化的。这一时期还出现了大量解释和疏通《资治通鉴纲目》寓意的著作，如刘友益《资治通鉴纲目书法》、郝经《通鉴书法》、王幼学《资治通鉴纲目集览》、徐昭文《通鉴纲目考证》、金居敬《通鉴纲目凡例考异》、吴迁《重定纲目》等等，不下十数种。

［1］ 李方子：《宋温陵刻本资治通鉴纲目后序》，载朱杰人等主编：《朱子全书》第十一册，上海古籍出版社、安徽教育出版社2002年版，第3502—3503页。
［2］ 永瑢等：《四库全书总目》卷四十七《通鉴前编》，中华书局1965年版，第428页。
［3］ 永瑢等：《四库全书总目》卷四十七《通鉴续编》，中华书局1965年版，第428页。
［4］ 饶宗颐：《中国史学上之正统论》，上海远东出版社1996年版，第129页。

时至明初，《资治通鉴纲目》的地位愈益显贵，其受推崇程度渐超司马光《资治通鉴》。明代学者叶向高说："国朝列圣崇重表章，颁之学宫，令士子颂习，与六籍等。"[1] "与六籍等"的评价说明了《资治通鉴纲目》的学术和政治地位。并且，在许多学者的眼中，《资治通鉴纲目》有超迈《资治通鉴》的趋势，"及我太祖高皇帝、太宗文皇帝表章四书五经，颁降天下，而《纲目》亦与，则视《资治通鉴》盖加显矣"[2]。

为什么《资治通鉴纲目》会受到历代统治者的褒奖，在明代其地位甚至"视《资治通鉴》盖加显矣"？明宪宗为重订《资治通鉴纲目》所作序言中，便直接说明了明朝统治者褒扬《资治通鉴纲目》的原因，其言："朕惟朱子《通鉴纲目》，实备《春秋》经传之体，明天理，正人伦，褒善贬恶，词严而义精，其有功于天下后世大矣。"利用《资治通鉴纲目》中所包含的史学思想来维护和加强自身统治的意味是非常明显的。而其后所言更是道出了实质："昔者五经同异，汉宣帝命儒臣讲论于石渠阁，亲称制临决，然后归一。朕于《纲目》斯有意焉，特命儒臣重加考订，集诸善本，证以凡例，缺者补之，羡者去之。事关大义，若未逾年改元者，依例正之……其余书法与凡例小异，无大关涉者，悉仍其旧，尽去《考异》《考证》，不使并传，所以免学者之疑，成朱子笔削之志也。考订上呈，具如朕意，《纲目》于是为完书矣。"[3] 看来，"具如朕意"的"归一"的状况，攘夺历史解释权，这才是明宪宗关注《资治通鉴纲目》的本意所在。而且"具如朕意"的优先权是要大于《纲目》本身内容记载的客观性的，这也是对史学客观性的一种损害。

从后来明朝出现的以"通鉴"命名的史书，大部分都采用了《资治通鉴纲目》的纲目体，而非严格遵循《资治通鉴》编年体的史实来看，纲目体对于史书体裁的垄断可见一斑。辨正统，正名分，明逆顺，强调夷夏之辨，成为此类史书的主要任务，而史学的客观性和学术性在这种时代氛围下是难以保障的。史学内容的拓展、史书体裁的丰富、立足于

---

[1] 叶向高：《苍霞草》卷八《重刻通鉴纲目序》，明万历刻本，《四库禁毁书丛刊》，集部第 124 册，第 201 页。

[2] 许浩：《宋史阐幽》卷一《命龙图阁大学士司马光编历代君臣事迹》，明崇祯元年许锵刻本，《四库全书存目丛书》本，史部第 281 册，第 427 页。

[3] 《明宪宗实录》卷一百十三，成化九年二月丁丑，台湾"中央研究院"历史语言研究所 1962 年影印本，第 2196 页。

史学自身的发展诉求都退居到了次要的位置，极大地局限了学者的视野，利用纲目体体裁的各种摘抄、改编之作盛行。如奉敕撰写的就有宁王朱权的《通鉴博论》、商辂的《宋元通鉴纲目》及历经孝宗、武宗成书的《历代通鉴纂要》等。宋代江贽《通鉴节要》于明初十分盛行，明人张光启、刘剡以此编成《通鉴节要续编》，官府和民间书坊也是不断刊刻，十分流行。

对《资治通鉴》的改编、节要、续作等，固然在推动史学的社会化方面助益良多，但由于这类著作主要依从于统治者的统治意愿，抄撮史料而成，在史学发展方面并没有多大价值，以致明代学者郑晓不无担忧地说："方今学校试士，乃用书坊小鉴。事迹脱略，何以考治乱得失之故？论断芜杂，适以增枝蔓邪僻之谈。"[1] 由此看来，纲目体作为一种体裁在史书编纂中取得了空前的垄断地位，同时也造成了学者视野的狭隘，一定程度上损害了历史评价和历史记载内容的客观性。

摘编、改编、续作这类著作和纲目体一样，均是在明廷的引导下，以阐述纲常伦理为主要内容，以论证明廷统绪的合法性与合理性为目的。史学记载内容的完整性、系统性及客观性都是依附于这一思想体系的。这一思想体系对明代史学的影响是非常深刻的，即使到了君主专制有所松懈，史学思想相对活跃的明朝中后期，这种摘编、改编的风气还大有愈演愈烈之势，以至有的学者在总体评价明代史学时认为："明代的史籍很多，但抄书成风，无甚大建树。"[2] 反观这一风气形成，固然原因多多，但明廷利用理学相关理论进行史学纲目体改编的示范和引导作用，显然是其中的一个重要原因。

四、深陷门户之争的学案体

在程朱理学的产生和发展过程中，其学说的合理性、客观性不仅受到来自外部的挑战，也受到理学内部的质疑，[3] 为了应对这些挑战和质

[1] 郑晓：《国朝制书》，上海图书馆藏万历刻本，转引自钱茂伟：《明代史学编年考》，中国文联出版社 2000 年版，第 269 页。

[2] 白寿彝：《中国史学史教本》，北京师范大学出版社 2000 年版，第 257 页。

[3] 姜鹏：《〈伊洛渊源录〉与早期道统建构的挫折》（《学术月刊》2008 年第 10 期）一文披露理学人物汪应辰、吕祖谦对朱熹所构建的道统谱系提出了质疑。

疑，朱熹积极构建理学的道统以作回应。朱熹构建道统的具体表现就是编纂《伊洛渊源录》。"今详此事乃是圣贤之用、义理之正。非姑为权谲，苟以济事于一时也"，并且"合乎告君之道，皆可以为后世法"。[1] 与《资治通鉴纲目》一样，有的学者认为《伊洛渊源录》的成书也应是古代史学新史体——学案体体裁的滥觞，甚至是"开山之作"[2]。确实，朱熹《伊洛渊源录》对学案体体裁的形成卓有贡献。但同样不能忽视的是，《伊洛渊源录》的成书，从本质上来讲，是满足于朱熹主观上构建道统这一需求的，以论证理学的合理性和合法性为目的，主要收录了理学家的传记史料、主要理学观点以及师友关系等内容。李世安在为此书作序时说："昔孔子缵述群圣之道，至孟子而愈明。孟子之后，至二程夫子，始克绍其绪。程子之学得于周子而益阐之，当时师友之盛，可追洙泗诸子，非汉儒之所敢望。及考亭朱子出，又能集厥大成而折衷之。盖《伊洛渊源》一书，凡周、程、张、邵及其门人之言行政事，无不备载，而圣贤相传之道，炳然见于其中，如五纬之丽天，百川之有源委，其有功于世教大矣！"[3] 由此看来，朱熹通过构建孔子—孟子—周敦颐—二程的简化道学谱系，把伊洛之学安排了接续孔孟儒学正宗的历史地位，从而论证伊洛学脉的合法性。这就使得《伊洛渊源录》从一产生就具有一定的排他性，因为在朱熹看来，那些虽然有独立观点，但对其构建道统无所助益者，是没有资格进入《伊洛渊源录》的记载范围的，以致清人郑性在为另一部典型的学案体史籍——黄宗羲的《明儒学案》作序时说："道并行而不相悖，此天地之所以为大也。三教既兴，孰能存其一，去其二。并为儒而不相容，隘矣。孔子大中，如天地之无不持载、无不覆帱，是以能祖述尧、舜，宪章文、武。然尝欲'无言'，且曰'攻乎异端，斯害也已'。大贤而下，概莫之及。后儒质有纯驳，学有深浅，异同错出。

---

[1] 朱熹：《晦庵先生朱文公文集》卷三十五《答吕伯恭论渊源录》，载朱杰人等编：《朱子全书》第二十一册，上海古籍出版社、安徽教育出版社2002年版，第1527—1528页。

[2] 卢钟锋：《论朱熹及其〈伊洛渊源录〉》，《孔子研究》1990年第3期。

[3] 李世安：《元吴刻本序》，《伊洛渊源录》卷末，载朱杰人等编：《朱子全书》第十二册，上海古籍出版社、安徽教育出版社2002年版，第1116—1117页。

宋惟周子浑融，罕露圭角；朱、陆门人，各持师说，入主出奴。"[1] 四库馆臣对《伊洛渊源录》的本质和消极影响也有披露："盖宋人谈道学宗派，自此书始。而宋人分道学门户，亦自此书始。厥后声气攀援，转相依附。其君子各执意见，或酿为水火之争。其小人假借因缘，或无所不至。"后举叶绍翁《四朝见闻录》所载程氏后人程源因著《道学正统图》而得势和周密《齐东野语》所载"末派诸人之变幻"，更加说明了《伊洛渊源录》的现实诉求和作用。[2] 因此，《伊洛渊源录》在开创了学案体这一新体裁的同时，也使得学术史编写具有了极易陷入门户之见的危险倾向。吴怀祺先生亦言："把宋代以后道学门户之争完全归结为《伊洛渊源录》的写作，当然不合乎实际，可也看到《伊洛渊源录》与门户之争有关系。"[3] 明朝统治者为了加强自身统治，定理学为一尊，以加强思想领域的控制，程朱理学的这种诉求在诸学案体史籍中得到了极大伸张。

成化十六年（1480年）成书的《伊洛渊源续录》，就是谢铎为了表彰程朱理学对圣学"继往开来"而撰。谢铎还道出了其接续圣学的愿望："自邹孟氏没而圣人之学不传。……向非伊洛诸老先生相继迭起于千数百年之下，得不传之学于遗经，以兴起斯文为己任，则吾道之害经何时而已耶？……平生所不敢后者，姑录其概而摭其说如此，后之君子脱有取焉。其亦明道术、扶世教之一助也哉。"当然，"排他"也是其重要内容，"然自是以来，犹有窃吾道之名以遂其贪竞之实，借儒者之言以盖其佛老之真，其得罪于圣门甚矣。凡为孔子之徒者，皆将鸣鼓而攻之不暇"。[4] 薛应旃评说宋端仪《考亭渊源录》一书也说，"自广汉、金华之外，咸未之录"[5]，仅选取程朱理学人物，其他一概不录，具有极强的排他性。

［1］ 黄宗羲：《明儒学案》卷首《郑性序》，中华书局2008年版，第1页。
［2］ 永瑢等：《四库全书总目》卷五十七《伊洛渊源录》，中华书局1965年版，第519页。当然，恪守程朱理学的四库馆臣也为朱熹进行了辩护："然朱子著书之意，则固以前言往行矜式后人，未尝逆料及是。儒以诗礼发冢，非诗礼之罪也。或因是并议此书，是又以噎废食矣。"
［3］ 吴怀祺：《〈明儒学案〉，一部开风气的学术史著作》，《史学史研究》1990年第4期。
［4］ 谢铎：《伊洛渊源续录》卷首《伊洛渊源续录前序》，明嘉靖八年高贲亨刻伊洛渊源录附，《四库全书存目丛书》本，史部第88册，第370—371页。
［5］ 宋端仪：《考亭渊源录》卷首《重编考亭渊源录序》，明隆庆刻本，《续修四库全书》本，第517册，第562页。

嘉靖年间陈建在自序其《学蔀通辨》时，也亮明自己"崇朱抑陆"的学术立场："天下莫大于学术，学术之患莫大于蔀障。近世学者所以儒佛混淆而朱陆莫辨者，以异说重为之蔀障，而其底里是非之实不白也。《易》曰：'丰其蔀，日中见斗。'深言掩蔽之害也。夫佛学近似惑人其为蔀已非一日，有宋象山陆氏者出，假其似以乱吾儒之真，援儒言以掩佛学之实，于是改头换面，阳儒阴释之蔀炽矣。幸而朱子生同于时，深察其弊而终身力排之，其言昭如也。"[1] 其后，殷奎的《道学统绪图》、朱衡的《道南源委录》、张伯行的《道统录》都是以"崇朱"为主要特征的学案体史籍，"朱子集群儒之大成，数百年来专主一家之学"[2]，应该是此类学案体史籍产生的共同认识前提。沿着这种思路的发展，明末清初的熊赐履作《学统》，心学代表人物王守仁被列入"杂统"来记述，其排他性也非常明显。

　　阳明心学产生以后，学案体史籍的发展则逐渐由"崇朱抑陆"的基本思路发展为"朱陆争诟"的混乱局面。四库馆臣言："洎乎明代宏（弘）治以前，则朱胜陆。久而患朱学之拘。正德以后则朱陆争诟。隆庆以后则陆竟胜朱。又久而厌陆学之放，则仍申朱而绌陆。"[3] 前举薛应旂亦言："正德间，阳明王公尝辑《朱子之定论》以发明其造诣之精一，而依傍门户未窥堂奥者，辄又二三其说，甚则诡异以微近名，附和以希速化。迄数年来，盖又难言之矣。"[4] 虽然薛应旂没有对王阳明做出直接的批判，但随着陆王心学的形成和发展，当时确实形成了"依傍门户"的学术风气。当然，这里"依傍门户未窥堂奥者"是指崇奉陆王心学的末流而言。以陆王心学为依归，或者具有这一学术倾向的，仅据四库馆臣判定，还有金贲亨的《台学源流》、王萱《大儒心学语录》、刘元卿《诸儒学案》等，有的学者甚至也把黄宗羲极力去除门户之见的《明儒学

［1］陈建：《学蔀通辨》卷首《学蔀通辨总序》，明嘉靖二十七年刻本，《续修四库全书》本，第 939 册，第 623 页。

［2］黄宗羲：《明儒学案》卷首《莫晋序》，中华书局 2008 年版，第 12 页。

［3］永瑢等：《四库全书总目》卷九十七《朱子圣学考略》，中华书局 1965 年版，第 824 页。

［4］宋端仪：《考亭渊源录》卷首《重编考亭渊源录序》，明隆庆刻本，《续修四库全书》本，第 517 册，第 562 页。

案》归入崇奉陆王一途。[1] 这都可以看出服务于朱熹主观道统构建而成书的《伊洛渊源录》，其在门户之见上对明代学案体著作的消极影响，尽管学案体著作产生是基于"儒学分途"这一客观史实。

明白了由朱熹开创的学案体在明朝的发展状况及其特征以后，我们再看黄宗羲在撰写新的学案体史籍——《明儒学案》时所言："学问之道，以各人自用得著者为真。凡倚门傍户，依样葫芦者，非流俗之士，则经生之业也。"此应当是针对明朝定朱学于一尊，学案体史籍专记理学为事的史实而发。也正是由于黄宗羲认识到了这一点，其《明儒学案》才能放宽视野，"有一偏之见，有相反之论，学者于其不同处，正宜着眼理会，所谓一本而万殊也"[2]，合理地为程朱理学之外的学说提供了生存的空间，从而推动了学案体史书的发展。

最后，需要特别说明的是，程朱理学作为一种学说，其对史学的影响有利有弊。就其学说内涵而言，虽然其有"读书须是以经为本，而后读史"，甚至"史是皮外物事，没紧要"的主张，但在其"格物"才能"致知"的一贯思路下，亦主张"史亦不可不看"，"史书又不可不读"。[3] 这说明在以朱熹为代表的理学家心目中，并不存在"反史"的根本倾向，只是相比较于"德性"之学，史学的位置相对次要。朱熹说："盖为学之序，为己而后可以及人，达理然后可以制事。故程夫子教人先读《论》《孟》，次及诸经，然后看史，其序不可乱也。"[4] 即使他对史学中"理"的强调，如果我们抛开"理"的具体内涵，单就其"读史当观大伦理、大机会、大治乱得失"的一般逻辑思路而言，其对我们当今学者反思史学的社会价值，仍然有着持续的借鉴价值，更毋论其在纲目体、学案体等史籍体裁产生发展过程中的积极作用了。但也毋庸讳言，作为一种学说，其本身也存在诸多理论漏洞。更为重要的是，明廷利用了其重视群体利益凌驾于个体之上、重道德评判和训斥的理论倾向，来

[1] 徐公喜：《理学源流著作述论》，《江西社会科学》2009 年第 12 期。
[2] 黄宗羲：《明儒学案》卷首《明儒学案发凡》，中华书局 2008 年版，第 15 页。
[3] 许家星、何发苏：《反史倡史，一体两面——朱熹史学态度辩惑》，《西华大学学报》（哲学社会科学版）2006 年第 6 期。
[4] 朱熹：《晦庵先生朱文公文集》卷三十五《答吕伯恭》，载朱杰人等主编：《朱子全书》第二十一册，上海古籍出版社、安徽教育出版社 2002 年版，第 1532 页。

加强统治者的自身统治。这也使得理学与当时的整体学术一样，沦为了政治的婢女，成为统治者进行专制的帮佣，使得其发展达到顶峰的同时也开始走向衰落。伴随着理学定于一尊，理学于思想领域的绝对控制导致了史家的自我意识淡薄，这从根本上阻碍了史学的发展；理学对道德因素的重视导致了正统论的泛滥，各种泛道德评价充斥史籍，一定程度上损害了史学的客观性；而其促生的纲目体和学案体史书新体裁，随着理学定于一尊的事实及统治者对于思想领域的严防死守，同样也限制了学者的视野，一定程度上损害了史学的系统性和完整性，甚至是客观性。这些都是经过官方化的程朱理学对于明朝史学的消极影响，从而导致了史学在明代前期的发展进展不大，就其本质而言，整体上是一种萎靡不振的景象。

## 第三节　附庸与救赎：明前期史学对理学的影响

经学在古代社会思想领域居于统治地位，并对其他领域起着影响甚至是起着支配的作用。传统史学的发展，长期以来就一直受到经学的深刻影响，以经解史成为史学研究的重要途径。与此同时，史学面对经学，也并非全然被动，往往会以其独特的视角，影响着经学的发展。

### 一、史学在理学官方化过程中的构建作用

我们在论述明朝统治者对程朱理学的改造和利用的过程中，曾引用解缙所说的一段话："陛下若喜其便于检阅，则愿集一二志士儒英，臣请得执笔随其后，上溯唐、虞、夏、商、周、孔，下及关、闽、濂、洛，根实精明，随事类别，勒成一经，上接经史，岂非太平制作之一端欤！"[1] 如前所述，"勒成一经，上接经史"的做法，大概可以看成是解缙为维护朱明皇朝统治而利用程朱理学的具体实践。这段史料也同样可以用来说明两个层面的问题，一是经与史作为既有的社会文化资源，往往被统治者利用来加强自身统治；二是由于经与史关系的密切性，它们

---

[1]《明史》卷一百四十七《解缙传》，中华书局1974年版，第4116页。

被作为既有的社会文化资源加以利用时往往是并举的。可以说，明初的程朱理学与史学的关系便是这样一种状态。

程朱理学存在着一种以理统史的思维方式。换句话来讲，史学之为用，正是其包含了理之内涵，也是说明理的一种合理途径，这是理学家们所谓"经史一也"的逻辑思路，经对史的统治和支配地位是毋庸讳言的。同时，"经史一也"也包含着另一层含义：相比较于经，史也具有独立的价值。理学家们的基本思路是：理固然是那个理，有其内涵和逻辑构建，但理还存在一个作用于社会现实的问题，显然史学就是对理作用于社会的一种重要表现之记载和总结，故此，史学也就具有了合理的存续价值。这也是"经史一也"命题的另一层面——"以史证经"命题中，"史"之所以能够成为"证经"之资源的逻辑思路。

明初修《元史》，正如李善长所言，也正是在"建万世之丕图，绍百王之正统"[1]这一程朱理学关注的编纂旨趣指导下完成的。《纂修元史凡例》开头即言："两《汉》本纪，事实与言辞并载，兼有《书》《春秋》之意。及《唐》本纪，则书法严谨，全仿乎《春秋》。今修《元史》，本纪准两《汉》史。"[2]这里固然有体裁体例的借鉴，也可看出经对史的影响，但也说明了经与史共同的特点，甚至史对经的进一步说明作用。《元史》这一史学作品的成书本身就说明了这一问题。

明成祖朱棣在为三部《大全》所作序言中说道：

> 朕惟昔者圣王继天立极，以道治天下，自伏羲、神农、皇（黄）帝、尧、舜、禹、汤、文、武，相传授受，上以是命之，下以是承之，率能致雍熙悠久之盛者，不越乎道，以为治也。下及秦汉以来，或治或否，或久或近，率不能如古昔之盛者，或忽之而不行，或行之而不纯，所以天下卒无善治，人不得以蒙至治之泽，可胜叹哉！夫道之在天下，无古今之殊，人之禀受于天者，亦无古今之异，何后世治乱得失与古昔相距之辽绝欤！此无他，道之不明不行故也。道之不明不行，夫岂道之病哉，其为世道之责孰得而辞焉。夫知世

[1] 《元史》附录《进元史表》，中华书局1976年版，第4673页。
[2] 《元史》附录《纂修元史凡例》，中华书局1976年版，第4675页。

中国经史关系通史·宋元明卷

道之责在己，则必能任斯道之重而不敢忽，如此则道不明不行而世岂有不治也哉！

朕缵承皇考太祖高皇帝鸿业，即位以来，孳孳图治，怕虑任君师治教之重，惟恐弗逮，功思帝王之治，一本于道。所谓道者，人伦日用之理，初非有待于外也。厥初圣人未生，道在天地，圣人既生，道在圣人，圣人已往，道在六经。六经者，圣人为治之迹也。六经之道明，则天地圣人之心可见，而至治之功可成。六经之道不明，则人之心术不正，而邪说暴行侵寻蠹害，欲求善治，乌可得乎。朕为此惧，乃者命儒臣编修五经、四书，集诸家传注而为大全，凡有发明经义者取之，悖于经旨者去之。又辑先儒成书，及其论议格言，辅翼五经、四书，有裨于斯道者，类编为帙名曰《性理大全》。[1]

朱棣为了强调以道治天下的观念，首先把道视作为一种恒常的存在，即"道之在天下，无古今之殊，人之禀受于天者，亦无古今之异"。之所以出现古今治乱"辽绝"的情况，那是因为"道之不明不行"。行道就需要首先明道，那如何明道呢？朱棣认为"所谓道者，人伦日用之理，初非有待于外也"。这里把道之恒常的存在拉回到具体的"人伦日用"，并经过依附圣人和六经的过程。道在六经和道为人伦日用结合的结果，就是以道为媒介，"六经者，圣人为治之迹也"。而"圣人为治之迹"很多时候是史学记载的重要内容。也就是说，记载"圣人为治之迹"的史学关系到六经之明与不明，道之明与否甚至其行与否的重大问题，其具体作用就主要表现在"发明经义"和"辅翼五经、四书"方面。由此看来，程朱理学在官方化的过程中，被用来论证皇朝统绪的合法性时，过往的历史记载是一种合理的、必要的构成。

明宪宗组织人员重订《资治通鉴纲目》时曾言："朕惟天地纲常之道载诸经，古今治乱之迹备诸史。自昔帝王以人文化成天下，未始不资于经史焉。我太宗文皇帝表章五经四书，辑成《大全》，纲常之道，粲然复

---

[1] 《明太宗实录》卷一百六十八，永乐十三年九月己酉，台湾"中央研究院"历史语言研究所 1962 年影印本，第 1872—1874 页。

明，后有作者，不可尚已。朕祗成丕绪，潜心经训，服膺有年。间阅历代史书，舛杂浩繁，不可殚纪。惟宋儒朱子因司马氏《资治通鉴》，著为《纲目》，权度精切，笔削谨严，自周威烈王至五季，治乱之迹，了然如视诸掌，盖深有得于孔子《春秋》之心法者也。"[1]明宪宗在"化成天下"以史为鉴的传统意识下，认识到"天地纲常之道载诸经，治乱之迹备诸史"，某种程度上是认识到了史学在说明经学时的价值，较为抽象和概括的经学需要较为具体的历史事例来加以说明，那"间阅历代史书"和对《纲目》的推崇自是这一思维逻辑的必然归宿了。由此看来，统治者为加强自身统治所极力推崇之"道"，其部分含义是蕴含在史学之内的，那么史学在论证和维护统治中就具有了重要的意义。当然，明代统治者的语境中，程朱理学就是这一"道"的较为具体的体现。

与此相类的还有各种训诫类史籍的编纂。洪武八年（1375年），《资世通训》成，朱元璋对侍臣曰："人君者，为臣民之主，任治教之责。上古帝王道与天同，今朕统一寰宇，昼夜弗遑，思以化民成俗，复古治道，乃著是书，以示训戒耳。"很显然，朱元璋也希望以上古帝王"道与天同"的状态自比，以此论证自己皇朝统绪的合理性与合法性。要实现这一愿望，利用传统经学内容，反复申说皇帝专权的合理性与合法性固然是一个途径，上举朱元璋对侍臣所说就是这一途径的直接表达；但其中也还有另一个重要的途径，就是编集历史上的君、臣、民、士等各种社会阶层的行为，以作为今人行为的准则，即所谓"申戒士庶"，"书凡十四章。其一君道章，曰勤俭仁敬之类，十有八事。其次臣道章，曰忠，曰孝，曰勿欺勿蔽之类，十有七事。又其次，曰民用、士用、工用、商用等十二章。皆申戒士庶之意"。[2]于统治者看来，不管是经学所能够观照到或不能观照到的领域，史学都可以其比较容易被接受的形式而贯彻统治者的这一目的，"公卿贵人子弟虽读书，多不能通晓奥义，不若集古之忠良奸恶事实，以恒辞直解之，使观者易晓。他日纵学无成，亦知

---

[1]《明宪宗实录》卷一百五十九，成化十二年十一月乙卯，台湾"中央研究院"历史语言研究所1962年影印本，第2909—2910。

[2]《明太祖实录》卷九十七，洪武八年二月丙午，台湾"中央研究院"历史语言研究所1962年影印本，第1664页。

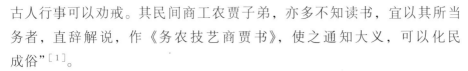

古人行事可以劝戒。其民间商工农贾子弟，亦多不知读书，宜以其所当务者，直辞解说，作《务农技艺商贾书》，使之通知大义，可以化民成俗"[1]。

史学辅助道以说明皇朝统绪合法性，这几乎也成为这一时期私人著述的一个普遍思维。宋濂在自序其《洪武圣政记》时说：

> 自古帝王创业垂统，方有事于征伐，而于弥纶天下之治具，势或未遑及。其大统既集，亦不过振厥宏纲，而万目未尽举焉。如汉之高帝，得国最正，虽曰算无遗策，而施之政令，犹乏精详，故史臣赞之，亦但云规模宏远而已。夫以高帝之雄杰尚如此，则其余从可知矣。洪惟皇上，以布衣受天命，盖与高帝同，虽当开拓土疆之际，停戈讲艺，息马论道，夜以继日，无一时之宁。迨夫正天位，朝万国，孳孳图治，恒若不足。于是纲举于上，目备于下，诚有非高帝所可及……皆焕然有条，可以垂法后世……臣备位词林，以文字为职业，亲见盛德大业日新月著。于是与僚属谋，取其有关政要者，编集成书……凡金科之颁，玉条之列，著之于简书，刻之于琬琰，传之于圣子神孙者，将与天地相为无穷。[2]

明确说明以史学来补经学在论证道统，乃至治统方面的不足，这也是其书编纂的基本动机之一。

由此看来，史学作为经学之羽翼的观念，在明初的官私学术活动中有着丰富的体现，也因其自身优势，即在具体细节方面的说明能力，成为传统经学用来论证朱明皇朝统绪合理性、合法性的得力助手。而结合时代背景，这里的经学很多时候是以程朱理学为代表的。疏通其间的关节，我们认为史学在程朱理学官方化过程中起到了非常重要的构建作用。

[1] 《明太祖实录》卷二十一，丙午十一月壬辰，台湾"中央研究院"历史语言研究所1962年影印本，第308页。
[2] 宋濂：《文宪集》卷五《洪武圣政记序》，文渊阁《四库全书》本，第1223册，第357—358页。

## 二、史学经世致用传统：程朱理学的自我救赎

理学官方化，使得理学有了一定的发展。具体考察明代程朱理学发展的表现，大致有二：一是从学理上进一步完善程朱理学，代表人物有如方孝孺、曹端、吴与弼、薛瑄等等，普遍提出了"理气一体论"，以弥补程朱理学割裂主、客观的理论缺陷。如曹端说："周子谓太极动而生阳，静而生阴，则阴阳之生，由乎太极之动静。而朱子之解极明备矣，其曰'有太极，则一动一静而两仪分，有阴阳，则一变一合而五行具'，尤不异焉。又观《语录》，却谓'太极不自会动静，乘阴阳之动静而动静耳'。遂谓'理之乘气，犹人之乘马，马之一出一入，而人亦与之一出一入'，以喻气之一动一静，而理亦与之一动一静。若然，则人为死人，而不足以为万物之灵；理为死理，而不足以为万物之原。"曹端认为朱熹那种割断与气联系之理是"死理"，理只有与气紧密联系起来才是"活理"，才是至理，"理何足尚，而人何足贵哉？今使活人骑马，则其出入行止疾徐，一由乎人驭之如何尔，活理亦然"。[1] 薛瑄亦言："或言：'未有天地之先，毕竟先有此理。'……窃谓不可分先后。盖未有天地之先，天地之形虽未成，而所以为天地之气，则浑浑乎未尝间断止息，而理涵乎气之中也。"[2] 认为理、气相即而不离。

二是在"理气一体论"的基础上，从社会价值上突出程朱理学的经世致用。由于明代的理学家们强调用理气合一来完善朱熹的理学，这就无形中把在朱熹理学当中完全依附于理之气抬高了许多，又因为气在理学家眼中往往与现实社会表现联系在一起，这就使得这些理学家们往往具有经世的理学价值诉求。曹端说："人之为学，须是务实，乃能有进，若这里工夫，欠了分毫，定是要透过那里不得。"[3] 薛瑄也提出了"为学之实"，"为学不实，无可据之地。人于实之一字，当念念不忘，随事

[1] 黄宗羲：《明儒学案》卷四十四《学正曹月川先生端》，中华书局 2008 年版，第1066 页。

[2] 薛瑄：《读书录》卷三，文渊阁《四库全书》本，第 711 册，第 578 页。

[3] 黄宗羲：《明儒学案》卷四十四《学正曹月川先生端》，中华书局 2008 年版，第1063 页。

中国经史关系通史·宋元明卷

随处省察于言动居处、应事接物之间，必使一念一事，皆出于实，斯有进德之地"。[1]

明代理学家们对朱熹理学的这一改进，使得在明代日渐不可收拾的时局背景下，程朱理学在一部分士子中仍有相当的市场。明代程朱理学作为官方的统治意识形态，影响到明代社会的各个方面，士子经世抱负的展开，也必须依托于受这一意识形态影响的社会结构。因此，在一些学者眼中，从程朱理学的既有视角出发以实现其经世抱负，也是一个潜在的前提。反观经世致用社会价值的倡扬，学理上的说明固然必要，但传统史学中所蕴含的经世致用的主张和表现，也是一个可资利用的学术资源。因此，作为个体的程朱理学家们普遍表现出一种重史的倾向。如宋濂、王祎即是代表。

宋濂在《浦阳人物记·政事篇》中说："呜呼，政事于人大矣！操厚伦惇俗之具，执舒阳惨阴之柄，御赏善罚恶之权，任出生入死之寄。其在朝廷，则四海被其泽，其在一郡，则一郡仰其赐，其在一县，则一县受其福。苟得其人，则上明下淳，歌谣太平；一或反是，则流毒四境，神怒民怨，至有激成他变者。其所系甚重且难也。盖如此，人能以一善自效于官者，岂可使之泯泯无闻乎？纵曰往者之不可作，宁不使来者之知劝乎？呜呼，纪载之文其可少乎！"[2] 应该来讲，程朱理学家宋濂从史学为经之羽翼的立场出发，最后得出了"纪载之文"不可或缺的结论，这一思路的演变，很能说明史学于经学的重要作用。

被朱元璋誉为"江南二儒"[3] 之一的王祎亦言："圣贤之道，所以致用于世也。礼乐典章，制度名物，盖实致用之具，而圣贤精神心术之所寓，故在学者尤不可以不讲。是故致用在乎经邦，经邦在乎立事，立事在乎师古，师古在乎随时。苟不参古今之宜，穷始终之要，则何以涉事济变，而弥纶天下之务哉？"[4] 王祎此段话从"圣贤之道"到"随时"

［1］ 黄宗羲：《明儒学案》卷七《文清薛敬轩先生瑄》，中华书局 2008 年版，第 123 页。

［2］ 宋濂：《浦阳人物记》卷上《政事篇》，文渊阁《四库全书》本，第 452 册，第 11 页。

［3］ 《明史·王祎传》（中华书局 1974 年版）载："太祖喜曰：'江南有二儒，卿与宋濂耳。学问之博，卿不如濂。才思之雄，濂不如卿。'"

［4］ 王祎：《王忠文集》卷七《王氏迁论序》，文渊阁《四库全书》本，第 1226 册，第 153 页。

的诸种范畴，其中有如"礼乐典章""制度名物""师古"等，我们可以视之为直接指涉史学者，史学在求治"圣贤之道"中的作用是非常重要的，故其以"苟不参古今之宜，穷始终之要，则何以涉事济变，而弥纶天下之务哉"这句突出史学重要性的话，作为求治"圣贤之道"理论的归结点。这都说明了在明初的理学家的认识体系下，史学之于理学的重要性也是不容小觑的。换句话来说，在以经统史的主体思维下，以史证经也是程朱理学家们的一个重要思维向度。

即使是生活在阳明心学已然兴起时的程朱理学家陈建，其学术特点的呈现，也能说明主要蕴含于史学的经世致用思想对维持程朱理学发展的重要性。《东莞志稿·陈建传》总结了陈建"盖为天下万世虑也"的经世致用学术特点，认为其主要表现在两个方面：在"国家因革治乱"方面，陈建撰成《治安要义》《皇明启运录》《皇明通纪》《古今至鉴》和《经世宏词》等经世主张的史籍；而在"究心学术邪正之分"方面，则撰著有《学蔀通辨》一书，表现出明显的褒扬程朱理学、贬抑陆王心学的倾向。他在评价明代学者时说："我朝理学之士，薛文清瑄、陈克庵选为最，胡敬斋居仁、罗一峰伦、章枫山懋亚之。盖一峰、枫山偏于隐退为高矣。陈白沙献章，只一味禅会。庄定山昶只是一诗人，与黄未轩仲昭，言行未见灼灼。定山晚年出处一节，虽白沙亦讥之。陈剩夫（真晟）只是一个狷介之士，其学识比胡敬斋犹未及。邹吉士智，忠鲠名臣，不必厕身道学。"[1] 应该来讲，陈建之所以对陈白沙、庄定山、陈剩夫等非程朱理学人物的评价不高，主要着眼点是他们"一味禅会""只是一诗人"等脱离世事的学术特点。这里虽然没有把程朱理学与经世致用的学术思想直接对等起来，但实际上是包含这层意思的。陈建在为程朱理学人物分等定级时，又何尝不是利用了这样的标准？同作为程朱理学人物的胡居仁、罗伦、章懋等人之所以低薛瑄、陈选一等，恰是因为他们"偏于隐退为高矣"的出世特点。

另外，史学也成为心学兴起之后，理学家们应对各种挑战、维系自身发展的一个重要工具。王阳明为了说明自身学说的合理性，编撰《朱

[1] 陈建：《皇明通纪》后编卷十八，天顺二年陈建按，转引自向燕南：《中国史学思想通史·明代卷》，黄山书社2002年版，第202页。

子晚年定论》一文，认为朱熹晚年论点与自己心学观点是比较契合的，确实存在着把程朱理学收归于阳明心学内涵之下的企图。针对这一挑战，罗钦顺从史事考实的角度出发，认为王阳明错把朱熹早期和中年的一些书信编入其中，从而对阳明的这一学术挑战进行了回应。在罗钦顺之后，陈建也从史实的角度对阳明的这一做法提出了质疑并有所辩证。陈建基于对朱熹书信的历史考察，编成《朱陆编年》二编。陈建在驳斥王阳明《朱子晚年定论》的"欺蔽"时，也是在系统考察历史文献的基础上，编定《学蔀通辨》一书，回应了王阳明对程朱理学的挑战。其言："王阳明节录此书入《晚年定论》，其欺蔽有三：此书在既会象山之后，《论》《孟》集注未成之时，何得为晚？其欺蔽一也；删去《学》《庸》，缘此修过以下者，盖《定论序文》以为中年未定之说，思改正而未及，故于此删去，修过之由，于弥缝其说也，谩人以为未及改也，其欺蔽二也；亦删去子寿兄弟以下者，以讥陆之故，而特为讳避也，考《定论》一编，凡讥及陆学处，皆删去，惟一二稍称陆学处则不删，其欺蔽三也。"[1]罗钦顺、陈建在批判《朱子晚年定论》虚妄，回应阳明心学的挑战时，都立足于大量历史文献的梳理和考证。在这些历史事实面前，王阳明也不得不承认"盖不得已而为此"，甚至认为自己的这种做法是"病狂丧心"。[2]可以看出，程朱理学家在回应各种挑战时，史学也成为其重要的武器。

　　借助主要蕴含于史学领域的经世学术资源，程朱理学在一定程度上与这一学术资源形成了某种联盟，这种联盟关系即使是在阳明心学产生并取得事实支配地位以后的明代末期也是如此。东林学派的学术特征和主张很好地为我们说明了这一关系。学术界广泛存在着一种观点：东林学派是阳明心学的反动，是"晚明朱学的复兴"[3]，其最突出的学术特征就是经世。如高攀龙在论及与经世主张至为密切的理学命题格物说时说："阳明先生于朱子格物，若未尝涉其藩者。其致良知，乃明明德也，

[1] 陈建：《学蔀通辨》前编卷中，明嘉靖二十七年刻本，《续修四库全书》本，第939册，第632页。
[2] 王守仁：《王阳明全集》卷二《传习录》中《答罗整庵少宰书》，上海古籍出版社1992年版，第78页。
[3] 葛荣晋：《东林学派和晚明朱学的复兴》，《船山学报》1988年第2期。

然而不本于格物，遂认明德为无善无恶。故明德一也，由格物而入者，其学实，其明也即心即性。不由格物而入者，其学虚，其明也是心非性。心性岂有二哉？则所从入者，有毫厘之辨也。"[1] 可以看出，在格物方面，高攀龙是倾向认可朱子所言的。

故此，我们认为，某种程度上来讲，传统史学中所集中反映的经世致用思想，为程朱理学于明朝的存续和继续发展提供了契机，也成为其应对其他学派挑战的有力武器。基于史学对程朱理学发展的重要作用，这一时期有作为的程朱理学家们普遍表现出重史的一面。这也从一个侧面印证史学于明代程朱理学存续和发展中的作用。

---

[1] 黄宗羲：《明儒学案》卷五十八《忠宪高景逸先生攀龙》，中华书局 2008 年版，第 1420—1421 页。

# 第八章  阳明心学的兴起、 价值及其史学表现

大约于明朝正德嘉靖时期，社会风气出现了转化，由早期官方化程朱理学笼罩下的沉闷乏味向生动活泼转变，其于思想领域最明显的表现就是阳明心学的兴起。阳明心学兴起以后，成为可以与程朱理学分庭抗礼的重要思想流派。服务其心学理论的构建，或者与其心学理论相一致，王学当中相当一部分人物也在史学方面有着积极的表现。

## 第一节  阳明心学的兴起及其价值

心学开启于南宋陆九渊，是宋明理学中与程朱理学并立的重要学派。明代王阳明继承并发扬了陆九渊心学，成为集心学之大成的学者，其学术也叫王学。人们将陆九渊、王阳明一脉相传的心学称作"陆王心学"。明中后期心学的兴起，很大程度上符合了那个时代的要求。王阳明关于"心即理"命题的宣扬，彰显了心学对于个体价值的解放。

### 一、阳明心学兴起的时代背景

阳明心学于明朝中后期产生，有着深刻的时代背景。

如前所述，明朝前期君主专制体制的最核心的内容就是"收天下之权于一人"，要求极端的人治。到了明代中后期，这一体制与统治者自身素质的退化形成了不可调和的矛盾。虽然祖宗规定的严刑酷法仍在，但仍然无法调和这一根本性的矛盾，导致明朝中后期的政治统治表现出君主专制弱化的特征。如武宗，早年为太子时就淫逸成性，以至其父孝宗临终时特意叮嘱大臣："东宫年幼，好逸乐，卿等当教之读书，辅导成德。"[1]登上皇位以后，他为了改变宫中枯燥乏味的生活状态，更是在宫中设立廛肆："上令内侍仿设廛肆，身衣估人衣与贸易，持簿握筹。喧询不相下。更令作市正调和之，拥至廊下家。'廊下家'者，中官于永巷所张酒肆者也，坐当垆妇其中。上至，杂出，牵衣蜂簇而入，醉即宿其处。"[2]但武宗并未把这种享受局限于个人行为，"近闻有花酒铺之设，或云车驾将临幸，或云朝廷收其息"。以至齐之鸾从"公"的角度对武宗的这种追求"私"生活体验提出了批评："陛下贵为天子，富有四海，乃至竞锥刀之利，如倡优馆舍乎?"[3]更为严重的是，武宗的这一习性给宦官提供了参与外廷事务的机会。刘瑾等以"时杂构戏玩娱帝，候帝娱，则多上章奏，请省决，帝曰：'吾安用尔为？而一烦朕!'瑾由是自决政"[4]。宦官对外廷事务的处理完全抛开了皇朝的立场，而唯自己私欲是求。此外，像世宗的"大礼议"，神宗的长期怠政，以及熹宗的耽于木工，要么是导致内廷和外廷的公然决裂，要么是"公""私"的决然对立，这绝不仅仅关乎皇帝形象的塑造，更由于皇帝在明朝统治体制中的突出作用而干扰了明朝政治机制的正常运转，以至《明史》论曰："明自世宗而后，纲纪日以陵夷，神宗末年，废坏极矣。虽有刚明英武之君，已难复振。而重以帝之庸懦，妇寺窃柄，滥赏淫刑，忠良惨祸，亿兆离心，虽欲不亡，何可得哉。"[5]

当然，也正是君主专制的弱化，让社会各个领域从明代前期因君主专制加强而凝固不动的沉闷中寻得一隙发展的空间。社会政治风气也由原来的战战兢兢、如履薄冰，向明中后期民众的觉醒和反抗转变，《明史》载："诸臣晨入暮出，累累若重囚，道途观者无不泣下。而廷臣自大学士杨廷和、户部尚书石玠疏救外，莫有言者，士民咸愤，争掷瓦砾诟詈之。"[6]面对皇帝所施加给官员们的强大压力，士民们亦以自己的方

---

[1] 夏燮：《明通鉴》卷四十，中华书局 2009 版，第 1395 页。

[2] 夏燮：《明通鉴》卷四十二，中华书局 2009 年版，第 1439 页。

[3] 《明史》卷二百八《齐之鸾》，中华书局 1974 年版，第 5489 页。

[4] 谷应泰：《明史纪事本末》卷四十三《刘瑾用事》，中华书局 2015 年版，第 635 页。

[5] 《明史》卷二十二《熹宗》，中华书局 1974 年版，第 306—307 页。

[6] 《明史》卷一百八十九《夏良胜》，中华书局 1974 年版，第 5021 页。

中国经史关系通史·宋元明卷

式表达了不满，甚至形成"朝所为缧辱摈弃不少爱之人，又野所为推重忾叹不可少之人。上与下异心，朝与野异议"[1]的社会局面。

明代中后期经济领域的最大变化，就是新经济因素的萌生和发展。侯外庐先生曾言，明代中叶是"中国历史上资本主义萌芽最显著的阶段"[2]。明代中后期的农业和民营手工业等诸领域都突破了原来自给自足和单纯满足官府消费的理念，要求私人资本的积累和地方权力的扩张。这对严格服务于中央集权下的明朝前期"不着眼于提倡扶助先进的经济，以增益全国财富，而是保护落后的经济，以均衡的姿态维持王朝的安全"的经济安全政策构成了挑战，成为"王朝的安全之累"。[3]

具体来看，社会财富的积累，对明中后期的社会产生了两点直接的影响：一是普遍形成了一股"言利""重商"的社会风气，不仅于社会下层如此，对统治者而言也是如此，他们也积极地投入与民争利的活动中。隆庆间，户部尚书马森即上言："今日催征急矣，搜括穷矣，事例开矣，四方之民竭矣，各处之库藏空矣。"[4]万历年间，矿监税使更是无所不用其极，"或专或兼，大珰小监，纵横绎骚，吸髓饮血，天下咸被害矣"[5]。正所谓"独裁意味着腐败，绝对的独裁，意味着绝对的腐败"[6]。明代新经济的萌生和发展更暴露了统治者的贪婪和落后，加剧了其在政治领域的腐败。二是与此相应，明代前期朝廷利益至上的观念开始受到时人的反思和质疑，人们开始肯定每一个个体的社会价值。赵翼在分析才士傲诞的习气于明中叶发生的原委时言："此等恃才傲物，跅弛不羁，宜足以取祸，乃声光所及，到处逢迎，不特达官贵人倾接恐后，即诸王亦以得交为幸，若惟恐失之。可见世运升平，物力丰裕，故文人学士得以跌荡于词场酒海间，亦一时盛事也。"[7]在赵翼看来，才士之

［1］《明史》卷二百五十八《汤开远》，中华书局1974年版，第6676页。

［2］侯外庐：《中国思想通史》（第五卷），人民出版社1959年版，第3页。

［3］黄仁宇：《万历十五年·自序》，中华书局2006年版，第2—3页。

［4］《明穆宗实录》卷十五，隆庆六年十二月戊戌，台湾"中央研究院"历史语言研究所1962年影印本，第415页。

［5］赵翼著，王树民校证：《廿二史札记校证》卷三十五《万历中矿税之害》，中华书局2013年版，第796页。

［6］（英）阿克顿著，冯克利译：《自由与权力》，商务印书馆2002年版，第342页。

［7］赵翼著，王树民校证：《廿二史札记校证》卷三十四《明中叶才士傲诞之习》，中华书局2013年版，第784页。

所以养成傲诞的习气，其深层次的原因是明中叶"物力丰裕"。这是一方面。另一方面，随着君主以参与者的身份积极参与到社会财富的掠夺和瓜分当中，其所代表的"公"之超越性形象也瞬间崩塌，在很多学者眼中，个体之"私"也需要肯定，而且是以与"公"相对立的形象出现的。明末黄宗羲、顾炎武等人对"天下"与"君主"的区分即使典型的事例，其实这样的认识还有很多，如明人徐如珂就说："天下大矣，人主不能自理，分而寄之一相。相臣者，君所与共天下者也。"[1] 吕坤也说："天之生民非为君也。天之立君以为民也。奈何以我病百姓？夫为君之道无他，因天地自然之利而为民开导撙节之。因人生固有之性而为民倡率裁制之。足其同欲……使无失所，而后天立君之意终矣。岂其使一人肆于民上而剥天下以自奉哉！"[2] 缪昌期则说："惟夫国之有是，出于群心之自然，而成于群喙之同然，则人主不得操而廷臣操之，廷臣不得操而天下之匹夫匹妇操之。匹夫匹妇之所是，主与臣不得矫之以为非；匹夫匹妇之所非，主与臣不得矫之以为是。"[3] 如上所论，学者们要么是对皇帝的极端专权有所怀疑，要么主张民贵君轻，更有直接在君民的对立中，站在"匹夫匹妇"的立场，从公与私、权利与义务的角度，将批判的锋芒直指专制君主和君主的专制权力。由此看来，随着民间社会财富的积累，不仅民间形成了自立的经济基础，并且在"公"的权威日渐丧失的基础上，"私"的要求得到了更大程度的伸张。

总体来看，由于皇权在政治领域和经济领域的各种自私、消极的表现，其所代表之"公"的形象崩塌了，本来高高在上的皇权，在明中叶以后的士子眼中逐渐褪去了明初的神圣光环，以一种相对一般、对等的身份，与"私"一道较为频繁地出现在时人口中。某种程度上来讲，置放到整个古代背景中来看，这不能不说是"私"的要求得到了更大程度的伸张。这就是强调个体价值和思想解放的阳明心学产生的社会背景。

---

[1] 徐如珂：《徐念阳公集》卷三《无欲然后可与言王佐》，载《乾坤正气集》，道光二十八年潘氏袁江节署求实斋刊本。

[2] 吕坤：《呻吟语》卷五《治道》，载《吕坤全集》，中华书局 2008 年版，第 845—846 页。

[3] 缪昌期：《从野堂存稿》卷二《国体国法国是有无轻重解》，常州先哲遗书本，《续修四库全书》本，第 1373 册，第 408 页。

二、阳明心学的产生、传播和壮大

阳明心学的产生既根植于时代背景，也与置身于这些时代背景中的王阳明的个人际遇、追求和抱负密切相关。

作为明中叶一士子的王阳明，早前也有追随程朱理学的经历，两次"格竹"的经历虽然失败了，但这很显然是对程朱理学格物说的忠实实践。也正因其失败了，王阳明开始反思程朱理学的成圣成贤之路，而反思的结果是此路不通，他才放弃了对程朱理学的幻想，开始开创自己的成圣成贤之路。这期间他也经过出入佛老的彷徨，经历过再入程朱理学的反复，最终建立起自己的心学体系。

学者们普遍把"龙场悟道"视作心学产生的标志。

> 三年戊辰，先生三十七岁，在贵阳。
>
> 春，至龙场。
>
> 先生始悟格物致知。龙场在贵州西北万山丛棘中，蛇虺魍魉，蛊毒瘴疠，与居夷人鸠舌难语，可通语者，皆中土亡命。旧无居，始教之范土架木以居。时瑾憾未已，自计得失荣辱皆能超脱，惟生死一念尚觉未化，乃为石墩自誓曰："吾惟俟命而已！"日夜端居澄默，以求静一；久之，胸中洒洒。而从者皆病，自析薪取水作糜饲之，又恐其怀抑郁，则与歌诗；又不悦，复调越曲，杂以诙笑，始能忘其为疾病夷狄患难也。因念："圣人处此，更有何道？"忽中夜大悟格物致知之旨，寤寐中若有人语之者，不觉呼跃，从者皆惊。始知圣人之道，吾性自足，向之求理于事物者误也。乃以默记五经之言证之，莫不吻合，因著《五经臆说》。[1]

此段史料中，虽然其中不乏"寤寐中若有人语之者"这样颇具神秘色彩的记载，但也有"始知圣人之道，吾性自足，向之求理于事物者误也"的具体悟道内容。前半句话从正面说明了其悟道的内容，后半句话

---

[1] 王守仁：《王阳明全集》卷三十三《年谱一》，上海古籍出版社 1992 年版，第 1228 页。

说明对追随程朱理学悟道方法的反思。整段话说明了每个人都有成为圣贤的本性和可能性，只需发挥出本性就可以了，重点并不在外在知识的积累。简单一点来讲，王阳明的"龙场悟道"不仅包含了其心学学说基石——"心即理"的核心内容，而且还公然表达了与程朱理学的决裂，因此，学者们把其视作为心学的产生不无道理。

关于阳明心学的传播，其实早在弘治十八年（1505 年），王阳明与湛若水便以倡明圣学为事，此时即开始有门徒跟随。王阳明赴龙场路上，也是随地讲授，在龙场期间，也有"从者"在其身旁。这里的"从者"可能也包括追随其授讲的学生。"龙场悟道"当年，也有"夷人亦日来亲狎。以所居湫湿，乃伐木构龙岗书院及寅宾堂、何陋轩、君子亭、玩易窝以居之"[1]。仅从这些场所名称，大概可以推测这些与王阳明研习和授徒有一定关系。"龙场悟道"后次年，阳明又以知行合一之教折服提学副使席书与当地诸生，并入主贵阳书院讲学，不仅获得了一定数量的拥趸，而且有了固定正规的讲习场所，这都为阳明学派的发展奠定了初步基础。正德五年（1510 年），王阳明赴任庐陵途中，又教门人习以静坐之法。同年入京，使后军都督府都事黄绾对其学说非常信服。之后门徒日进，据《年谱》记载，正德八年，他在安徽滁州督马政时，门人就已经达到数百人的规模，这也说明阳明门派已经初具规模。其后，王阳明执政江西，随着学说的精进和政治威望的提升，阳明学派的地位进一步稳固和发展。不仅培养了信奉阳明心学并以宣扬师说为己任的一批骨干，如邹守益、欧阳德、刘邦采等人，而且代表其学说的各种著作也得以刊行传布，如《朱子晚年定论》《古本大学》《传习录》等等。更为重要的是，王阳明在学派不断发展的基础上，在与门生的往复探讨中，也相应深化了自己的认识，从而使其理论更为丰满和圆通。如在其弟子徐爱的追问下，阳明明确提出了"心即理"这一命题，并在多处采取了"心外无理""心外无物"等反命题进一步表达了"吾性自足"的丰富内涵。又如论朱陆之争，也是在门生王舆庵和徐成之争辩不下的情况下，王阳明提出自己看似居中调和实际却是表彰陆学的见解，某种程度上也承认了其心学思想源自象山之学。特别是在评价朱子学的过程中，他广泛使用

[1]　王守仁：《王阳明全集》卷三十三《年谱一》，上海古籍出版社 1992 年版，第 1228 页。

"心""尊德性"等主体范畴，这更在一定程度上表现出向朱子学公然挑战的态势。可见，在与诸生的讨论中，王阳明对于如何悟得本心的途径是不断思考的，当然其中也多有反复，这都促进了阳明学的发展。正德十四年，平定"宸濠之乱"的功绩更使得王阳明积累了超高的人望，再结合其学术的不断精进，他俨然成为内圣外王兼具的活着的圣人，这无疑又反过来促进了阳明学派的发展。

阳明心学其后的传播过程，也确实说明了其学说的影响逐渐扩大起来。如正德十六年（1521年），"先生归省祖茔，访瑞云楼，指藏胎衣地，收泪久之，盖痛母生不及养，祖母死不及殓也。日与宗族亲友宴游，随地指示良知。德洪昔闻先生讲学江右，久思及门，乡中故老犹执先生往迹为疑，洪独潜伺动支，深信之，乃排众议，请亲命，率二侄大经、应扬及郑寅、俞大本，因王正心通贽请见。明日，夏淳、范引年、吴仁、柴凤、孙应奎、诸阳、徐珊、管州、谷钟秀、黄文涣、周于德、杨珂等凡七十四人"[1]。

又如嘉靖三年（1524年），"门人日进。郡守南大吉以座主称门生，然性豪旷不拘小节，先生与论学有悟……于是辟稽山书院，聚八邑彦士，身率讲习以督之。于是萧璆、杨汝荣、杨绍芳等来自湖广，杨仕鸣、薛宗铠、黄梦星等来自广东，王艮、孟源、周冲等来自直隶，何秦、黄弘纲等来自南赣，刘邦采、刘文敏等来自安福，魏良政、魏良器等来自新建，曾忭来自泰和。宫刹卑隘，至不能容。盖环坐而听者三百余人"[2]。

阳明心学的影响还体现在其地位超过了明代前期定于一尊的程朱理学。《明史·儒林传》曰："原夫明初诸儒，皆朱子门人之支流余裔，师承有自，矩镬秩然。曹端、胡居仁笃践履，谨绳墨，守儒先之正传，无敢改错。学术之分，则自陈献章、王守仁始。宗献章者曰江门之学，孤行独诣，其传不远。宗守仁者曰姚江之学，别立宗旨，显与朱子背驰，门徒遍天下，流传逾百年，其教大行，其弊滋甚。嘉、隆而后，笃信程、

［1］　王守仁：《王阳明全集》卷三十四《年谱二》，上海古籍出版社1992年版，第1282页。
［2］　王守仁：《王阳明全集》卷三十五《年谱三》，上海古籍出版社1992年版，第1289—1290页。

朱，不迁异说者，无复几人矣。"[1]明末大儒顾炎武亦言："自宏（弘）治、正德之际，天下之士，厌常喜新，风气之变，已有所自来。而文成以绝世之资，倡其新说，鼓动海内。嘉靖以后，从王氏而诋朱子者始接踵于人间。"[2]四库馆臣在概括明代思想的整体发展脉络时亦言："洎乎明代宏（弘）治以前，则朱胜陆。久而患朱学之拘。正德以后则朱陆争诟。隆庆以后则陆竟胜朱。又久而厌陆学之放，则仍申朱而绌陆。"[3]从上面诸条史料中，我们可以看出，阳明心学在其产生之后的相当长一段时期内，虽然未被明廷钦定为官方统治思想，但在社会较为广泛的范围内已经取代了程朱理学的统治地位，"当时，王学不仅在民间'门徒遍天下'，而且在政界也广有影响，其中居内阁执掌国柄的有席书、张璁、方献夫、徐阶、李春芳、赵贞吉、申时行等，居六部握实权的亦有聂豹、欧阳德、程文德等人，在朝廷和地方任职的更是不计其数。王学俨然成为居于社会主流的意识形态"[4]。

　　阳明后学的社会身份构成也反映出阳明心学影响之广。王学泰州学派的代表人物罗汝芳言："明典崇重理学，代有闻人。正、嘉间，浙东阳明王先生稍稍以良知为训，海内咸宗之，然惟余省吉安居多。其时不独缙绅多士，即草野潜伏之夫，亦往往以羽翼斯道自期。"[5]"缙绅多士"和"草野潜伏之夫"说明阳明后学构成的丰富性，也说明阳明心学于社会的流行程度。就王阳明的及门弟子而言，有数百人之说，有二三千人之说，也有六千人之说，这也说明王阳明及其学说在人格上的巨大感召力和在思想上的广泛影响力，以及当时社会各阶层对阳明学说的高度认同感和近乎狂热的推崇心理[6]。就实质思想内涵而言，后人对阳明心学自身学派有过各种归纳，依据不同的划分标准，有现成派、修正派、归

［1］《明史》卷二百八十二《儒林一》，中华书局1974年版，第7222页。

［2］顾炎武著，黄汝成集释：《日知录集释》卷十八《朱子晚年定论》，上海古籍出版社1985年版，第1421页。

［3］永瑢等：《四库全书总目》卷九十七《朱子圣学考略》，中华书局1965年版，第824页。

［4］向燕南：《中国史学思想通史·明代卷》，黄山书社2002年版，第172页。

［5］罗汝芳：《罗明德公文集》卷四《永新尹天湖墓志铭》，载《罗汝芳集》，凤凰出版社2007年版，第637页。

［6］钱明：《王阳明及其学派论考》，人民出版社2009年版，第268页。

寂派之分，有虚无派、日用派之分，有主静派、主敬派、主事派之分，有主无派、主有派、主静派、主动派之分，等等。这里仅以嵇文甫先生比较简单明了的左、中、右三派分法来说明阳明心学的丰富内涵："大体说来，东廓绪山诸子，谨守师门矩镬，'无大得亦无大失'；龙溪心斋使王学向左发展，一直流而为狂禅派；双江念庵使王学向右发展，事实上成为后来各种王学修正派的前驱。"[1] 后人对于阳明心学分派的"混乱"，充分体现其内涵的丰富，及在明中后期社会所产生的广泛影响。就学术地域而言，明末大儒黄宗羲的《明儒学案》基本按照地域，把阳明心学分为浙中（包括浙东和浙西）、江右（今江西和安徽西南部）、南中（即南直隶，今江苏、安徽大部）、楚中（今湖南、湖北）、北方、闽粤和泰州七个大的传播地域，即使如此，黄宗羲仍认为"然一人之闻见有限，尚容陆续访求"[2]。现代学者钱明更是认为："可以说，阳明学的传播区域，几乎囊括了大半个中国，并且还从南、北两个方向分别向周边国家传播，最终形成了日本阳明学派和韩国阳明学派，使阳明学最终成为近世东亚地区的亚主流思潮，这是王学传播的最大收获，也是儒家文化与周边国家传播链中的成功范例之一。"[3] 也可以这么说，阳明心学的广泛传播，使之成为明代中后期思想界最活跃的群体构成。

### 三、"心即理"对个体价值的解放

王阳明心学的产生，是在程朱理学"天理说"的基础上直接继承和发展陆九渊心学而成，认为"心即理"，"心之本体即是天理"[4]，心与天理是同一的。王阳明把朱熹对于天理的说明，直接移植到其对于心的界定上。在王阳明的话语体系中，心主要在三层含义上得以运用。一是作为一种规则、规律等的具有主宰性和本质性的存在，即所谓"心者身之主宰，目虽视而所以视者心也，耳虽听而所以听者心也，口与四肢虽

———————

[1] 嵇文甫：《晚明思想史论》，东方出版社 1996 年版，第 16 页。
[2] 黄宗羲：《明儒学案》卷首《明儒学案发凡》，中华书局 2008 年版，第 15 页。
[3] 钱明：《王阳明及其学派论考》，人民出版社 2009 年版，第 276 页。
[4] 王守仁：《王阳明全集》卷二《传习录》中，上海古籍出版社 1992 年版，第 58 页。

言动而所以言动者心也"[1]。二是视心为传统道德的渊薮，"心者身之主宰……主宰一正，则发窍于目，自无非礼之视；发窍于耳，自无非礼之听；发窍于口与四肢，自无非礼之言动，此便是修身在正其心。然至善者，心之本体也"[2]。三是具备宇宙本源性质，王阳明说："人者，天地万物之心也；心者，天地万物之主也。心即天，言心则天地万物皆举之矣。"[3]与程朱理学对天理推崇的逻辑思路一样，王阳明把心作为宇宙的本源，使其具备了绝对的道德评判权力。

在朱熹的笔下，理与心是两个事物，两者不能等同。心只具有知觉和主宰的能力，它被用来感知外物，它在本体上和外物并不是浑然一体的，而外物的总和就是天理，从这层意义上来讲，它们是主动和被动的关系。同时，理作为万物的总和，它是无所不包容的。虽然心相对于理而言，具有主动的意味，但从本质上来讲，仍不失为万物之一，尽管它与理一样，和客观事物相比具有较为抽象的意味。因此，理所涵盖的范围远远超出心，心是被包容于理之中的，它们是被包含与包含的关系。

关键是，朱熹把理归结为世界的本源，认为其具有道德评判的能力，心虽然通过对理的学习和模仿，也可以具备这些能力，但它的这些能力的具备是来源于理的。也正是外在之理的绝对的统治意义，某种程度上构成了主体之心的压迫，甚至是消解。"程朱理学体系中最致命的缺陷，首先是在认识论上强调天理的超验性，把普遍之理与具体事物的关系规定为外在的强制命令，将世界形而上、形而下截然地割裂开，形成理与气、道与器、道心与人心、天理与人欲等范畴的二元对立，忽视了普遍性是内在于特殊性的，只有通过特殊性才能起到指导作用，尤其是以'所以然'说'所应然'，无视道德实践的主体性，即普遍的道德律令只有与个人的内在意愿相结合，才能转化为有效的行为规范，否则只会因强迫的泛道德化而导致社会的普遍虚伪"[4]。

王阳明的"心即理"命题，把心视作世界的本源，面对外物，拥有

［1］ 王守仁：《王阳明全集》卷三《传习录》下，上海古籍出版社 1992 年版，第 119 页。
［2］ 王守仁：《王阳明全集》卷三《传习录》下，上海古籍出版社 1992 年版，第 119 页。
［3］ 王守仁：《王阳明全集》卷六《答季明德·丙戌》，上海古籍出版社 1992 年版，第 214 页。
［4］ 向燕南：《中国史学思想通史·明代卷》，黄山书社 2002 年版，第 171 页。

绝对的道德优势，这就把程朱理学视为强制规定的外在天理消融于主体的自我意识之中，从而赋予"吾心"极大的自主性和能动性，"使主体从外在天理的服从者，变成为了天理的拥有者，在消解原君临主体的外在的思想权威的同时，也使主体的思想获得解放"[1]。在把天理消融于主体之心的基础上，王阳明认为"良知"是内在于人心的，是心体存在的本然状态，是不假外求的，每个人都有其心体，也都有其良知，即所谓"尔那一点良知，是尔自家底准则。尔意念着处，他是便知是，非便知非，更瞒他一些不得。尔只不要欺他，实实落落依着他做去，善便存，恶便去。他这里何等稳当快乐"[2]。王阳明认为良知是一种普遍和超越的绝对道德存在，同时也认识到由于人与人禀赋的差异性，表现也是不尽相同的，他曾赋诗一首："知得良知却是谁，自家痛痒自家知"[3]，强调人的差别性及差别性存在的价值，这就为个体的多途发展提供了无限可能。这在定程朱理学于一尊的明代社会，显然具有了批判的意味："夫学贵得之心。求之于心而非也，虽其言之出于孔子，不敢以为是也，而况其未及孔子者乎！求之于心而是也，虽其言之出于庸常，不敢以为非也，而况其出于孔子者乎！"[4]"夫道，天下之公道也；学，天下之公学也。非朱子可得而私也，非孔子可得而私也。"[5]表现出对既定权威的质疑、否定，摆脱程朱理学束缚，极大地肯定了个体自我意识的能动性。

故此，王阳明心学最突出的价值就是其思想解放意义。后人对于阳明心学的肯定，也多是从其思想解放的意义出发而做出评价的。如一些学者认为阳明心学能够接续"圣学"，明人袁宏道即言："至近代王文成公、罗盱江辈出，始能抉古圣精髓，入孔氏堂，揭唐、虞竿，击文、武

---

［1］ 向燕南：《试析王阳明心学对明代史学的影响——兼及有关拓展史学思想史研究的思考》，《淮北煤炭师范学院学报》（哲学社会科学版）2006 年第 1 期。

［2］ 王守仁：《王阳明全集》卷三《传习录》下，上海古籍出版社 1992 年版，第 92 页。

［3］ 王守仁：《王阳明全集》卷二十《答人问良知二首》，上海古籍出版社 1992 年版，第 791 页。

［4］ 王守仁：《王阳明全集》卷二《传习录》中《答罗整庵少宰书》，上海古籍出版社 1992 年版，第 76 页。

［5］ 王守仁：《王阳明全集》卷二《传习录》中《答罗整庵少宰书》，上海古籍出版社 1992 年版，第 78 页。

铎，以号叫一时之聋聩。"[1]明末大儒黄宗羲也认为阳明心学"可谓震霆启寐，烈耀破迷，自孔、孟以来，未有若此之深切著明者也"[2]。诸如"披云见日"[3]、"暗室一炬"[4]的比喻，是明人对于阳明心学思想解放意义所下的普遍断语。

并且，阳明心学作为一种历史的存在，由于其自身对于既定权威的否定及其强烈的社会批判意识，始终未被强调统治秩序整齐划一的历代统治者认可，往往被冠以"异端"或"伪学"的身份而备受打压。早在阳明心学发展初见成效时，嘉靖元年（1522年）礼科给事中章乔即上言："三代以下论正学莫如朱熹，近有聪明才智足以号召天下者，倡异学之说，而士之好高务名者，靡然宗之。大率取陆九渊之简便，惮朱熹为支离。"结果，"上曰：'然。祖宗表章六经，颁降敕谕，正欲崇正学，迪正道，端士习，育真才，以成正大光明之业。百余年间，人才浑厚，文体纯雅。近年士习多诡异，文辞务艰险，所伤治化不浅。自今教人取士，一依程朱之言，不许妄为叛道不经之书，私自传刻以误正学'"。[5]王阳明生前遭受诬陷和打压，逝后亦始终没有得到官方的认可。嘉靖八年，王阳明刚一去世，"吏部会廷臣议故新建伯王守仁功罪言：'守仁事不师古，言不称师，欲立异以为名，则非朱熹格物致知之论，知众论之不与，则著《朱熹晚年定论》之书，号召门徒，互相唱和。才美者乐其任意，或流于清谈；庸鄙者借其虚声，遂敢于放肆。传习转讹，悖谬日甚。其门人为之辩谤，至谓杖之不死，投之江不死，以上渎天听，几于无忌惮矣。……今宜免夺封爵以彰国家之大信，申禁邪说以正天下之人心'"。嘉靖皇帝的判断仍然是"卿等议是。守仁放言自肆，抵毁先儒，号召门

[1] 袁宏道：《袁宏道集笺校》卷四十一《为寒灰书册寄郧阳陈玄朗》，上海古籍出版社1981年版，第1226页。
[2] 黄宗羲：《明儒学案》卷首《师说》，中华书局2008年版，第7页。
[3] 袁中道：《珂雪斋集》卷九《寿裕吾邹公偕元配张孺人七十序》，上海古籍出版社1989年版，第435页。
[4] 张岱：《石匮书》卷一百三十《王守仁列传·附阳明弟子列传》，稿本，《续修四库全书》本，第319册，第350页。
[5] 《明世宗实录》卷十九，嘉靖元年十月乙未，台湾"中央研究院"历史语言研究所1962年版，第568—569页。

徒，声附虚和，用诈任情，坏人心术，近年士子传习邪说，皆其倡导"。[1] 由此看来，阳明心学受其自身学说理论的制约，终明一代，没有也不可能取代程朱理学成为统治意识形态，这也使得其一直保持着批判的张力，持续发挥着思想解放的作用。

### 四、"知行合一"说对知而不行现状的改变

相比较阳明的"心即理"命题，其"知行合一"说更具有工夫论的意义。

知、行的概念起源较早，学者们一般认为，它们最早来源于古文《尚书》的《说命中》。《说命中》记载商朝武丁时期官员傅说的话："非知之艰，行之惟艰。"就是说，知道一个道理不难，把这个道理实践下去就比较难。其实，同样据古本《尚书·太甲下》记载，有关知和行的概念在太甲时期伊尹就已经提出："弗虑胡获，弗为胡成。"意思是不去思考就搞不明白，不去做当然就不能成事。这里，"虑"和"为"就可以等同于"知"和"行"。后来的学者在此认识基础上不断发展，但在宋代以前，有关知、行问题的探讨，多是从生产和生活中总结出来的经验之谈，特别是早期，往往对于知和行都是各说各事，并没有把知和行联系起来，也就是说没有探讨知和行之间的关系。后来虽对两者关系提出了一定的思考，但也多是一般观点表达，或者个别生活或生产经验的总结。[2]

到了宋代，理学的产生改变了传统儒者对于知、行观念的认识。知不再主要讲对自然界和人类社会各种事物或观念的认识，行也不再主要指人类针对自然界或人类社会的种种具体生产和生活行为。两者都发生了转向。理学家的知主要是指对自身道德修养的认识；行也主要是指以自我完善、自我实现为宗旨的道德实践。虽然在有关知、行关系的认识上，知统摄或主导行的观点也不再一统天下，认识更加丰富，其中有知

[1]《明世宗实录》卷九十八，嘉靖八年二月乙亥，台湾"中央研究院"历史语言研究所 1962 年版，第 2299—2300 页。

[2] 汪高鑫、李德锋：《此心光明——评说王阳明与〈传习录〉》，人民出版社 2014 年版，第 105 页。

统摄行的传统观点，也有知、行互进并发的新发展，但不可否认，"知先行后"说仍然是占主流的一个观点。如宋儒程颐就主张先有知，在这个知的指导下，才能够出现行。正如他所说的，"故人力行，先须要知"[1]，"须是识在所行之先，譬如行路，须得光照"[2]。

朱熹某种程度上继承了程颐这一观点，他认为"知、行常相须，如目无足不行，足无目不见。论先后，知为先；论轻重，行为重"[3]。前一句话，"论先后，知为先"，朱熹这里表达的意思就是说，如果知、行这一对范畴贯彻到现实或者进入实际操作层面，那知肯定是在行前的。这里朱熹强调了人的能动性对于实践的作用。这是知和行存在的一种情况。但如果衡量知和行孰轻孰重的问题，朱熹则和程颐的观点不尽相同，他没有沿袭程颐那种由"知先行后"推导出"知本行末"的思路，而是在衡定两者关系时，突出了行的价值和意义，认为仅仅知道道理而不去行动，没有对社会产生一定的影响，那就等于无知或者不是真知，那知也就没有任何价值可言了。行是检验知之对错和真切程度的标准，也是知的社会价值的依附。也正是朱熹在知行问题上有如此全面的考虑，提出"知、行常相须"的论点，从而推动了学者们对知行问题的认识。总体上来讲，朱熹的知行观认识还是比较全面的。

王阳明的"知行合一"说是针对朱熹的"知行说"提出的。他主观地认为朱熹的知行观就是"知先行后"，其对程朱理学的批判也是基于他所预设的这一前提。王阳明认为："今人却就将知行分作两件去做，以为必先知了然后能行，我如今且去讲习讨论做知的工夫，待知得真了方去做行的工夫。故遂终身不行，亦遂终身不知。此不是小病痛，其来已非一日矣。"[4]考虑到程朱理学的影响，此处"今人"应该是有所寓指的，而"此不是小病痛，其来已非一日矣"，应该是比较明确地把矛头指向了主张"知先行后"说的宋儒。

[1] 程颢、程颐：《河南程氏遗书》卷十八《刘元承手编》，载《二程集》，中华书局2004年版，第187页。
[2] 程颢、程颐：《河南程氏遗书》卷三《谢显道记忆平日语》，载《二程集》，中华书局2004年版，第67页。
[3] 黎靖德编：《朱子语类》卷九《论知行》，中华书局1986年版，第148页。
[4] 王守仁：《王阳明全集》卷一《传习录》上，上海古籍出版社1992年版，第4—5页。

中国经史关系通史·宋元明卷

王阳明提出"知行合一"说，其中一个典型的论断存在于他与弟子徐爱一段比较生动的对话中：

> 爱因未会先生"知行合一"之训，与宗贤、惟贤往复辩论，未能决，以问于先生。先生曰："试举看。"爱曰："如今人尽有知得父当孝、兄当弟者，却不能孝、不能弟，便是知与行分明是两件。"先生曰："此已被私欲隔断，不是知行的本体了。未有知而不行者。知而不行，只是未知。圣贤教人知行，正是安复那本体，不是着你只恁的便罢。故《大学》指个真知行与人看，说'如好好色，如恶恶臭'。见好色属知，好好色属行。只见那好色时已自好了，不是见了后又立个心去好。闻恶臭属知，恶恶臭属行。只闻那恶臭时已自恶了，不是闻了后别立个心去恶。如鼻塞人虽见恶臭在前，鼻中不曾闻得，便亦不甚恶，亦只是不曾知臭。就如称某人知孝、某人知弟，必是其人已曾行孝行弟，方可称他知孝知弟，不成只是晓得说些孝弟的话，便可称为知孝弟。又如知痛，必已自痛了方知痛；知寒，必已自寒了；知饥，必已自饥了；知行如何分得开？此便是知行的本体，不曾有私意隔断的。圣人教人，必要是如此，方可谓之知。不然，只是不曾知。此却是何等紧切着实的工夫！如今苦苦定要说知行做两个，是甚么意？某要说做一个是甚么意？若不知立言宗旨，只管说一个两个，亦有甚用？"[1]

关于知与行的关系，王阳明经常以"知行本体"的视角来加以阐述，就是知与行本来的状态或本来应有的关系。王阳明认为知与行的本体就是合一的，知就是行，行就是知。"好色"与"好好色"是同一的，"知孝""知弟"与"行孝""行弟"也是同一的。"未有知而不行者。知而不行，只是未知。"没有知道而不去实行的，不去实行，只说明并不是真知道这个道理。

王阳明认为知与行就是一个事物的两个方面，即"知行原是两个字说一个工夫，这一个工夫须著此两个字，方说得完全无弊病"[2]。在说

---

[1] 王守仁：《王阳明全集》卷一《传习录》上，上海古籍出版社1992年版，第3—4页。

[2] 王守仁：《王阳明全集》卷六《答友人问·丙戌》，上海古籍出版社1992年版，第209页。

明知、行为一物的过程中，王阳明还采用错位的修辞手法来表达这一观点，如他说："知之真切笃实处，便是行；行之明觉精察处，便是知。若知时，其心不能真切笃实，则其知便不能明觉精察；不是知之时只要明觉精察，更不要真切笃实也。行之时，其心不能明觉精察，则其行便不能真切笃实；不是行之时只要真切笃实，更不要明觉精察也。知天地之化育，心体原是如此。"[1] 用经常形容"行"的"真切笃实"来形容"知"，用形容"知"的"明觉精察"来说明"行"，这都可以视作王阳明论证"知行合一"说的明证。就此看来，王阳明对程朱理学"知先行后"说的概括和批判也并非没有道理。确实，在程朱理学家那里，"知先行后"是一个普遍的主张，即使如认识比较全面的朱熹，也是把知与行视作两个事物的，他虽然从轻重的角度肯定了行的重要性，但也毫不讳言知先行后的生发顺序。

对"知行合一"，王阳明也有着高度的概括："知是行的主意，行是知的功夫。知是行之始，行是知之成。若会得时，只说一个知，已自有行在；只说一个行，已自有知在。"[2] 对于这段话的理解，我们还需要结合王阳明提出"知行合一"说的背景，即以朱熹为代表的程朱理学"知先行后"所导致的"知而不行"的社会后果。上述王阳明所说"知是行的主意，行是知的功夫。知是行之始，行是知之成"，这句话的重心不是在前一句话，而是在后一句话。在这句话中，行是实际的主语，有关知的内容或相关论述是围绕行而展开的。整段话来看，在王阳明的眼中，知虽然有一定的指导意义，但行才具有最终的决定作用。

同时，这种理论倾向在王阳明固有的学说中也有它立论的基础。在阳明心学体系中，由于心的本源性，知来源于心，或者说知是心本来就具备的一种状态，这一点对一般受众而言，是能理解得了的。因此，他更担心的是行的问题，在很多场合，都是偏重地强调知行观的另一个主体，即行，也同样属于心的本然状态，也就是更强调行的存在及其价值。

---

[1] 王守仁：《王阳明全集》卷六《答友人问·丙戌》，上海古籍出版社 1992 年版，第 210 页。

[2] 王守仁：《王阳明全集》卷一《传习录》上，上海古籍出版社 1992 年版，第 4 页。

## 五、"致良知"命题的本体论和工夫论意义

据《年谱》记载，王阳明"致良知"命题的提出时间是在他五十岁时，也就是在正德十六年（1521年）。陈来先生根据王阳明与师友的书信记载进一步考证到，其"致良知"命题的提出要向前推一年，即正德十五年。结合王阳明逝于嘉靖八年（1529年）的史实，这是他一生较晚时期提出的一个命题，可以将其视为在阳明心学理论构建过程中一个具有总结性的命题。王阳明也自言对于这一命题的看重：

> 先生尝曰："吾'良知'二字，自龙场已后，便已不出此意，只是点此二字不出，与学者言，费却多少辞说。今幸见出此意，一语之下，洞见全体，真是痛快，不觉手舞足蹈。学者闻之，亦省却多少寻讨功夫。学问头脑，至此已是说得十分下落，但恐学者不肯直下承当耳。"又曰："某于'良知'之说，从百死千难中得来，非是容易见得到此。此本是学者究竟话头，可惜此体沦埋已久。学者苦于闻见障蔽，无入头处。不得已与人一口说尽。但恐学者得之容易，只把作一种光景玩弄，孤负此知耳！"[1]

王阳明一口气用"洞见全体""真是痛快""手舞足蹈""学问头脑""十分下落""百死千难""非是容易""究竟话头""一口说尽"等词汇，表达了发现"致良知"后的解脱和狂喜的心情。发现"致良知"命题后，王阳明还表达出自负的情绪：

> 致良知之外无学矣。自孔孟既没，此学失传几千百年。赖天之灵，偶复有见，诚千古之一快！百世以俟圣人而不惑者也。[2]

---

［1］ 钱德洪：《刻文录叙说》，载《王阳明全集》卷四十一，上海古籍出版社1992年版，第1575页。

［2］ 王守仁：《王阳明全集》卷八《书魏师孟卷·乙酉》，上海古籍出版社1992年版，第280页。

王阳明强调"致良知"为儒学根本，认为这一点孔孟之后的绝大部分儒者都没有意识到，说明了他发现这一命题的独一性和突破性。其自负的情绪溢于言表。

很显然，王阳明对其"致良知"命题是非常看重，也是非常有信心的。那这种自负和信心来源于何？作为一个严肃学术流派的创始人，更多地应该是着意于这一命题对其既有学说的发展。

首先，"致良知"命题发展了其"心即理"理论。前已述及，在"心即理"理论中，王阳明通过理的过渡，赋予心以规则、道德评判和事物本源的意义，但对于王阳明其时及其后的人，往往会产生这样的感觉，即这些心的涵义往往是王阳明主观赋予的。王阳明虽然也进行了逻辑上的论证，但还是会让人觉得这些理论的主观色彩浓了一些。毕竟他在论述"心即理"命题时，多是从本体上论述，是就这一命题的理想状态或者说理论状态来说的，很少从工夫论上来谈论。虽然面临着时人的追问，他又提出了"未发"和"已发"的区别，并提出了"拔本塞源"这一多少有点工夫论意味的理论，但从总体上来看，"心即理"命题在工夫论上还是欠缺那么一块。而"致良知"就不同了。在这一命题下，良知就是心的本然状态，心所具有的含义，良知都有。关键是"致"字，即如何获得良知，或者说良知如何发挥作用，这些工夫论上的问题，在王阳明那里成为一个非常重要的问题了。其实对于"良知"之"致"的工夫论问题的解决，也在某种程度上解决了"心即理"的工夫论问题。另外，心在传统的语境中，往往代表着一种抽象的理解或形而上的认识，它在认识层次上确实要比具体的感知或感观稍高一筹，但它并不具备任何道德优势，因为认识有好的也有坏的。而在王阳明的话语体系中，他是把心强调为具有绝对的道德优势的，这一点也是时人不太适应的。良知就不同了，"良知"这一词汇在历代的话语体系中的道德优势是非常明显的。这就使得王阳明的心学理论更为稳固，论敌们不能再从心的道德属性上对其进行攻击了。应该来讲，"致良知"命题从"致"的工夫论上和良知的道德优势上，对"心即理"命题中的心的缺少工夫论意义和道德含义模糊方面进行了改进。

其次，"致良知"命题对"知行合一"的发展。王阳明的"知行合一"命题，往往是从工夫层面上来讲的，强调的是知与行的合一性。虽然他也注意到并且梳理了知与行同源于心的逻辑思路，而且也探讨了知与行的本体论上的关系，但在探讨知与行关系时，他对于心学命题的核心——心这一基本范畴，是比较忽视的。

在知和行的关系上，王阳明较多地强调知和行的同一性，认为知就是行，行就是知，没有脱离知的行，也没有脱离行的知，如果知道而不去践行，那就算未知。但在晚年，王阳明提出"致良知"命题，强调良知人人天然本有，"致"的过程就是把良知贯彻到人的行为和实践的过程。在这层意义上来讲，王阳明在"知行合一"命题下所说的知道而不去践行，仍然可称为良知，也就是王阳明所说的只是为物欲或私欲蒙蔽了。而这种情况所造成的损失怎么办？可以通过"着实用功"这一途径来挽回。也就是说，王阳明的"致良知"命题的提出，使他不再仅仅盯着知和行的本然状态上看，而是充分注意到两者关系贯彻到现实所面临的种种突发情况，并且对此都提出了相应的解决办法，从而使得王阳明的心学体系更有说服力，理论更为圆融。

脱开王阳明既有命题所规定的视野，我们可以看出，"致良知"不仅包含着对于"良知"这一较多含有本体论意义的问题的探讨，还有对"良知"如何"致"得这一偏向于工夫论层次问题的观照。引申一步而言，更多由其"心即理"这一命题蕴含的对于个体社会价值的肯定，所牵引出的叛逆、异端的思想因子，由其"知行合一"理论中对"行"的强调，所导引出的经世致用的价值诉求，都包含在"致良知"这一命题的应有之意中。

## 第二节 王学诸人的史学表现

哲学家罗素说："哲学家们既是果，也是因。他们是他们时代的社会环境和政治制度的结果，他们（如果幸运的话）也可能是塑造后来时代的政治制度信仰的原因。"[1] 显然，阳明心学脱胎于明朝中后期的时代

---

[1]（英）罗素著、何兆武等译：《西方哲学史》卷首《序言》，商务印书馆1963年版，第8—9页。

背景，也深刻地影响着明朝中后期社会的方方面面，包括史学。

## 一、王阳明论历史

在王阳明心学理论的构建过程中，既已发生的事物，包括各种史实都成为其广泛利用的素材，因此在王阳明的心学理论体系中，也包含着诸多他对历史的评价。王阳明这方面的成就，往往因后世学者对其心学理论的重视而被当然地忽视掉。兹就管见所及，略述诸端如下：

（一）论世道升降

王阳明曾与弟子有一段对话：

> 问："世道日降，太古时气象如何复见得？"先生曰："一日便是一元。人平旦时起坐。未与物接，此心清明景象，便如在伏羲时游一般。"[1]

整体上来讲，王阳明并不认为"世道日降"，而认为每一天都是新的开始，这包含着他朴素、隐晦的历史发展观。其论三代："羲、黄之世，其事阔疏，传之者鲜矣。此亦可以想见其时，全是淳庞朴素，略无文采的气象。此便是太古之治，非后世可及。"[2] 正是由于这种历史的认识，王阳明主张因时致治，其言："纵有传者，亦于世变渐非所宜。风气益开，文采日胜，至于周末，虽欲变以夏、商之俗，已不可挽，况唐、虞乎！又况羲、黄之世乎！"[3]

当然，王阳明也认为世道在不断变幻的同时，也贯串着相对恒常不变之"道"，其言：

> 然其治不同，其道则一。孔子于尧、舜则祖述之，于文、武则宪章之。文、武之法，即是尧、舜之道。但因时致治，其设施政令

[1] 王守仁：《王阳明全集》卷一《传习录》上，上海古籍出版社1992年版，第21页。
[2] 王守仁：《王阳明全集》卷一《传习录》上，上海古籍出版社1992年版，第9页。
[3] 王守仁：《王阳明全集》卷一《传习录》上，上海古籍出版社1992年版，第9页。

已自不同。即夏、商事业，施之于周，已有不合，故周公思兼三王，其有不合，仰而思之，夜以继日。况太古之治，岂复能行？斯固圣人之所可略也。[1]



总体看来，王阳明既肯定世道是不断变化的，同时又认为在不断变化的世道中存在一相对恒常之“道”，认为不承认这两点的，要么是“佛、老的学术”，要么是“伯术”，他说：

专事无为，不能如三王之因时致治，而必欲行以太古之俗，即是佛、老的学术。因时致治，不能如三王之一本于道，而以功利之心行之，即是伯者以下事业。后世儒者许多讲来讲去，只是讲得个伯术。[2]

王阳明对世道升降的解释既是为了其心学理论构建，也依托其心学理论。如上举其把心“未发”的本然状态与“伏羲时游”相提并论，更展现了其对世道升降认识的心学背景，接着所言更是表现出这一特征：

问：“心要逐物，如何则可？”先生曰：“人君端拱清穆，六卿分职，天下乃治。心统五官，亦要如此。今眼要视时，心便逐在色上；耳要听时，心便逐在声上，如人君要选官时，便自去坐在吏部；要调军时，便自去坐在兵部：如此岂惟失却君体，六卿亦皆不得其职。”

“善念发而知之，而充之；恶念发而知之，而遏之。知与充与遏者，志也，天聪明也。圣人只有此，学者当存此。”[3]

王阳明认为近世之所以世道日降，往往是人的虚伪所造成的，“近世士夫之相与，类多虚文弥诳而实意衰薄，外和中妒，徇私败公，是以风俗日恶而世道愈降”[4]。因此，王阳明强调在社会治理中要慎辨君子、

---

[1] 王守仁：《王阳明全集》卷一《传习录》上，上海古籍出版社1992年版，第9页。
[2] 王守仁：《王阳明全集》卷一《传习录》上，上海古籍出版社1992年版，第9—10页。
[3] 王守仁：《王阳明全集》卷一《传习录》上，上海古籍出版社1992年版，第22页。
[4] 王守仁：《王阳明全集》卷二十一《答王亹庵中丞》，上海古籍出版社1992年版，第823页。

小人，但他在这一认识基础上，又并非那么决然。他在与友人信中说：

> 昨见邸报，知西樵、兀崖皆有举贤之疏，此诚士君子立朝之盛
> 节，若干年无此事矣，深用叹服！但与名其间，却有一二未晓者，
> 此恐鄙人浅陋，未能知人之故。然此乃天下治乱盛衰所系，君子小
> 人进退存亡之机，不可以不慎也。此事譬之养蚕，但杂一烂蚕于其
> 中，则一筐好蚕尽为所坏矣。凡荐贤于朝，与自己用人又自不同，
> 自己用人，权度在我，故虽小人而有才者，亦可以器使。若以贤才荐
> 之于朝，则评品一定，便如白黑，其间舍短录长之意，若非明言，谁
> 复知之？小人之才，岂无可用？如砒硫芒硝皆有攻毒破壅之功，但混
> 于参苓著术之间而进之，养生之人万一用之不精，鲜有不误者矣。[1]

王阳明在儒家传统认识的基础上，对"小人"之才亦抱有相对开明的态
度，这也是王阳明于历史情实中形成其人才论的一个特征。

（二）品评历史人物

某种意义上来讲，历史就是记载人类活动的轨迹，因此历史人物就
成为历史的主要构成。在王阳明构建自己的心学体系中，包罗万象的历
史成为其不可或缺的工具，历史人物作为历史的主要构成，也成为其品
评的重要对象。

服务于其心学理论的构建，王阳明经常从"良知"的视角来品评历
史人物，如其对苏秦、张仪之"智"的肯定：

> 苏秦、张仪之智也，是圣人之资。后世事业文章，许多豪杰名家，
> 只是学得仪、秦故智。仪、秦学术善揣摸人情，无一些不中人肯綮，
> 故其说不能穷。仪、秦亦是窥见得良知妙用处，但用之于不善尔。[2]

————————————

[1] 王守仁：《王阳明全集》卷二十一《答方叔贤（二）》，上海古籍出版社1992年版，
第828页。

[2] 王守仁：《王阳明全集》卷三《传习录》下，上海古籍出版社1992年版，第114—
115页。

中国经史关系通史·宋元明卷

王阳明认为苏秦、张仪之"智"或者权术，也是良知本身的内容，对苏秦、张仪而言，其对权术的运用，纯是良知的发用流行，只不过客观上产生了"不善"的效果罢了。由此可以看出，王阳明以良知为品评人物的绝对标准，而在"无善无恶"的良知的统摄下，现象层面的许多善与恶都有了进一步探讨的余地，这为历史上传统观点中一概否定之"恶"留下了可以合理解释的余地。

　　由于心学也是经学的一种，因此王阳明的心学理论包含着对于经学的推崇，他也对经学人物给予了较高的评价，孔子，孟子，甚至是其批判的朱子，也经常成为其反复品评和褒扬的历史人物。王阳明对文中子和韩愈的评价也是他褒扬经学人物这一特征的表现：

　　　　爱问文中子、韩退之。先生曰："退之文人之雄耳。文中子贤儒也。后人徒以文词之故推尊退之，其实退之去文中子远甚。"爱问："何以有拟经之失？"先生曰："拟经恐未可尽非。且说后世儒者著述之意，与拟经如何？"爱曰："世儒著述，近名之意不无，然期以明道；拟经纯若为名。"先生曰："著述以明道，亦何所效法？"曰："孔子删述六经，以明道也。"先生曰："然则拟经独非效法孔子乎？"爱曰："著述即于道有所发明。拟经似徒拟其迹，恐于道无补。"先生曰："子以明道者使其反朴还淳而见诸行事之实乎？抑将美其言辞而徒以诳诸于世也？天下之大乱，由虚文胜而实行衰也。使道明于天下，则六经不必述。……不知文中子当时拟经之意如何？某切深有取于其事，以为圣人复起，不能易也。天下所以不治，只因文盛实衰，人出己见，新奇相高，以眩俗取誉。徒以乱天下之聪明，涂天下之耳目，使天下靡然争务修饰文词，以求知于世，而不复知有敦本尚实、反朴还淳之行：是皆著述者有以启之。"[1]

　　相比较于作为"文人之雄"的韩愈，王阳明明确表达了其对文中子的认可，依据就是文中子所为是"反朴还淳，而见诸行事之实"，韩愈所为则有"美其言辞而徒以诳诸于世"的嫌疑。对经学人物的推崇，是王

[1]　王守仁：《王阳明全集》卷一《传习录》上，上海古籍出版社1992年版，第7—8页。

阳明品评历史人物的又一个显著的特征。

从客观情实出发，较能贴近事实，这也是王阳明品评历史人物的一个特征。如对李白的评价：

> 李太白，狂士也。其谪夜郎，放情诗酒，不戚戚于困穷。盖其性本自豪放，非若有道之士，真能无入而不自得也。然其才华意气，足盖一时，故既没而人怜之。骑鲸之说，亦后世好事者为之，极怪诞，明者所不待辨。[1]

王阳明并没有因荒诞而简单地把李白骑鲸的故事置之不顾，而是认识到造成这一现象背后的"才华意气，足盖一时，故既没而人怜之"的背景，从而对李白骑鲸故事进行了理性的思考。又如对苏轼的评价：

> 人言鼻吸五斗醋，方可作宰相。东坡平生自谓放达，然一滴入口，便尔闭目攒眉，宜其不见容于时也。[2]

王阳明也没有迫于苏轼的文豪之威，对苏轼"方达"的品行有着独立的认识。

（三）评价历史事件

历史人物的价值很大程度上是依附于历史事件的，故王阳明在品评历史人物时，也会对历史事件进行评价。

从历史的情实出发，是王阳明评价历史事件的一个非常突出的特征。如他对长平之战秦坑杀赵兵的分析：

> 盖尝意论赵人以四十万俯首降秦，而秦卒坑之，了无哀恤顾忌，秦之毒虐，固已不容诛，而当时诸侯，其先亦自有以取此者。夫先王建国分野，皆有一定之规画经制。如今所谓志书之类者，以纪其

---

[1] 王守仁：《王阳明全集》卷二十八《书李白骑鲸》，上海古籍出版社 1992 年版，第 1025 页。

[2] 王守仁：《王阳明全集》卷二十八《书三酸》，上海古籍出版社 1992 年版，第 1025 页。

山川之险夷，封疆之广狭，土田之饶瘠，贡赋之多寡，俗之所宜，地之所产，井然有方。俾有国者之子孙世守之，不得以己意有所增损取予，夫然后讲信修睦，各保其先世之所有，而不敢冒法制以相侵陵。战国之君，恶其害己，不得骋无厌之欲也，而皆去其籍。于是强陵弱，众暴寡，兼并僭窃，先王之法制荡然无考，而奸雄遂不复有所忌惮。故秦敢至于此。然则七国之亡，实由文献不足证，而先王之法制无存也。典籍图志之所关，其不大哉？[1]

虽然王阳明对秦坑杀赵四十万降卒的事件有怀疑，但这一基于史书记载的史事，王阳明认为也有存在的可能性，这种可能性就源自当时"礼崩乐坏"的时代背景。也就是说，王阳明在评价历史事件时，比较重视从时势的角度来进行评价。又如他对汉初诸臣的评价：

丰沛之间，自昔多魁。若汉之萧、曹，使不遇高祖，乘风云之会，固将老终其身于刀笔之间。世之怀奇不偶，无以自见于时，名湮没而不著者，何可胜数？[2]

也正是在这样的思想指导下，王阳明的很多关乎历史事件的评价往往能够脱开传统的羁绊，发前人所未发。如他论"四民异业而同道"：

古者四民异业而同道，其尽心焉，一也。士以修治，农以具养，工以利器，商以通货，各就其资之所近，力之所及者而业焉，以求尽其心。其归要在于有益于生人之道，则一而已。士农以其尽心于修治具养者，而利器通货，犹其士与农也；工商以其尽心于利器通货者，而修治具养，犹其工与商也。故曰：四民异业而同道。[3]

---

[1] 王守仁：《王阳明全集》卷二十九《高平县志序》，上海古籍出版社 1992 年版，第 1050 页。

[2] 王守仁：《王阳明全集》卷二十五《登仕郎马文重墓志铭》，上海古籍出版社 1992 年版，第 935 页。

[3] 王守仁：《王阳明全集》卷二十五《节庵方公墓表》，上海古籍出版社 1992 年版，第 941 页。

王阳明认为，在"尽心""生人"方面，士、农、工、商四业在本质上是相同的。这也与将士、农、工、商严格区分的传统历史评价是不同的。

又如他对遭传统观点绝对批判和反对的"焚书"的评价：

> 删述六经，孔子不得已也。自伏羲画卦，至于文王、周公，其间言《易》如《连山》《归藏》之属，纷纷籍籍，不知其几，易道大乱。孔子以天下好文之风日盛，知其说之将无纪极，于是取文王、周公之说而赞之，以为惟此为得其宗。于是纷纷之说尽废，而天下之言《易》者始一。《书》《诗》《礼》《乐》《春秋》皆然。《书》自《典》《谟》以后，《诗》自《二南》以降，如《九丘》《八索》，一切淫哇逸荡之词，盖不知其几千百篇；《礼》《乐》之名物度数，至是亦不可胜穷。孔子皆删削而述正之，然后其说始废。如《书》《诗》《礼》《乐》中，孔子何尝加一语？今之《礼记》诸说，皆后儒附会而成，已非孔子之旧。至于《春秋》，虽称孔子作之，其实皆鲁史旧文。所谓"笔"者，笔其旧；所谓"削"者，削其繁，是有减无增。孔子述六经，惧繁文之乱天下，惟简之而不得，使天下务去其文以求其实，非以文教之也。《春秋》以后，繁文益盛，天下益乱。始皇焚书得罪，是出于私意；又不合焚六经。若当时志在明道，其诸反经叛理之说，悉取而焚之，亦正暗合删述之意。自秦、汉以降，文又日盛，若欲尽去之，断不能去；只宜取法孔子，录其近是者而表章之，则其诸怪悖之说，亦宜渐渐自废。[1]

王阳明从"繁文之乱天下"的角度出发，提出了如果秦始皇不是出于私意，且不焚六经，那其焚书就与孔子删述六经是殊途同归的，即所谓"暗合"。确实，王阳明对这一历史事件的评价，与传统史论是格格不入的，但这是否也给我们透露一个道理，即在特定条件下的所谓绝对"恶"之事实，其中也包含着一些合理的因子呢？

总之，王阳明论历史主要体现出其服务于心学理论的构建、推崇经

---

[1] 王守仁：《王阳明全集》卷一《传习录》上，上海古籍出版社 1992 年版，第 7—8 页。

学、从历史情实出发、不苟同于传统史论等诸多特征，内涵还是比较丰富的，值得我们继续重视和发掘。

二、"高论百王"：薛应旂、唐顺之的古史改编

无论是程朱理学对"天理"的探讨，还是阳明心学探讨"心"和"良知"的统摄意义，从本质上来讲，都是对于人类及人类所生活的世界的探讨，都代表着人类自我认识的自觉。这是宋明理学一个共同的特征，也是宋明理学家们普遍的思维模式。这种思维模式在一些理学家的史学活动中也有具体的表现，"理学家们力求探明这种通天通地、贯通古今的理，在历史观与求理方法上都对史学产生了重大影响。既然理的存在是宇宙中跨越时间与空间的普遍存在，那么史学作为求理的重要手段，理所当然也要有通识意识、在历史撰述中贯通天人古今，这就促进了通史撰述的兴盛"[1]。具体到阳明心学的史学表现，通史的撰写和改编就是一个突出的现象，薛应旂和唐顺之则是两个典型代表。

薛应旂（1500—1575 年），字仲常，号方山，武进（今江苏常州）人。嘉靖十四年（1535 年）进士。薛应旂性格比较耿直，仕宦亦不顺利，为慈溪县知县时，因与知府不合而改任九江府儒学教授；在其任本部稽勋司郎中职务时，因违背严嵩意愿而被贬谪为建昌府通判；任浙江提学副使时，亦"过执忤时"，史书评价其"肮脏拔俗"[2]。

薛应旂是王学后学当中的一个重要人物。四库馆臣认为："其学初出于邵宝，后从泰和欧阳德。德，姚江派也。又从高陵吕楠。楠，河东派也。故所见出入朱陆之间。然先入为主，宗良知者居多。"[3]同时又认为其具有"合会朱陆"的特点，"应旂初学于王守仁，讲陆氏之学。晚乃研穷洛闽之旨，兼取朱子"[4]。为什么后人认为薛应旂具有"合会朱陆"

---

[1] 汪高鑫：《中国史学思想通论·经史关系论卷》，福建人民出版社 2011 年版，第 194 页。

[2] 毛宪：《毗陵人品记》卷九《薛应旂》，明万历刻本，《续修四库全书》本，第 541 册，第 193 页。

[3] 永瑢等：《四库全书总目》卷一百七十七《方山文录》，中华书局 1965 年版，第 1590 页。

[4] 永瑢等：《四库全书总目》卷六十一《考亭渊源录》，中华书局 1965 年版，第 550 页。

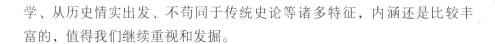

的特点？除了学理上与学者们所公认的王学特征确实有所差异外，他对王学后学的一个标志性人物——王畿的态度也是一个原因。"先生为考功时，寘龙溪于察典，论者以为逢迎贵溪。其实龙溪言行不掩，先生盖借龙溪以正学术也。先生尝及南野之门，而一时诸儒，不许其名王氏学者，以此节也。然东林之学，顾导源于此，岂可没哉！"[1] 应该来讲，黄宗羲还是充分认识到薛应旂在王学传承中的贡献和作用的，故其并不像"一时诸儒"那样受其对王畿态度的影响，而坚持把薛应旂归入"南中王门学案"。

薛应旂有着丰富的史学实践。他曾撰有《宋元通鉴》《宪章录》《甲子会记》《考亭渊源录》《浙江通志》《皇明人物考》《隐逸传》《高士传》《四书人物考》等众多史学著作。其中，《宋元通鉴》是以"宋元四百八十二年之间"史事为著述对象，以编年体裁编撰而成的一部史书。在编撰过程中，他以宋、辽、金、元四部正史作为基本史料来源，还参考"宋、元名人文籍、家记、野史，罔不抉摘，幽隐究悉"[2] 而成，不仅与司马光《资治通鉴》一样以记述国家大政为主，而且"凡有关于身心性命之微，礼乐行政之大，奸良邪正之辨，治乱安危之机，灾祥休咎之征，可以为法、可以为戒者，皆直书备录，其义自见。君臣士庶咸可鉴观，随其所居，各求尽分，匪直可以资治而已"[3]。在整体编纂体裁上，顾名思义，当然"以绍司马氏之事"[4]，采用编年体，但也有一定的思考和主张，即吸收传统编年与纪传之优长，认为"司马温公《资治通鉴》仿《春秋》《左传》编年例，以事系日，以日系月，以月系时，以时系年，虽一事而始末序书先后不紊，盖欲使后人考见时事且以明实录也。后之纂修者，乃或合始末而并书之，此纪传体非编年例也。故余于纪事

[1] 黄宗羲：《明儒学案》卷二十五《提学薛方山先生应旂》，中华书局 2008 年版，第592 页。

[2] 薛应旂：《宋元通鉴》卷首《宋元通鉴序》，明嘉靖四十五年自刻本，《四库全书存目丛书》本，史部第 9 册，第 685 页。

[3] 薛应旂：《宋元通鉴》卷首《宋元通鉴序》，明嘉靖四十五年自刻本，《四库全书存目丛书》本，史部第 9 册，第 686 页。

[4] 薛应旂：《宋元通鉴》卷首《宋元通鉴序》，明嘉靖四十五年自刻本，《四库全书存目丛书》本，史部第 9 册，第 685 页。

仍序书于各年月日之下，唯于名臣硕士之卒，则合其平生而并书其大略，其有年月不可考见者，则因事附书，固不没其善，亦不掩微暇，庶俾后人知所法戒也"[1]。在具体编纂方法上，薛应旂也有夷夏之防的意识，"《元史》备一代之始末，于其太祖、太宗、定宗、宪宗，悉为帝纪，盖纪传之体也。若《通鉴》编年，则宋祚一日未亡，当为一日正统，故于世祖十七年混一天下始为元纪，自兹以前则附于宋年号之下，此《续纲目》之义例，盖甚当也。丘文庄《世史正纲》分书年号，此固内夏外夷之义"[2]。其实，薛应旂所做的工作远不止此。在有关宋代史实的记述中，仅从纪年上来讲，他不仅以大字列宋朝皇帝年号，还以小字分列辽或契丹、夏、金、蒙古或元年号，特别是在政权并立的年间，更是并列多个皇朝的年号，如宁宗嘉定三年（1210 年）下，就并列金大安二年、夏皇建元年和蒙古太祖五年。宋亡后，则大书元朝帝王年号。当然他这样做也有官方依据，"但宋祚既亡，而世祖偃然帝中国，南北尽属其疆理，此亦气数之一大变，而天实命之。王、宋二公纂修《元史》悉大书年号，盖不没其实，亦纪异也。况我太祖高皇帝明言，天命真人于沙漠，宸衷睿旨岂无谓哉。故愚于此不敢自用，唯于顺帝至正十二年，我太祖起兵之后，则始以元主书之，以见天命之有归，而元主至是不当称帝矣"[3]。

上述《宋元通鉴》对凡是关乎"资治"内容的记载，可为"法戒"的编纂目的阐明，以及对纪年年号的考究，都说明薛应旂在编撰《宋元通鉴》时，不仅追求"实录"，更追求说明某种道理。薛应旂明言史可以载道，他说："旂平生迂愚，不敢随人谈笑。苏洵氏谓经以道法胜，史以事词胜。而世儒相沿，动谓经以载道，史以载事，不知道见于事，事寓乎道。经亦载事，史亦载道，要之不可以殊观也。"[4] 在薛应旂诸多史

[1] 薛应旂：《宋元通鉴》卷首《宋元通鉴义例》，明嘉靖四十五年自刻本，《四库全书存目丛书》本，史部第 9 册，第 688 页。

[2] 薛应旂：《宋元通鉴》卷首《宋元通鉴义例》，明嘉靖四十五年自刻本，《四库全书存目丛书》本，史部第 9 册，第 690 页。

[3] 薛应旂：《宋元通鉴》卷首《宋元通鉴义例》，明嘉靖四十五年自刻本，《四库全书存目丛书》本，史部第 9 册，第 690 页。

[4] 薛应旂：《宋元通鉴》卷首《宋元通鉴序》，明嘉靖四十五年自刻本，《四库全书存目丛书》本，史部第 9 册，第 686 页。

学实践背后，还存在一个认识的前提，即"经史一也"："古者左史记言，右史记事。事为《春秋》，言为《尚书》，经史一也。后世史官咸推迁、固，然一则退处士而进奸雄，一则抑忠臣而饰主阙，殆浸失古意而经史始分矣。朱晦翁谓吕东莱好读史遂粗着眼。夫东莱之造诣不敢妄议，若以经史分精粗，何乃谓精义？入神之妙，不外于洒扫应对之间也。"[1]应该来讲，薛应旂反对朱熹等人的"经精史粗"说，客观上确实表现出重史的一面。但细究其对史学的重视，即使经过"道见于事"的理论疏导，也还是停留于"史亦载道"的逻辑思路上，并未赋予史学以独立的地位，史学于他而言，还是经学不可或缺之辅翼。疏通开薛应旂"经史一也"的本质内涵，我们也就很容易理解其对迁、固带有批判倾向的评价了。他认为他们过于专注史事记载，而不注重道之阐发，从而导致了某种程度上不应该出现的经史分途。由此看来，薛应旂仍然是把经学作为衡定史学价值的标准，史学存在价值的大小是以多大程度上能够说明经学来判定的。

唐顺之（1507—1560 年），字应德，号荆川，为薛应旂同乡，亦为武进人。嘉靖八年（1529 年）会试第一，殿试二甲第一。与薛应旂一样，唐顺之一生仕途坎坷。初改庶吉士。嘉靖十二年，改翰林院编修，校历朝实录，因得罪议礼重臣张璁而罢归。十八年，起为春坊右司谏，因建言早朝太子而得罪世宗复削籍归。后逢倭乱，起为职方元外郎，进郎中，出巡蓟辽，寻视师南畿、浙中，因有战功，擢太仆少卿，又加右通政，后升为右佥都御使。嘉靖三十九年，卒于通州抗倭任上。唐顺之"早岁狷介孑特，有怀公谓为不尽人情"[2]。其亦自言："性褊且戆，在乡曲孑孑不能与人为同。"[3]

与薛应旂一样，黄宗羲也在《明儒学案》中把唐顺之归入"南中王门学案"予以介绍："先生之学，得之龙溪者为多，故言于龙溪只少一

［1］ 薛应旂：《宋元通鉴》卷首《宋元通鉴义例》，明嘉靖四十五年自刻本，《四库全书存目丛书》本，史部第 9 册，第 688 页。
［2］ 唐鼎元：《明唐荆川先生年谱》卷六，载于浩、陈来选辑：《宋明理学家年谱续编》（第五册），北京图书馆出版社 2006 年版，第 52 页。
［3］ 唐顺之：《唐荆川诗文集》卷十六《普安州判杭君墓表》，凤凰出版社 2012 年版，第 445 页。

拜。以天机为宗，无欲为工夫。"[1] 唐顺之亦自言："吾学问得之龙溪。"[2] 确实，王畿是唐荆川王学的入门导师。此外，名列"江右王门学案"的罗洪先也是唐顺之频繁交往的学友，对其"寂静"以砥砺自己德性的道路也是推崇有加，"'小心'两字，诚是学者对病灵药，但如前所说，细细照察，细细洗涤，使一些私见习气不留下种子在心里，便是小心矣"[3]。当然，一些学者认为唐顺之与薛应旂一样，具有"合会朱陆"的思想特征，"公少年以文章名，中年深究性理之学，于程、朱、陆、王之言多所折衷焉"[4]。

唐顺之一生著述宏富，流传较为广泛的有《左编》《右编》《文编》《武编》《儒编》《稗编》之所谓"六编"，还有《荆川集》《广右战功录》《左氏始末》《策海正传》《批点〈史记〉〈汉书〉》《两晋解疑》《两汉解疑》等，共 700 余卷，范围涉及政治、思想、文学、史学等诸领域。唐鼎元认为即使把唐荆川的著作置于有明一代进行比较，也是名列前茅的，"夫有明一代，著述之富莫过于公（指唐荆川）与杨升庵、王凤洲三家。……汪洋八编，天地古今盖无所不包矣，而八编之外著述又有数十种，公之一生其勤若此"[5]。其中，"六编"是其根据既有史料，依据不同的选题标准所改编的史学著作。

"六编"以史说经的意味也是非常浓厚的。如其说明《左编》立《诸儒传》的原因，就是在对《周官》所言进行了独立思考后引出的："然《周官》治典所职曰师、曰儒，师儒何与于治典也？君与相与将行之，师、儒讲而明之，故云师道立，则善人多，而朝廷正，言师、儒之系乎治者重也，故纂前史《儒林》《道学》诸传为《诸儒传》。"[6] 又如其

[1] 黄宗羲：《明儒学案》卷二十六《襄文唐荆川先生顺之》，中华书局 2008 年版，第 598 页。
[2] 傅维麟：《明书》卷一百一十四《唐顺之传》，清康熙三十四年本诚堂本，《四库全书存目丛书》本，史部第 39 册，第 535 页。
[3] 唐顺之：《唐荆川诗文集》卷六《与蔡白石郎中（二）》，凤凰出版社 2012 年版，第 158—159 页。
[4] 唐鼎元：《唐荆川公著述考》卷首《自序》，国图藏民国三十七年铅印本。
[5] 唐鼎元：《荆川先生著述考》卷首《自序》，国图藏民国三十七年铅印本。
[6] 唐顺之：《唐荆川诗文集》卷十《左编附序》，凤凰出版社 2012 年版，第 283 页。

《右编》，以"棋局"为喻论曰：

> 古今宇宙一大棋局也，天时有从逆，地理有险易，人情有爱恶，机事有利害，皆棋局中所载也。古圣人经天纬地，画野肇州，设官分职，正外位内，幽明人鬼，不相渎扰，奸良淑慝、鸟兽戎夷，各止其所，所以界棋局也。至于奕数之变，纵横翻覆，纷然不齐。虽其纷然不齐而至于千百亿局，则其变亦几乎尽，而其法亦略备矣。自三代之末至于有元，上下二千余年，所谓世事理乱、爱恶利害、情伪凶吉、成败之变虽不可胜穷，而亦几乎尽。经国之士研精毕智，所以因势而曲为之虑者，虽不可为典要，而亦未尝无典要也。语云"人情世事古犹今也"，岂不然哉？奏议者，奕之谱也。师心者废谱，拘方者泥谱，其失均也。有见乎背立之说，则以病背水之军；有见乎死地之说，则以置背水之军。然而二说同出于十三篇中，焉可泥也，而焉可废也？余之纂《右编》，特以为谱之不可废而已，而未及乎不泥谱之说也。[1]

唐顺之虽然没有直接从经、史角度提出这一问题，但考虑到"古圣人""经天纬地""画野肇州""设官分职"的诸多"界棋局"的表现来看，这正是经学内容和作用的写照，而过往发生的历史于后人看来，均可以视之为"棋谱"。相比较于"界棋局"的经学，可以充之为"棋谱"的史学也是不可偏废的。但细究两者，则是"虽不可为典要，而亦未尝无典要"的关系，这与薛应旂对经史关系的认识是比较一致的，即史学不能成为经学，但可以成为论证经学的一个重要学术资源，史学的价值正在于此。

从薛应旂和唐顺之的史学表现来看，无论是"道见于事"，抑或是"谱之不可废"，他们都一定程度上存在着重视史学的理论倾向。但在论证史学存在价值时，又返回到史学可以作为经学辅翼的传统思路，并未赋予史学以独立的地位。这是同为王学后学的史学家们进行古史改编的一个普遍的复杂动机。

---

[1] 唐顺之：《唐荆川诗文集》卷十《右编序》，凤凰出版社2012年版，第282页。

中国经史关系通史·宋元明卷

### 三、"宪章当代"：王学后学的明皇朝史成就

徐孚远在为《皇明经世文编》作序时称："高论百王，不如宪章当代。"[1] 这反映了明中后期的社会危机对其造成的心理压力。其观点虽不免过激或片面，但基本反映了经世应着眼于现世的理论倾向，从而使明中叶对皇朝史的撰述形成一股潮流。明人郑晓也说："近二十年来，士大夫始以通今学古为高矣。"[2] 大致看来，"学古"只是形式，"通今"才为目标。这种学术倾向在王学后学中也有丰富的表现。其中，薛应旂、邓元锡和冯应京都是典型的代表人物。

薛应旂有关明皇朝史的撰述是《宪章录》。《宪章录》共 47 卷，编年记事，记载起于洪武元年（1368 年），迄于正德十六年（1521 年）。与《宋元通鉴》的编纂旨趣一样，《宪章录》也有"以史证经"的动机和"经史一也"的考量，其言：

> 夫书监成宪，诗率旧章，岂其为训若是之拘系哉。实以隆古盛时，其君臣之交修以图至治者，皆由此道。而事不师古者，鲜克永世也。昔仲尼适周，不获一见天子，历聘列国，干七十余君不用，于是退老于洙泗之上，从游之士盖三千焉，皆尽一世之英贤，相与论述三才，表章六籍，以为明体之学。而其最适于用者，则因鲁史以作《春秋》，而褒贬赏罚者，无非当世之实事，于以定百王之法，于以立万世之防，盖皆宪章文武者推之也，故一则曰吾从周，二则曰吾从周。其东周之志、周公之梦虽不获见之施行，而端倪可概见矣。然犹自叹曰：'与其托诸空言，不若见诸行事之深切著明也。'其惓惓爱君体国之心，曷尝一日自已哉！

---

［1］　陈子龙：《皇明经世文编》卷首《徐孚远序》，明崇祯平露堂刻本，《续修四库全书》本，第 1655 册，第 34 页。

［2］　郑晓：《今言》卷一第七十四条，中华书局 1984 年版，第 40 页。今人关于明中叶史学的"通今"风潮，钱茂伟《论明中叶当代史研撰的勃兴》（《江汉论坛》1992 年第 8 期）和杨艳秋《明代中后期私修当代史的繁兴及其原因》（《南都学坛》2003 年第 3 期）两篇文章进行了集中的讨论。

在薛应旂看来，孔子的"东周之志"和"周公之梦"之道，是以"三才"和"六籍"的形式表现出来的，而其中尤以既是经学又是史学著作的《春秋》对孔子之道体现得最为直接和明显。这既是"经史一也"的考量，也表现出"以史证经"的动机。同时，薛应旂在说明《春秋》这部既是史学又是经学著作所蕴含之"道"的切实可行时，又提及其所载"无非当世之实事"，从而把其论证视角从"师古"拉回到"当世"，表现出对当朝史撰述的重视。而这种对于当朝史撰述的重视又与史学经世致用传统联系在一起，即"最适于用者"和孔子所言"见之行事之深切著明也"，他说：

> 故自鼓箧以至入仕，凡我昭代之成宪典章，或纪载于馆阁，或传报于邸舍，见辄手录，历有岁年，几于充栋，妄意当可为之际或可以备参考，竟以迂愚，抵牾当路，归卧穷山，而平生之欲监观率由将斟酌以见之献纳者，遂置为虚器，恒窃悲之。迩来见《通纪》仿编年而芜鄙，《吾学编》效纪传而断落，遂不辞衰惫，尽出旧所录者，摘什一于千百，汇为斯编，与经世者共之，题曰《宪章录》者，窃附于从周之义也。[1]

从而把其所编纂的明皇朝史著《宪章录》最终定位在"经世"上。

邓元锡（1529—1593年），字汝极，号潜谷，江西南城人。年少时即喜欢经史，但不喜举子业，官场亦未有大的作为，举嘉靖乙卯乡试。万历二十年（1592年），授翰林待诏，次年未就官而卒。他在阳明心学的研习上，比较用心并有所得。他很早就接触王学，"闻罗近溪讲学，从之游。继往吉州，谒诸老先生，求明此学"。还曾"就学于邹东廓、刘三五，得其要旨"。主张"诚明""慎独"，"古学平易简实，不离日用，'诚明'二字，实其枢组。近里著己，时时从独觉处著察，俾与古人洞无间隔"。邹守益孙子邹德溥认为："徵君非独文士，尝禀学先大父，所克自饬，左绳右矩，毅然有卢植薛方士之风。"黄宗羲《明儒学案》把他归入

---

[1] 薛应旂：《宪章录》卷首《宪章录序》，明万历二年陆光宅刻本，《续修四库全书》本，第352册，第1页。

中国经史关系通史·宋元明卷

"江右王门学案"。[1]

邓元锡史学著作主要有《函史》和《皇明书》。其中《皇明书》是其明皇朝史史学著作。万历三十四年（1606年），邹德溥在说明此书成书背景时言：

> 曩祗役史局时，大学士陈公奏言："国家治隆化洽余二百年，而正史不作，无以彰懿垂范，请诏儒臣开局纂修，宣昭一代典谟文献之盛，亦足斧藻皇猷，恢张圣化。"上报可。业已发金匮石室之藏，令四方各以其轶书进，诸儒臣方搜罗证辨、属事摘辞，业有绪，会有所梐格，辄诏罢。乃徵君栖衡门矻矻焉，耽其独力，以猎以躩，卒就兹编。

由此看来，邓元锡修《皇明书》虽并不在明朝官方计划之中，但明朝修国史"宣昭一代典谟文献之盛，亦足斧藻皇猷，恢张圣化"的经世动机，却是适用于邓元锡《皇明书》的。其又言："虽未及杼轴经纬，要亦能考览国故，参以野史、家乘，后有修司马、班氏之业者，亦足为之倪矣。夫岂合营不如独匠，承诏不如兴心。嗟乎，兹予所为惋叹也。"[2] 邓元锡《皇明书》在明人所修的当朝史著中，确实是比较早的一部，也正因其比较早，不免存在着诸多缺憾，即所谓"未及杼轴经纬"。如全书分帝典十卷、后妃内纪一卷、列传三十四卷，其编次以帝为典，后妃为纪，外戚、宦官居列传之首等，均不符合传统正史规范，并且只有纪、传两部分。张溥言："邓书虽通行，义例未显。"[3] 尽管如此，但这确实是明人当朝史撰述的一次大胆尝试，即"后有修司马、班氏之业者，亦足为之倪矣"。

如果说薛应旂《宪章录》和邓元锡《皇明书》还是比较曲折地把明皇朝史和其"经世致用"的编纂旨趣联系在一起，那同为王学后学的冯

---

[1] 黄宗羲：《明儒学案》卷二十四《徵君邓潜谷先生元锡》，中华书局 2008 年版，第 563—564 页。

[2] 邓元锡：《皇明书》卷首《皇明书序》，明万历刻本，《四库全书存目丛书》本，史部第 29 册，第 1—2 页。

[3] 陈子龙：《皇明经世文编》卷首《徐孚远序》，明崇祯平露堂刻本，《续修四库全书》本，第 1655 册，第 22 页。

应京的《皇明经世实用编》，则很直接表达出两者的密切联系。

冯应京（1555—1606 年），字大可[1]，号慕冈，江苏盱眙人。万历二十年（1592 年）进士，曾任户部主事、兵部员外郎、湖广金事等职。在其任湖广金事时，因揭露税监陈奉罪状而被捕入狱，乃于狱中发愤著述。《明史》评价其"志操卓荦，学求有用，不事空言，为淮西士人之冠"[2]。《明儒学案》把冯应京归入"江右王门学案"之末予以介绍："先生师事邹南皋，其《拘幽书草》，皆从忧患之际，言其得力。"[3] 寥寥数语，言及冯应京师从邹元标的史实，与《明史》一样，也大致说明了冯应京"学求有用"的学术特征。

冯应京所作《皇明经世实用编》，集中体现了"学求有用"这一学术特征。据刊刻于明万历年间的版本而言，《皇明经世实用编》分乾、元、亨、利、贞五集，其中乾集十卷，内容有御制心法九章、皇明祖训、亲贤、天官、地官、春官、夏官、秋官、冬官等；元集二卷，分荐举辟召论、取士议和荐辟人物三部分内容；亨集二卷，载久任超迁论、任官议和外任等；利集四卷，载务农讲武论、重农考、经武考、任人、导和等内容；贞集九卷，载正学育才论、礼学、乐学、射学、御学、书学、数学、诸儒语录和正学考等内容。冯应京在《皇明经世实用编》中以儒家经典《周易》中代表事物成长不同阶段的乾、元、亨、利、贞的概念和范畴，来说明诸社会构成不尽相同的现实意义，如在卷首《编次解》中不仅说明了各集分类的依据和缘由，"我太祖天纵圣神，师虞周之意，垂典则以规万世者哉。臣惟君，天道也。太和元气顺布四时，周而复始，莫知其纪，其卦曰乾、元、亨、利、贞，故以分峡论治，即管窥之昭昭，以概无穷，故可触类而长也"，还着重强调了"祖训"的指导和支配意义，"乾象曰：'天行健，君子以自强不息。'人君气志如神，与天合德，政乃有本。首载太祖心法、家法本端而则善矣。智临先务，惟急亲贤，贤亲而六官之长皆民誉，惟是设官分职，岂以冥冥决事，故次六官要务

[1] 《明史》作"可大"。

[2] 《明史》卷二百三十七《冯应京》，中华书局 1974 年版，第 6176 页。

[3] 黄宗羲：《明儒学案》卷二十四《金事冯慕冈先生应京》，中华书局 2008 年版，第 577 页。

中国经史关系通史·宋元明卷

责，灼见也。正心、正家以正朝廷，而百官万民孰有不正者乎？"[1] 充分强调了皇权于现实社会构成中的支配意义。同时，《皇明经世实用编》的"实用"特征还表现在大量收录了边镇图、海防图、漕黄治绩图等非常具有现实意义的图籍。

《皇明经世实用编》的经世主旨也与其对明皇朝史的关注联系在一起，汪国楠在为该书作序时，开首即从经史关系入手："经世以道卫道，以经经者，天之象纬，人之丝纶，皆华也。而体一实体，即乾，乾即元、亨、利、贞，实可育，实可长，实可肃杀而收藏，乃所谓经也。吐此经者，遗世；杂此经者，卑世；螯此经者，乱世；窃此经者，惑世。岂世负用，用负实也。华惟实则果苗，惟实则粒。实不胜则朽质矣。敦本尚实，无漫夸三、五。盖我高皇帝令甲具在，三十季间，破雕斫觚而贞，百度犁然，日星彘系，表章紫阳，躬体乾健。懿哉！万祀为经已波之濡也。"[2] 很显然，汪国楠既继承了史为经翼的观点，进而认为经也需要产生实实在在的社会结果，这是经与史的关系；汪国楠还认为《皇明经世实用编》是强调经世的实学，而实学于时间节点上的一个表现就是当下，即所谓"无漫夸三、五"，亦即以"高皇帝"的时间视角，从而把实学与当朝史紧密联系在一起。

由此看来，不管是薛应旂和邓元锡的明皇朝史编撰，还是冯应京的经世文编，都不约而同地把其"经世"抱负寄情于当代。虽然，其中仍不乏史为经翼的传统观点，但在此基础上，他们都更关注于明皇朝史所包含的经世意义。

## 四、道统构建：阳明后学的学案体成就

道统，《辞海》上的解释就是儒家传道的系统。直白一点来讲，就是以儒家代表为中心所形成的学术谱系。前已述及，朱熹构建起孔子—孟

---

[1] 冯应京：《皇明经世实用编》卷首《编次解》，明万历刻本，《四库全书存目丛书》本，史部第 267 册，第 8 页。
[2] 冯应京：《皇明经世实用编》卷首《经世实用编引》，明万历刻本，《四库全书存目丛书》本，史部第 267 册，第 1 页。

子—周敦颐—二程—朱熹的简化道学谱系，把伊洛之学安排在了接续孔孟儒学正宗的历史地位，从而论证自身学说的合法性。

某种程度上，与程朱理学针锋相对建立起来的心学，也面临着这样的学术任务，王阳明也确实做过这样的努力。他在《象山文集序》中言：

> 圣人之学，心学也。尧、舜、禹之相授受曰："人心惟危，道心惟微，惟精惟一，允执厥中。"此心学之源也。中也者，道心之谓也；道心精一之谓仁，所谓中也。孔孟之学，惟务求仁，盖精一之传也。而当时之弊，固已有外求之者，故子贡致疑于多学而识，而以博施济众为仁。夫子告之以一贯，而教以能近取譬，盖使之求诸其心也。……至宋周、程二子，始复追寻孔、颜之宗，而有"无极而太极"，"定之以仁义，中正而主静"之说；动亦定，静亦定，无内外，无将迎之论，庶几精一之旨矣。自是而后，有象山陆氏，虽其纯粹和平若不逮于二子，而简易直截，真有以接孟子之传。其议论开阖，时有异者，乃其气质意见之殊，而要其学之必求诸心，则一而已。故吾尝断以陆氏之学，孟氏之学也。而世之议者，以其尝与晦翁之有同异，而遂诋以为禅。夫禅之说，弃人伦，遗物理，而要其归极，不可以为天下国家。苟陆氏之学而果若是也，乃所以为禅也。今禅之说与陆氏之说，其书具存，学者苟取而观之，其是非同异，当有不待于辩说者。[1]

在这段长文中，王阳明提出三代尧、舜、禹先后传承的内容就是"人心惟危，道心惟微，惟精惟一，允执厥中"。接着又说，到了孔子之时，对于它的理解已经出现了分歧，其中子贡就提出仁的获得是要向外博施济众，这和孔子所说的只要忠诚地守中执一就是仁的观点有所出入。孔子强调仁不是向外求取，而是向内求之于心就可以了，继承孔子这一理解的是孟子。这一时期有关心传内容也是争论不休的，这种争论不仅出现在儒家内部，如告子"仁内义外"之说，儒学之外的墨学也主张达到仁

---

[1] 王守仁：《王阳明全集》卷七《象山文集序·庚辰》，上海古籍出版社1992年版，第245页。

的境界就需要"摩顶放踵"这些外在形式。孟子秉承孔子所说，认为仁是内在于人心的，仁的显现只要让心的本然状态发挥出来即可。孟子之后，一直到了宋代，周敦颐和二程提出"无极而太极"，也基本上表现出把事情的解决归结为内心的倾向。之后的陆九渊，虽然不像周、二程那么精粹，逻辑性没那么强，理论也没那么抽象，但其理论简单明了，和周、二程从孔、孟那里传承下来的"学之必求诸心"的心传内容是没有本质差别的。通过王阳明对于心学一脉的梳理，特别是在梳理过程中对于陆九渊的认可及其对朱熹的态度，我们大致可以按照他的意思勾画出一个相对完整的心学道统谱系，即尧—舜—禹—孔子—孟子—周敦颐—二程—陆九渊—王阳明。

其实，从本质上来讲，王阳明所构建的道学谱系，与朱熹一样，都是为了进一步说明其学说的合理性与合法性，因此也具有很强的排他性。如把朱熹排除在这一谱系之外就是一个显证。如果按照这一思路的自然发展，这一道统构建对学案体史籍发展的影响，也应与程朱理学一样，会形成强烈的门户色彩，但在王学发展面临相对复杂的时代背景的前提下，在"道，一而已矣"信念的强烈感召下，于王学内部生发出一种"合会朱陆"的学术倾向，并未在门户之争的道路上走得过远。当然，明朝中后期，关乎道统构建的参与群体，绝非仅有阳明后学参与其中，在这一群体之外的儒生士子也有相当的表现。这里仅就阳明后学在道统构建中的种种行为和旨趣进行一定的研究，以说明他们对于道统构建的态度。

阳明后学有关道统的构建，体现于各种语录体和学案体史籍。语录体的典型代表有唐顺之的《诸儒语要》及其子唐鹤征的《宪世编》、周汝登的《王学宗旨》及其门人王化振的《诸儒要语》、季本的《说理会编》等。相比较简单辑录的语录体史籍，学案体史籍更为周全，也更能反映作者的理学和史学观点，以下做一简单探讨。

刘元卿（1544—1609 年），字调父，江西安福人。《明史》本传短短数语，很清楚地介绍了其人生历程，兹移录如下：

> 举隆庆四年乡试，明年会试，对策极陈时弊，主者不敢录。张居正闻而大怒，下所司申饬，且令人密诇之，其人反以情告，乃获

免。既归，师同邑刘阳，王守仁弟子也。万历二年，会试不第，遂绝意科名，务以求道为事。既累被荐，乃召为国子博士。擢礼部主事，疏请早朝勤政，又请从祀邹守益、王艮于文庙，厘正外藩朝贡旧仪。寻引疾归，肆力撰述，有《山居草》《还山续草》《诸儒学案》《贤弈编》《思问编》《礼律类要》《大学新编》诸书。[1]

从上举史料中刘元卿的师承和政治行为来看，其作为王学后学的身份是比较明确的，他还与吴与弼、邓元锡、章潢并称为"江右四君子"[2]。黄宗羲《明儒学案》亦把其归入"江右王门学案"予以介绍，披露了更多其研习理学（包括程朱理学和王学）的细节：

> 初先生游青原，闻之舆人曰："青原诗书之地也，笙歌彻夜，自两邹公子来，此风遂绝。"两公子者，汝梅、汝光也。先生契其言，两邹与之谈学，遂有愤悱之志。归而考索于先儒语录，未之有得也，乃禀学刘三五。以科举妨学，万历甲戌不第，遂谢公车，游学于兰溪徐鲁源、黄安耿天台。闻天台"生生不容已"之旨，欣然自信曰："孟子不云乎，四端充之，足保四海！吾方幸泉不流也而故遏之，火不然也而故灭之。彼灭与遏者，二氏之流，吾所不忍。"先生恶释氏，即平生所最信服者天台、塘南，亦不轻相附和。故言："天地之间，无往非神。神凝则生，虽形质藐然，而其所以生者已具；神尽则死，虽形体如故，而其所以生者已亡。然而统体之神，则万古长存，原不断灭，各具之残魂旧魄，竟归乌有。"此即张横渠"水沤聚散"之说。[3]

其中，汝光、汝梅（一作"海"字）就是邹德溥、邹德涵两兄弟，均为江右王学旗帜性人物邹守益的孙子，亦为王学后学；刘三五，即刘

---

[1] 《明史》卷二百八十三《刘元卿》，中华书局 1974 年版，第 7292 页。
[2] 《明史》卷一百七十一《章潢》，中华书局 1974 年版，第 7293 页。
[3] 黄宗羲：《明儒学案》卷二十一《徵君刘泸潇先生元卿》，中华书局 2008 年版，第 497 页。

阳，曾亲炙于王阳明；徐鲁源，曾就学于王阳明高足钱德洪；耿天台更是泰州王学的典型人物。因此，据刘元卿的师承关系来看，其作为王学后学的身份是肯定的。同时，刘元卿从学于邹德溥、邹德涵时的"愤悱之志"和信服天台、塘南时的"亦不轻相附和"，都说明他入于王学而又能出于王学的学术特征，黄宗羲就认为其有关"神"之理论，导源于张载的"水沤聚散"之说，很能说明这一点。也就是说，刘元卿在对待历史上的圣贤时，包括程朱理学和陆王心学各派，具有较为开放的态度，兼收并蓄，而非专守一家。但不可否认，其从客观学脉上确实直接承袭阳明心学，其所编《诸儒学案》显然也具有这一学术特征。当然，也正是源于独立思考的品质，"考索于先儒语录"是其基本的学术内容，虽此段史料反映"未之有得"，但这也恰是其《诸儒学案》成书的基本前提。刘元卿在自序其书时言："虽然，诸儒固皆求曙于圣路者。世无孔孟，将安取衡？吾姑为数先生具案云尔。若夫判断圣儒，令予之积惑且汰也。今虽老，犹庶几旦暮遇之焉。"[1]"为数先生具案"即说明了其道统构建所利用的学术资源，也恰恰说明了阳明后学在具体构建道统时，史学显然成为其利用的重要学术工具。

《诸儒学案》共分为两部分：宋和"国朝"。宋部分下大致按时间先后顺序记载了周敦颐、程颢、程颐、张载、邵雍、谢良佐、杨时、罗从彦、李侗、朱熹、陆九渊、杨简等共十二位理学家的生平、仕宦和学说；"国朝"部分也是按时间顺序收录了薛瑄、胡居仁、陈献章、罗钦顺、王阳明、邹守益、王艮、王畿、欧阳德、罗洪先、胡直、罗汝芳、耿定向等共十三位理学家的传记和论学语。从《诸儒语案》收录理学人物的客观内容来看，既有程朱理学一派，也有陆王心学，而且是按产生的先后顺序排列的，我们看不出其取向。具体到有关各个理学人物的评价，我们同样也看不出其对哪一派的偏爱。如对朱熹之论述，"其为学也，穷理以致其知，反躬以贱（践）其实。居敬者，所以成始成终也；修诸身者，其色庄，其言厉，其行舒而恭，其坐端而直；其闲居也，未明而起，深衣幅巾方履拜于家庙，以及先圣。退坐书室几案，必正书籍器用，必整

[1] 刘元卿：《诸儒学案》卷首《诸儒学案序》，明万历尹廉等刻刘应举补修本，《续修四库全书》本，第512册，第605页。

威仪容止之，则自少至老，未尝有须臾之离也"[1]。肯定了朱熹以圣人自期和自励的历史行为。又如有关王阳明，也是较为客观地记载了其文治、武功。但四库馆臣有言："是书辑周子、二程子、张子、邵子、谢良佐、杨时、罗从彦、李侗、朱子、陆九渊、杨简、金履祥、许谦、薛瑄、胡居仁、陈献章、罗钦顺、王守仁、王艮、邹守益、王畿、欧阳德、罗洪先、胡直、罗汝芳二十六家语录，而益以耿定向之说。元卿，定向弟子也，其学本出于姚江，程朱一派特择其近于陆氏者存之耳。"[2] 我们认为，刘元卿源于王学的学术渊源并不能成为判定其"崇陆抑朱"的口实，但把其师耿定向列于卷末，可能确实存在着这一主观学术倾向。

周汝登（1547—1629 年），字继元，又字海门，浙江嵊县人，万历五年（1577 年）进士，累官南京工部主事、两淮盐运判官和南京尚宝卿。著有《圣学宗传》《王学宗旨》和《东越证学录》等。《明儒学案》比较详细地记载了周汝登的王学渊源："先生有从兄周梦秀，闻道于龙溪，先生因之，遂知向学。已见近溪，七日无所启请，偶问'如何是择善固执'，近溪曰：'择了这善而固执之者也。'从此便有悟入。近溪尝以《法苑珠林》示先生，先生览一二页，欲有所言，近溪止之，令且看去。先生悚然若鞭背。故先生供近溪像，节日必祭，事之终身。"[3] 也正是基于这样的学缘，《明儒学案》把其归入"泰州学案"予以介绍。《明史》把其学术内涵与其《圣学宗传》结合起来概括道："汝登更欲合儒释而会通之，辑《圣学宗传》，尽采先儒语类禅者以入。"[4] 四库馆臣更是在《明史》如上记载的基础上，较为详细地梳理了其学缘与其《圣学宗传》之间的关系："《明史·儒林传》附载《王畿传》，末称王守仁传王艮，艮传徐樾，樾传颜钧，钧传罗汝芳，汝芳传杨起元及汝登。起元清修姱节，然其学不讳禅。汝登更欲合儒释而会通之。辑《圣学宗传》，尽采先儒语类禅者以入。盖万历以后，士大夫讲学者多类此云云。即此书也，首载

[1] 刘元卿：《诸儒学案·朱晦庵》，明万历尹廉等刻刘应举补修本，《续修四库全书》本，第 512 册，第 689 页。

[2] 永瑢等：《四库全书总目》卷九十六《诸儒学案》，中华书局 1965 年版，第 815 页。

[3] 黄宗羲：《明儒学案》卷三十六《尚宝周海门先生汝登》，中华书局 2008 年版，第 853 页。

[4] 《明史》卷二百八十三《周汝登传》，中华书局 1974 年版，第 7276 页。

《黄卷正系图》，其序自伏羲传至伊川程子，下分二支，一支朱子以下，不系一人；一支则陆九渊之下，系以王守仁。并称卷是图信阳明笃，叙统系明，与《圣学宗传》足相发明云。"[1]

考之明万历三十三年（1605年）王世韬等刻本《圣学宗传》，未见四库馆臣所言卷首《黄卷正系图》，故四库馆臣所言"信阳明笃"的结论姑且存疑，但这一《正系图》确实勾画出了儒学发展最集约的谱系。就王世韬刻本而言，共十八卷，分别记载了伏羲、神农、黄帝、颛顼等以下直至明朝王守仁、徐爱、钱德洪、王畿、王栋、罗汝芳等九十余人。汉朝以前不标明学者年代，汉及其以后都注明学者年代，主要集中在宋、明两代，其中宋代记载了穆修、胡瑗、李之才、周敦颐、朱熹等二十九位学者，明代记载了薛瑄、吴与弼、陈献章、王守仁、王栋、罗汝芳等二十三位学者，占全书所收学者人数一半以上，由此也可看出其记载重心所在。其余各代，有明确朝代划分的，还有隋、唐和元。隋、唐分别仅载王通和韩愈，元载许衡、吴澄和黄泽三人。

具体来看，《圣学宗传》存在以下两点编纂旨趣：一是定道统的意味非常浓厚，这从其书名"宗"字即可看出。陶望龄在为此书作序时言："宗也者，对教之称也。教滥而讹，绪分而闰。宗也者，防其教之讹且闰而名焉。故天位尊于统，正学定于宗。统不一，则大宝混于余分；宗不明，则圣真奸于曲学。然宗无外教之宗，而宗所以教，犹人非异迹之人而人所以迹耳。"[2] 强调道统之"宗"存在的合理性与必然性。邹元标在为此书作序时，也是从"宗"的角度理论："予友绍兴周子，早志真宗，学有本原，虑前圣以一脉相传，恐后之人不曙斯义，乃溯自羲、轩，及我明诸儒先，有关斯学者，名曰《圣学宗传》。"[3]

二是"道，一而已矣"的精神。也就是在强调道统存在客观性的基础上，为了说明这种客观性，就必然要说明能够入道统的标准，或者说历代先贤们之间传递的客观内容究竟是何物的问题。陶望龄说："《易》

[1] 永瑢等：《四库全书总目》卷六十二《圣学宗传》，中华书局1965年版，第558页。

[2] 周汝登：《圣学宗传》卷首《陶望龄序》，明万历三十三年王世韬等刻本，《续修四库全书》本，第513册，第2页。

[3] 周汝登：《圣学宗传》卷首《邹元标序》，明万历三十三年王世韬等刻本，《续修四库全书》本，第513册，第1页。

曰：'天下同归而殊途，一致而百虑。'夫途径错糅，至心而一智，故百变克体则齐万途宗于一心，万虑宗于何虑？以微妙而揭道心之目以未发。斯有大中之名，为生生之本则曰仁，为化化之基则曰义，无为故命曰至诚，粹精而称为性善，道州状之以太极，河南标之以一体，在子静乃立其大，在敬仲则号精神，在姚江为不学不虑之良，在安丰为常知常行之物，斯皆宗之异名也。"[1] 认为历代圣贤所传之道是同一的，只不过是名称各异，其本质是相同的。邹元标在为此书作序时也表达了这层意思："夫道，一而已矣。昔者圣人仰观俯察，形容模拟，此一不可得，于是系以一画书之阳者，曰乾乾，曰大哉。乾元，万物资始乃统天，此宗统所自来也。夫子曰文不在兹，子舆氏曰见而知之，曰兹与之虽不明言所以而万古斯文之统，卒不越此。寥寥数千余载，唐昌黎氏云，尧舜禹汤文武以是递相传授，宋周子所谓太极，程子曰识仁，我明新会曰自然，新建曰良知，皆是物也。随人所指而名之，譬之天一也，东南西北之人各随俗而名。而仰观太虚昭昭，日月星辰则无不一。"[2]

应该来讲，对阳明后学而言，道统的构建存在两种层次，一是超越于程朱理学和陆王心学之上，程朱理学和陆王心学等典型代表人物都可以进入道统，他们都对儒学的发展产生了直接而有益的影响；二是局限于程朱理学和陆王心学之争的层面，与程朱理学的后学逻辑思路一样，肯定陆王心学，对程朱理学采取一种批判的态度，把朱熹其人排除于道统之外。前一层次，在阳明后学当中是一种非常普遍的学术现象，后一种情况虽也有一定的表现，如周汝登的《王门宗旨》和方学渐的《心学宗》，固然"王门""心学"的题眼很能说明他们的学术取向，但这些限定词也恰恰说明了他们大都未对程朱理学抱有一种同仇敌忾的情绪，其学术态度还是比较开放的。在这一方面，阳明后学对程朱理学的态度，也远非四库馆臣所描述的那样敌视。由此，我们不免大胆推测，在具体学缘关系上与王学有着千丝万缕联系的黄宗羲，其《明儒学案》摈弃门户之见的学术观点是否也导源于王学后学？

[1] 周汝登：《圣学宗传》卷首《陶望龄序》，明万历三十三年王世韬刻本，《续修四库全书》本，第513册，第2—3页。

[2] 周汝登：《圣学宗传》卷首《邹元标序》，明万历三十三年王世韬刻本，《续修四库全书》本，第513册，第1页。

# 第九章　心学影响下中晚明史学的崛起

王阳明作为心学的集大成者，在历史撰述上并无具体成就，直接论及史学的内容也并不多，而且所论史学也往往是服务于其心学理论的阐发与体系的建构。即使如此，由于阳明心学在思想上的突破性，其心学理论剧烈地搅动了明代沉闷、凝固的史学气氛，从而使得明中后期的史学在阳明心学的影响下，表现出蓬勃发展的态势。

## 第一节　史学自我意识觉醒的激发

由于阳明心学对个体价值的强调，其对史学最基本的影响，就是激发了史学的自我意识。具体表现则是，私人史著大量涌现，其中不乏具有王学背景的撰述者；史学自我反思意识增强，出现了丰富的异端史论。

### 一、心学对个体价值的倡扬与私人史著的涌现

明代前期，明廷片面利用了程朱理学的一些理论，使得程朱理学成为窒碍明朝史学发展的主要思想因素，最直接的表现就是明代前期史学在程朱理学定于一尊事实的笼罩下，迷失了自我，史学意识淡薄，从而丧失了发展的动力。阳明心学以"心即理""致良知"等命题为学说基本主干，极力阐扬主体之心与良知在社会认识中的支配性作用，并倡言："是非之心，不虑而知，不学而能，所谓良知也。良知之在人心，无间于

圣愚，天下古今之所同也。"[1] 又言："自己良知原与圣人一般，若体认得自己良知明白，即圣人气象不在圣人而在我矣。"[2] 良知是内在于每个人人心的，就良知的保有而言，常人与圣人是相同的，这为王阳明所默认的、更具冲击力的"满街圣人"[3] 观点所张本，从而赋予了个体极大的能动性，个体价值有了合理性和合法性的理论依据，个体意识也得以觉醒。因此，阳明心学对明代中后期史学的影响，首要的一点就是史学自我意识的觉醒。

受阳明心学影响，明代中后期史学自我意识觉醒的一个最为直观的表现，就是私人史著的大量产生。谈迁《国榷·义例》说："实录外，野史、家状，汗牛充栋。"夏燮《明通鉴·义例》也说："明人野史，汗牛充栋。"清人全祖望还有"明季野史，不下千家"之说。虽然上述"野史"主要就明人所撰当朝史而言，但也大致反映了明人所撰史籍繁盛的整体情况。这种极度繁盛的情况甚至都引起了一些学者的担忧，唐顺之对此不无讽刺地说："其屠沽细人有一碗饭吃，其死后则必有一篇墓志；其达官贵人与中科第人稍有名目在世间者，其死后则必有一部诗文刻集，如生而饭食、死而棺椁之不可缺。此事非特三代以上所无，虽唐、汉以前亦绝无此事。幸而所谓墓志与诗文集者皆不久泯灭，然其往者灭矣而在者尚满屋也。若皆存在世间，即使以大地为架子，亦安顿不下矣。"[4] 四库馆臣在言及明人杨铭《正统临戎录》的成书过程时称："此书末专叙铭官职升迁之事，当即铭所述也。……惟首尾俱作通俗语。盖铭未必知书，当时口述，令人书之于册尔。"[5] "未必知书"而仍然坚持"令人书

[1] 王守仁：《王阳明全集》卷二《传习录》中《答聂文蔚》，上海古籍出版社1992年版，第79页。

[2] 王守仁：《王阳明全集》卷二《传习录》中《启问道通书》，上海古籍出版社1992年版，第59页。

[3] 王守仁：《王阳明全集》卷三《传习录》下，上海古籍出版社1992年版，第116页。需要说明的是，"满街圣人"的观点并不是通过王阳明之口直接提出的，而是其学生提出，由他默认的。据《传习录》记载，"一日，王汝止出游归，先生问曰：'游何见？'对曰：'见满街人都是圣人。'先生曰：'你看满街人是圣人，满街人到看你是圣人在。'又一日，董萝石出游而归，见先生曰：'今日见一异事。'先生曰：'何异？'对曰：'见满街人都是圣人。'先生曰：'此亦常事耳，何足为异？'"

[4] 唐顺之：《唐荆川诗文集》卷六《答王遵岩》，凤凰出版社2012年版，第172页。

[5] 永瑢等：《四库全书总目》卷五十三《正统临戎录一卷》，中华书局1965年版，第478页。

之于册"，这也说明了私人撰史风气之盛。明人王世贞有关于"国史""家史"和"野史"辩证理性的认识，如果没有明朝中后期史籍的大量涌现以及伴随而来分类的细化，那也是很难产生的。

史家自觉意识的觉醒还表现在自比马、班的心理自期上。如明人张天复在自序其所撰、其子张元忭（名列"浙中王门学案"）所增补之《皇舆考》时说：

> 我皇上讦谟系大，骏业中兴，创绍之隆，逾光二祖。顷年，辅臣文襄桂公《舆地图志》、宫谕念庵罗公《广舆图》及司马许公《九边论》于是三者独详，词约而事该，忧深而思远。今日修和阜成衍泰居丰之道，间亦采行之矣。复尝备员职方，退览区域，窃谓全志之后，当附诸公之帙，乃表经世谋猷，辄唯制书不当缀裂也。因取闽本志略，稍加详定，首引杜氏古九州之文，然后次序郡国图志，参据前说，各冠篇端，而以边夷终焉。[1]

于张天复、张元忭父子而言，前贤所撰确有缺陷，因此有必要改编或重撰，虽然对前贤的批判并不激烈，但这里起码说明其具有了独立思考的能力，而这一点在明朝前期还是比较少见的。前述邓元锡《皇明书》，其卷首序言亦曰：

> 乃徵君栖衡门矻矻焉，耽其独力，以猎以櫜，卒就兹编。虽未及杼柚经纬，要亦能考览国故，参以野史家乘，后有修司马、班氏之业者，亦足为之倪矣。夫岂合营不如独匠，承诏不如兴心。嗟乎！兹予所为惋叹也。[2]

"耽其独力"，很能表达邓元锡的著述愿力；而邹德溥对其"未及杼柚经纬"的批评，突显了明皇朝史持续发展的动力和潜力；"后有修司马、班

---

[1] 张天复撰、张元忭增补：《皇舆考》卷首《皇舆考序》，明末刻本，《四库禁毁书丛刊》，史部第17册，第2～3页。

[2] 邓元锡：《皇明书》卷首《皇明书序》，明万历刻本，《四库全书存目丛书》本，史部第29册，第2页。

氏之业者"，则是对明皇朝史修撰的一种期许；而"合营不如独匠，承诏不如兴心"，说明相较于私人著史，官修史籍活动一定程度上来讲是比较萎靡不振的。又如前引薛应旂在说明其作《宪章录》的一个直接动机，就是"迩来见《通纪》仿编年而芜鄙，《吾学编》效纪传而断落，遂不辞衰惫，尽出旧所录者，摘什于千百，汇为斯编，与经世者共之，题曰《宪章录》者，窃附于从周之义也"[1]，认为明人虽也有多部当朝史，但都不尽如人意，这一历史使命还需由其来完成。当然，薛应旂评价前人之著述如此，其在后人眼中也遭受到了同样的批评，如范守己在自序其《皇明肃皇外史》时也说："陈氏《通纪》草次亡文，采撷虽云不苟，而芜俚可厌，步王君懋之故武。郑公《大政纪》笔削率意，巨细不伦，比之孟坚帝纪，似为整洁，以方麟笔，难免捧心之媸矣。薛子《宪章录》广掇群言，自炫博综，而拾唾余以当珠玑，宝武夫而充秘帑，是刻仲豫之鹄而失焉者也。高氏《鸿猷录》目取纪事，义殊编年，事必核夫始末，而高帝初年诸条则分析琐屑，动必系之岁时，而奏诏往复，诛赏铨进则月日未审。求之于古，盖自我作故不有范模者矣。每思兼采诸长，勒成一家。"[2] 这种持续的批判，恰恰从一个侧面说明了私人著史的热情和自觉。

## 二、私人史著的王学背景

明代中叶以后史籍蓬勃发展的原因固然有多种。但整体上来讲，大致在正德、嘉靖以后，随着中央集权能力的削弱，其对社会的统治有所松懈，社会文化思想逐渐活跃起来。同时，随着专制体制的整体削弱，文献管理制度也相对松懈，早前严格禁止流传的各朝实录也逐渐流入民间，这为明中叶以后私史的繁兴打下了史料基础。再加上明初休养生息政策主导下的经济的恢复和繁荣，新的经济因素萌生并发展，社会积累了相当的财富，为史学发展提供了相应的作者群、市场和读者群。此外，

[1] 薛应旂：《宪章录》卷首《宪章录序》，明万历二年陆光宅刻本，《续修四库全书》本，第 352 册，第 1 页。

[2] 范守己：《吹剑草》卷二十六《辑肃皇外史序》，见《御龙子集》，明万历十八年侯廷佩刻本，《四库全书存目丛书》本，集部第 163 册，第 145 页。

明代中期以后衰落的社会现实也刺激着学者们对当朝史的关注，期望从中总结明朝所兴、所败的缘由经验，以为世用。当然，阳明心学的兴起也是其中的一个重要原因。有关于这一点，我们可以从以下几个方面来认识：

第一，阳明心学对于个体价值的强调，有助于私家史籍的大量涌现。如《弘简录》继承和发展了古代正史中多民族史学的传统，以唐、宋为正统，在各朝之下以"附载"和"载记"的形式记载了各割据和少数民族政权，还改本纪为"天王"。如唐顺之《左编》，全书分为君、相、名臣、谋臣、方技、释、道等 24 门，突出特点是对经世的阐发和思考。出于经世的目的，该书关注面十分广泛，即使是表面看起来与现实社会联系较为松散的隐士、方士、释道等社会构成，亦在其考察之列。另一个特点则是强调道、器不分，认为"而星历、医药、百工皆有国者之不可缺"[1]。又如邓元锡《明书》45 卷，帝典 10 卷、后妃内纪 1 卷、列传 34 卷，其编次以帝为典，后妃为纪，外戚、宦官居列传之首，均不符合传统正史规范。这些史籍体裁体例的改变，固然说明了其严正性和严肃性不足，但同时也生动地说明了史家们在阳明心学相关理论的刺激下，史学自我意识的"膨胀"，从而出现了"家期马、班，人各操斛"的局面。

第二，就明代中后期几部典型的私人史籍来看，其作者多具有王学后学的学术背景。如唐顺之、薛应旂、邓元锡等。这也似乎说明阳明心学与明中后期私人史籍的繁盛存在着一定的关系，起码说明王学后学是明代中后期大量涌现出的私家修史队伍中的重要构成部分。

第三，阳明心学也对相关史著内容和观点产生了直接的影响。如季本的《春秋私考》，唐顺之在为其作序时，就直言阳明心学"致知"之说对该书成书的直接影响。唐顺之首先用阳明心学"直指本心"的理论对时人如何理解《春秋》做出了说明，其言："《春秋》者，圣人有是非而无所毁誉之书也。直道之所是，《春秋》亦是之；直道之所非，《春秋》亦非之。《春秋》者，所以寄人人直道之心也。人人之心在焉，而谓其文有非人人之所与知者乎？儒者则以为圣经不如是之浅也，而往往谓之微辞，是以说之过详，而其义益蔽。"他表达了其观点与季本观点的相合，"余为是说久矣，儒者皆牵于旧闻，迁焉而莫予信也。间以语彭山季君，

---

[1]　唐顺之：《唐荆川诗文集》卷十《左编附序》，凤凰出版社 2012 年版，第 283 页。

君欣然是之。于是出其所著《春秋私考》视余，则公、穀之义例、左氏之事实、诸家纷纷之说，一切摧破，而独身处其地，以推见当时事情而定其是非。虽其千载之上不可亿知，然以斯人直道而行之心准之，要无甚相远者。余是以益自信余之说有合于君也"。唐顺之虽未明言其关于《春秋》认识的理论来源于阳明心学，但直接说明了季本的《春秋》之论来源于王阳明："君尝师阳明王先生，闻'致知'之说，为能信斯人直道之心与圣人无毁誉之心同，其《春秋》大旨亦多本之师说，故其所见直截如此。"[1] 通过唐顺之所言季本《春秋》之论与阳明心学的关系，我们可以看出，阳明心学对史学活动产生了实实在在的影响。

当然，也不可否认，在对更多阳明后学的史学活动的考察中，我们并没有看到如此直接的记载。粗究其原因，大概有三点：一是阳明心学从本质上来讲仍然是探讨天理、心、性等范畴的学说，学术重心并不在于具体的史事，故与史学存在一定的偏差；二是阳明心学理论贯彻到史学实践中也还存在一个过程，在很多时候，学者们接受了阳明心学，基本上把其视作一种无须再论证的理论，故并未在前言或后记中反复申说，这大概也是我们看不到如此记载的原因；三是阳明心学产生之后，由于其理论漏洞，以及专守其说的后学的发挥，受到时人的质疑，即使在王学内部，也存在着各派的猜疑，这在一定程度上也影响了其作为一种理论用来解释和认识历史的公信力。

### 三、异端史论的丰富性

四库馆臣在评价唐顺之《两汉解疑》《两晋解疑》时说："大抵好为异论，务与前人相左"，"皆乖平允，不足为训也"[2]；"论史之纰缪如此。盖务欲出奇胜人，而不知适所以自败，前明学者之通病也"[3]。四库馆臣这里不仅说明唐顺之两部《解疑》的异端性，而且还说明这种特

[1] 唐顺之：《唐荆川诗文集》卷十《季彭山春秋私考序》，凤凰出版社2012年版，第276页。
[2] 永瑢等：《四库全书总目》卷九十《两汉解疑》，中华书局1965年版，第762页。
[3] 永瑢等：《四库全书总目》卷九十《两晋解疑》，中华书局1965年版，第762页。

点于明代史学中的普遍性。

确实，明代史论较多。据葛兆光先生粗略统计，"散见于各文集的不计，仅成专书的，便多达近百种"[1]。仅据《四库全书总目提要》统计，"史评类"共收录 109 部史籍，其中明确为明代学者所为的就有 60 部，约占 55％，这也很能说明问题。由此看来，四库馆臣所言"明代史论至多"[2]当非虚语。而且，被《四库全书》收录其中的，还是在"以古来著录，旧有此门，择其笃实近理者"的标准要求下而被选入的，据此推断，实际数目远不止此，而明人所占起码亦应能维持这么一个比例。

明人史论还有另一个特征，四库馆臣认为是"大抵徒侈游谈，务翻旧案"[3]。60 部明人的史论著作中，仅有邵宝的《学史》和朱明镐的《史纠》被选入《四库全书》。四库馆臣即使是对这两部史籍，其肯定的意义也是相对的，如对《史纠》其言："要其参互考证，多中肯綮，精核可取者十之六七，亦可谓留心史学者矣。"[4]又如评价《学史》，在列举了《学史》的诸多不当评论以后，说："亦为失当。然宝平生湛深经术，持论平正，究非胡寅辈之刻深，尹起莘辈之肤浅所可拟也。"[5]看来，四库馆臣是在充分考虑了邵宝经术湛深，在与胡寅、尹起莘比较后才勉强把邵宝《学史》列入《四库全书》的。其余的明人史论著作往往因其异端性而被打入存目。典型者除上举唐顺之的两部《解疑》，此外还有：

吴崇节《古史要评》："是编所载，起周灵王迄南宋，每事先标题目，后载史文，而断以己意。盖坊刻鉴纂鉴略之类。而挂一漏万，茫无始末，并不足以裨初学。于元朝不载事实，但附许衡、吴澄二人，题曰元朝人物，尤为偏谬。"[6]

贺祥《史取》："盖史评之流，而其体则说部类也。观其驳孟子益避禹子之言为无稽，称《吕氏春秋》一书与《孟子》相表里，斥严光为光武之罪人，赞丁谓为荣辱两忘之异人，皆所谓小言破道者。书中数称李

[1] 葛兆光：《明代中后期的三股史学思潮》，《史学史研究》1985 年第 1 期。
[2] 永瑢等：《四库全书总目》卷八十八《史纠》，中华书局 1965 年版，第 755 页。
[3] 永瑢等：《四库全书总目》卷八十八《史纠》，中华书局 1965 年版，第 755 页。
[4] 永瑢等：《四库全书总目》卷八十八《史纠》，中华书局 1965 年版，第 755 页。
[5] 永瑢等：《四库全书总目》卷八十八《学史》，中华书局 1965 年版，第 755 页。
[6] 永瑢等：《四库全书总目》卷九十《古史要评》，中华书局 1965 年版，第 762 页。

贽，岂非气类相近欤。"[1]

王志坚《读史商语》："……皆纰缪之甚。又颇不论是非，而论果报于佛法，信之尤笃。谓袁宏《汉纪》不知佛法之精微广大，谓傅奕辟佛为浅陋，司马光取入《通鉴》，所见与奕相等。尤非论史之道矣。"[2]

钟惺《史怀》："其说虽间有创获，而偏驳者多。盖评史者精核义理之事，非掉弄聪明之事也。"[3]

程至善《史砭》："是书所论，上起三皇，下迄于宋，然论两汉者十之八，余皆寥寥数则，大抵迂阔之谈。其偶出新意，则往往乖刺。如谓岳飞得金牌之召，当还戈南指，诛秦桧以清君侧。是岂可行之事乎？"[4]

宋存标《史疑》："是编取三传、《国策》、《史记》、《汉书》及诸杂史，摘其事迹而论列之。如以项羽为智士仁人，以汉高帝为木偶之类，殊嫌乖谬，措语尤多轻佻。卷首题陈继儒选定，则习气所染，由来者渐矣。"[5]

……

这样的评价，在《四库全书总目提要》中比比皆是。总体上来讲，虽然也有对明人史评类史籍诸如内容片面或体裁驳杂等外在形式的批评，但更多的是集中在"非论史之道""迂阔之谈""掉弄聪明""乖谬""轻佻"等具体内容和特点上的批判。

关于明人史评类史籍大量出现的原因，四库馆臣评论说："《春秋》笔削，议而不辨，其后三传异词，《史记》自为序赞，以著本旨，而先黄老，后六经，退处士，进奸雄，班固复异议焉，此史论所以繁也。其中考辨史体，如刘知幾倪思诸书，非博览精思，不能成帙，故作者差稀。至于品骘旧闻，抨弹往迹，则才翻史略，即可成文。此是彼非，互滋簧鼓，故其书动至汗牛。又文士立言，务求相胜。或至凿空生义，僻谬不情，如胡寅《读史管见》讥晋元帝不复牛姓者，更往往而有，故瑕类丛生，亦惟此一类为甚。"[6]四库馆臣认为明人史论至多，虽然有史评类

［1］ 永瑢等：《四库全书总目》卷九十《史取》，中华书局1965年版，第762页。

［2］ 永瑢等：《四库全书总目》卷九十《读史商语》，中华书局1965年版，第763页。

［3］ 永瑢等：《四库全书总目》卷九十《史怀》，中华书局1965年版，第764页。

［4］ 永瑢等：《四库全书总目》卷九十《史砭》，中华书局1965年版，第764页。

［5］ 永瑢等：《四库全书总目》卷九十《史疑》，中华书局1965年版，第764—765页。

［6］ 永瑢等：《四库全书总目》卷八十八《史评类》，中华书局1965年版，第750页。

固有特点的原因，但明人学风轻浮也是一个重要的原因。而这种轻浮学风的形成，与儒学分途后的"各立门户"，"朋党"林立有着莫大的关系，"汉、唐儒者，谨守师说而已。自南宋至明，凡说经、讲学、论文，皆各立门户。大抵数名人为之主，而依草附木者嚣然助之。朋党一分，千秋吴越，渐流渐远，并其本师之宗旨亦失其传。而仇隙相寻，操戈不已，名为争是非，而实则争胜负也。人心世道之害，莫甚于斯"[1]。"皆各立门户"，说明阳明后学也是造成史论众多的一个重要群体。确实，在明代史论家当中，与阳明心学有联系的学者及其著作占据着相当的比重，如唐顺之的《两汉解疑》《两晋解疑》，洪垣的《觉山史说》，王世贞的《史乘考误》，钟惺的《史怀》等。

反观与阳明心学有莫大关系的明代学者的史论，某种程度上可以视作史学的自我反思。明代中后期史学理论备受重视，与阳明心学的思维模式密切相关。如唐顺之曾批点过《史记》和《汉书》，对这两部史学名著中记载的史实进行评价，在这些著作的眉批和夹批中处处表现出"嘉秦皇，贬叔孙，少孝文，惜晁错，而嗤当世之儒者"[2]的"异端"色彩。而追究其理论的来源，阳明心学显然是一个重要因素，王畿为唐顺之所作序文披露了这一史实，其言："昔有关中士人尝持所作请证于阳明先师，先师谓曰：某篇似《系辞》，某篇似《周诰》，某篇似《檀弓》，某篇绝似《穀梁》。其人甚喜，因谕之曰：'十岁童子作老人相，拄杖曳履，咳唾伛偻，非不俨然似也，而见者笑之，何者？以其非真老人也。苟使童子饬衿肃履，拱立以介乎其间，人自竦然不敢以幼忽之，何者？以其真童子也。'尝以语荆川子，荆川深颔之，谓可以为作文者之法。且夫天下万事未有不从虚明一窍中出而得其精者也，因述所闻而为之序其端。"[3]从王阳明对于机械模仿的批判，到唐顺之主张文须自得，这是阳明心学影响明中后期历史理论的一个比较典型的例子。

综上所述，王阳明的良知自足说赋予了个体极大的能动性，成为明代中后期史学自我意识觉醒的重要理论依据之一，表现在史籍的大量产生和历史理论与史学理论备受重视上，从而为明代中后期史学的大发展

---

[1] 永瑢等：《四库全书总目》卷首《凡例》，中华书局 1965 年版，第 18 页。
[2] 郭嵩焘：《史记札记》卷三《礼书》，商务印书馆 1957 年版，第 121 页。
[3] 唐顺之：《荆川先生批选〈史记〉〈汉书〉》卷首《荆川先生精选批点史汉书序》，明万历十二年毛在、郑昊等刻本。

提供了思想动力。同时，阳明心学对于明代中后期以史学自我反思为主要特征的史学理论的影响，则更为集约地表现在"六经皆史"说上。它不但进一步明确了史家的自我意识，使得史学进一步走向独立，而且也促进了史家们更为理性地认识史学的本质。

## 第二节　"六经皆史"说：史学进一步走向独立的津梁

在王阳明不多的关涉史学的论述中，对明中后期史学产生最为直接和显著影响的，就是其关于经史关系的"五经亦史"说。平心而论，王阳明提出"五经亦史"说，只是为了进一步说明其心学理论，但正如顾宪成对王阳明"致良知"说的评价一样，"此窍一凿，混沌几亡"。这种原发于经学领域的理论构建，却在史学领域发生了异常大的影响，几乎成为其后每一时期史学思想解放、史学精神自觉高扬的一个重要的理论突破口，晚明李贽的"六经皆史"说、王世贞的"六经，史之言理者"的论断，已经完全成为一种基于史学立场的思考。

### 一、王阳明"五经亦史"说的原始内涵及其时代意义

程朱理学在探究天理的终极关怀下，认为六经是天理的代表，主张只有以经为本，从六经中获得天理以指导历史认识和学习，才能获得更为合理、可靠的历史知识，才能更为真切地达到体察形而上之天理的目的，这大致是在经史关系上钱大昕所总结的程朱理学主张"荣经陋史"[1]说的逻

---

[1]　赵翼著，王树民校证：《廿二史札记校证》附录《钱大昕序》，中华书局 2013 年版，第 885 页。依从于钱大昕的这一观点，当代许多学者认为这是程朱理学"反史"的一面。汪高鑫先生在《中国史学思想通论·经史关系论卷》（福建人民出版社 2011 年版）中结合程朱理学代表人物的史学表现，以及程朱理学理在事中、格物穷理的理论，进一步从逻辑上疏导了程朱理学家们也有注重史学之一面，对钱大昕的"荣经陋史"观提出了辩证，认为"说他们'荣经'是实，'陋史'则不确，尊经是实，卑史则不尽然"。一般来讲，以朱熹为代表的程朱理学在经史关系上的说明，存在着两个层次：从经史关系的本体论意义上来讲，经先史后，经精史粗确实是其主张，其原因已如正文所述；从格物致知的工夫论层次上，经学是理，史学是事，史学又是经学之一翼，不可偏废。

辑进路。

　　服务于其心学理论的构建，王阳明在回答弟子徐爱的问题时提出
"五经亦史"。徐爱言："先儒论六经，以《春秋》为史。史专记事，恐与
五经事体终或稍异。"王阳明答曰："以事言谓之史，以道言谓之经。事
即道，道即事。《春秋》亦经，五经亦史。《易》是包牺氏之史，《书》是
尧、舜以下史，《礼》《乐》是三代史。其事同，其道同，安有所谓异？"
又曰："五经亦只是史，史以明善恶，示训戒。善可为训者，时存其迹以
示法；恶可为戒者，存其戒而削其事，以杜奸。"[1] 这里所谓五经，加
上传统意义上既是经又是史的《春秋》，就是六经。王阳明此说，其实已
经具有"六经皆史"的思想。在"心即理"理论的统摄下，王阳明认为
程朱理学视之谓超验、绝对之"理"与一般意义上的"物""事""义"
等一样，都是内在于吾心的，即所谓"心外无物，心外无事，心外无理，
心外无义，心外无善"[2]。在这层意义上，王阳明认为道、事是同一的，
那经、史也是同一的。相比较于程朱理学把理视作一种超验的、道德渊
薮、世界本源的绝对存在，六经又是天理的代表，从而赋予六经超越于
史学的道德优势，王阳明的心学则显然是用"心"来统摄理，挤压了理
的伸张空间，这在经、史都内在于吾心的经史关系理论构成中，无疑为
史学作用的释放、史学地位的提升，提供了可能、必要的空间。

　　我们需要意识到，王阳明虽然提出了"五经亦史"的观点，但这主
要是服务于其心学理论构建的，并未就经、史关系进行就事论事式的深
入探讨，更不是争论经、史地位的高低、精粗或优劣问题。换句话说，
心学理论固然为史学地位的提升提供了潜在的可能，但王阳明理论的本
意却并非如此。然而正如顾宪成所谓"此窍一凿，混沌几亡"，王阳明这
一有关经史关系的言论在明代中后期产生以后，迅速得以传播，对于人
们更为理性地认识经史关系起到了积极的推动作用。这种作用的显现，
具体表现在两个方面：一是仍然基于心学理论而展开的经史关系的思考；
二是逐渐脱开理学话语体系的羁绊对经史关系就事论事式的深入探讨。

[1] 王守仁：《王阳明全集》卷一《传习录》上，上海古籍出版社 1992 年版，第 10 页。
[2] 王守仁：《王阳明全集》卷四《与王纯甫·二癸酉》，上海古籍出版社 1992 年版，第 156 页。

不管是哪一种情况，阳明心学有关经史关系的言论的影响和启发意义，都是功不可没的。

基于心学理论而展开的经史关系的思考，薛应旂可以作为一个代表。薛应旂有关于经史关系的思考显然是针对程朱理学家"经精史粗"的观点而发的，"古者左史记言，右史记事。事为《春秋》，言为《尚书》，经史一也。后世史官咸推迁、固，然一则退处士而进奸雄，一则抑忠臣而饰主阙，殆浸失古意而经史始分矣。朱晦翁谓吕东莱好读史遂粗着眼。夫东莱之造诣不敢妄议，若以经史分精粗，何乃为精义？入神之妙，不外于洒扫应对之间也"[1]。薛应旂认为经、史从本质上来讲是同源的，也是同一的，只不过后来史学的发展"浸失古意"，从其"入神之妙，不外于洒扫应对之间"的论断中，我们更可以看出其依随于"事即道，道即事"的心学判断标准。与王阳明用心来统摄经、史相同，薛应旂也把经内化于心，其言："人人存其本心而形气不扰，则六经无可作也。于是乎可以知圣人作经之意也。《易》以道化，《书》以道事，《诗》以达意，《礼》以节人，《乐》以发和，《春秋》以道义。先后圣哲，上下数千言，究其指归，无非所以维持人心于不坏也。"[2]

从王阳明和薛应旂的表现来看，基于心学理论而展开的经史关系的思考还有一个共同的特征，即借用理学家们常用的道、事范畴来论述经史关系。一个基本的观点是道、事无二，经、史本一。明人丰坊亦言："人有言经以载道，史以载事，事与道果二乎哉？吾闻诸夫子：'下学而上达。'子思亦云：'率性之谓道。'性也者，天理也；道也者，人事也。人事循乎天理，乃所谓道，故古之言道者，未始不征诸事也。言道而遗于事，老之虚、佛之空而已矣，故曰：'我欲载之空言，不如见诸行事之深切著明也。'空言美听，而非践履之实用，行事有迹，而可以端趋舍之涂。是故《诗》《书》已删，《礼》《乐》以正，必假《鲁史》修《春秋》，以为《诗》《书》《礼》《乐》之用，必征诸行事而后实也。经与史果二乎哉？繄，六经赖夫子而醇，诸史出于浮士而杂，非经史之二也，存乎其

[1] 薛应旂：《宋元通鉴》卷首《宋元通鉴义例》，明嘉靖四十五年自刻本，《四库全书存目丛书》本，史部第9册，第688页。
[2] 薛应旂：《方山先生文录》卷十六《原经》，明嘉靖三十三年东吴书林刻本，《四库全书存目丛书》本，集部第102册，第383页。

人焉尔!"[1] 沈国元亦有论曰:"经以载道,史以纪事,世之持论者或歧而二之,不知道无不在,散于事为之间,因事之得失成败,可以知道之万世无弊,史之所系綦重矣。"[2] 从丰坊的论述中,我们不仅可以看出其借用心学理路中的道、事无二以论证经、史本一的惯常思路,还可以看到其把后世经史分途的原因归结为人的原因,"非经史之二也,存乎其人焉尔"。由于人、心在心学理论中的对等性和无差别性,从本质上来讲,丰坊所论仍有从心学立场来论述经史关系的嫌疑。而沈国元所论仅仅借用了阳明心学的道、事无二来论证经、史本一的思维,结语也逐渐改变了进一步说明心的超然性和包容性的惯常做法,而把归结点集中在了史学方面,"史之所系綦重矣"。这应该是阳明心学"五经亦史"说于史学的影响途径的一个重要转折点。

## 二、在经与史之间转圜:李贽对经学权威的瓦解

在王阳明之后,唐顺之、李贽也表达了史对经的涵盖与统摄作用。唐顺之在《杂编》自序中说:"语理而尽于六经,语治而尽于六官,蔑以加之矣。然而诸子百家之异说,农圃、工贾、医卜、堪舆、占气、星历、方技之小道,与夫六艺之节脉碎细,皆儒者之所宜究其说而折衷之,未可以为赜而恶之也。善学者由之以多识蓄德,不善学者由之以溺心而灭质,则系乎所趋而已。史家有诸志,《杂编》者,广诸志而为之也。以为语理而不尽于六经,语治而不尽于六官也,故名之曰《杂编》。"[3] 唐顺之首先对"语理而尽于六经,语治而尽于六官"表示了怀疑,提出了与此相反的观点,即"语理而不尽于六经,语治而不尽于六官",这就为百家之"异说"和"小道"找到了合理的位置,也为其《杂编》的成书找到了合理的依据,这说明唐顺之有关经史关系的关切点,已经从心学理

[1] 丰坊:《世统本纪序》,见黄宗羲《明文授读》卷三十一,清康熙三十六年张锡琨味芹堂刻本,《四库全书存目丛书》本,集部第 401 册,第 232 页。
[2] 沈国元:《二十一史论赞》卷首《总叙》,《四库全书存目丛书》本,史部第 148 册,第 539 页。
[3] 唐顺之:《唐荆川诗文集》卷十《杂编序》,凤凰出版社 2012 年版,第 284 页。

论构建转移到史学理论阐发方面。围绕着唐顺之《杂编》，明人茅坤也肯定了唐顺之的这一观点，其言：

> 盖公生平所最镌刻者，六经；所欲以经世自表见者，六官，故其参互考次为独详。然六经所研者，理也。六经所不能尽，公则条次之以诸家之学，曰法，曰名，曰墨，曰纵横，曰杂，曰兵，曰农，曰圃，曰贾，曰工，曰天文，曰历，曰地理，曰理数，曰术数，曰医，曰道，曰释。又次之以文艺，曰史，曰词赋，曰文，曰书法，曰画，曰古器，曰器，曰琴，曰射，曰奕。六官所考见者，治也。六官所不能尽，公则条次之以天下之大，曰君，曰相，曰将，曰谋，曰谏，曰政，曰后，曰储，曰宗，曰戚，曰主，曰宦，曰幸，曰奸，曰篡，曰封建，曰镇，曰乱，曰夷，曰名世，曰节，曰侠，曰隐逸，曰烈妇，曰方技，末复终之以曰吏，曰户，曰礼，曰兵，曰刑，曰工。[1]

虽然不如唐顺之所言对史学价值更为肯定，但茅坤"曰史"的措辞，也承认史与经一道，在研理方面发挥着不可或缺的作用。

李贽在瓦解经学的权威上走得更远，"更说甚么六经，更说甚么《语》《孟》乎？夫六经、《语》、《孟》，非其史官过为褒崇之词，则其臣子极为赞美之语。又不然，则其迂阔门徒，懵懂弟子，访忆师说，有头无尾，得后遗前，随其所见，笔之于书。后学不察，便谓出自圣人之口也，决定目之为经矣，孰知其大半非圣人之言乎！纵出自圣人，要亦有为而发，不过因病发药，随时处方，以救此一等懵懂弟子，迂阔门徒云耳。药医假病，方难定执，是岂可遽以为万世之至论乎？然则六经、《语》、《孟》，乃道学之口实，假人之渊薮也，断断乎其不可以语于童心之言明矣"[2]。李贽对所谓六经、《语》、《孟》的批判是非常猛烈的。就其批判的内涵而言，它涉及儒家经典的产生和传播过程，认为儒家经典

[1] 茅坤：《茅鹿门先生文集》卷十四《荆川先生稗编序》，明万历刻本，《续修四库全书》本，第 1344 册，第 650 页。

[2] 李贽：《焚书》卷三《童心说》，载《李贽文集》第一卷，社会科学文献出版社 2000 年版，第 93 页。

要么是在其后学的片面理解和记忆的基础上产生的，要么是在后来的流传和运用过程中，被忽略了产生的具体背景。这等同于说，经是特定历史条件下的产物，有其产生的具体背景和适用范围，是一种历史的存在。这应该是其"六经皆史"观点的另一种说辞。这一观点在其《经史相为表里》一文中有着更为明确的表达，"经、史一物也。史而不经，则为秽史矣，何以垂戒鉴乎？经而不史，则为说白话矣，何为彰事实乎？故《春秋》一经，春秋一时之史也。《诗经》《书经》，二帝三王以来之史也。而《易经》则又示人以经之所自出，史之所从来，为道屡迁，变易匪常，不可以一定执也。故谓六经皆史可也"[1]。在这段话中，李贽虽然也探讨了经对史的提升，但整体上来看，更多地探讨了史对经的涵盖和统摄，这也说明其立论点已经转变为以史的内涵来规定经的性质，更多地体现了立足于史学本位的一种思考；而"六经皆史"，至少在字面上第一次被正式提出。

三、史对经的超越：王世贞的经史关系思考

经史关系中"五经亦史""经史一也"和"六经皆史"的观点，逐渐脱开了理学话语体系，更多地立足于史学本身而展开的探讨，到了晚明时期"可以说俯拾可得"，诸如何景明、徐中行、闻人诠、何良俊、胡应麟等人都有这种观点的丰富表达。[2]

立足于史学本位来探讨经史关系，在王世贞的史学理论中体现得更为明显。王世贞就曾针对程朱理学的"经先史后"说提出批评，称："吾读书万卷，而未尝从六经入。"[3] 这种结论的得出是立足于其"六经皆史"说的基本立场的。其言："天地间无非史而已。三皇之世，若泯若没；五帝之世，若存若亡。噫！史其可以已耶？六经，史之言理者也；曰编年、曰本纪、曰志、曰表、曰书、曰世家、曰列传，史之正文也；

----

[1] 李贽：《焚书》卷五《经史相为表里》，载《李贽文集》第一卷，社会科学文献出版社 2000 年版，第 201—202 页。

[2] 向燕南：《从"荣经陋史"到"六经皆史"：宋明经史关系说的演化及意义之探讨》，《史学理论研究》，2001 年第 4 期。

[3] 李贽：《续藏书》卷二十六《尚书王公》，中华书局 1974 年版，第 1709 页。

曰叙、曰记、曰碑、曰碣、曰铭、曰述，史之变文也；曰训、曰诰、曰命、曰册、曰诏、曰令、曰教、曰札、曰上书、曰封事、曰疏、曰表、曰启、曰笺、曰弹事、曰奏记、曰檄、曰露布、曰移、曰驳、曰喻、曰尺牍，史之用也；曰论、曰辨、曰说、曰解、曰难、曰议，史之实也；曰赞、曰颂、曰箴、曰哀、曰诔、曰悲，史之华也。虽然，颂即四诗之一，赞、箴、铭、哀、诔皆其余音也，附之于文，吾有所未安，惟其沿也，姑从众。"[1] 相比较于王阳明、李贽等人提出的"五经亦史""六经皆史"说，王世贞"天地间无非史而已"的提法对于史的内涵的扩展更为彻底，而且明确提出"六经，史之言理者也"，更为鲜明地把经纳入了史学的范围，也更加凸显了其学说以史学为本位的理论特点。不仅如此，王世贞还认为史学的价值要远超于经学之上。其曰："愚尝读文中子之书曰，史之失自迁、固始也。记繁而志寡，则又未尝不叹其言之失也。夫经有不必记者，而史有不必志。孔子之作《春秋》也，而君臣父子夫妇长幼之伦著焉，中国荆蛮君子小人之界判焉，盖二百四十二年而千万世揆是也。故经不敢续也，亦无所事续也。至于史则不然，一代缺而一代之迹泯如也，一郡国缺而一郡国之迹泯如也。贤者不幸而不见德，不肖者幸而不见匿。故夫三代非无史也，周衰天子之史不在周，而寄于齐、晋之盟主。盟主衰而又分寄于列国，国自为史，人自为笔。至秦务师史，斥百家，而史亦随烬矣。五帝之事，若有若无，三王之事，若存若亡，则非史之罪业，祖龙为之也。执事试进操觚之士，而质之史，其论三代有不尊称《尚书》者乎？然自舜、禹、汤武及桀、纣而外，有能举少康、武丁、太康、孔甲之详以复者否？周之季，有不尊称《春秋》者乎？而自桓文而上，有能举宣、平、共和之详者否？二汉而下，有不稗官《晋》，齐谐'六代'，期期《唐书》，芜《宋史》，而猥琐辽、金、元三氏者乎？然一展卷，而千六百年之人若新，而其迹若胪列也。则是史之存与不存也。"[2] 在传统经、史分野的语境下，王世贞也承认经、史有差

［1］ 王世贞：《弇州四部稿》卷一百四十四《艺苑卮言》，文渊阁《四库全书》本，第1281册，第350页。

［2］ 王世贞：《弇州四部稿》卷一百一十六《策·湖广第三问》，文渊阁《四库全书》本，第1280册，第810页。

别。但和传统认识不同的是，王世贞认为经、史各有偏重，即所谓"经有不必记者，而史有不必志"。并且，他还从历史记载的丰富性上说明史学具有经学不可替代的作用。王世贞认为经学原始意蕴的阐发在孔子生活的春秋、战国时代就已经结束，况且，经也是那个时代的史，而史学的发展则日新月异，每一时段史的遗失，都可能会导致"贤者不幸而不见德，不肖者幸而不见匿"价值失衡的严重后果，而"君臣父子夫妇长幼之伦著焉，中国荆蛮君子小人之界判焉"，恰恰是作为史之《春秋》被后人推崇为经的主要依据。因此，在王世贞看来，史学的存续，绝不仅仅关涉客观史实的承续，更关乎人类价值的塑造和传承，从这层意义上来讲，王世贞认为史学具有超越于经学之上的价值。从王世贞对于经史关系的发展来看，其立足于史学本位的思考，对史学价值的阐发也更为深刻，在阳明心学"五经亦史""六经皆史"说的基础上，又超越了这一学说的心学理论语境，彻底回归到史学领域。

综上，在经史关系上，从王阳明、薛应旂为论证心的超然性和包容性，到丰坊、沈国元仅借用王学人物惯用的从道、事无二来论述经、史本一的思维，再到唐顺之、李贽、王世贞基于史学立场的思考，这既是阳明心学有关经史关系论述对明中后期史学影响的基本轮廓或大致演进路径，同时也说明了史学进一步走向独立的时代要求。并且，发轫于阳明心学的"六经皆史"说，在经过了明朝中后期学者的接受、利用和改造以后，在对于经的"亵渎"和"叛逆"的既定思维下，也持续地成为之后史学发展中思想解放的理论依据和渊薮。

## 第三节　阳明心学与明中后期三股史学思潮

如果说阳明心学激发了史家的自我意识，使得明中后期的史学初具发展动力，那发源于阳明心学的"六经皆史"说，则进一步使得传统史部获得了更为独立的地位。史学家们基于这一理论的深邃内涵展开了独立的理性史学思考，也具体地说明了阳明心学影响于史学的路径。作为一套严整的思想体系，阳明心学对史学的影响是非常全面和深入的，与其他社会因素一起，共同塑造了明朝中后期史学的时代特征。

有关于明代中后期史学的整体研究，学术界较多地以"思潮"的形式表现出来。吴怀祺先生曾言："学术变化对史学产生的影响，可以举出几点来。一，批判思潮的兴起，从新的视角对历史进行总结。二，朱学的教条受到挑战，对历史的认识与评价发生变化。三，对践履观新的阐释，为学术经世提供了思想上的说明。刘宗周'慎独'说之发明，影响下及有清的史学，由黄宗羲'而开万氏兄弟经史之学'。四，史学思想的活跃带来史学上的进步，出现一批改写宋史的史书和纪世本末体史书，这些史书编纂的立意之一，是为观察盛衰；笔记野史以及地方志的编写，取得前所未有的成绩；对前代史书的评论和对《史通》的整理研究，成就相当可观。"[1] 葛兆光先生也认为："经过了两个半世纪停滞不前的低潮时期，中国史学终于在明代中叶发生了变化，史学领域里出现了新的演变趋势，相继出现的三股与保守、空疏史学相背离的史学思潮，开始冲破了元、明以来史学界的沉闷局面。"这三股史学思潮，一是"维护史学客观性、严肃性"，二是"大砍大杀，弃旧史学而不顾"，三是以"经世实用为口号"。[2] 向燕南先生进一步明确了三大史学思潮的名称和性质，即"一、启蒙史学思潮；二、经世史学思潮；三、黜虚征实的史学思潮"[3]。反观这三股史学思潮的产生，都与明中叶兴起的阳明心学有着密切的关系。

---

[1]　向燕南：《中国史学思想通史·明代卷》卷首《题记》，黄山书社 2002 年版，第 2—3 页。

[2]　葛兆光：《明代中后期的三股史学思潮》，《史学史研究》1985 年第 1 期。

[3]　向燕南：《中国史学思想通史·明代卷》，黄山书社 2002 年版，第 176 页。有关于明代中后期的史学思潮，杨艳秋《明中后期的史学思潮》（《史学史研究》2001 年第 2 期）、钱茂伟《论明中叶史学的转型》（《复旦学报》2001 年第 6 期）等，虽在葛兆光、向燕南先生所归纳的三股史学思潮之外，也提出了诸如"经史关系的新认识""史汉风格的确立""史学理论的受人重视"等思潮表述，但就这些思潮的本质内涵而言，仍属于三股史学思潮范围。如"批判程朱理学的思潮"和"理学化史学批判思潮的出现"，我们如果把其放置在程朱理学于明朝具有统治意识形态地位的时代背景下，而启蒙史学思潮显然是对既有权威的挑战，那对于程朱理学的批判显然应归入启蒙史学思潮；又如"史汉风格的确立"也可以归入"黜虚征实史学思潮"等。出于上述认识，我们在具体行文中采用了葛兆光、向燕南等人对于明朝中后期史学思潮名称的归纳。

一、心学与启蒙史学思潮

在这三股史学思潮中，阳明心学影响最为直接和深入的就是启蒙史学思潮。所谓启蒙史学，很多时候学者们也把它表述成"异端史学"，其最基本的特征就是对既有历史传统的颠覆。亦如上述，阳明心学弥合了外在天理与主体之心的巨大裂缝，把外在天理内化于人心，从而赋予"吾心"绝对的能动性；同时又承认主体之心的差别性和多样性，这就使得每一个社会个体也因此具有了根本的社会价值。这种思想上的逻辑演绎影响于史学，就是异端史学思想的产生和繁荣发展。

在阳明心学影响的启蒙思潮中，李贽及其《藏书》显然是一个典型的代表。李贽生前曾拜王门泰州学派座主王艮之子王襞为师，与阳明嫡传弟子王畿和罗汝芳多有交往，结交了王学后学耿定向、耿定理兄弟，并与耿定向弟子焦竑成为至交。其亦自言："某生于闽，长于海，丐食于卫，就学于燕，访友于白下，质正于四方。自是两都人物之渊，东南才富之产，阳明先生之徒若孙及临济的派、丹阳正脉，但有一言之几乎道者，皆某所参礼也，不扣尽底蕴固不止矣。"[1] 这段话说明李贽思想来源之"杂"，但也基本说明了阳明心学是其学说思想的来源之一。

阳明心学对李贽异端史学的影响是非常明显的。其在《藏书》卷首《世纪列传总目前论》中即言："人之是非，初无定质。人之是非人也，亦无定论。无定质，则此是彼非并育而不相害；无定论，则是此非彼亦并行而不相悖矣。然则今日之是非，谓予李卓吾一人之是非，可也。谓为千万世大贤大人之公是非，亦可也。谓予颠倒千万世之是非，而复非是予之所非是焉，亦可也。则予之是非，信乎其可矣。"与王阳明一样，李贽也肯定了主体判断的多样性和差别性，认为历史评判——"人之是非人也"——是"无定论"的。他对历史上以及当前的历史评判表达了不满："前三代，吾无论矣。后三代，汉、唐、宋是也，中间千百余年，而独无是非者，岂其人无是非哉？咸以孔子之是非为是非，故未尝有是

---

[1]　李贽：《焚书》增补一《答何克斋尚书》，载《李贽文集》第一卷，社会科学文献出版社 2000 年版，第 247 页。

非耳。然则予之是非人也，又安能已？夫是非之争也，如岁时然，昼夜更迭，不相一也。昨日是而今日非矣，今日非而后日又是矣，虽使孔夫子复生于今，又不知作如何非是也，而可遽以定本行罚赏哉！"[1] 不满的原因就是"咸以孔子之是非为是非"的因循保守习气。李贽主张把历史评价从一种恒常不变的凝固状态中解放出来，放置到变动不居的历史情实中来进行，这无疑是对经过程朱理学道德化改造和倡扬的、业已凝固不变的"以孔子之是非为是非"传统历史评价权威的挑战。如他关于秦始皇"千古一帝"的评价；又如关于冯道"安养之力"的评价，"孟子曰：'社稷为重，君为轻。'信斯言也，道知之矣。夫社者，所以安民也；稷者，所以养民也。民得安养而后君臣之责始塞。君不能安养斯民，而后臣独为之安养斯民，而后冯道之责始尽。今观五季相禅，潜移嘿夺，纵有兵革，不闻争城。五十年间，虽经历四姓，事一十二君并耶律契丹等，而百姓卒免锋镝之苦者，道务安养之之力也。谯周之见，亦尤是也"[2]。这些无不说明李贽的历史评价已经颠覆或背离了明初经过官方化改造的程朱理学所极度强调的唯道德是取的历史评价体系，无怪乎代表此类历史评价观点的四库馆臣会对其做出"狂悖乖谬，非圣无法"的评价："贽书皆狂悖乖谬，非圣无法。惟此书排击孔子，别立褒贬，凡千古相传之善恶，无不颠倒易位，尤为罪不容诛。其书可毁，其名亦不足以污简牍。特以贽大言欺世，同时若焦竑诸人，几推之以为圣人。至今乡曲陋儒，震其虚名，犹有尊信不疑者。如置之不论，恐好异者转矜创获，贻害人心。故特存其目，以深暴其罪焉。"[3] "故特存其目，以深暴其罪焉"，进一步印证了李贽"异端"思想在"正统"的四库馆臣那里产生的心理冲击和恐慌。

反观李贽这种不"以孔子之是非为是非"的历史评价，阳明心学的"无善无恶"之论无疑是其重要的思想来源。肯定个体价值，包括个体历史评价的合理性与合法性，从一定程度上来讲就是对既定权威的否定。

[1] 李贽：《藏书》卷首《世纪列传总目前论》，载《李贽文集》第二、三卷，社会科学文献出版社 2000 年版，第 7 页。

[2] 李贽：《藏书》卷六十八《冯道》，载《李贽文集》第二、三卷，社会科学文献出版社 2000 年版，第 1299 页。

[3] 永瑢等：《四库全书总目》卷五十《藏书》，中华书局 1965 年版，第 455 页。

王阳明曾言："夫道，天下之公道也；学，天下之公学也，非朱子可得而私也，非孔子可得而私也。"[1] 在消解既定权威时，李贽的具体做法也是直接利用了王阳明所倡导的"无善无恶"这一哲学命题。王阳明认为心体是无善无恶的，他曾以"金玉蔽眼"为喻言："'心体上着不得一念留滞，就如眼着不得些子尘沙。些子能得几多？满眼便昏天黑地了。'又曰：'这一念不但是私念，便好的念头，亦着不得些子。如眼中放些金玉屑，眼亦开不得了。'"[2] 王阳明把心体规定为"无"，反对一种先入为主的偏见，即使被人们所普遍接受的圣人之教也是不可以的。如果我们对"规定即否定"作逆向的思考，他所谓的"无"，其实是无所不包的，是存在着无限可能的。这就把既定的权威消解在包含无限可能性的"无"这一范畴内。李贽据此提出了"执一便是害道"的观点，"夫人本至活也，故其善为至善，而其德为明德也。至善者，无善无不善之谓也。惟无善无不善，乃为至善；惟无可无不可，始为当可耳。若执一定之说，持刊定死本，而欲印行以通天下后世，是执一也。执一便是害道……"[3] 从而论证了个体价值存在的合理性、合法性。

从上面论述我们可以看出，对阳明心学思想的继承和发展，李贽注重个体历史评价的多样性和价值，而这种个体历史评价是独立于"咸以孔子之是非为是非"的"执一"的正宗历史评价体系之外的，从而使得其历史评价思想具有了"异端"的色彩。这种思想与其史学之间的逻辑关系还比较集中地体现在其"童心说"中。李贽认为："夫童心者，真心也。若以童心为不可，是以真心为不可也。夫童心者，绝假纯真，最初一念之本心也。"这与王阳明有关心体的论证若合符节。又曰："苟童心常存，则道理不行，闻见不立，无时不文，无人不文，无一样创制体格文字而非文者。诗何必古选，文何必先秦。降而为六朝，变而为近体；又变而为传奇，变而为院本，为杂剧，为《西厢记》，为《水浒传》，为今之举子业，皆古今至文，不可得而时势先后论也。故吾因是而有感于

[1] 王守仁：《王阳明全集》卷二《传习录》中《答罗整庵少宰书》，上海古籍出版社1992年版，第78页。
[2] 王守仁：《王阳明全集》卷三《传习录》下，上海古籍出版社1992年版，第124页。
[3] 李贽：《藏书》卷三十二《孟轲传》，载《李贽文集》第二、三卷，社会科学文献出版社2000年版，第598页。

童心者之自文也，更说甚么六经，更说甚么《语》《孟》乎?"[1] 这不仅从横向上肯定立足于"童心"的个体之"文"的多样性及其合理性，而且从纵向上还强调了各"时"之文的价值，表达了学随时变的学术主张，进而解构了儒家经典六经、《语》、《孟》的权威性。这种源自思想层面，过渡到史学评论方面，由倡扬个体价值到否定权威经典的做法，其必然的逻辑进路也就是上已论及的"狂悖乖谬，非圣无法"的"六经皆史"之说。

应该来讲，受阳明心学的影响，李贽的"异端"历史评价思想于明朝中后期虽然典型，但并不孤独。唐顺之亦有"本色论"，唐顺之言："只就文章家论之，虽其绳墨布置，奇正转折，自有专门师法，至于中一段精神命脉骨髓，则非洗涤心源，独立物表，具今古只眼者，不足以与此。今有两人：其一人心地超然，所谓具千古只眼人也，即使未尝操纸笔呻吟学为文章，但直据胸臆，信手写出，如写家书，虽或疏卤，然绝无烟火酸馅习气，便是宇宙间一样绝好文字。其一人犹然尘中人也，虽其专学为文章，其于所谓绳墨布置，则尽是矣，然番来覆去，不过是这几句婆子舌头语，索其所谓真精神与千古不可磨灭之见，绝无有也，则文虽工而不免为下格。此文章本色也。即如以诗为喻，陶彭泽未尝较声律，雕句文，但信手写出，便是宇宙间第一等好诗。何则？其本色高也。自有诗以来，其较声律、雕句文，用心最苦而立说最严者，无如沈约，苦却一生精力，使人读其诗，只见其绷缚龈龊，涡卷累牍，竟不曾道出一两句好话。何则？其本色卑也。本色卑，文不能工也，而况非其本色者哉?"[2] 唐顺之"本色论"虽多就文学表达而言，但其倡扬个体价值、解构权威的精神是一以贯之的。也正是唐顺之于思想上"洗涤心源，独立物表，具今古只眼"，才能"直据胸臆，信手写出""出奇胜人"的文章。如其《左编》中对冯道"长乐老子"的评价，显然与李贽《藏书》"安养之力"的肯定评价如出一辙。并且，唐顺之的《左编》对李贽《藏书》的成书也有直接的影响。[3]

---

[1] 李贽：《焚书》卷三《童心说》，载《李贽文集》第一卷，社会科学文献出版社 2000 年版，第 92—93 页。

[2] 唐顺之：《唐荆川诗文集》卷七《答茅鹿门知县》，凤凰出版社 2012 年版，第 183 页。

[3] 李德锋：《李贽〈藏书〉与唐顺之〈左编〉之关系考述》，《史学史研究》2011 年第 1 期。

此外，据当代学者研究，祝允明《罪知录》、吕坤《呻吟语》、焦竑《焦氏笔乘》、张燧《千百年眼》等，以及"唐顺之的《两汉解疑》《两晋解疑》，洪垣的《觉山史说》，张大龄的《玄羽外编》，程至善的《史砭》，宋存标的《史疑》，孟叔子的《史发》，熊尚文的《兰曹读史》，朱正色的《涉世雄谈》，王志坚的《读史商语》，钟惺的《史怀》及贺详的《史取》等。这些著作论述的理论层次虽然有高有低，但都不同程度地表现出反对封建文化专制束缚，蔑视统治意识形态权威的思想和学术特征"[1]。这都说明于明朝中后期以"异端"为具体表现的启蒙史学思想，已经形成了一股时代潮流。以至清人在评价明人的总体学术特征时言："明代史论至多，大抵徒侈游谈，务翻旧案。"[2]

毋庸讳言，这些史家及其史著的"异端"表现和阳明心学的关系，可能不像李贽和唐顺之那么直接和明显，甚至是和阳明心学并没有直接的关系，仅是源于与阳明心学同样时代背景的一种史学表现，但如果我们从总体上来考察这股史学思潮，阳明心学无疑对这一思潮的培养和发展助益良多。启蒙史学思潮也是在三股史学思潮中，阳明心学影响最为直接的一种史学思潮。

## 二、心学与经世致用史学思潮

在启蒙、经世和黜虚征实史学思潮中，现代一般学者大都认为阳明心学与经世史学思潮关系最为疏远，甚至认为阳明心学不仅没有促进经世史学思潮的发展，一定程度上还是站在经世思潮的对立面的。金其桢先生的观点可以说是其中的代表，他说："明代万历年间，在昏庸的皇帝及交替专权的宦官和权臣的严酷统治下，大批士林学人消极隐居，逃避现实，空谈心性、崇尚佛道空无之论的王阳明心学，被王学末流泛滥至极。他们弃儒入禅，谈空说玄，不闻国事，追求所谓的自我道德完善。这一虚浮不实、不务实学济世的风气，严重影响了整个士林学界，对传统儒学，特别是儒家经世致用思想产生了很大影响，造成了士林学界的

---

[1]　向燕南：《晚明士人自我意识的张扬与历史评论》，《史学月刊》2005 年第 4 期。
[2]　永瑢等：《四库全书总目》卷八十八《史纠》，中华书局 1965 年版，第 755 页。

思想混乱和消极空幻虚无之风盛行。"[1] 张显清先生亦谓："从思想发展的逻辑看，心学的没落是实学思潮兴起的原因；实学思潮的兴起是心学没落的归宿。"[2] 这种把阳明心学视为经世思想的反动的做法显然是一种"将丰富的古代晚期社会思想史简单谱系化的反历史做法"[3]，但也不得不承认这一观点在当今学术界仍有相当的市场。人们在发掘晚明的经世思潮时，仍然沿袭明末清初王夫之"王氏之徒……若废实学，崇空疏，蔑规模，恣狂荡，以无善无恶尽心意知之用，而趋入于无忌惮之域"[4] 的一贯评价，从根本上忽略了阳明心学的本质内涵。

从逻辑上来讲，王阳明"心即理"命题，弥合了外在之理与主观之心之间的巨大裂缝，强调在一种本体状态下心对理的统摄，而这种心体"良知"又是一种"无我"的境界，"诸君常要体此人心本是天然之理，精精明明，无纤介染着，只是一无我而已"[5]。也就是说，王阳明把心体描述成了一种超越现象的绝对存在，其是"无我"，但又是无所不包的，这就使得阳明心学具有了更深程度的包容性和开放性，"其结果是为走向'天理即在人欲中''理在气中'等唯物主义色彩的命题提供了可能"[6]。

王阳明的"致良知"和"知行合一"命题也表达了其心学的经世诉求。王阳明在心体"良知"之外提出"致"这一问题，说明其非常重视心学理论的实践意义。大致看来，关于"良知"如何"致"得的问题，阳明心学存在着两种倾向，即"率其本然"和"着实用功"。就前者而言，它的逻辑思路基本上是，既然良知是先验的，又是内在于人心的，

---

[1] 金其桢：《略论东林学派的实学思想体系》，《江南大学学报》（人文社会科学版）2004年第4期。
[2] 张显清：《晚明心学的没落与实学思潮的兴起》，《明史研究论丛》（第一辑），江苏人民出版社1982年版，第307—338页。
[3] 向燕南：《从"主于道"到"主于事"：晚明史学的实学取向及局限》，《学术月刊》2009年第3期。
[4] 王夫之：《礼记章句》卷四十二，清同治四年湘乡曾氏金陵节署刻船山遗书本，《续修四库全书》本，第98册，第565页。
[5] 王守仁：《王阳明全集》卷三《传习录》下，上海古籍出版社1992年版，第125页。
[6] 向燕南：《从"主于道"到"主于事"：晚明史学的实学取向及局限》，《学术月刊》2009年第3期。

那它的发用或者说产生作用，只要循着它本然的状态就好了，良知自然会知。平心而论，这一点虽然也是在"致良知"的实践意义上来探讨，但其实践的意义并不强。关于"着实用功"，它是基于一种前提，即良知被物欲遮蔽了。这种情况下要想致得良知，那就需要去除物欲，通过向外的努力来恢复本心的良知。即所谓"大抵学问功夫只要主意头脑是当，若主意头脑专以致良知为事，则凡多闻多见，莫非致良知之功。盖日用之间，见闻酬酢，虽千头万绪，莫非良知之发用流行。除却见闻酬酢，亦无良知可致矣"[1]。致得良知的这一路径，其实践的意味就非常浓厚了。

王阳明针对程朱理学"知先行后"说所导致的"知而不行"后果，提出了"知行合一"命题，"知是行的主意，行是知的功夫。知是行之始，行是知之成。若会得时，只说一个知，已自有行在；只说一个行，已自有知在"[2]。王阳明认为"知"与"行"相互包容，须臾不曾离，原为一物。但也认为相比较于"知"的指导意义，"行"才具有最终的决定意义，即所谓"行是知之成"。这就使得阳明心学并不仅仅关注于形而上的哲学构建，更着意于形而下实践意义的探讨。

因此，我们说从阳明心学各主要命题的逻辑思路来看，其并没有排斥经世思想的倾向，这也为王阳明建功立业的豪杰一生提供了鲜明的思想注脚。从阳明心学影响于社会的现实层面来看，王学后学中一批学者举起史学经世的大旗，也生动地说明了阳明心学对明中后期史学经世思潮产生了直接而又广泛的影响，并且以其特有的思想特征，推动了史学经世思潮于明中后期的发展，塑造了经世史学思潮鲜明的时代特征。大致看来，这又主要表现在两个方面：

第一，经世史学思想的实学化倾向。阳明心学强调，只要能够保有心之本体之自然发用流行这一前提，世人视为俗务的"见闻酬酢""七情六欲""薄书讼狱"，都能在其心学体系中找到合理的位置，"喜、怒、哀、惧、爱、恶、欲，谓之七情，七者俱是人心合有的。但要认得良知

---

[1] 王守仁：《王阳明全集》卷二《传习录》中《答欧阳崇一》，上海古籍出版社1992年版，第71页。

[2] 王守仁：《王阳明全集》卷一《传习录》上，上海古籍出版社1992年版，第4页。

明白。比如日光，亦不可指着方所。一隙通明，皆是日光所在。虽云雾四塞，太虚中色象可辨，亦是日光不灭处。不可以云能蔽日，教天不要生云。七情顺其自然之流行，皆是良知之用，不可分别善恶。但不可有所着"[1]。相比较于程朱理学的道德说教，阳明心学的经世诉求确实具有更强的现实性和社会性，其"努力向下的构建"色彩是非常明显的，"我何尝教尔离了薄书讼狱，悬空去讲学？……薄书讼狱之间，无非实学，若离了事物为学，却是着空"[2]。王艮亦言："百姓日用条理处，即是圣人之条理处。"[3] 可以说，对程朱理学家鄙弃不谈的"小道"的重视，即通过重视日常事务的实践来追求心性良知哲学意义的探讨，是阳明心学经世思想的一个普遍的特征，而对这一理论进行发展和实践的，则是唐顺之。

唐顺之《答俞教谕》一文，不啻为一篇阳明心学经世思想的宣讲书。该文首先说明了阳明心学语境下经世思想参与群体的广泛性，其言："仆于甲科人才，固未尝专有眷眷搜罗之心，其于岩穴之士之贤者，亦何尝敢忘相与切磋之心哉？其于卑鄙龊龊、越礼放法者，固未尝敢有雷同随俗之心，而其间尚可告语转移者，亦岂敢遂无悯惜爱护之心而遗疾之如仇者哉？甲科之与岩穴，本无拣择，而感应则随其所遇；峻拒之与悯惜，本无作好恶，而曲成则因乎物情，此天则不容人加减者也。"紧接着说明了"苟真有万物一体之心"，时人所诟病的举业，亦未尝不是经世的一种途径。其下道出了其经世的主旨，"至于道德性命技艺之辨，古人虽以六德、六艺分言，然德非虚器，其切实应用处即谓之艺；艺非粗迹，其精义致用处即谓之德。故古人终日从事于六艺之间，非特以实用之不可缺而姑从事云耳，盖即此而鼓舞凝聚其精神，坚忍操练其筋骨，沉潜缜密其心思，以类万物而通神明，故曰洒扫应对、精义入神只是一理。艺之精处即是心精；艺之粗处即是心粗，非二致也"。虽然从唐顺之的论述当中仍可看出，"艺"之为用的本质还是对"德"的塑造这一传统的儒家思路，但其确实在传统儒家思想内部和其继承的心学体系下为"六艺"找

--------

[1] 王守仁：《王阳明全集》卷三《传习录》下，上海古籍出版社 1992 年版，第 111 页。

[2] 王守仁：《王阳明全集》卷三《传习录》下，上海古籍出版社 1992 年版，第 95 页。

[3] 王艮：《王心斋全集》卷一《语录》，江苏教育出版社 2001 年版，第 10 页。

到了相应合理的位置，认为"绝去艺事而别求道德性命，此则艺无精义而道无实用，将有如佛老以道德性命为上一截，色声度数为下一截者矣"[1]。在唐顺之看来，道德性命所谓之"德"的获得，还需落实到日常实务之"器"的实践，"洒扫应对"和"精义入神"在哲学意义上是一物，都可称其为"理"。也由此看出，受心学理论的影响，以唐顺之为代表，明代中后期的经世思想呈现出在重视"道"的发明的同时，也注重"事"的实践意义。

唐顺之作为经世史学思想实学化的代表，其不仅有理论的说明，而且也有丰富的史学实践，典型的代表作就是《左编》。唐顺之在《自序》中明确指出《左编》的编纂动机："《左编》者，为治法而纂也，非关于治者，勿录也。关于治者，则妃后、外戚、储宗、宦幸、奸篡、方镇、夷狄、草莽之乱，而总之将与相，而总之君，亦云备矣。"唐顺之深刻地认识到不仅君相、师儒这些现实政治的直接参与者的经验需要借鉴，即使表面看来与现实社会联系较为松散的隐士、方士、释道等社会构成，也是治理现实社会所必需的，亦有归类考察他们的必要。他在《自序》中阐发各门类编纂动机的论述尤为精辟，兹移录如下：

> 然《周官》治典所职者，曰师、曰儒，师儒何与于治典也？君与相与将行之，师、儒讲而明之，故云师道立，则善人多，而朝廷正，言师、儒之系乎治者重也，故纂前史《儒林》《道学》诸传，为《诸儒传》。经生训诂，文词笔札，儒之别也，故次之诸儒之后。隐士不事王侯，而志可则，深处岩壑，而龙光于朝，英主亦往往尊礼其人以风世，所谓以无用为用也，故纂《隐逸传》。至于前史有《方技传》，盖巫史、宗祝所以左右人君，而星历、医药、百工皆有国者之不可缺。以汉一时论之，东方之诙谐滑稽，而要之引君于正；丘子明之卜，毛延寿之画，与巫蛊之祸，则其为奸不可穷诘。其人所系殆若此，故纂《方技传》。三代而下，儒术与二氏相盛衰，亦世道之变也。马迁传老子，范史始纪西域沙门。夫二氏之书各五千余卷，其说侈矣，则其人宜不可无纪也，且以观儒术之盛衰焉，纂《二氏

[1] 唐顺之：《唐荆川诗文集》卷五《答俞教谕》，凤凰出版社2012年版，第124页。

传》而总之，为《左编》附云。[1]

可见，《左编》各门类的编纂动机都是围绕经世这一主题而展开的，特别是其不仅认为隐士、方士、释道这些传统儒家所认为的"异端""小道"也有其存在的社会价值，也是合理的，而且还认为他们也是传统经世思想的诉求客体。换句话说，传统史学经世思想发展到唐顺之这里，已经更多地表现出"存在即合理"的思维方式，经世的内容不再仅仅局限于传统认识中的"大道""公学"，而是能够从时下的现实社会出发，充分注意到不同社会构成的社会作用，从而扩大了经世的范围。这是受阳明心学影响，明代中后期史学经世思想实学化的一个表现。

史学思想实学化的另一个表现则是主张史学的实用性。王阳明嫡传弟子王畿曾言："儒者之学，务于经世，然经世之术约有二端：有主于事者，有主于道者。主于事者，以有为利，必有所待，而后能寓诸庸；主于道者，以无为用，无所待而无不足。"[2]虽然，作为思想家的王畿仍然强调道德性命的探讨，存在着主张"主于道"的逻辑倾向，但其也承认经世是儒学的必然任务，并且在传统儒家内圣外王的经世思想意蕴下，把儒学经世区分为"主于道"和"主于事"两种。这种传统儒学经世思想的分疏，对其后的史学发展产生了直接的影响。史家们在表达经世思想时，不仅注意历史经验、理论的总结，更关注这些史学经验对现实社会的形而下的直接指导意义。冯应京《皇明经世实用编》即把"经世"和"实用"明确联系起来，并倡言此编"需圣祖心法，晰孔门正传，固史林之玄圃，而政学之指南哉"[3]，认为经世思想既是前贤往圣、儒家学说的核心内容，也是史学的精髓要义，更对日常行政事务有着直接的指导作用。唐顺之在为自己经世之文《右编》作序时亦有"棋局"之喻，其言："古今宇宙，一大棋局也，天时有从逆，地理有险易，人情有爱恶，机事有利害，皆棋局中所载也。……余之纂《右编》，特以为谱之不

中国经史关系通史·宋元明卷

---

[1] 唐顺之：《唐荆川诗文集》卷十《左编附序》，凤凰出版社2012年版，第283页。

[2] 王畿：《王畿集》卷十四《赠梅宛溪擢山东宪副序》，凤凰出版社2007年版，第374页。

[3] 冯应京：《皇明经世实用编》卷首《实用编纂修姓氏叙由》，明万历刻本，《四库全书存目丛书》本，史部第267册，第6页。

可废而已。"[1]另，王学浙中门人万表亦有《皇明经济文录》。可以说，与阳明心学密切相关的史学经世思想普遍表现出实用化的倾向，分别冠以"经济""实用""适用"等名头的史籍，在"经世文"这一类别中占有很大的比重。

第二，经世思想与"异端"思想纠结在一起，从而使得经世思想往往表现出较浓的批判意味和理性的色彩。这一点在被称为"异端之尤"的李贽及其《藏书》上体现得比较明显。关于李贽及其《藏书》的异端性，已如上述，我们再看其经世主张。首先从书名来看，其显然流露出"藏之名山，以俟后世"的经世主张。其次，《藏书·行业儒臣》附评中明言："治贵适时，学必经世。"在"世纪"和"传"中，诸如"九国兵征""混一诸侯""神圣开基""因时大臣"等等，以事功为标准的经世评判取向也是非常明显的。虽然其整体上表现出反正统的异端色彩，但经世主张也是其应有之义，以至有学者在解读李贽之死的文化内涵时认为，李贽自杀不是因为他是儒教的叛逆者或社会的批判者而遭受了挫折，而是由于作为发扬经世精神的侠士想留名史册。[2]就李贽经世史学思想的内涵而言，其鄙弃了随人唇吻、人云亦云的做法，而是针对现实，展开自己的独立思考，提出自己对于事情的深入认识和解决之道，从而使得李贽的经世史学思想具有了理性的色彩。其实，经常被我们视之为王学反动的东林学派，其批判性的经世思想又何尝不是导源于此。[3]

应该来讲，启蒙与经世两股史学思潮的纠合，在明中后期社会衰败的社会背景下，共同塑造了明代中后期的批判性经世思想的特点。李贽并不是一个个案，主张批判性史学思想的史家大有人在。何良俊言："经犹本草，史即药按也，舍此而欲以济世，无他术矣。"[4]薛应旂言："君子之经

---

[1] 唐顺之：《唐荆川诗文集》卷十《右编序》，凤凰出版社 2012 年版，第 282—283 页。

[2] 佐藤炼太郎：《李贽的经世论——〈藏书〉的精神》，载吴震、吾妻重二主编：《思想与文献——日本学者宋明儒学研究》，华东师范大学出版社 2010 年版，第 399 页。

[3] 李德锋：《唐顺之与东林学派》，载《唐荆川研究》，南京大学出版社 2010 年版，第 174—185 页。

[4] 何良俊：《四友斋丛说》卷首《四友斋丛说序》，明万历七年张仲颐刻本，《续修四库全书》本，第 1125 册，第 510 页。

世，譬诸医者之治病，经则其《素》《难》也，史则其方书也。"[1] 以至有学者认为："明代诸家在论史时，总是将史书和'药案''医方''药笼'等医家用语联系起来。"[2] 看来，史学家们认为时下的社会已病理侵肌，以往的历史经验无疑是祛除疾病的良方。

就阳明心学的逻辑内涵而言，其并没有表现出对经世思想的排斥；就阳明心学对经世思潮的实际影响而言，王学后学不仅是史学领域内经世思潮的实在构成，而且还以其特有的思想特征，推动了史学经世思想的实学转向，并与其影响至深的启蒙思潮相激荡，共同塑造了明代中后期批判性经世思想的时代特征。

## 三、心学与黜虚征实史学思潮

在经过清人"徒侈游谈""学无根柢"的观念灌输以后，与经世思潮的情况一样，今人大多认为阳明心学不仅与黜虚征实毫无关系，而且也是对这一史学思想的反动。当然，也有一些学者对这一当然的观点提出了疑义。向燕南援引陈垣《明季滇黔佛教考》和余英时《从宋明儒学的发展论清代思想史——宋明儒学中智识主义的传统》所论，认为"明后期史学思潮的发展与心学兴衰相反相成的关系"，"王阳明为从根本上说明朱熹学说之非，曾经针对《大学》的版本进行过考证，而罗整庵则在与王阳明辩论时，径直提出'取证于经书'的主张，这些都对晚明史学中考据风习的出现产生影响"。[3] 确实，程朱理学和陆王心学虽然都是以探究性命天理为旨归的学问，但任何一方不愿也不能承担起"学无根柢"的学术、道德风险。

关于阳明心学与考证之学的逻辑联系，上述诸人已详加论述，此不赘述。这里，仅就阳明心学与黜虚征实史学思想关系梳理间可能出现的

---

[1] 薛应旂：《宋元通鉴》卷首《宋元通鉴义例》，明嘉靖四十五年自刻本，《四库全书存目丛书》本，史部第 9 册，第 690 页。

[2] 杨艳秋：《明代史学探研》，人民出版社 2005 年版，第 74 页。

[3] 向燕南：《试析王阳明心学对明代史学的影响——兼及有关拓展史学思想史研究的思考》，《淮北煤炭师范学院学报》（哲学社会科学版）2006 年第 1 期。

误解、阳明心学黜虚征实思想具体表现及其意义谈一点我们的看法。

后人对阳明心学"束书不观""学无根柢"的评价来源于王阳明曾说的一段话，其言："于是乎有训诂之学，而传之以为名；有记诵之学，而言之以为博；有词章之学，而侈之以为丽。若是者纷纷籍籍，群起角立于天下，又不知其几家，万径千蹊，莫知所适。"[1] 毋庸讳言，王阳明的这段话如果仅从文字表述上来看，确实存在着轻视训诂、记诵、词章之学的倾向，也正如余英时所谓"可以说是阳明反智识主义的最明确的表示"[2]。但如果我们要充分理解这段话的涵义，应该还需要注意以下两个方面：一是王阳明这段话产生的语境。这段话是针对顾东桥在与王阳明通信中的一段话而发的，顾东桥言："若夫礼乐名物，古今事变，亦必待学，而后有以验其行事之实。此则可谓定论矣。"[3] 这显然与王阳明所主张的"心即理"说相抵触，王阳明认为理天然内在于心，而不在事物上，通过对外在事物的训诂、记诵、词章等行为来寻求理，那是舍本逐末的做法。要想获得此理，只需返求于心，这是一个立本的过程，亦即其"拔本塞源"之论。也就是说，王阳明的这段话产生的背景是针对顾东桥所言而发，当然也是针对朱熹分理与心为二所导致的学术的"支离"而言。在这段话的历史语境中，客观上虽然确实表现出轻视训诂、记诵、词章之学的倾向，但这并不代表阳明对于"智识主义"的完全鄙弃，这大概也是余英时所言"说王学是儒家反智识主义的高潮并不含蕴王阳明本人绝对弃绝书本知识之意"[4] 的究竟涵义。二是这段话的丰富涵义。有关于此，我们需要从两个层次上来进行理解。首先是这段话还是服务于其心学理论的构建，由于王阳明把主体之心看作世界的本源，万物皆源于心，相比较于外在之训诂、记诵、词章等具体行为，心具有绝对的原发优势，因此，在本末关系上，心是本，而训诂、记诵、词章则显然要退居到次要的位置。其次就王阳明具体的学术表现而言，

[1] 王守仁：《王阳明全集》卷二《传习录》中《答顾东桥书》，上海古籍出版社1992年版，第55—56页。

[2] 余英时：《论戴震与章学诚》，生活·读书·新知三联书店2000年版，第297页。

[3] 王守仁：《王阳明全集》卷二《传习录》中《答顾东桥书》，上海古籍出版社1992年版，第52页。

[4] 余英时：《论戴震与章学诚》，生活·读书·新知三联书店2000年版，第296页。

其也没有从本质上表现出对训诂、词章之学的反对。他在与陆原静的信中提及："所问《大学》《中庸》注，向尝略具草稿，自以所养未纯，未免务外欲速之病，寻已焚毁。"仅通过此点我们可以看出，王阳明在构建其心学理论时，也诉诸对经典的训诂。他接着说："'博学'之说，向已详论。今犹牵制若此，何邪？此亦恐是志不坚定，为世习所挠之故。使在我果无功利之心，虽钱谷兵甲，搬柴运水，何往而非实学？何事而非天理？况子、史、诗、文之类乎？使在我尚存功利之心，则虽日谈道德仁义，亦只是功利之事，况子、史、诗、文之类乎？'一切屏绝'之说，是犹泥于旧习，平日用功未有得力处，故云尔。"[1]这也说明王阳明从根本上并不主张"屏绝"子、史、诗、文之类，这些外在的事物，当然也包括"博学"，能够发挥什么样的作用，关键还是立本的问题。这又恢复到其心学理论构建的层面上来了。起码从上述王阳明的话中，我们认为阳明心学并没有对训诂、记诵、词章表现出一种天然的排斥。而仅就这段话所进行的脱离当时语境的片面解读，显然是一种简单粗暴的反历史做法，是对阳明心学的曲解。

　　阳明心学的产生面临着各种各样的压力，其中既已成为官方统治意识形态的程朱理学显然是比较重要的一个。可以这么说，其心学理论的产生都是建立在对程朱理学的反思的基础上，其发展也是基于对程朱理学的不断思考和批判。以至有学者认为，如果说，陆九渊的心学给阳明心学的建立提供了直接的、基础的营养，此可谓良师；那朱熹的理学则始终站立在阳明心学的对面，时刻警醒着王阳明，督促着王阳明完善他的心学体系，此所谓诤友。而在王阳明心目中，特别是在其心学建立过程中，相比较于良师，诤友的分量是更重的。[2]如何回应程朱理学对于阳明心学的"压迫"，王阳明除了进行逻辑上的疏导之外，借助对文献的训诂和解读来说明自己学说的合理性显然是另一种惯用的手法。在这样的背景下，作为心学大师的王阳明也有具体的从事史实考实的学术行为。典型的事例就是其《朱子晚年定论》的成书和对《大学》古本中"格物"

[1]　王守仁：《王阳明全集》卷四《与陆原静》，上海古籍出版社 1992 年版，第 166 页。
[2]　汪高鑫、李德锋：《此心光明——评说王阳明与〈传习录〉》，人民出版社 2014 年版，第 26 页。

说的考释。具体内容，后将论及，此不赘述。

## 第四节　学案体等史籍的发展

　　阳明心学对明代中后期史学的影响是全方位的，其不仅激发了明代中后期史家的著史意识，深入地影响这一阶段占据主流的启蒙、经世和黜虚征实史学思潮，而且还对史学的外在呈现方式——历史编纂——产生了间接或直接的影响。其中影响最为明显和最具特点的，就是促进了学案体等史籍的发展和丰富。

### 一、促进学案体史籍的发展

　　学者们一般认为，相对成熟的学术思想史著作应该是肇端于宋代李心传的《道命录》和朱熹的《伊洛渊源录》等，但学案体史籍真正丰富发展时期则是明代，"语录、学案，动辄灾梨，不啻汗牛充栋"[1]。学案体史籍的产生和发展，与程朱理学和阳明心学的产生有着莫大的关系，四库馆臣言："宋儒好附门墙，于渊源最悉。明儒喜争同异，于宋派尤详。"[2]这说明宋代理学家服务于建立道统的需要，是《道命录》和《伊洛渊源录》产生的直接动机，而到了明代中叶以后，随着阳明心学的兴起，出现了程朱理学和阳明心学之争，这也是学案体史籍于明代中叶以后进一步发展的一个深刻的时代背景。

　　学案体史籍在明代的发展呈爆发之势。当时出现的著作有谢铎的《伊洛渊源续录》，宋端仪著、薛应旂重修的《考亭渊源录》，林䅾的《续朱子伊洛渊源录》，朱衡的《道南源委录》，薛甲的《心学渊源录》，胡直的《考亭渊源录》，陈阶的《道教渊源录》，郑良佐的《道学统宗内外二传》，唐顺之《诸儒语要》，汪尚和的《紫阳道脉录》，金贲亨的《道南录》，刘元卿的《诸儒学案》和《儒宗考辑略》，王之士的《道学考源

---

[1]　永瑢等：《四库全书总目》卷五十八《元儒考略》，中华书局1965年版，第525页。
[2]　永瑢等：《四库全书总目》卷五十八《元儒考略》，中华书局1965年版，第525页。

录》，杨范的《道统言行集》，陈云渠的《浙学谱》，刘长卿的《浙学心传》，王圻的《道统考》，冯从吾的《元儒考略》，周汝登的《圣学宗传》，赵仲全《道学正宗》，徐奋鹏的《古今道脉》，刘宗周的《明道统录》等。这些学案体史籍绝大部分产生于明代中叶以后，不仅作者多为王学后人，而且从这些学案体史籍的内容和编纂指导思想上，也可以看出其与阳明心学有着千丝万缕的联系。记载心学一脉的学案体史籍，把王学人物作为记载的主体自不待言。而在一些总括性质的学案体史籍中，这些人也都是记述重点，如周汝登在其《圣学宗传》中收录了王守仁、徐爱、钱德洪、王畿、邹守益等十五位王学人物。又如刘元卿的《诸儒学案》，收录了王阳明、邹东廓、王心斋、王龙溪、欧南野、罗念庵、胡庐山、罗近溪、耿楚侗等九位王学人物，占全书的三分之一以上。在具体记载时，学者们也大都肯定了阳明心学接续"圣学"的作用，如邹元标在为周汝登《圣学宗传》作序言："夫道，一而已矣。……而万古斯文之统，卒不越此。寥寥数千余载，唐昌黎氏云，尧舜禹汤文武，以是递相传授。宋周子所谓太极，程子曰识仁。我明新会曰自然，新建曰良知。皆是物也，随人所指而名之。"[1] 而整部《圣学宗传》就是在"宗文成以直溯洙泗"[2] 的背景下编纂的。依托于学案体史籍，这种阳明心学内部的认同感是不言自明的。也就是说，阳明心学的发生和发展成为明朝中后期学案体史籍内容的丰富构成。

阳明心学还对学案体史籍撰述旨趣的转变产生了直接的影响，即由"分道学门户"[3] 向摒弃门户之见的转变。这可以从朱熹的《伊洛渊源录》和黄宗羲的《明儒学案》的对比中看出，对此前已述及。而这种学术的转向，其实在前期已然发生。王阳明曾言："夫学贵得之心。求之于心而非也，虽其言之出于孔子，不敢以为是也，而况其未及孔子者乎！求之于心而是也，虽其言之出于庸常，不敢以为非也，而况其出于孔子

[1] 周汝登：《圣学宗传》卷首《邹元标序》，明万历三十三年王世韬等刻本，《续修四库全书》本，第513册，第1页。

[2] 周汝登：《圣学宗传》卷首《余懋孳序》，明万历三十三年王世韬等刻本，《续修四库全书》本，第513册，第6页。

[3] 永瑢等：《四库全书总目》卷五十七《伊洛渊源录》，中华书局1965年版，第519页。

者乎！"[1] 这段话一方面整体表现对于既定权威的消解，同时更说明了阳明心学的包容性。在"公道""公学"的面前，王阳明认为"庸常"与孔子具有平等的地位，故其曰："孟子辟杨、墨至于'无父，无君'。二子亦当时之贤者，使与孟子并世而生，未必不以之为贤。"[2] 在这种包容的情怀下，认为杨子、墨子也是当时的贤者。明白于此，我们也很好理解佛、道等儒家所谓的"异端"在王阳明包容语境中的合理地位，其言："二氏之用，皆我之用：即吾尽性至命中完养此身谓之仙；即吾尽性至命中不染世累谓之佛。"[3] 而这种包容、开放的学术情怀，落实于各种学案体史籍上，就是摒弃门户之见的编纂旨趣，邹元标为《圣学宗传》所作序言中的"道，一而已矣"即为一例。又如唐顺之的《诸儒语要》，"唐荆川辑《诸儒语要》十卷，其六卷皆语（诸）先生所自得语，四卷则辨析同异"[4]。唐顺之这种疑则阙疑、不存门户之见的编纂态度也是值得我们重视和借鉴的，为其作序的高攀龙亦在其他场合对唐顺之的这一编纂态度予以了褒扬："唐荆翁所选《诸儒语要》，各尽其长，不执己见，编辑中之法眼也。"[5] 从其"首濂溪，终姚江"[6] 的具体编纂安排上，也可见其关注的焦点是对先儒学说宗旨的总结，而非孰朱、孰陆的门户之争。这也在一定程度上改变了语录体学术著作自产生以来就争门户的局面。

其实，针对阳明后学的学案体成就，我们还有两点需要注意：一是明代后期，坚守和传承程朱理学者有之，接受和传播阳明心学者有之，并且在两者之间，思想领域还出现了"合会朱陆"的思潮，但此种主张多出自王学后学群体，而非程朱理学后学。这是一个很值得玩味的问题，

---

[1] 王守仁：《王阳明全集》卷二《传习录》中《答罗整庵少宰书》，上海古籍出版社1992年版，第76页。

[2] 王守仁：《王阳明全集》卷二《传习录》中《答罗整庵少宰书》，上海古籍出版社1992年版，第77页。

[3] 王守仁：《王阳明全集》卷三十五《年谱三》，上海古籍出版社1992年版，第1289页。

[4] 唐鼎元：《唐荆川公著述考·诸儒语要条·高攀龙序》，国图藏民国铅印本。

[5] 高攀龙：《高子遗书》卷八《答黄凤衢二》，文渊阁《四库全书》本，第1292册，第527页。

[6] 唐顺之：《唐荆川先生编纂诸儒语要》卷首《题诸儒语要录序》，明万历三十年吴达可刻本，《四库全书存目丛书》本，子部第10册，第111页。

此中恐怕是阳明心学的包容性所蕴含的摈弃学术门户之见的编纂旨趣在发挥着作用。二是思想领域的"合会朱陆"的思想倾向，直接影响和支配了这一时期阳明后学的学案体编纂，而且较多地出现在嵇文甫先生所言的阳明后学右派当中，如前举刘元卿、唐顺之等人，即使是左派，如周汝登，也表现出这一学术倾向。

## 二、重视和改编通史撰述

如果就一般意义上而言，与程朱理学一样，阳明心学也是探讨人与宇宙终极意义的哲学，心不仅作为万事万物形成和运作的准则，也具有衡量万事万物的能力，更是宇宙之源。史学作为求理的重要手段，理所当然也要有通识意识、在历史撰述中贯通天人古今，这也就使得阳明心学在以史学作为一种途径来服务其心学理论构建时，必然对史学的通史体裁格外重视。如前已述及之唐顺之《右编》，即表达了其作为探求"古今宇宙一大棋局"的"棋谱"。李贽的《藏书》也是在深入考察"一治一乱若循环"的整体历史演进模式下成书的。与罗汝芳交好的邓元锡编纂了通史著作《函史》，罗森《重刻函史序》言："先生之以史函也，非函史也，函经也。函经所以函道也。五经犹天之五运，莫不合撰于一元。先生之旨，以贞元萃散之气为天人离合之端，而王路之兴废，道术之盛衰，人事之得失，征焉。"[1] 把探求万世之"一元"诉诸史学之"道术之兴衰，人事之得失"，这是邓元锡《函史》的一个显在思路。许世昌在为《函史》所作的序言中亦言："邓公生数千载之后，乃本《春秋》之义，考天人贞一之宗，察古今连合之变，纲罗百代，法戒千秋，天经地义，民彝物曲，大事则大书，小事则小书，取义于经，置言则史。……《函史》一书，实万世治平之准也。"[2]

也正是在这样的思路下，明代中后期出现了大量比较成熟且有影响

---

[1] 罗森：《重刻函史序》，转引自钱茂伟：《明代史学编年考》，中国文联出版社 2000 年版，第 215 页。

[2] 许世昌：《重刻函史序》，转引自钱茂伟：《明代史学编年考》，中国文联出版社 2000 年版，第 215 页。

的通史著作，如上举邓元锡《函史》、唐顺之《左编》、李贽《藏书》、邵经邦《弘简录》、郑郊《史统》等。在阳明心学以探究世界本源为主要哲学特征的影响下，注重整体历史考察的通史体例进入了心学家和史学家一身二任的学者的视野。阳明心学对通史的注重和影响是显而易见的。

如果按照传统体裁的要求来看，这些著作虽然整体上表现出随意性太强、严整性不足的缺点，但也多有创获。如顾应祥所撰通史著作《人代纪要》，就是在"史，一经也；经，一理也"的典型理学家思维指导下编纂的，"吾心之中，万理咸备。以心之理而观经，则理不在经而在心；以经之理而观史，则史不以迹而以理"。此书以历代君主为依托，记载一代史实，即所谓"纪代以人"[1]。从外在形式上来看，这是一部严格意义上的编年体，"是书以甲子支干衡书于上，而以人事系之；天运于上而人处于下也"。从其具体内容的安排上，我们又可以看出纲目体体裁对其的影响。如果单从目录来看，又是以古代帝王为中心的，如卷六收录了秦始皇帝、二世皇帝、子婴、汉高祖皇帝、惠帝和吕后六人，显然又具有纪传体的特点。固然，这种在明代的通史编纂中杂糅编年体、纲目体和纪传体的做法，在体裁方面显得不够严整，但在一部史籍中综合各体之长，也不失为一种有益的尝试。

### 三、促进史论类史籍的涌现和史学知识的普及

很大程度上来讲，阳明心学和程朱理学一样，都是以理统史，即上举汤明善所谓"史不以迹而以理"。虽然就阳明心学和程朱理学的内涵而言，其也有注重史事征实的一面，但这多是为了论证各自学说的合理性而采用的一种方法，也就是说，史事征实只是方法，而非目的。以理统史的方法决定了史事的征实在阳明心学和程朱理学的史学构建和实践中只居于次要的地位，居支配地位的是对理的阐扬。相比较于程朱理学，阳明心学在赋予"吾心"绝对能动性的同时，又承认主体之心的差别性和多样性，这就使得每一个社会个体也因此具有了根本的社会价值，而

---

[1] 顾应祥：《人代纪要》卷首《汤明善序》，明嘉靖三十七年黄宸刻本，《四库全书存目丛书》本，史部第 6 册，第 698 页。

个体的社会价值当然包括个体历史评价。简而言之，阳明心学赋予了个体历史评价的合理性与合法性，从而使得史论类史籍在明代中后期大量涌现。

以理统史，除了基于相应的史事，加以系统的评价，来阐扬理这一方法外，还有秉持《春秋》"述而不作"的做法，仅辑录相关主题的史事，并不多加评议。同时，以理统史的做法在阳明后学利用传统体裁接续往籍时也被广泛使用。典型代表者有王宗沐《宋元资治通鉴》和薛应旂《宋元通鉴》。薛应旂曾在《宋元通鉴·自序》中言："苏洵氏谓经以道法胜，史以事词胜。而世儒相沿，动谓经以载道，史以载事。不知道见于事，事寓乎道。经亦载事，史亦载道。要之不可以殊观也。故旂是编，凡有关于身心性命之微，礼乐刑政之大，奸良邪正之辨，治乱安危之机，灾祥休咎之征，可以为法，可以为戒者，皆直书备录，其义自见。"[1]

固然，这些史籍在史事的征实方面有着诸多缺陷，如明代学者张溥说："薛、王《通鉴》，出入陈氏，旁摭曲证，自谓功高，而参观前史，漏万非一。"[2] 但服务于以理统史的需要，此类史籍往往"撮其大都，而略其细旨"，一定程度上也借鉴了朱熹《资治通鉴纲目》纲目体体裁眉目清晰、便于阅读的优点，"温公《通鉴》有大臣之拜除死免，或政令之新定更革，或地方城镇之得失移徙。事关系大而议论多者，则先提其纲，而后原其详。记事之常体不得不然，而亦使览者知其稍别于他事也。计朱子之后为《纲目》，亦不过因此以起例。今并依之"[3]。这又在史学知识的普及方面起到了一定的作用。这也与阳明心学具有明显的社会化和平民化的倾向若合符节。

总之，如果单纯从逻辑上或仅局限于王学后学流弊来讲，毋庸讳言，阳明心学确实有其轻视史学的一面，后人所批评的"师心自用""束书不

---

［１］ 薛应旂：《宋元通鉴》卷首《宋元通鉴序》，明嘉靖四十五年自刻本，《四库全书存目丛书》本，史部第 9 册，第 686 页。

［２］ 张溥：《宋史纪事本末叙》，转引自杨翼骧编：《中国史学史资料编年》第三册，南开大学出版社 1999 年版，第 419 页。

［３］ 王宗沐：《宋元资治通鉴》卷首《宋元资治通鉴义例》，明吴中珩刻本《四库未收丛书》第一辑，第 14 册，第 4 页。

观"等，以及"反智识主义"的评价也不无道理。但如果较为全面地考察阳明心学的丰富内涵，把阳明心学置于历史的情实中予以考察，我们会发现，其在明代中后期对于史学自我意识的激发，史学进一步走向独立，对启蒙、经世、黜虚征实等史学思潮的促进以及对以学案体为主的历史编纂学的促进等方面，都产生了直接和广泛的影响。

# 第十章　史学对阳明心学的影响

在阳明心学的产生和发展过程中，史学因素从来就没有缺席过，史学对于阳明心学理论体系的构建，以及在其抗衡程朱理学的过程中，具有重要的思想价值。具体而言，史学对于经学的制衡，成为心学挑战程朱理学的重要途径；史事的考实，亦成为心学应对程朱理学质疑的基本态度。

## 第一节　史对经的制衡：心学对程朱理学的一种挑战途径

### 一、王阳明经史观内蕴的史学制衡价值

程朱理学在探究天理的终极关怀时，认为六经是天理的代表，主张以经为本，史学是一种依附于经的存在。朱熹曾言："看经书与看史书不同：史是皮外物事，没紧要，可以札记问人。若是经书有疑，这个是切己病痛。如人负痛在身，欲斯须忘去而不可得。岂可比之看史，遇有疑则记之纸邪！"[1] 有关这段话的理解，包含多方面的含义：一是朱熹把经与史区别看待；二是朱熹在经、史态度上，确实存在着经先史后的先后次序。这一点是建立在朱熹思想家身份认同及其理学的逻辑构建之上的，即抽象之"理"于世界绝对统摄的本体意义，以及学问要有所本的

---

[1]　黎靖德编：《朱子语类》卷十一《读书法下》，中华书局 1986 年版，第 189 页。

工夫论层次，"心不定，故见理不得。今且要读书，须先定其心，使之如止水，如明镜。暗镜如何照物！"[1] 在这种思量下，直接记载圣人之言的六经，在朱熹的理学话语体系构建中显然会得以强调："若未读彻《语》《孟》《中庸》《大学》便去看史，胸中无一个权衡，多为所惑。"[2] 故此，朱熹主张读书需要先经后史，反对躐等而进，"为学须是先立大本。其初甚约，中间一节甚广大，到末梢又约。孟子曰：'博学而详说之，将以反说约也。'故必先观《论》《孟》《大学》《中庸》，以考圣贤之意；读史，以考存亡治乱之迹；读诸子百家，以见其驳杂之病。其节目自有次序，不可逾越"[3]。确实，在朱熹的话语体系中，相比较于史学，经学是更为重要的。此外，朱熹还有经精史粗、经本史末、经内史外等诸种表述，应该表达的都是这层意思，虽然并没有从根本上轻视史学的意思，但他确实认为经学是更为重要的。

而阳明心学为了构建其"心即理"理论，认为程朱理学视之为超验、绝对之"理"与一般意义上的"物""事""义"等一样，都是内在于心的。阳明心学为了瓦解程朱理学中天理及其代表——经的绝对统治意义，在传统的经史关系中，利用史之地位的抬升以制衡经，把作为同级别存在的经与史内化于更根本之心，从而完成了其"心即理"理论的构建，故王阳明在与弟子徐爱对话中有"五经亦史"之论，前已述及，这里不妨再次引述王阳明、徐爱师徒的这段对话：

> 爱曰："先儒论六经，以《春秋》为史。史专记事，恐与五经事体终或稍异。"阳明答曰："以事言谓之史，以道言谓之经。事即道，道即事。《春秋》亦经，五经亦史。《易》是包牺氏之史，《书》是尧、舜以下史，《礼》《乐》是三代史。其事同，其道同，安有所谓异？"又曰："五经亦只是史，史以明善恶，示训戒。善可为训者，时存其迹以示法；恶可为戒者，存其戒而削其事，以杜奸。"[4]

———————————

[1] 黎靖德编：《朱子语类》卷十一《读书法下》，中华书局1986年版，第177页。

[2] 黎靖德编：《朱子语类》卷十一《读书法下》，中华书局1986年版，第195页。

[3] 黎靖德编：《朱子语类》卷十一《读书法下》，中华书局1986年版，第188页。

[4] 王守仁：《王阳明全集》卷一《传习录》上，上海古籍出版社1992年版，第10页。

关于这段史料，我们除了需要注意王阳明"五经亦史"说的表述及其内涵外，还需要注意其提出这一观点的背景，就是徐爱所言的"先儒论六经"这一具体背景，结合我们前面对程朱理学"崇经"特征的分析，这里的"先儒"我们认为是确指程朱理学的。也就是说，王阳明的"五经亦史"说提出的指向性还是比较明确的，即指向了程朱理学。并，按徐爱所言先儒论"史专记事"的语言环境，我们可以推导出"经专载道"的观点，这里就把经与道、史与事联系起来，且双方显然处于一种对立的态势。王阳明言"事即道，道即事"，只是看问题的角度不同罢了，即"以事言谓之史，以道言谓之经"，也就是说经、史是同一的。固然，王阳明并没有高看史学一等的主观愿望，但在程朱理学"荣经陋史"的传统主流观念下，史学的地位在王阳明的具体语境中显然是得到了提高。当然，王阳明仍然认为史最根本的任务还是需要载道，即所谓"史以明善恶，示训戒。善可为训者，时存其迹以示法；恶可为戒者，存其戒而削其事，以杜奸"。不仅如此，他还对史书如何载道做出了解释和说明，这段解释来源于他在明确提出"五经亦史"说后与徐爱的后续对话中：

> 问："后世著述之多，恐亦有乱正学？"先生曰："人心天理浑然，圣贤笔之书，如写真传神，不过示人以形状大略，使之因此而讨求其真耳；其精神意气言笑动止，固有所不能传也。后世著述，是又将圣人所画，摹仿誊写，而妄自分析加增，以逞其技，其失真愈远矣。"
>
> 问："圣人应变不穷，莫亦是预先讲求否？"先生曰："如何讲求得许多？圣人之心如明镜，只是一个明，则随感而应，无物不照；未有已往之形尚在，未照之形先具者。若后世所讲，却是如此，是以与圣人之学大背。周公制礼作乐以示天下，皆圣人所能为，尧、舜何不尽为之而待于周公？孔子删述六经以诏万世，亦圣人所能为，周公何不先为之而有待于孔子？是知圣人遇此时，方有此事。只怕镜不明，不怕物来不能照。讲求事变，亦是照时事，然学者却须先有个明的工夫。学者惟患此心之未能明，不患事变之不能尽。"曰："然则所谓'冲漠无朕而万象森然已具者'，其言如何？"曰："是说本自好，只不善看，亦便有病痛。"

"义理无定在，无穷尽。吾与子言，不可以少有所得而遂谓止此也；再言之，十年、二十年、五十年未有止也。"他日又曰："圣如尧、舜，然尧、舜之上，善无尽；恶如桀、纣，然桀、纣之下，恶无尽。使桀、纣未死，恶宁止此乎？使善有尽时，文王何以'望道而未之见'？"[1]

徐爱所问"后世著述之多，恐亦有乱正学"，是一个典型的程朱理学观点，上述朱熹强调读书要先经后史，反对躐等而进的观点即为此意。某种程度上，王阳明是认可这一观点的，与朱熹一样，以"明镜"为喻来加以说明，并且引入了"心"的范畴，强调立本的重要性。但与朱熹强调"心"只是"理"的接受者不同，王阳明一开始就把"心"规定为"圣人之心"，认为学者也具有"圣人之心"，从而把对知识的积累规约为"明心"，"学者惟患此心之未能明，不患事变之不能尽"。最后一段还提出了"义理无定在，无穷尽"的观点，引"圣""恶"之史实加以说明，结合王阳明"五经亦史"的观点，虽然不那么明确，我们也可大致推断，他本人也具有历史的发展观点。

由此看来，在王阳明的"五经亦史"说的理论框架中，蕴含着非常丰富的史学含义。就其与程朱理学关乎史学的观点而言，其中虽不乏相通之处，但由于本体论的差异，相异之处是更为根本的；就经与史的关系而言，他在强调经的同时，也在客观上突出了史的地位。总而言之，不管是相异或相似，王阳明的上述观点都是服务于心学理论构建和解释的。

二、史学：阳明后学对程朱理学的挑战途径

王阳明在心学理论的构建过程中，具体到经史关系方面，史学无疑成为其制衡经学的重要工具。这是阳明心学"五经亦史"说提出的一个显在的动因，应该也是有着深刻心学背景的王世贞"吾读书万卷而未尝从六经入"的思想诱因。这里，再以焦竑的心学与史学做一分析。

焦竑有着深厚的心学背景。青年时期受学于耿定向，中年后与王襞、

---

[1] 王守仁：《王阳明全集》卷一《传习录》上，上海古籍出版社 1992 年版，第 11—12 页。

李贽、罗汝芳等心学人物交往甚密，关系甚笃。其对阳明心学也推崇备至，"阳明先生始倡良知二字示学者，反求诸身，可谓大有功矣"[1]，"盖当支离困蔽之余，直指本心以示之，学者霍然如桎得脱，客得归，始信圣人之必可为，而阳明非欺我也"[2]。对李贽亦非常推崇，"以为未必是圣人，可肩一狂字，坐圣门第二席"[3]。黄宗羲《明儒学案》把他列入"泰州学案"。这些都说明焦竑与心学人物有着广泛而又深刻的群体心理认同，其受阳明心学的影响应该是肯定的。

也正是因为焦竑有着这样的心学背景，其对待经、史的态度，既与所有理学家们（包括程朱理学家和陆王心学家）一样，表现出重视经学形而上的指导意义；也与一些心学人物一样，依托于史学，注重心学形而下的实践意义。焦竑认为"下学"是"上达"的必要途径，"某所谓尽性至命，非舍下学而妄意上达也。学期于上达，譬掘井期于及泉也"[4]。下学而上达的为学路径，使得焦竑非常注重"通之古今"的史学在其心学理论构建过程中的作用，"独念四子五经，理之渊海，穷年讲习，未易殚明。我圣祖顾于遗文故事拳拳不置，良緐理涉虚而难见，事征实而易知，故古今以通之，图绘以象之，朝诵夕披而观省备焉也"[5]。焦竑特别注重博学和史学征实的基本精神于其心学构建中的作用，他说："礼者，心之体，本至约也。约不可骤得，故博文以求之。学而有会于文，则博不为多，一不为少。文即礼，礼即文；我即道，道即我，奚畔之有？故网之得鱼，常在一目，而非众目不能成网；人之会道，常于至约，而非博学不能成约。"[6]他认为开拓自身的视野，才能使自身的知识结构

[1] 焦竑：《焦氏澹园集》卷十二《答友人问》，明万历三十四年刻本，《续修四库全书》本，第1364册，第98页。

[2] 焦竑：《焦氏澹园集》卷二十《罗杨二先生祠堂记》，明万历三十四年刻本，《续修四库全书》本，第1364册，第205页。

[3] 黄宗羲：《明儒学案》卷三十五《文端焦澹园先生竑》，中华书局2008年版，第829页。

[4] 焦竑：《焦氏澹园集》卷十二《答耿师》，明万历三十四年刻本，《续修四库全书》本，第1364册，第93页。

[5] 焦竑：《焦氏澹园集》卷十五《养正图解序》，明万历三十四年刻本，《续修四库全书》本，第1364册，第163页。

[6] 焦竑：《焦氏笔乘·续集》卷一《读论语》，明万历三十四年谢与栋刻本，《续修四库全书》本，第1129册，第618页。

进一步完善和可信，这也是获取至理的前提，《明史》本传称其："博极群书，自经史至稗官、杂说，无不淹贯。"[1]

焦竑从"上达"和"下学"之间，到通古今之变的史学，再到强调史之博约和征实的逻辑进路，无不说明史学在其心学理论构建中的重要作用。应该来讲，焦竑的这一学术演进路径，也是史学对阳明心学发生作用的一个基本模式。

## 第二节　史事考实：心学应对程朱理学质疑的基本态度

### 一、《朱子晚年定论》：基于心学理论的考据学尝试

《朱子晚年定论》是在王阳明建立心学的过程中写就的，其中一个直接动因就是"独于朱子之说有相抵牾，恒疢于心，切疑朱子之贤，而岂其于此尚有未察？"[2]正德九年（1514年），王阳明升任南京鸿胪寺卿并在南京讲学，"复取朱子之书而检求之"，竟然有了新的发现，"世之所传《集注》《或问》之类，乃其中年未定之说，自咎以为旧本之误，思改正而未及，而其诸《语类》之属，又其门人挟胜心以附己见，固于朱子平日之说犹有大相谬戾者，而世之学者局于见闻，不过持循讲习于此"[3]。可见，王阳明认为世间流传的朱熹的学说，当然包括其文本载体大都是片面和不可信的。有鉴于此，为了更为全面和真实地展现朱子的晚年思想风貌，《朱子晚年定论》的成书实为必要。仅从该书的成书动机来看，起码说明王阳明有借助文献考证来论证自身学说合理性的主观愿望，其对史事考实并没有天然的排斥，反而是积极加以利用的。

《朱子晚年定论》一出，各种批评纷至沓来。罗钦顺的批评很有代表

---

[1]　《明史》卷二百八十八《焦竑》，中华书局1974年版，第7393页。

[2]　王守仁：《王阳明全集》卷三《传习录》下《朱子晚年定论》，上海古籍出版社1992年版，第128页。

[3]　王守仁：《王阳明全集》卷三《传习录》下《朱子晚年定论》，上海古籍出版社1992年版，第128页。

性，他曾致书王阳明，认为《朱子晚年定论》缺乏考证，态度轻浮，误把朱熹中年时期的一些书信当作晚年之作。但从本质上来讲，罗钦顺批评王阳明的依据就是其"取证于经书"的考证理念，他对王阳明发难曰："故学而不取证于经书，一切师心自用，未有不自误者也。自误已不可，况误人乎？"[1] 他认为王阳明所论之程朱理学是否可靠，必须要以经书为依据，而不能"师心自用"。首先，我们来看王阳明撰写《朱子晚年定论》时的一些说法。他先回顾了圣学自孟子而绝，一千五百年后周濂溪、程颢继承之。接着又讲了自己研求圣学的一些体会，主要是挫折。其中也讲到了其研求圣学的一些方法，虽然主要是体悟，但也有实践和文本释读，"守仁早岁业举，溺志词章之习。既乃稍知从事正学，而苦于众说之纷挠疲病，茫无可入，因求诸老、释，欣然有会于心，以为圣人之学在此矣！然于孔子之教间相出入，而措之日用，往往缺漏无归；依违往返，且信且疑。其后谪官龙场，居夷处困，动心忍性之余，恍若有悟。体验探求，再更寒暑，证诸五经、四子，沛然若决江河而放诸海也"[2]。"龙场悟道"就是典型的体悟，"措之日用"就是实践，"证诸五经、四子"就是文本释读。接着述及其与朱熹学说的矛盾，并表示"恒疚于心"。要解决这一矛盾，王阳明认为可行的办法仍然是文本释读：

> 及官留都，复取朱子之书而检求之，然后知其晚岁固已大悟旧说之非，痛悔极艾，至以为自诳诳人之罪不可胜赎。世之所传《集注》《或问》之类，乃其中年未定之说，自咎以为旧本之误，思改正而未及。而其诸《语类》之属，又其门人挟胜心以附己见，固于朱子平日之说犹有大相缪戾者。而世之学者局于见闻，不过持循讲习于此，其于悟后之论，概乎其未有闻。则亦何怪乎予言之不信，而朱子之心无以自暴于后世也乎？予既自幸其说之不缪于朱子，又喜朱子之先得我心之同然，且慨夫世之学者徒守朱子中年未定之说，而不复知求其晚岁既悟之论，竞相呶呶以乱正学，不自知其已入于

[1] 罗钦顺：《困知记》卷下，中华书局1990年版，第37页。
[2] 王守仁：《王阳明全集》卷三《传习录》下《朱子晚年定论》，上海古籍出版社1992年版，第127页。

中国经史关系通史·宋元明卷

异端。辄采录而哀集之，私以示夫同志。庶几无疑于吾说，而圣学之明可冀矣。[1]

虽然"庶几无疑于吾说"，但是为了进一步说明学说的合理性——这也是王阳明编撰《朱子晚年定论》的根本动机，而且在具体编撰中，这一主观愿望也先入为主，从而干扰了他对朱熹学说的客观认识——"复取朱子之书而检求之"，成为在认识朱熹学说时王阳明必须要使用的一个方法，唯有如此，才能说明王阳明认知朱熹学说的客观性。由此看来，史事的确定，从理论上来讲，是王阳明构建其学说时必须要面对的一个基本前提，他也是明确认识到此点的重要性的。

其次，王阳明在对罗钦顺质疑的直接回应中，也表现出对史实的尊重态度。他在《答罗整庵少宰书》中以韩愈辟佛自喻曰：

> 杨、墨之道塞天下，孟子之时，天下之尊信杨、墨，当不下于今日之崇尚朱说，而孟子独以一人呶呶于其间，噫，可哀矣！韩氏云："佛、老之害甚于杨、墨。"韩愈之贤不及孟子，孟子不能救之于未坏之先，而韩愈乃欲全之于已坏之后，其亦不量其力，且见其身之危，莫之救以死也矣！呜呼！若某者其尤不量其力，果见其身之危，莫之救以死也矣。夫众方嘻嘻之中，而独出涕嗟，若举世恬然以趋，而独疾首蹙额以为忧，此其非病狂丧心，殆必诚有大苦者隐于其中，而非天下之至仁，其孰能察之？其为《朱子晚年定论》，盖亦不得已而然。中间年岁早晚诚有所未考，虽不必尽出于晚年，固多出于晚年者矣。然大意在委曲调停以明此学为重，平生于朱子之说如神明蓍龟，一旦与之背驰，心诚有所未忍，故不得已而为此。[2]

---

[1] 王守仁：《王阳明全集》卷七《朱子晚年定论序》，上海古籍出版社1992年版，第240—241页。

[2] 王守仁：《王阳明全集》卷二《传习录》中《答罗整庵少宰书》，上海古籍出版社1992年版，第77—78页。

应该来讲，王阳明的反思态度是非常诚恳的，"不得已而然"一方面说明了在阐明"公道""公理"和面对程朱理学的压力下的艰难选择，另一方面也说明了他自我批判的真诚。反观这种真诚的自我批判，有一个前提，即罗钦顺所批评的，王阳明在关于朱熹书信成书年代的考证上确实有失之武断之嫌。其实，在王阳明的这段话中，"取证于经书"不仅是罗钦顺提出的，而且也是王阳明在参与这场论战时一个基本预设前提，尽管其在一定程度上并没有做到。

总体上来看，《朱子晚年定论》的编纂，确实"在阳明心学理论构建过程中的作用也是利弊相杂的"，特别是于消极方面来看，"损害了阳明学说的说服力"[1]，但不可否认，在《朱子晚年定论》的成书以及围绕此而展开的论辩当中，史事考实都是王阳明所凭借的一个基本思想，以及肯定和认可的一个预设前提。

## 二、"格者，正也"解

史事考实的理念在阳明心学的理论构建中发挥作用，还表现在王阳明对《大学》古本中"格物"说的考释。大致来看，《大学》古本可以分为两部分：第一部分提出了明明德、亲民、止于至善三纲领，以及贯彻这三项纲领所需要的格物、致知、诚意、正心、修身、齐家、治国、平天下等八条目。第二部分是对三纲领及八条目进一步的逐条的解释和实践方法。朱熹认为第一部分属于"经"，第二部分属于"传"。朱熹在对传的部分进行研究时发现，这一部分存在着错简和阙文。错简在于《大学》古本传文部分把对诚意的解释放在了首位；阙文则是《大学》古本传文部分没有对"致知在格物""诚其意在致知"两条做出解释。朱熹之所以会从文献考疑的角度提出这些问题，主要是服务于其理学理论的构建。因为如果默认"诚意"居于传文之首的话，也就是说《大学》古本突出了"诚意"的作用，而在"意诚而后心正"的理论过渡下，必然指向的是"心正"，这就在致得天理的过程中突出了"心"的作用，这显然

[1] 汪高鑫、李德锋：《此心光明——评说王阳明与〈传习录〉》，人民出版社 2014 年版，第 32 页。

与朱熹格物致理的一贯思维不一致，反倒和陆王心学一系的主张比较契合。朱熹认为《大学》古本传文部分没有对"致知在格物""诚其意在致知"两条做出解释，忽略了问题的关键所在，因此，他在作《大学章句》中的另一大任务就是补齐对这两条的解释。

《大学》古本固有的文本是有利于阳明心学的理论阐释的。因此，王阳明在对《大学》的文本研究上，主张遵循古本的原貌，其在上举《答罗整庵少宰书》中亦言："《大学》古本乃孔门相传旧本耳。朱子疑其有所脱误，而改正补辑之，在某则谓其本无脱误，悉从其旧而已矣。"他认为《大学》古本的逻辑没有问题，朱熹所谓的错简和阙文是不对的，而其对《大学章句》的改正和补齐也是画蛇添足，"且旧本之传数千载矣，今读其文词，既明白而可通；论其工夫，又易简而可入，亦何所按据而断其此段之必于彼，彼段之必于此，与此之如何而缺，彼之如何而补？而遂改正补辑之，无乃重于背朱而轻于叛孔已乎？"[1] 当然，王阳明对《大学》古本的认可，也是基于其心学理论的构建。

由此看来，朱熹和王阳明都基于自身学说的构建，对《大学》古本的文本表达了自己的观点，观点虽不尽一致，但把学说上的逻辑构建诉诸文献文本考证的手法则是一致的。换句话说，谁也承担不起"学无根柢"的学术和道德风险。

当然，王阳明也并不只是为了论证自己的学说而对文献文本表达态度，他也有具体的考证行为。如关于"格者，正也"，他说：

> "格"字之义，有以"至"字训者，如"格于文祖""有苗来格"，是以"至"训者也。然"格于文祖"，必纯孝诚敬，幽明之间，无一不得其理，而后谓之"格"。有苗之顽，实以文德诞敷而后格，则亦兼有"正"字之义在其间，未可专以"至"字尽之也。如"格其非心""大臣格君心之非"之类，是则一皆"正其不正以归于正"之义，而不可以"至"字为训矣。且《大学》"格物"之训，又安知其不以"正"字为训，而必以"至"字为义乎？如以"至"字为义

---

[1] 王守仁：《王阳明全集》卷二《传习录》中《与罗整庵少宰书》，上海古籍出版社1992年版，第75—76页。

者，必曰"穷至事物之理"，而后其说始通。是其用功之要全在一"穷"字，用力之地全在一"理"字也。若上去一"穷"、下去一"理"字，而直曰"致知在至物"，其可通乎？夫"穷理尽性"，圣人之成训，见于《系辞》者也。苟格物之说而果即穷理之义，则圣人何不直曰"致知在穷理"，而必为此转折不完之语，以启后世之弊邪？[1]

王阳明首先对训"格"为"至"的做法提出了疑义，但也认为"格于文祖""有苗来格"，都可以解释为"至"。在做了有限度的肯定之后，他笔锋一转，提出了不尽相同的意见：然而，到文祖庙前祭祀，必须毕恭毕敬，通晓阴阳两界的理，然后我们才能称其为"格"。依照苗人的愚钝，必须先对其实施礼乐教化，然后才能使他们来归附，也就是才能使他们"格"。在这里，"格"有"至""来"的意思，但也包含着"正"的意思，即"纠正""校正""求证""指正""归正"等意思。

接着王阳明又进一步深入，举出了几个具有"正"意的"格"字，如"格其非心""大臣格君心之非"的"格"，都是"纠正"的意思，这里就不能用"至"来解释了。也就是说，可以解释为"至"的"格"字同样可以解释为"正"，但解释为"正"的"格"字就不一定能用"至"字来解释，这可以看出用"正"来解释"格"字的普适性，它的应用前景要比解释为"至"宽广得多。

王阳明并不满足于此，他的目的是纠正程朱理学家把《大学》中的"格"字解释为"至"的错误。如果套用朱熹把"格"字解释为"至"的意思，我们就可以重新得出一句话："致知在至物"，这句话就语意而言是不通的。王阳明进一步把《大学》与《易传》相比对，认为"穷理"一词出自《易传》，"格物"一词出自《大学》，《易传》和《大学》都是出自圣人之手，为什么只出现"致知在格物"，而没有出现"致知在穷理"这一说法。由此看来，格物并不能等同于穷理，它也不是穷理的有效手段或方法。在王阳明看来，《大学》中的"格"字训诂为"正"字更

---

[1] 王守仁：《王阳明全集》卷二《传习录》中《答顾东桥书》，上海古籍出版社 1992年版，第 47—48 页。

为合理。

综上，从王阳明把既有的文献文本视为论证其学说的预设前提，以及具体的训"格"为"正"的考证行为来看，他也是明中后期黜虚征实思潮的积极先锋，而在其后学中出现黜虚征实的具体表现也是不足为奇了。以此反观上举陈垣、余英时等学者所论，也自有其合理的逻辑进路。固然，阳明心学在对具体史实的考证方面，主要服务于其心学构建，可能不如清儒那样细致，在学术态度上也不像清儒为考证而考证那么客观，但作为一种思想和方法的黜虚征实和考证，确实在阳明心学中有着广泛而又具体的运用。还有，如果我们认识到清儒汲汲于饾饤考证的局限性，那阳明心学服务于其自身构建的考证的理论性和实用性，则是清儒所远不逮的。很大程度上，后人对阳明心学"师心自用""学无根柢"的评价，是基于人云亦云的主观性和随意性，是一种以偏概全的偏见，没有充分发掘阳明心学的意蕴，也没有充分注意到阳明后学的分化。

# 余论　"合会朱陆"　与史学发展

　　四库馆臣曾不无偏见地把明人所作诸多有关理学人物的传记列入"存目"中加以介绍，认为它们多存门户之见，崇朱者有之，倡陆者有之，"总往来于二派之间"[1]。同时还认为在以阳明心学为宗的一些学者之中，存在着一种"援新安以入"的学术倾向，如对刘麟长《浙学宗传》评价道："以周汝登所辑《圣学宗传》颇详古哲，略于今儒，遂采自宋迄明两浙诸儒，录其言行，排纂成帙。大旨以姚江为主，而援新安以入之。"[2] 又如对唐鹤征《宪世编》的评价："是编发明心性之学，首列孔子、颜子、仲弓、子贡、曾子、子思、孟子，次列周子、二程子、张子、邵子、杨时、朱子、张栻，次列陆九渊、杨简、薛瑄、陈献章、王守仁、王艮、罗洪先、唐顺之、罗汝芳、王时槐，各述其言行而论之。大旨主于牵朱就陆，合两派而一之。"[3] 由此看来，对于崇奉程朱理学的四库馆臣而言，明代学者在"道一"的学术关怀下所作的种种努力都是徒劳的，四库馆臣习惯性地使用"门户"的说辞来评价明代学者的学术思想。即使是对竭力申说去除门户之见的黄宗羲的《明儒学案》，也仍然是以夸大明代朱、陆之争的严重性为认识视角进行评价的："大抵朱、陆分门以后，至明而朱之传流为河东，陆之传流为姚江，其余或出或入，总往来于二派之间。宗羲生于姚江，欲抑王尊薛而不甘，欲抑薛尊王则不敢，

---

[1]　永瑢等：《四库全书总目》卷五十八《明儒学案》，中华书局 1965 年版，第 527 页。
[2]　永瑢等：《四库全书总目》卷六十二《浙学宗传》，中华书局 1965 年版，第 561 页。
[3]　永瑢等：《四库全书总目》卷九十六《宪世编》，中华书局 1965 年版，第 815 页。

故于薛之徒，阳为引重而阴致微词。于王之徒，外示击排而中存调护。"[1] 四库馆臣还曾言："泊乎明代宏（弘）治以前，则朱胜陆。久而患朱学之拘。正德以后则朱陆争诟。隆庆以后则陆竟胜朱。又久而厌陆学之放，则仍申朱而绌陆。"[2] 不得不说，四库馆臣这种非此即彼的评价，不无消极色彩。但如果从积极方面来看，上述四库馆臣的各种说辞，起码也说明了程朱理学和陆王心学之间频繁互动，从而出现了我们本章所讨论的"合会朱陆"的学术主题。

一、程朱理学与阳明心学的共通性

程朱理学和阳明心学虽然在一些具体的思想内容上出入较大，甚至是针锋相对，如王阳明在建立心学时对于朱熹相关论说的批判，但脱开具体观点的拘束，我们会发现两者存在着诸多相似之处。我们认为程朱理学与阳明心学的共通性具体表现在以下几个方面：

首先，虽然存在着究竟是"心"还是"理"的差别，程朱理学与阳明心学都是以探讨人与宇宙的终极意义为目标的学说，"圣人之心"或"天理"，成为每一个理学家普遍追求的目标。陈来先生在概括宋明理学的共同特征时曾言："（1）以不同方式为发源于先秦的儒家思想提供了宇宙论、本体论的论证。（2）以儒家的圣人为理想人格，以实现圣人的精神境界为人生的终极目的……"[3] 基于相同的学术根本，理学家们终极探讨的是世界本源问题，其他具体问题或范畴的讨论都是围绕此而展开的。朱熹曾言："未有天地之先，毕竟也只是理，有此理，便有此天地。"[4] 理是先天地而生的，并且是天地产生的依据，它就是世界的本源。朱熹还说："宇宙之间，一理而已。……其张之为三纲，其纪之为五常，盖皆此理之流行，无所适而不在。"[5] 看来，在程朱理学的集大成

[1] 永瑢等：《四库全书总目》卷五十八《明儒学案》，中华书局1965年版，第527页。

[2] 永瑢等：《四库全书总目》卷九十七《朱子圣学考略》，中华书局1965年版，第824页。

[3] 陈来：《宋明理学》，华东师范大学出版社2004年版，第11页。

[4] 黎靖德编：《朱子语类》卷一《太极天地上》，中华书局1986年版，第1页。

[5] 朱熹：《晦庵先生朱文公文集》卷七十《读大纪》，载朱杰人等主编：《朱子全书》第二十三册，上海古籍出版社、安徽教育出版社2002年版，第3376页。

者朱熹的理学理论中，天理是世界的本源，世界是天理支配和化育下的世界，"天道流行，发育万物，其所以为造化者，阴阳五行而已。而所谓阴阳五行者，又必有是理而后有是气，及其生物，则又必因是气之聚而后有是形。故人物之生必得是理，然后有以为健顺仁义礼智之性；必得是气，然后有以为魂魄五脏百骸之身。周子所谓'无极之真，二五之精，妙合而凝'者，正谓是也"[1]。而王阳明也曾言："人者，天地万物之心也；心者，天地万物之主也。心即天，言心则天地万物皆举之矣。"[2]还说："心者身之主也，而心之虚灵明觉，即所谓本然之良知也。其虚灵明觉之良知，应感而动者谓之意；有知而后有意，无知则无意矣。知非意之体乎？意之所用，必有其物，物即事也。如意用于事亲，即事亲为一物；意用于治民，即治民为一物；意用于读书，即读书为一物；意用于听讼，即听讼为一物：凡意之所用无有无物者，有是意即有是物，无是意即无是物矣。物非意之用乎？"[3]这些论断不仅说明心是天地万物之源，而且还说明了天地万物都是受心支配的。

其次，理学作为一套完整的理论体系，其本体论理论是其核心，具有突出的地位，但工夫论方面的内容也是不可或缺的，因为它关系到这一学说社会价值的呈现，也必然牵扯到这一学说的传播和推广。程朱理学如此，阳明心学也是如此。程朱理学主张"格物致知"，"所谓致知在格物者，言欲致吾之知，在即物而穷其理也。盖人心之灵莫不有知，而天下之物莫不有理，惟于理有未穷，故其知有不尽也。是以《大学》始教，必使学者即凡天下之物，莫不因其已知之理而益穷之，以求至乎其极。至于用力之久，而一旦豁然贯通焉，则众物之表里精粗无不到，而吾心之全体大用无不明矣。此谓物格，此谓知之至也"[4]。朱熹强调的

[1] 朱熹：《大学或问》上，载朱杰人等主编：《朱子全书》第六册，上海古籍出版社、安徽教育出版社 2002 年版，第 507 页。

[2] 王守仁：《王阳明全集》卷六《答季明德·丙戌》，上海古籍出版社 1992 年版，第 214 页。

[3] 王守仁：《王阳明全集》卷二《传习录》中《答顾东桥书》，上海古籍出版社 1992 年版，第 47 页。

[4] 朱熹：《大学章句》，载朱杰人等主编：《朱子全书》第六册，上海古籍出版社、安徽教育出版社 2001 年版，第 20 页。

是从世间万事万物中探求和总结天理。而王阳明强调"良知"之"致"，"孩提之童无不知爱其亲，无不知敬其兄，只是这个灵能不为私欲遮隔，充拓得尽，便完；完是他本体，便与天地合德。自圣人以下不能无蔽，故须格物以致其知"[1]。王阳明认为"良知"之"致"，主要有两个途径，即率其本然和着实用功。由此看来，不管是程朱理学的"天理"，抑或是阳明心学的"良知"，都存在一个"穷"和"致"的客观过程，并且，王阳明所强调的着实用功方面，即良知被蒙蔽之后的情况，就需要格物致知，这与程朱理学的格物致知并无本质差别。

再次，程朱理学和阳明心学同作为比较抽象的学说体系，在其学说体系内部，各种范畴和概念之间有着比较缜密的逻辑思路，因此，如果从内在理论上来讲，两者均表现出内在逻辑理论的构建，具有内转的思想倾向。但正像真理并不是一种绝对的客观存在一样，两者于现实中的运用，也就是各自后学对相关理论的运用，总会出现这样那样的缺憾，两者内部学者针对各自的缺憾进行了纠偏补缺，从而在两者之间形成了比较相似的接触点。

前文我们已经对程朱理学自我救赎进行了一定程度的梳理，认为针对程朱理学割裂主、客观之间联系的缺憾，明初一些典型的程朱理学后学，诸如方孝孺、曹端、吴于弼、薛瑄等人，一方面普遍提出了"理气一体论"，从学理上来弥补程朱理学的这一缺憾；另一方面突出程朱理学的经世致用的社会价值。当然，阳明心学的发展也存在着相似的发展境况。由于王阳明的"心即理"理论把"心"视作为一种抽象的规律性存在，具有绝对的道德评判优势，并进而视之为宇宙的本源，因此，在其涉及工夫论的"良知"之"致"的理论中，对率其本然这一致知途径推崇有加，如针对钱德洪和王畿对其晚年"四句教法"的不同理解，即所谓"四有说"和"四无说"，王阳明表面上不偏不倚地分别批评和褒扬了双方的理解，"我今将行，正要你们来讲破此意。二君之见正好相资为用，不可各执一边。我这里接人原有此二种。利根之人直从本原上悟入。人心本体原是明莹无滞的，原是个未发之中。利根之人一悟本体，即是功夫，人己内外，一齐俱透了。其次不免有习心在，本体受蔽，故且教

[1] 王守仁：《王阳明全集》卷一《传习录》上，上海古籍出版社 1992 年版，第 34 页。

在意念上实落为善去恶，功夫熟后，渣滓去得尽时，本体亦明尽了。汝中之见，是我这里接利根人的；德洪之见，是我这里为其次立法的。二君相取为用，则中人上下皆可引入于道。若各执一边，眼前便有失人，便于道体各有未尽"[1]。但作为哲学家的王阳明实际上对王畿的"四无说"是高看一等的，其言："汝中见得此意，只好默默自修，不可执以接人。上根之人，世亦难遇。一悟本体，即见功夫，物我内外，一齐尽透，此颜子、明道不敢承当，岂可轻易望人？"[2] 王阳明认为王畿大胆的推论正应和了他想说而不敢说的内容。特别是与钱德洪相比较，王畿这种从本体到工夫的论证方式更是突出了本体的重要性，也突出了心的本源性，这和阳明心学的基本理论是严丝合缝的。但王畿的这种心学取向，确实存在着王阳明所担心的一种可能会出现的危险："人有习心，不教他在良知上实用为善去恶功夫，只去悬空想个本体，一切事为俱不着实，不过养成一个虚寂。"[3] 从后人对于王阳明及其后学"以实为空，以空为实"[4]、"废实学，崇空疏"[5] 的批判来看，阳明后学中可能确实存在着这一缺憾。阳明后学针对这一缺憾进行了反思和批判，如唐顺之即言："近来学者本不刻苦搜剔，洗空欲障，以玄悟之语文夹带之心，直如空花，竟成自误。要之与禅家斗机锋相似，使豪杰之士又成一番涂塞。此风在处有之，而号为学者多处则此风尤甚，惟嘿然无说，坐断言语意见路头，使学者有穷而反本处，庶几挽归真实，力行一路乃是一帖救急易方。"[6] "力行一路"固然有进行具体实践的意义，但在学术内涵方面也有主张经世致用的学术取向，建立在这样的认识基础上，唐顺之编写了《左编》《右编》《文编》《武编》等一系列主张经世致用的史籍。按照后人对王学左派、右派的二分法，王学右派普遍表现出重史的倾向，而且

[1] 王守仁：《王阳明全集》卷三《传习录》下，上海古籍出版社 1992 年版，第 117 页。

[2] 王守仁：《王阳明全集》卷三十五《年谱三》，上海古籍出版社 1992 年版，第 1306—1307 页。

[3] 王守仁：《王阳明全集》卷三《传习录》下，上海古籍出版社 1992 年版，第 118 页。

[4] 顾炎武著，黄汝成集释：《日知录集释》卷十八《科场禁约》，上海古籍出版社 1985 年版，第 1409 页。

[5] 王夫之：《礼记章句》，载《船山全书》第四册，卷四十二，岳麓书社 1988 年版，第 1468 页。

[6] 唐顺之：《唐荆川诗文集》卷六《与张本静》，凤凰出版社 2012 年版，第 155 页。

在这一点上，与程朱理学家们殊途同归。因此，有的学者也认为明代的思想"在程朱理学和陆王心学之间，是存有很大思想和知识空间可供士人选择的"[1]。这也从一个侧面说明，史学在王阳明之后的心学丰富发展过程中，起到了非常重要的作用。

综上所述，无论是从学说主要特征、内容等本体论上的构建，或者是在工夫论上的交叉，抑或是在弥补各自学说缺憾中的不谋而合，都说明程朱理学和阳明心学之间，存在着诸多共同之处。而这些共通性也共同影响了明中后期史学的发展。

二、程朱理学与阳明心学对明中后期史学的共同塑造

具体来看，程朱理学与阳明心学对明中后期史学的共同塑造，主要表现在以下几个方面：

首先，"荣经陋史"基本理念的延续。

钱大昕在为赵翼《廿二史札记》作序时言：

> 自王安石以猖狂诡诞之学要君窃位，自造《三经新义》，驱海内而诵习之，甚至诋《春秋》为断烂朝报。章、蔡用事，祖述荆舒，屏弃《通鉴》为元祐学术，而十七史皆束之高阁矣。嗣是道学诸儒，讲求心性，惧门弟子之泛滥无所归也，则有诃读史为玩物丧志者，又有谓读史令人心粗者。此特有为言之，而空疏浅薄者托以借口，由是说经者日多，治史者日少。彼之言曰，经精而史粗也，经正而史杂也。[2]

结合前面我们对朱熹史学基本态度之分析，这段话起码说明了程朱理学家们确实存在着"荣经陋史"的学术倾向。当然，我们对朱熹"荣经陋

---

[1]　向燕南：《从"主于道"到"主于事"——晚明史学的实学取向及局限》，《学术月刊》2009 年第 3 期。

[2]　赵翼著，王树民校证：《廿二史札记校证》附录《钱大昕序》，中华书局 2013 年版，第 885 页。

史"的定性，也要注意到钱大昕所言"此特有为言之，而空疏浅薄者托以借口"的具体时代背景。也就是说，在程朱理学的语境中，相比较于史学，经学具有更为根本的意义，这就是其"荣经陋史"的基本含义。明代理学家们继承了这一基本理念，如王祎也承认"文"为"道"之所托："天地之间，物之至著而至久者，其文乎。盖其著也，与天地同其化；其久也，与天地同其运，故文者，天地焉。相为用者也，是何也？曰道之所由托也。道与文不相离。妙而不可见之谓道，形而可见者之谓文。道非文，道无自而明；文非道，文不足以行也，是故，文与道非二物也。"[1] 当然，王祎也把文之价值归结为应当依附于道的事理。依循这一思路，他又区分了"纪事之文"与"载道之文"：

　　吾闻之文有二：有纪事之文，有载道之文。史者，纪事之文，于道则未也。生曰：圣人既没，道术为天下裂，诸子者出，各设户分门立言以为文，是故管夷吾氏以霸略为文，邓析氏以两可辩说为文……凡若此者，殆不可递数也。虽其文人人殊，而其于道未始不有明焉，譬犹水火相灭，亦以相生，和敬相反，亦以相成。《易》所谓天下一致而百虑同归而殊途者，言本于一揆而已。文以载道，其此之谓乎。太史公曰：诸子之文皆以明夫道。固也，然而各引一端，各据一偏，未尝窥夫道之大全。人奋其私智，家尚其私谈，支离颇僻，驰骋凿穿，道之大义益以乖，大体益以残矣。此固学术之弊而道之所以不传也。生曰：圣人之文，厥有六经，《易》以显阴阳，《诗》以道性情，《书》以纪政事之实，《春秋》以示赏罚之明，《礼》以谨节文之上下，《乐》以著气运之亏盈。凡圣贤传心之要，帝王经世之具，所以建天衷奠民极，立天下之大本，成天下之大法者，皆于是乎有征。斯盖群圣之渊源，九流之权衡，百王之宪度，万世之准绳。犹之天焉，则昭云汉而揭日星，布烟霞而鼓风霆；犹之地焉，则山岳峙而江河行，鸟兽蕃而草木荣，故圣人者参天地以为文，而六经配天地以为名。自书契以来，载籍以往，悉莫与之京。斯其为文，不亦可以为载道之称也乎。太史公辗然而惊，喟然而叹曰：尽

[1]　王祎：《王忠文集》卷二十《文原》，文渊阁《四库全书》本，第 1226 册，第 415 页。

之矣，其蔑有加矣。此固载道之器而圣人之至文矣。嗟乎！世之学者无志乎文则已，苟有志焉，舍是无以议为矣。[1]

从对六经的推崇，我们可以看出王祎对"载道之文"价值的绝对认可，反过来讲，"舍是无以议为矣"。

"荣经陋史"的理念在阳明心学中也有普遍的表现，其中王阳明就是一个典型的例子。他在与徐爱探讨文中子、韩愈"拟经之失"时说：

> 天下之大乱，由虚文胜而实行衰也。使道明于天下，则六经不必述。删述六经，孔子不得已也。自伏羲画卦，至于文王、周公，其间言《易》如《连山》《归藏》之属，纷纷籍籍，不知其几，易道大乱。孔子以天下好文之风日盛，知其说之将无纪极，于是取文王、周公之说而赞之，以为惟此为得其宗。于是纷纷之说尽废，而天下之言《易》者始一。《书》《诗》《礼》《乐》《春秋》皆然。《书》自《典》《谟》以后，《诗》自《二南》以降，如《九丘》《八索》，一切淫哇逸荡之词，盖不知其几千百篇；《礼》《乐》之名物度数，至是亦不可胜穷。孔子皆删削而述正之，然后其说始废。如《书》《诗》《礼》《乐》中，孔子何尝加一语？今之《礼记》诸说，皆后儒附会而成，已非孔子之旧。至于《春秋》，虽称孔子作之，其实皆鲁史旧文。所谓"笔"者，笔其旧；所谓"削"者，削其繁：是有减无增。孔子述六经，惧繁文之乱天下，惟简之而不得，使天下务去其文以求其实，非以文教之也。《春秋》以后，繁文益盛，天下益乱。始皇焚书得罪，是出于私意；又不合焚六经。若当时志在明道，其诸反经叛理之说，悉取而焚之，亦正暗合删述之意。自秦、汉以降，文又日盛，若欲尽去之，断不能去；只宜取法孔子，录其近是者而表章之，则其诸怪悖之说，亦宜渐渐自废。不知文中子当时拟经之意如何？某切深有取于其事，以为圣人复起，不能易也。天下所以不治，只因文盛实衰，人出己见，新奇相高，以眩俗取誉。徒以乱天

---

[1] 王祎：《王忠文集》卷十九《文训》，文渊阁《四库全书》本，第1226册，第396—397页。

下之聪明，涂天下之耳目，使天下靡然争务修饰文词，以求知于世，而不复知有敦本尚实、反朴还淳之行：是皆著述者有以启之。[1]

表面上来看，阳明所言是对后世"虚文胜而实行衰"状况的批判，其中起作用的仍然是"荣经陋史"的观念，孔子删述六经的根本作用是剔除所谓"虚文"，使道得以集中地显现。出于这样的认识，王阳明把秦皇焚书与孔子删述六经在某种程度上等同了起来。可见，于王阳明而言，在"明道"的根本理念下，"文"只是一个工具，而且很容易趋于"虚"。当然，王阳明这里的"文"也包括史学，王阳明与徐爱于其下的对话中，很明确地说明了这一问题，并且态度非常极端：

> 爱曰："著述亦有不可缺者，如《春秋》一经，若无《左传》，恐亦难晓。"先生曰："《春秋》必待《传》而后明，是歇后谜语矣，圣人何苦为此艰深隐晦之词？《左传》多是鲁史旧文，若《春秋》须此而后明，孔子何必削之？"爱曰："伊川亦云'传是案，经是断'；如书弒某君、伐某国，若不明其事，恐亦难断。"先生曰："伊川此言，恐亦是相沿世儒之说，未得圣人作经之意。如书'弒君'，即弒君便是罪。何必更问其弒君之详？征伐当自天子出，书'伐国'，即伐国便是罪，何必更问其伐国之详？圣人述六经，只是要正人心，只是要存天理、去人欲，于存天理、去人欲之事，则尝言之；或因人请问，各随分量而说，亦不肯多道，恐人专求之言语，故曰'予欲无言'。若是一切纵人欲、灭天理的事，又安肯详以示人？是长乱导奸也。故孟子云：'仲尼之门无道桓、文之事者，是以后世无传焉。'此便是孔门家法。世儒只讲得一个伯者的学问，所以要知得许多阴谋诡计，纯是一片功利的心，与圣人作经的意思正相反，如何思量得通？"因叹曰："此非达天德者未易与言此也。"[2]

徐爱提到《春秋》与《左传》的关系，其实也是对王阳明上述所言中

---

[1] 王守仁：《王阳明全集》卷一《传习录》上，上海古籍出版社 1992 年版，第 7—8 页。
[2] 王守仁：《王阳明全集》卷一《传习录》上，上海古籍出版社 1992 年版，第 8—9 页。

"文"之可有可无学术倾向的反驳，认为《左传》在史实厘清方面还是很有价值的，而道也正是蕴含于这些史实之中，故《左传》对于理解《春秋》有着直接的作用。王阳明则从根本上否定了这一观点，认为《春秋》根本不需《左传》的辅助。他还对徐爱引据程颐"史为经翼"的观点进行了批驳，认为六经"只是要存天理、去人欲"，至于这一道所依附之事，则基本上是"予欲无言"，否则就是"长乱导奸"，并认为自己的这一套就是"孔门家法"。在这一语言环境下，王阳明的"荣经陋史"观要比程朱理学家们更为严重，对他而言相比较于经学，以史事考实为基础的史学根本上是可有可无的。

虽然在阳明"五经亦史"论的诱导下，明中后期史学的自觉意识进一步突显，但王阳明这一理论显然与"荣经陋史"的思维一样，是服务于其心学理论构建的，中国传统"荣经陋史"的理念在阳明心学这里也得以继承延续。总体看来，王阳明对史学的态度，在阳明后学那里开导出两种趋向：一是史学自觉意识的突显，这进一步促进了史学的发展；一是在惯有"荣经陋史"理念的支配下，史学仍然沦为经学的附庸。前者表现出独特的时代特点，而为后世学者所重视，但后者也仍然有相当的影响力。

其次，对经世致用史学传统的普遍认可。

程朱理学本身就蕴含着经世致用的学术取向，到了明代的理学家那里，在程朱理学内涵范围内，相比较理，突出了气的重要作用，提出"理气一体论"，并在此基础上，从社会价值方面突出程朱理学的经世致用，典型人物有如明初大儒曹端、薛瑄等人，已如上述。这一学术取向在受程朱理学影响的史学家那里也有着丰富的表现，如王祎，其言："圣贤之道，所以致用于世也。礼乐典章、制度名物，盖实致用之具，而圣贤精神心术之所寓，故在学者尤不可以不讲。是故致用在乎经邦，经邦在乎立事，立事在乎师古，师古在乎随时。苟不参古今之宜，穷始终之要，则何以涉事济变，而弥纶天下之务哉？"[1] 王祎首先强调"圣贤之道"的根本就是"致用于世"，认为历史上存在的礼乐典章、制度名物都

---

[1]　王祎：《王忠文集》卷七《王氏迁论序》，文渊阁《四库全书》本，第 1226 册，第 153 页。

是经世致用的工具，故此，"致用"的必然逻辑归宿就在于"师古"，"不参古今之宜"，也就无法经世。由此看来，史学的经世致用在王祎的学术体系中有着相当的分量。又如丘濬在《世史正纲》自序中亦言："而圣贤所以著书立言，谆谆乎垂世立教者，亦于是乎不徒托之空言矣。区区一得之愚，偶有所见，而妄为此书。"[1]"垂世立教""不徒托之空言"的著书立说宗旨，说明了丘濬史学的经世取向。

王阳明的"致良知"和"知行合一"命题也表达了其心学的经世诉求，这一点在阳明后学那里有着丰富的表现，表现出实学化及与异端思想纠合发展的倾向，典型代表有如唐顺之、薛应旂等人。阳明后学史学经世致用发展的另一个倾向，还往往包含着"合会朱陆"的学术内涵。如薛应旂曾说：

> 道德、功业相为体用。三纲五常原于天而备于人，根于心而统于性情者，其道德也，体也；举而措之天下，能润泽生民归于皇极，发挥蕴奥协于训典者，其功业也，用也。所谓体用一原者也，总名之曰道也。古之圣贤，达而在上，则其道行，穷而在下，则其道明。君、相、师、儒，其究一也。世降，俗末偏蔽浅陋之徒，各执己见，依傍道德者，则鄙功业为庸俗；驰骛功业者，则斥道德为玄虚。持论相沿，而道德、功业岐而为二，甚至儒林、道学，《宋史》亦分为两传矣。不知儒非道学，以何为儒？道学不谓之儒，又以何者谓之儒哉？宋初未有道学之名，范希文在仁宗时以学职属孙明复，以《中庸》授张子厚，于是徂徕有石守道，苏湖有胡翼之，各以其学教弟子。迨后，周、程继起，师友渐涵而道学日盛，实自希文倡之。论者徒以功业之盛，遂不得与道学并列。夫谓道学不必功业则可，谓功业非道学则不可。若谓功业非道学，则尧舜禹汤文武之为君，夷夔伊傅周召之为相，皆不得谓之道学乎？[2]

[1] 丘濬：《世史正纲》卷首《世史正纲序》，明嘉靖四十二年孙应鳌刻本，《四库全书存目丛书》本，史部第 6 册，第 155 页。
[2] 薛应旂：《宋元通鉴》卷首《宋元通鉴义例》，明嘉靖四十五年自刻本，《四库全书存目丛书》本，史部第 9 册，第 689 页。

中国经史关系通史·宋元明卷

虽然在这里薛应旂并未把道学与经世严格地对等起来，但其认为经世是道学固有的内容。此段史料虽未言及阳明心学，但考虑到薛应旂的王学背景，这里的道学应该是包括阳明心学的。也就是说，薛应旂认为经世致用是程朱理学和阳明心学共同的学术内容。

阳明后学对于程朱理学与阳明心学的史学经世致用同一性思考，也往往从"道一"的角度理论，如周汝登《圣学宗传》既强调了"道一"的宗旨，亦有经世的特征：

> 或者曰，先生宗文成以直溯洙泗者也，孔欲无言，而先生顾以言明宗耶？曰，言以明其无言者也。人之梦也，或唤之醒；其迷路也，或指之归。唤醒者，指归者，语则诚赘，不唤不指而听其梦且迷，岂孔氏家法耶？……曰，古今明宗多矣，何独取是删耶？曰儒之立言，如医之立方。症愈变，方愈多，传亦愈杂，得国手而拣择之，握其至要以葆元气，不尤便于生人哉！《宗传》之书，乃简易方也。[1]

此段史料从"立言"的经世意义入手，肯定了周汝登《圣学宗传》的学术价值，其中"唤醒""指归"和"医方"之喻都是对其经世特征的肯定。

综上所述，经世致用也是程朱理学和阳明心学对史学共同塑造的一个普遍接触点。

[1] 周汝登：《圣学宗传》卷首《余懋孳序》，明万历三十三年王世韬等刻本，《续修四库全书》本，第513册，第1页。

# 参 考 文 献

## 一、历代典籍

《周易》，《十三经注疏》本，中华书局 1980 年版。

《论语》，《十三经注疏》本，中华书局 1980 年版。

《孟子》，《十三经注疏》本，中华书局 1980 年版。

《左传》，《十三经注疏》本，中华书局 1980 年版。

《公羊传》，《十三经注疏》本，中华书局 1980 年版。

苏舆：《春秋繁露义证》，中华书局 1992 年版。

《史记》，中华书局 1982 年版。

《隋书》，中华书局 1973 年版。

刘知幾撰，浦起龙释：《史通通释》，上海古籍出版社 1978 年版。

韩愈撰，马永昶校注：《韩昌黎文集校注》，上海古籍出版社 1986
年版。

皇甫湜：《皇甫持正集》，文渊阁《四库全书》本。

陆淳：《春秋集传纂例》，丛书集成初编本。

《旧唐书》，中华书局 1975 年版。

《旧五代史》，中华书局 1976 年版。

王钦若等：《册府元龟》，凤凰出版社 2006 年版。

孙复：《春秋尊王发微》，文渊阁《四库全书》本。

胡瑗：《周易口义》，文渊阁《四库全书》本。

石介：《徂徕石先生文集》，中华书局 1984 年版。

《新唐书》，中华书局 1975 年版。

中国经史关系通史·宋元明卷

欧阳修：《欧阳修全集》，中华书局 2001 年版。

《新五代史》，中华书局 1974 年版。

邵雍：《皇极经世书》，文渊阁《四库全书》本。

吕夏卿：《唐书直笔》，文渊阁《四库全书》本。

司马光：《资治通鉴》，中华书局 1956 年版。

司马光：《传家集》，文渊阁《四库全书》本。

刘敞：《七经小传》，文渊阁《四库全书》本。

刘敞：《公是集》，文渊阁《四库全书》本。

曾巩：《元丰类藁》，四部丛刊初编本。

王安石：《王文公文集》，上海人民出版社 1974 年版。

苏轼：《苏轼文集》，中华书局 1986 年版。

吴缜：《新唐书纠谬》，四部丛刊三编本。

程颢、程颐：《二程集》，中华书局 2004 年版。

刘恕：《资治通鉴外纪》，上海书店 1989 年版。

范祖禹：《唐鉴》，上海古籍出版社 1984 年版。

胡寅：《斐然集》，中华书局 1993 年版。

尹洙：《五代春秋》，中华书局 1985 年版。

胡宏：《皇王大纪》，文渊阁《四库全书》本。

郑樵：《通志》，中华书局 1987 年版。

郑樵：《通志二十略》，中华书局 1995 年版。

郑樵：《六经奥论》，文渊阁《四库全书》本。

晁公武撰，孙猛校证：《郡斋读书志校证》，上海古籍出版社 1990 年版。

马令：《南唐书》，文渊阁《四库全书》本。

陆游：《南唐书》，中华书局 1985 年版。

杨万里：《诚斋集》，四部丛刊初编本。

朱熹：《四书章句集注》，中华书局 1983 年版。

朱熹：《朱文公文集》，上海古籍出版社 2010 年版。

朱熹：《朱子全书》，朱杰人、严佐之、刘永翔主编，上海古籍出版社、安徽教育出版社 2002 年版。

罗泌：《路史》，文渊阁《四库全书》本。

张栻：《南轩集》，文渊阁《四库全书》本。

吕祖谦：《丽泽论说集录》，文渊阁《四库全书》本。

吕祖谦：《大事记解题》，文渊阁《四库全书》本。

吕祖谦：《东莱集》，文渊阁《四库全书》本。

吕祖谦：《左氏传续说》，文渊阁《四库全书》本。

陆九渊：《陆九渊集》，中华书局1980年版。

黎靖德编：《朱子语类》，中华书局1986年版。

叶适：《叶适集》，中华书局1961年版。

叶适：《习学记言》，上海古籍出版社1992年版。

王益之：《西汉年纪》，中华书局1985年版。

吴仁杰：《两汉刊误补遗》，文渊阁《四库全书》本。

高似孙：《高似孙集》，浙江古籍出版社2015年版。

程公说：《春秋分记》，文渊阁《四库全书》本。

叶时：《礼经会元》，文渊阁《四库全书》本。

陈振孙：《直斋书录解题》，上海古籍出版社1987年版。

吴曾：《能改斋漫录》，上海古籍出版社1979年版。

魏了翁：《鹤山先生大全集》，四部丛刊初编本。

黄伦：《尚书精义》，文渊阁《四库全书》本。

张大亨：《春秋通训》，文渊阁《四库全书》本。

刘祁：《归潜志》，中华书局1983年版。

许衡：《鲁斋遗书》，文渊阁《四库全书》本。

王应麟著，翁元圻辑注，孙通海点校：《困学纪闻注》，中华书局2016年版。

郝经：《陵川集》，文渊阁《四库全书》本。

金履祥：《资治通鉴前编》，文渊阁《四库全书》本。

金履祥：《仁山集》，商务印书馆1937年版。

周密：《癸辛杂识》，上海古籍出版社2012年版。

刘因：《静修先生文集》，商务印书馆1936年版。

马端临：《文献通考》，中华书局2011年版。

袁桷：《清容居士集》，文渊阁《四库全书》本。

冯福京：《昌国州图志》，文渊阁《四库全书》本。

中国经史关系通史·宋元明卷

虞集：《道园学古录》，文渊阁《四库全书》本。

欧阳玄：《欧阳玄集》，岳麓书社 2010 年版。

苏天爵：《元朝名臣事略》，中华书局 1996 年版。

苏天爵：《滋溪文稿》，中华书局 1997 年版。

苏天爵编：《元文类》，上海古籍出版社 1993 年版。

《元史》，中华书局 1976 年版。

宋濂：《宋文宪公全集》，四部备要本。

《宋史》，中华书局 1985 年版。

《辽史》，中华书局 1974 年版。

《金史》，中华书局 1975 年版。

王祎：《王忠文集》，文渊阁《四库全书》本。

方孝孺：《逊志斋集》，宁波出版社 2000 年版。

金幼孜：《北征录》，明嘉靖十二年刻明良集本，《续修四库全书》本。

薛瑄：《读书续录》，文渊阁《四库全书》本。

叶盛：《水东日记》，中华书局 1980 年版。

丘濬：《世史正纲》，明嘉靖四十二年孙应鳌刻本，《四库全书存目丛书》本。

胡粹中：《元史续编》，文渊阁《四库全书》本。

程敏政编：《明文衡》，四部丛刊初编本。

毛宪：《毗陵人品记》，明万历刻本，《续修四库全书》本。

罗钦顺：《困知记》，中华书局 1990 年版。

王守仁：《王阳明全集》，上海古籍出版社 1992 年版。

王艮：《王心斋全集》，江苏教育出版社 2001 年版。

顾应祥：《人代纪要》，明嘉靖三十七年黄宸刻本，《四库全书存目丛书》本。

陈建：《学蔀通辨》，明嘉靖二十七年刻本，《续修四库全书》本。

王畿：《王畿集》，凤凰出版社 2007 年版。

郑晓：《国朝制书》，上海图书馆藏万历刻本。

薛应旂：《宋元通鉴》，明嘉靖四十五年自刻本，《四库全书存目丛书》本。

唐顺之：《唐荆川诗文集》，凤凰出版社 2012 年版。

茅坤：《茅鹿门先生文集》，明万历刻本，《续修四库全书》本。

罗汝芳：《罗汝芳集》，凤凰出版社 2007 年版。

王宗沐：《宋元资治通鉴》，明吴中珩刻本，《四库未收丛书》。

王世贞：《弇州四部稿》，文渊阁《四库全书》本。

李贽：《李贽文集》，社会科学文献出版社 2000 年版。

邓元锡：《皇明书》，明万历刻本，《四库全书存目丛书》本。

吕坤：《吕坤全集》，中华书局 2008 年版。

焦竑：《焦氏澹园集》，明万历三十四年刻本，《续修四库全书》本。

刘元卿：《诸儒学案》，明万历尹廉等刻刘应举补修本，《续修四库全书》本。

周汝登：《圣学宗传》，明万历三十三年王世韬等刻本，《续修四库全书》本。

冯应京：《皇明经世实用编》，明万历刻本，《四库全书存目丛书》本。

何乔远：《名山藏》，明崇祯刻本，《续修四库全书》本。

叶向高：《苍霞草》，明万历刻本，《四库禁毁书丛刊》。

缪昌期：《从野堂存稿》，常州先哲遗书本，《续修四库全书》本。

袁宏道：《袁宏道集笺校》，上海古籍出版社 1981 年版。

陈子龙：《皇明经世文编》，明崇祯平露堂刻本，《续修四库全书》本。

许浩：《宋史阐幽》，明崇祯元年许锵刻本，《四库全书存目丛书》本。

《大明律》，法律出版社 1999 年版。

《皇明诏令》，明嘉靖十八年傅凤翔刻二十七年浙江布政司增修本，《续修四库全书》本。

《明实录》，台湾“中央研究院”历史语言研究所 1962—1965 年影印本。

张岱：《石匮书》，稿本，《续修四库全书》本。

黄宗羲著，全祖望补修：《宋元学案》，中华书局 1986 年版。

黄宗羲：《明儒学案》，中华书局 2008 年版。

顾炎武：《亭林余集》，四部丛刊初编本。

顾炎武著，黄汝成集释：《日知录集释》，上海古籍出版社 1985 年版。

彭孙贻：《松下杂钞》，涵芬楼秘籍本。

王夫之：《张子正蒙注》，中华书局 1975 年版。

谷应泰：《明史纪事本末》，中华书局 2015 年版。

朱彝尊：《经义考》，中华书局 1930 年版。

陈鼎：《东林列传》，文渊阁《四库全书》本。

《明史》，中华书局 1974 年版。

王鸣盛：《十七史商榷》，中华书局 2010 年版。

赵翼著，王树民校证：《廿二史札记校证》，中华书局 2013 年版。

章学诚著，仓修良编：《文史通义新编》，上海古籍出版社 1993 年版。

永瑢等：《四库全书总目》，中华书局 1965 年版。

沈国元：《二十一史论赞》，《四库全书存目丛书》本。

凌扬藻：《蠡勺编》，清岭南遗书本。

夏燮：《明通鉴》，中华书局 2009 年版。

秦缃业等：《续资治通鉴长编补拾》，上海古籍出版社 2006 年版。

郭嵩焘：《史记札记》，商务印书馆 1957 年版。

皮锡瑞：《经学历史》，中华书局 1959 年版。

康有为：《长兴学记》，中华书局 1988 年版。

## 二、今人著作

白寿彝：《朱熹辨伪书语》，朴社 1933 年版。

侯外庐：《中国思想通史》，人民出版社 1959 年版。

罗素著，何兆武等译：《西方哲学史》，商务印书馆 1963 年版。

谢国桢：《增订晚明史籍考》，上海古籍出版社 1981 年版。

张煦侯：《通鉴学》，安徽人民出版社 1981 年版。

钱穆：《朱子新学案》，巴蜀书社 1986 年版。

白寿彝：《中国史学史》，上海人民出版社 1986 年版。

（日）堺屋太一著，黄晓勇等译：《知识价值革命》，生活·读书·新知三联书店 1987 年版。

（法）列维－斯特劳斯著，李幼蒸译：《野性的思维》，商务印书馆 1987 年版。

（苏联）叶·莫·梅列金斯基著，魏庆征译：《神话的诗学》，商务印书馆 1990 年版。

沈玉成、刘宁：《春秋左传学史稿》，江苏古籍出版社 1992 年版。

（美）牟复礼、（英）崔瑞德编：《剑桥中国明代史》，中国社会科学出版社 1992 年版。

商聚德：《刘因评传》，南京大学出版社 1996 年版。

嵇文甫：《晚明思想史论》，东方出版社 1996 年版。

饶宗颐：《中国史学上之正统论》，上海远东出版社 1996 年版。

朱维铮编：《周予同经学史论著选集》，上海人民出版社 1996 年版。

吴怀祺：《中国史学思想史》，安徽人民出版社 1996 年版。

（美）汤普森：《历史著作史》，商务印书馆 1996 年版。

王葆玹：《今古文经学新论》，中国社会科学出版社 1997 年版。

郑万耕：《易学源流》，沈阳出版社 1997 年版。

侯外庐等：《宋明理学史》，人民出版社 1997 年版。

商传：《明代文化志》，上海人民出版社 1998 年版。

杨翼骧编：《中国史学史资料编年》，南开大学出版社 1999 年版。

瞿林东：《中国史学史纲》，北京出版社 1999 年版。

梁启超：《中国历史研究法补编》，河北教育出版社 2000 年版。

白寿彝：《中国史学史教本》，北京师范大学出版社 2000 年版。

余英时：《论戴震与章学诚》，生活·读书·新知三联书店 2000 年版。

钱茂伟：《明代史学编年考》，中国文联出版社 2000 年版。

吴雁南等：《中国经学史》，福建人民出版社 2001 年版。

吴雁南：《清代经学史通论》，云南大学出版社 2001 年版。

朱维铮：《中国经学史十讲》，复旦大学出版社 2002 年版。

吴怀祺：《中国史学思想通史·宋辽金卷》，黄山书社 2002 年版。

周少川：《中国史学思想通史·元代卷》，黄山书社 2002 年版。

向燕南：《中国史学思想通史·明代卷》，黄山书社 2002 年版。

王记录：《中国史学思想通史·清代卷》，黄山书社 2002 年版。

（英）阿克顿著，冯克利译：《自由与权力》，商务印书馆 2002 年版。

钱茂伟：《明代史学的历程》，社会科学文献出版社 2003 年版。

陈来：《宋明理学》，华东师范大学出版社 2004 年版。

赵伯雄：《春秋学史》，山东教育出版社 2004 年版。

李修生主编：《全元文》，凤凰出版社 2004 年版。

杨艳秋：《明代史学探研》，人民出版社 2005 年版。

吕妙芬：《阳明学士人社群：历史、思想与实践》，新星出版社 2006 年版。

蔡仁厚：《王学流衍——江右王门思想研究》，人民出版社 2006 年版。

黄仁宇：《万历十五年》，中华书局 2006 年版。

钱明：《王阳明及其学派论考》，人民出版社 2009 年版。

吴怀祺：《郑樵研究》，厦门大学出版社 2010 年版。

陈垣：《通鉴胡注表微》，商务印书馆 2011 年版。

杜维运：《中国史学史》，商务印书馆 2011 年版。

汪高鑫：《中国史学思想通论·经史关系论卷》，福建人民出版社 2011 年版。

汪高鑫、李德锋：《此心光明——评说王阳明与〈传习录〉》，人民出版社 2014 年版。

周春健、吴国武：《辽金元经学学术编年》，凤凰出版社 2015 年版。

向世陵：《宋代经学哲学研究·基本理论卷》，上海科学技术文献出版社 2015 年版。

汪高鑫：《中国经史关系史》，黄山书社 2017 年版。

吴怀祺主编：《中国史学思想会通》，福建人民出版社 2018 年版。

# 后　记

　　宋元明时期是中国经史之学发展的又一个高峰。这一时期经学的发展，最为显著的特点是理学的兴起。与传统经学重视训诂经典不同，理学以天理为最高范畴，重视阐发经典义理，探究性命道理。在宋元明时期，理学的发展大致有三个阶段：两宋是理学兴起阶段，这一时期随着程朱理学的发展，到南宋时期出现了陆九渊心学；南宋理宗以后程朱理学被确定为官方统治意识形态，并在元朝时期得到了发展；明朝时期，由于程朱理学的衰落，中期以后王阳明心学崛起，成为时代主要思潮。与此同时，这一时期史学的发展，也呈现出前所未有的繁荣局面，历史编纂学与史学思想都得到了新的发展。从历史编纂来讲，既有对传统历史编纂的新发展，如司马光《资治通鉴》对传统编年叙事的发展，郑樵《通志》对典志体的发展等；也有历史编纂的创新，如袁枢《通鉴纪事本末》创立了纪事本末体，朱熹的《资治通鉴纲目》创立了纲目体等。从史学思想来讲，正统观念的进步，如宋代司马光提出“九州合为一统”观、元代修宋辽金史淡化夷夏之别思想等；提出“会通”理念，如郑樵提出“同天下之文”以“极古今之变”思想、马端临强调“会通因仍之道”等。在经史关系上，一方面理学对史学产生广泛的影响，理学的贯通思维影响了史学的“通识”意识，出于明理的需要而产生了纲目体、滥觞了学案体，春秋学的兴起振兴了编年体；阳明心学激发了史学自我意识的觉醒，影响了史学的启蒙思潮、经世思潮与征实思潮的兴起等。另一方面史学也对理学的发展产生了重要影响，史学精神有助于经学变古，成为理学建构的重要环节等。本卷的撰写，旨在通过宋元明经史流变过程的叙述，揭示经史之间的内在关系。

本卷的撰写由我和邓锐、李德锋共同完成。具体分工如下：由我撰写绪论及第五、六章，邓锐撰写第一、二、三、四章，李德锋撰写第七、八、九、十章。全书由我拟定大纲，并对全部初稿统一进行修改、润色，最终定稿。宋元明时期经史关系的发展相对比较复杂，其中理学与心学思潮是一个重要因素，如何揭示出史学与其的相互影响，不但需要丰富的史学史知识，而且需要对宋明理学及其发展变化有比较深入的了解。正因此，对这一阶段经史关系的讨论，可资借鉴的前人成果不是很充分。本卷的撰写，客观上存在着一定的难度，加上我们知识储备和理论水平的不足，难免会出现观点不当甚至错误的情况，敬请学界同人批评指正！

后
记

汪高鑫

2019 年 10 月记于京师园寓居